Farbatlas Meeresfauna
Fische

Helmut Göthel

Farbatlas Meeresfauna

Fische

Rotes Meer
Indischer Ozean (Malediven)

396 Arten in Wort und Bild
419 Farbfotos

VERLAG
EUGEN
ULMER

Farbatlas Meeresfauna
Rotes Meer, Indischer Ozean (Malediven)
in zwei Bänden
Erster Band: Niedere Tiere
Zweiter Band: Fische

Umschlagfotos
Vorderseite: o.l. Rhinomuraena quaesita, Geister-Muräne
 o.r. Ostracion meleagris, Weißpunkt-Kofferfisch, ♂
 u.l. Priacanthus hamrur, Gewöhnlicher Großaugenbarsch
 u.r. Pygoplites diacanthus, Pfauen-Kaiserfisch
Rückseite: Taeniura lymma, Blaupunkt-Stechrochen
Seite 2: Solenostomus sp., Geisterpfeifenfisch

Die Deutsche Bibliothek – CIP-Einheitsaufnahme
Farbatlas Meeresfauna : Rotes Meer, Indischer Ozean
(Malediven) ; [in zwei Bänden]. – Stuttgart : Ulmer

Bd. 2. Fische : Arten in Wort und Bild / Helmut Göthel. –
1994
 ISBN 3-8001-7266-6
NE: Göthel, Helmut

Das Werk einschließlich aller seiner Teile ist urheberrechtlich geschützt. Jede Verwertung
außerhalb der engen Grenzen des Urheberrechtsgesetzes ist ohne Zustimmung des
Verlages unzulässig und strafbar. Das gilt insbesondere für Vervielfältigungen,
Übersetzungen, Mikroverfilmungen und die Einspeicherung und Verarbeitung in
elektronischen Systemen.

© 1994 Eugen Ulmer GmbH & Co.
Wollgrasweg 41, 70599 Stuttgart (Hohenheim)
Printed in Germany
Lektorat: Werner Baumeister
Herstellung: Andrea Keller, Otmar Schwerdt
Einbandgestaltung: A. Krugmann, Freiberg am Neckar
Satz: Typobauer, Scharnhausen
Druck: Georg Appl, Wemding
Bindung: Auer, Donauwörth

Zu diesem Buch

Für Silvia

Für nahezu jeden Taucher stehen neben anderen exotischen Zielen im Indischen Ozean vor allem das Rote Meer und die Malediven ganz oben auf der Wunschliste, wenn es um die Planung des nächsten Tauchurlaubes geht. Beide sind problemlos im Direktflug in wenigen Stunden zu erreichen und »erfreuen« sich zunehmender Beliebtheit. Das Hauptinteresse der meisten Urlauber gilt dabei den einzigartigen tropischen Korallenriffen dieser beiden Traumziele mit ihrer nahezu unüberschaubaren Artenvielfalt. Vor allem die Fülle der farbenprächtigen Korallenfische zieht Taucher und Schnorchler gleichermaßen in ihren Bann. Grund genug, die häufigsten, attraktivsten und interessantesten Arten in diesem Buch vorzustellen. Dabei wurden bewußt die Fische des Roten Meeres und der Malediven in einem Buch zusammengefaßt. Zum einen sind das Rote Meer und die Malediven die beiden wichtigsten Tauchziele des Indischen Ozeans, und sehr viele der beschriebenen Arten kommen in beiden Regionen vor. Zum anderen ist die Vielfalt der Fische des gesamten Indischen Ozeans mit ca. 2200 Arten viel zu groß, um sie in einem handlichen Nachschlagewerk vorzustellen. Eine Beschränkung auf die Fische dieser beiden Gebiete ermöglichte deshalb, einen repräsentativen Querschnitt der häufigsten und interessantesten Arten vorstellen zu können. Dadurch konnten auch zahlreiche endemische Arten berücksichtigt werden. Darüber hinaus kann dieser Fischführer natürlich auch in allen anderen Teilen des Indischen Ozeans eingesetzt werden, da die überwiegende Mehrzahl der vorgestellten Arten auch außerhalb des Roten Meeres und/oder der Malediven vorkommt.

Die verwendete Systematik wurde aus Smith Sea Fishes von M.M. SMITH und P.C. HEMMSTRA übernommen. Um dem Interessierten eine systematische Zuordnung der beobachteten Fische zu erleichtern und die biologischen Besonderheiten der betreffenden Ordnung und Familie vorzustellen, wird jede Ordnung und jede Familie einleitend vorgestellt. Viele der vorgestellten Arten besaßen in der vorhandenen Literatur bislang nur einen wissenschaftlichen Namen. Für Hinweise auf Fehler bin ich dem aufmerksamen Leser dankbar. Vorhandene deutsche Bezeichnungen habe ich zusammengetragen und weitgehend übernommen. Waren mehrere deutsche Namen für eine Art vorhanden, habe ich den zutreffendsten übernommen. Bei Arten, die keinen deutschen Namen besaßen, wurde, wenn vorhanden, der englische Name übersetzt. In allen anderen Fällen habe ich einen neuen, möglichst gut passenden Namen hinzugefügt.
An dieser Stelle möchte ich mich ganz herzlich bei allen Tauchlehrern und Basisleitern bedanken, die mich fachkundig und geduldig durch ihre Tauchgebiete geführt haben. Mein besonderer Dank gilt Volker aus Hurghada und Port Safaga, Rudi aus Hurghada, Rob und Sam von der »KEEMA« und Axel und Andrea von Ellaidhoo. Mein größter Dank gilt jedoch meiner Ehefrau Silvia, ohne die dieses Buch nie entstanden wäre. Mit ihrem geübten Blick hat sie viele der abgebildeten Arten für mich aufgespürt. Sie hat mir während der Planung und der Entstehungsphase dieses Buches stets mit vollem Engagement und sehr viel Verständnis zur Seite gestanden.

Lorsbach im Taunus, Herbst 1993
Helmut Göthel

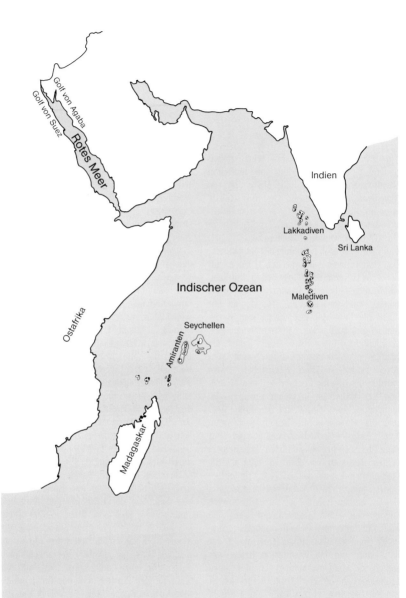

Inhaltsverzeichnis

Zu diesem Buch

Zur wissenschaftlichen Benennung und
Systematik der Tiere 8
Korallenriffe 10
   Das Rote Meer 10
   Die Malediven 12
Die Sinne der Fische 14
Geschlechtsumwandlung bei Fischen 16
Schlafgewohnheiten von Fischen 18
Lebensgemeinschaften mit Fischen
im Korallenriff 21
Giftige und gefährliche Fische 23
Speisefische 27

Knorpelfische (Chondrichtyes) 28
   Ammenhaie (Orectolobidae) 29
   Menschenhaie (Carcharhinidae) 30
   Stechrochen (Dasyatidae) 32
   Adlerrochen (Myliobatidae) 34
   Teufelsrochen (Mobulidae) 35
   Geigenrochen (Rhinobatidae) 36
   Zitterrochen (Torpedinidae). 37

Knochenfische (Osteichthyes) 38
   Muränen (Muraenidae) 39
   Röhrenaale (Heterocongridae) 48
   Schlangenaale (Ophichthidae) 50
   Milchfische (Chanidae) 51
   Korallenwelse (Plotosidae) 52
   Eidechsenfische (Synodontidae) 53
   Soldatenfische (Holocentridae) 54
   Flötenfische (Fistulariidae) 59
   Trompetenfische (Aulostomidae) 60
   Geisterpfeifenfische (Solenostomidae) 61
   Seenadeln und Seepferdchen
   (Syngnathidae) 62
   Krötenfische (Antennariidae) 66
   Skorpionsfische (Scorpaenidae) 67
   Plattköpfe (Platycephalidae) 76
   Säge- und Zackenbarsche (Serranidae) 77
   Büschelbarsche (Cirrhitidae) 96
   Seifenbarsche (Grammistidae) 102
   Mirakelbarsche (Plesiopidae) 103
   Zwergbarsche (Pseudochromidae) 104
   Großaugenbarsche (Priacanthidae) 106
   Torpedobarsche (Malacanthidae) 107
   Kardinalbarsche (Apogonidae) 108
   Stachelmakrelen (Cavangidae) 112
   Schnapper (Lutjanidae) 116
   Schiffshalter (Echeneididae) 121
   Füsiliere (Caesionidae) 122
   Süßlippen und Grunzer (Haemulidae) 124
   Scheinschnapper (Nempiteridae) 127
   Straßenkehrer (Lethrinidae) 128
   Meerbarben (Mullidae) 130
   Glasbarsche (Pempheridiae) 133
   Fledermausfische (Ephippidae) 134
   Falterfische (Chaetodontidae) 135
   Kaiserfische (Pomacanthidae) 161
   Riffbarsche (Pomacentridae) 171
   Lippfische (Labridae) 189
   Papageifische (Scaridae) 228
   Sandbarsche (Pinguipedidae) 240
   Schleimfische (Blenniidae) 242
   Leierfische (Callionymidae) 249
   Pfeilgrundeln (Microdesmidae) 250
   Grundeln (Gobiidae) 254
   Doktorfische (Acanthuridae) 267
   Kaninchenfische (Siganidae) 286
   Halfterfische (Zanclidae) 288
   Butte (Bothidae) 289
   Seezungen (Soleidae) 290
   Kugelfische (Tetraodontidae) 291
   Igelfische (Diodontidae) 306
   Drückerfische (Balistidae) 309
   Feilenfische (Monacanthidae) 321
   Kofferfische (Ostraciidae) 328
Literaturverzeichnis 331
Bildquellen 332
Wissenschaftliche Namen 333
Deutsche Namen 335

Zur wissenschaftlichen Benennung und Systematik der Tiere

Das Bedürfnis, die Organismen unserer Umwelt zu benennen und in ein System einzuordnen, reicht weit in unsere Vergangenheit zurück. Anfänglich mögen sich solche Bemühungen auf Arten beschränkt haben, die in einer besonderen Beziehung zum Menschen gestanden haben. Die frühesten historischen Belege für eine Klassifikation der Tiere sind mehr als 2000 Jahre alt und stammen von Aristoteles. Er versuchte als erster, die rund 500 ihm damals bekannten Tierarten zu identifizieren und voneinander zu unterscheiden. Allerdings benutzte er damals ganz andere Kriterien als die heutige Wissenschaft. Maßgebliche Kriterien für die Unterscheidung und die Ranghöhe der einzelnen Tierformen waren der Besitz oder das Fehlen von Herz und Blut, die Form der Fortbewegungsorgane (Beine, Flügel, Flossen,...) und die Art der Fortbewegung (Fliegen, Schwimmen, Laufen, Kriechen,...)

Erst im 18. Jahrhundert führte der schwedische Naturforscher Carl von Linné (1707–1778) eine konsequente Methode der Klassifikation und Benennung ein, die bis zur heutigen Zeit unverändert praktiziert wird. Einige seiner Zeitgenossen sagten in diesem Zusammenhang über ihn, Gott habe die Welt geschaffen, aber Linné habe sie geordnet. Er ordnete viele der ihm bekannten Tiere und später zahlreiche Pflanzen anhand auffallender äußerlicher Merkmale verschiedenen Großgruppen zu, die man heute als Tier- bzw. Pflanzenstämme bezeichnet. Diese untergliederte er weiter in Untergruppen mit weiteren gemeinsamen Merkmalen bis hin zur Gattung und Art. In der heutigen Systematik, der »Lehre von der Klassifikation der Organismen«, erfolgt die Untergliederung der Stämme in Klassen, Ordnungen, Familien und Gattungen bis hin zur Art und Unterart. Zur weiteren, noch ausführlicheren Aufgliederung unterteilt man bei Bedarf auch in Unterklassen, Überordnungen und ähnliches mehr.

Ein weiterer Verdienst des Schweden ist die Einführung der »binären Nomenklatur«, durch die jede Art mit einem zweiteiligen Namen bedacht wurde. Dieser wissenschaftliche Name setzt sich auch heute noch aus dem Gattungsnamen (1. Teil) und dem Artnamen (2. Teil) zusammen. Ist eine Art nicht genau bekannt, die Gattungszugehörigkeit aber eindeutig, wird der Artname bis zur Bestimmung oder Neubeschreibung und Benennung durch *sp.* ersetzt, was einfach Species oder Art bedeutet. In der wissenschaftlichen Literatur werden ihm der Name des Verfassers der Erstbeschreibung sowie das Jahr der Erstbeschreibung angehängt. Dieser Anhang, Name und Jahreszahl, wird in Klammern gesetzt, wenn eine spätere systematische Bearbeitung der Art z.B. die Zuordnung zu einer anderen Gattung und somit die Änderung des 1. Teils des Namens notwendig machten. Um Doppelbenennungen zu vermeiden, einigte man sich, daß stets der (Art) Name der älteren Beschreibung der Art der gültige ist.

Diese Kriterien zur Benennung von Arten haben internationale Gültigkeit und erleichtern eine einheitliche Benennung und Gliederung der Organismen ungemein. Am Beispiel des Rotmeer-Buckelkopf-Papageifisches *Scarus gibbus* soll dies noch einmal kurz veranschaulicht werden. Wie alle Wirbeltiere ist er ein Vertreter vom Stamm Chordata, Chordatiere. Innerhalb dieses Stammes gehört er zur Überklasse Gnathostomata, zu den Fischen, und dort zur Klasse Osteichthyes, zu den Knochenfischen. Aufgrund verschiedener Merkmale wird er zur Ordnung Perciformes, Barschartige, gerechnet.

Innerhalb dieser Ordnung ist er ein Vertreter der Familie Scaridae, der Papageifische. Dem Namen schließlich kann man entnehmen, daß er zur Gattung *Scarus* gehört und die Art *gibbus* darstellt.

Auf den ersten Blick kann es nun den Anschein haben, daß es sich bei dem System der Tiere (und auch der Pflanzen) um ein starres, unflexibles Gefüge handelt. Die Vielfalt der heute lebenden Arten sind das Ergebnis eines unablässig stattfindenden Evolutionsprozesses. Deshalb ist es nicht verwunderlich, daß, vereinfacht gesagt, die Ähnlichkeit einzelner Arten, Gattungen oder Familien untereinander nicht in jedem Fall gleich groß ist, sondern ganz unterschiedlich sein kann. Dies läßt sich ganz gut am Beispiel der Familie Labridae, Lippfische und der Familie Scaridae, Papageifische, veranschaulichen. Bis vor einiger Zeit faßte man die Arten aus beiden Familien in nur einer einzigen Familie mit zwei Unterfamilien zusammen. Genaueren Untersuchungen zufolge sind die Unterschiede beider »Gruppen« jedoch so groß, daß man sie eigenen Familien zuordnen muß.

Das bedeutet, daß sich die Arten aus beiden Familien im Lauf der Evolution schon sehr weit auseinanderentwickelt haben. Ganz anders sieht das bei der Familie Scorpaenidae, bei den Skorpionsfischen, aus. Ihre Arten unterscheiden sich zwar äußerlich so sehr voneinander, daß man sie in zahlreiche Unterfamilien aufgliedert. Trotzdem sind die gemeinsamen Merkmale so zahlreich, daß man sie noch einer gemeinsamen Familie zuordnet. »Noch« deshalb, weil diese Familie wahrscheinlich gerade dabei ist, sich in verschiedene Familien aufzuspalten, was wir jedoch nicht mehr miterleben werden, da sich solche Prozesse in Zeiträumen von zig Tausenden von Jahren abspielen.

Diese Beispiele verdeutlichen, daß es sich bei dem System der Tiere, wie auch dem der Pflanzen, um ein vom Menschen geschaffenes, künstliches System handelt. Es kann nicht exakt den tatsächlichen Verhältnissen in der Natur entsprechen, da diese viel zu viele Übergangs- und Zwischenformen hervorgebracht hat, die man in einem solchen System nie vollständig berücksichtigen kann.

Korallenriffe

Die enorme Artenvielfalt in tropischen Korallenriffen liegt vor allem darin begründet, daß sie sehr reich strukturiert sind und auf engstem Raum die unterschiedlichsten Lebensbedingungen ermöglichen. Dadurch gibt es eine große Vielzahl ökologischer Nischen, die von unzähligen Arten besetzt werden. Die Lebensbedingungen können sowohl in den verschiedenen Riffbereichen als auch innerhalb eines Riffbereiches sehr variabel sein. Es ist auch nicht möglich, den Aufbau eines Korallenriffes schlechthin zu beschreiben, da die einzelnen Rifftypen zu unterschiedlich sind. So unterscheidet sich die Lagune eines Saumriffes im Roten Meer von der Lagune eines Atolls auf den Malediven. Trotzdem gibt es charakteristische Riffbereiche, die am Beispiel der Korallenriffe des Roten Meeres und der Malediven beschrieben werden sollen.

Das Rote Meer

Das Rote Meer, das geologisch gesehen ein Teil des ostafrikanischen Grabenbruchsystems ist, besitzt eine Länge von mehr als 2200 km und eine Breite zwischen 250 und 350 km. Dabei erreicht es Tiefen bis zu 2600 m. Es handelt sich um ein Nebenmeer des Indischen Ozeans, mit dem es aber nur über eine schmale Meerenge, die 27 km breite Straße von Bab el Mandeb, verbunden ist. Eine dort zusätzlich vorhandene Schwelle des Meeresbodens, die bis zu 150 m unter die Oberfläche reicht, schränkt den Wasseraustausch mit dem Indischen Ozean stark ein. Da es außerdem von ausgedehnten Wüstengebieten umgeben ist, kommt es zu einer sehr hohen Verdunstung und einer vernachlässigbar geringen Süßwasserzufuhr. Aus diesen Gründen ist der Salzgehalt des Roten Meeres mit bis zu 42‰ deutlich höher als der des Indischen Ozeans mit 38‰.

Längs des Roten Meeres wehende, oft starke Nordwinde wälzen das Wasser ständig bis zum tiefsten Punkt um, so daß am Boden in mehr als 1000 m Tiefe noch 20 °C gemessen werden. Durch diese Zirkulation ergibt sich ein ausgesprochen stabiler Wärmehaushalt. Selbst im Sommer bei Lufttemperaturen von über 40 °C erreicht das Oberflächenwasser nur 28 °C, während im Vergleich dazu im nördlicher gelegenen Mittelmeer über 30 °C erreicht werden. Dennoch fällt die Wassertemperatur auch im Winter nicht unter 20 °C und liegt damit über den dann vor allem im Norden vorhandenen niedrigeren Außentemperaturen. Das große Volumen des Wasserkörpers speichert also im Sommer die vorhandene Wärme wie eine Batterie. Im Winter kommt diese gespeicherte Wärme dann im Zirkulationsverfahren zur Wirkung und verhindert eine zu starke Abkühlung.

Fast ausschließlich vertretener Rifftyp im Roten Meer sind die Saumriffe in allen Ausbildungsstufen, die den Küsten vorgelagert sind. Im mittleren Bereich bei Port Sudan dehnen sie sich sogar kilometerbreit vor der Küste aus, um dann fast senkrecht mehr als 100 m tief abzufallen. Dort könnte man auch von Barriereriffen sprechen.

Saumriffe gehören zur häufigsten Form von Korallenriffen und umgeben Inseln und Küsten wie ein Saum. Die beiden häufigsten Typen sind das **Strand-** oder **Ufersaumriff** und das **Lagunensaumriff**. Letzteres kann dadurch entstehen, daß sich zuerst Korallen auf einem festen Untergrund ansiedeln. Anschließend wachsen sie in Richtung Wasseroberfläche, um dann immer weiter in Richtung offenes Meer zu wachsen, bis das Wasser schließlich zu tief wird und Lichtmangel das Wachstum der Korallen eingrenzt. Dabei siedeln sich immer wieder neue Korallen auf den alten an und überwuchern sie.

Korallenriffe vor Hurghada.

Durch die zunehmende Ausdehnung des Riffsaumes werden die in Ufernähe befindlichen Korallen immer schlechter mit Frischwasser und Nahrung versorgt. Des weiteren fallen sie bei Ebbe regelmäßig trocken, so daß sie schließlich absterben. Durch biologische und mechanische Erosion entsteht dann eine Lagune, deren Untergrund aus festem Korallenkalk oder Korallenbruch, meist aber aus feinem Korallensand besteht. Bei einer ausreichenden Tiefe der Lagune kann sich Seegras ansiedeln und ausgedehnte **Seegraswiesen** bilden, die einen eigenen, sehr artenreichen Lebensraum darstellen. Vereinzelt können sich auch wieder neue Korallenstöcke ansiedeln, die in seltenen Fällen sogar kleine **Fleckenriffe** bilden können. Meist wird die Lagune durch mehr oder weniger schmale **Riffkanäle** mit dem offenen Meer verbunden und so durch Ebbe und Flut mit Frischwasser versorgt. Zum Meer hin wird die Lagune vom geschützten **Rückriff** begrenzt, das mehr oder weniger steil ansteigen kann. Hier herrschen in der Regel empfindliche Organismen vor, wie z.B. reich verzweigte Korallenarten. Die Jungtiere zahlreicher Fischarten verbringen hier auch ihre Jugend. Das Rückriff geht dann in das **Riffdach** über. Fällt dies bei Ebbe ganz oder teilweise trocken, bildet es das **Riffwatt**. In den dadurch entstehenden sogenannten **Ebbetümpeln** sammeln sich zahlreiche Tiere, die das Riffdach nicht mehr rechtzeitig verlassen konnten. Durch ihre geringe Tiefe können sich Ebbetümpel auf mehr als 40 °C aufheizen, wodurch sie einen Extremlebensraum darstellen. Das Riffdach geht schließlich in den mehr oder weniger steil abfallenden **Riffhang** über. Endet das Riffdach abrupt an der **Riffkante** und fällt dann nahezu senkrecht ab, wird der Riffhang als **Steilwand** bezeichnet. Hier ist das Riff in der Regel der unbändigen Wucht der Brandung ausgesetzt, so daß massive und flächig wachsende Korallenarten vorherrschen. Da Sauerstoff- und Nährstoffversorgung in diesem Bereich opti-

Teilansicht eines Großatolls auf den Malediven.

mal sind, ist das Korallenwachstum besonders reichhaltig und üppig. An der Basis geht der Riffhang bzw. die Steilkante in die **Schuttzone** über, wo sich von Stürmen abgebrochene Korallenstöcke und anderer Korallenschutt aller Größenordnungen ansammeln. Hier wiederum können sich Korallenstöcke ansiedeln, die das **Vorriff** bilden, das schließlich in größerer Tiefe in große Sandflächen übergeht. **Strand**- oder **Ufersaumriffe** unterscheiden sich vor allem dadurch, daß sie keine Lagune besitzen. Statt dessen beginnt das Riffdach bei ihnen direkt am Strand.

Die Malediven

Die Malediven gehören mit zu den wichtigsten Riffgebieten des Indischen Ozeans. Bei ihnen handelt es sich um knapp 1200 kleine und kleinste Koralleninseln, die sich nur wenig über die Wasseroberfläche erheben. Sie sind größtenteils wie Perlen auf einer Kette in insgesamt 22 kleineren und größeren Ringen angeordnet, den sogenannten **Atollen**. Dieser Begriff, der sich von »Atolu« aus der Sprache der Malediver ableitet, bedeutet sinngemäß »ringförmig auf einem Kranz angeordnete Inseln«. Wie auch die nahegelegenen Lakkadiven verdanken die Malediven ihre Existenz winzigen Steinkorallen und deren Fähigkeit, Kalk abzuscheiden. Beide Inselgruppen befinden sich auf dem maledivischen Rücken, einer vom indischen Festland abgekippten und gesunkenen Randscholle, die aus ca. 3000 bis 4000 m Tiefe emporsteigt. Die Inseln der Malediven erstrecken sich über eine Länge von ca. 900 km und eine Breite bis ca. 130 km. Dabei beträgt die Landfläche nur knapp 300 km^2.

Der entscheidende Unterschied von einem Atoll zu einem Saumriff besteht darin, daß ein Atoll unabhängig vom Festland im freien Ozean liegt. Dadurch stammen alle seine Bildungen und Sedimente (»Korallensand«) ausschließlich von Korallen und anderen Riffbesiedlern. Außerdem fehlt eine Unterscheidung in Land- und Seeseite, da ein Atoll durch seine Ringform von jeder Seite eine Rifffront bildet.

Atolle (z.B. Ari-Atoll, Nord-Male-Atoll), die stets eine meist ca. 30 bis 80 m tiefe Lagune umschließen, sind der komplizierteste Rifftyp. Die Tiefe der Lagune hängt dabei offensichtlich mit dem Durchmesser des Atolls zusammen. Die Größe von Atollen reicht von nur einem Kilometer Durchmesser bis hin zu 70 km bei dem flächenmäßig weltweit größten Atoll Suvadiva am Südende der Malediven mit seiner 2240 km^2 großen Lagune. Im Idealfall ist die Lagune von einem vollständigen, steilen Riffkranz umgeben, der außen Hunderte bis Tausende von Metern abfallen kann. Außer bei ganz kleinen Atollen steht die Lagune durch einen oder mehrere Kanäle mit dem offenen Meer in Verbindung. In ihnen können durch Ebbe und Flut kräftige Strömungen entstehen. Eine Sonderform einiger Malediven-Atolle ist das **Faro**. Bei ihm handelt es sich um eine eigene atollförmige Riffstruktur, ein **Pseudo-Atoll**, mit einem Durchmesser bis knapp einen Kilometer. Die Mehrzahl der Koralleninseln der Malediven sind ebenfalls von einem ringförmigen Korallenriff umgeben. Auch diese atollförmigen Riffstrukturen werden als Pseudo-Atoll bezeichnet. All diese Pseudo-Atolle oder Faros, die meist innerhalb der Lagunen der Groß-Atolle liegen, besitzen eine flache Insel- bzw. Farolagune.

Die für die Entstehung der ineinandergeschachtelten Atollsysteme der Malediven mit ihren Koralleninseln wahrscheinlich zutreffendste Theorie stammt von Hans Hass. Sie basiert auf den Gesetzmäßigkeiten des Korallenwachstums. Korallenstöcke wachsen der Wasseroberfläche entgegen und breiten sich dabei auch seitlich immer weiter aus. Mit zunehmendem Durchmesser werden die Lebensbedingungen für die Korallen im Zentrum ähnlich ungünstig wie an der Uferseite eines Saumriffes, wodurch sie schließlich absterben. Je größer die Korallenformation wird, desto größer wird auch die abgestorbene Zone im Zentrum. Bei Ebbe staut sich das Wasser innerhalb des so entstandenen Korallenringes und drückt auf den Boden der Lagune. Dadurch sowie durch Erosion und andere Prozesse wird sie schließlich immer mehr vertieft. Je weiter sich die Korallen am Außenriff ausdehnen, desto tiefer sinkt die Lagune ab. Im Laufe der Zeit bricht der Riffring dann an einer oder mehreren Stellen durch Stürme ein. Die so entstandenen Kanäle versorgen die Lagune mit Frischwasser aus dem offenen Meer, wodurch Korallen innerhalb der Lagune wieder geeignete Lebensbedingungen vorfinden und der beschriebene Wachstumsprozess von neuem ablaufen kann.

Inseln entstehen dadurch, daß bei Stürmen Sand- und Geröllbänke angelagert werden, auf denen sich dann nach einiger Zeit erste Pionierpflanzen ansiedeln können.

In Atollen findet man im wesentlichen die gleichen Lebensräume wie in den Saumriffen. Ein Unterschied besteht darin, daß man zwischen der **Atoll-Lagune** und der in der Regel gut geschützten und wesentlich flacheren **Insel-** bzw. **Faro-Lagune** unterscheiden muß. Eine weitere Besonderheit stellt das sogenannte **Außenriff** dar, das am äußeren Rand der Großatolle direkt an das offene Meer grenzt und steil bis in große Tiefen abfallen kann.

Die Sinne der Fische

Ein Grund für den großen evolutionären Erfolg der Fische dürfte in ihrer Lebensweise liegen, die zwar bei den verschiedenen Gruppen zum Teil ganz unterschiedlich sein kann, näher betrachtet aber doch einige Gemeinsamkeiten aufweist.

Im Gegensatz zu der weitaus größten Mehrzahl aller wirbellosen Meeresbewohner können Fische über lange Zeit schnell schwimmen (bis auf wenige Ausnahmen). Ihre Spezialisierung auf schnelles Schwimmen hat sie den meisten anderen Meeresbewohnern gegenüber überlegen gemacht und es ihnen ermöglicht, eine räuberische Lebensweise anzunehmen. Und tatsächlich ernährt sich die Mehrzahl der heute lebenden Fische auch räuberisch von Tieren, seien es jetzt Wirbellose oder andere Fische. Nur vergleichsweise wenige Fischarten haben sich ausschließlich auf Pflanzennahrung spezialisiert.

Diese beiden Faktoren, die freie Beweglichkeit in ihrem Lebensraum durch schnelles, aktives Schwimmen und die zum Teil sehr unterschiedliche Ernährungsweise, stellen hohe Anforderungen an die Sinnesleistungen der Fische.

Sie müssen sich zum einen in ihrem Lebensraum gut orientieren können, damit sie zum Beispiel in einem tropischen Korallenriff schnell umherschwimmen können ohne ständig irgendwo anzustoßen. Sie müssen ihre oftmals gut getarnte Beute aufspüren und identifizieren können. Wenn diese ebenfalls schnell beweglich ist, müssen sie schnell reagieren und ihr folgen können. Aber das ist noch längst nicht alles. Wer den Schutz des Untergrundes verläßt und obendrein noch durch Bewegungen auf sich aufmerksam macht, der muß in der Lage sein, mögliche Feinde rechtzeitig zu erkennen und ihnen zu entkommen.

Je nach der speziellen Lebensweise der einzelnen Fischfamilien bzw. -arten, können ihre Sinnesorgane die an sie gestellten Anforderungen erfüllen.

Einen wichtigen Teil ihrer Sinneseindrücke bekommen Fische über die Augen vermittelt. Die von den Augen aufgenommenen Informationen können auf vielfältige Weise verwendet werden, z.B. für Nahrungssuche, Zusammenhalt im Schwarm, Erkennen von Feinden, Navigation, Anpassung der Körperfarbe an die Umwelt und anderes mehr.

Das Fischauge weicht im Bau kaum von dem anderer Wirbeltiere ab. Eine Besonderheit stellt die kugelförmige, und nicht wie bei den Landtieren abgeflachte, Linse dar. Die Hornhaut, die sich vor der Linse befindet und diese schützt, hat ungefähr den gleichen Brechungsindex wie das Wasser und spielt für Fische bei der Lichtbrechung kaum eine Rolle. Die Bündelung der Lichtstrahlen, die für eine scharfe Projektion auf der Netzhaut verantwortlich ist, wird bei Fischen fast ganz von der kugelförmigen Linse geleistet.

Eine andere Besonderheit ist, daß die Linse des Fischauges starr ist und sich nicht in ihrer Form verändern läßt. Die Anpassung des Auges auf unterschiedliche Entfernungen, das »Scharfstellen«, kann also nicht wie bei uns durch eine Verformung der Linse stattfinden. Statt dessen können Fische den Abstand zwischen der Linse und der lichtempfindlichen Schicht mit den Sehzellen mit Hilfe von speziellen Muskeln verändern.

Wie »sehen« nun aber Fische, wie nehmen sie ihre Umwelt mit den Augen wahr? Um diese Frage zu klären, sollen die Büschelbarsche als Beispiel dienen.

Büschelbarsche sehen, wie viele andere Fische auch, die Welt mit ganz anderen Augen als wir. Wir können sowohl Farben und Formen als auch Bewegungen wahrnehmen. Büschelbarsche dagegen können nur Bewegungen sehen. Was das bedeutet, soll im folgenden stark vereinfacht erklärt werden. Ein Büschelbarsch, der bewegungslos auf seinem Ansitz liegt, nimmt von seiner unbewegten Umwelt nichts wahr, sie ist für ihn gewissermaßen ein einheitlicher Hintergrund. Die Bewegungen eines Beutetieres dagegen werden sofort wahrgenommen, und sie heben sich gegen diesen einheitlichen Hintergrund sehr gut ab. Die Wahrnehmungsfähigkeit einer vielgestaltigen Umwelt würde in diesem Fall mehr schaden als nützen, eben weil sich die Beute nur wenig von ihr abheben würde. Wie erkennen Büschelbarsche dann aber ihren Ansitz, und wie finden sie nach einem Angriff auf ein Beutetier zu ihm zurück, wenn sie nur Bewegungen sehen können? Um unbewegliche Objekte wahrnehmen zu können, müssen Büschelbarsche eben ihre Augen bzw. sich selbst bewegen. Wenn sie zum Beispiel schwimmen, dann bewegt sich, ihre Augen als Bezugspunkt betrachtet, ihre Umgebung an ihnen vorbei. Das gleiche gilt auch, wenn sie ruhig liegen, aber ihre Augen bewegen. Auf diese Weise können sie auch ihre bewegungslose Umwelt wahrnehmen. Der scheinbare Nachteil, nur Bewegungen sehen zu können, entpuppt sich also als Vorteil, weil dadurch die Erkennung der Beute erleichtert wird. Diese Form des Sehens ist im Tierreich nicht nur bei den Fischen sehr weit verbreitet.

Interessant ist auch noch, daß das Gesichtsfeld eines Fisches wesentlich größer ist als unseres. Durch die meist sehr hoch liegenden Augen können die meisten Fische außer direkt nach hinten in fast alle Richtungen schauen. Das ist auch der Grund dafür, daß man sich als Unterwasserfotograf noch so vorsichtig aus den verschiedensten Richtungen an einen Fisch anpirschen kann und doch immer wieder wahrgenommen wird, bevor man die ideale Fotodistanz erreicht hat.

Bei vielen Fischen spielt auch der Geruchs- und Geschmackssinn, der auch als chemischer Sinn bezeichnet wird, eine sehr große Rolle. Er dient in erster Linie dem Auffinden und Erkennen der Nahrung, aber auch der Orientierung, wie z.B. bei den Lachsen, die mit seiner Hilfe nach Jahren im Meer ihr Laichgewässer wiederfinden. Über ihn ist bei Fischen jedoch ansonsten erst verhältnismäßig wenig bekannt. Anders als bei uns sind diese Sinnesorgane nicht auf jeweils ein Zentrum (Mund und Nase) beschränkt, sondern über die gesamte Körperoberfläche verteilt. Besonders stark konzentriert sind sie jedoch in der Mundhöhle und an den Lippen und Barteln. Bei den Knurrhähnen sind sie auch auf den Brustflossen konzentriert. Von Haien ist bekannt, daß sie über einen sehr sensiblen Geruchssinn verfügen. Sie sind in der Lage, bereits kleinste Blutmengen im Wasser wahrzunehmen und so über große Entfernungen mögliche Beute aufzuspüren.

Neben Sehfähigkeit und Geschmacksvermögen, die je nach Art unterschiedlich gut ausgebildet sind, besitzen Fische ein weiteres Sinnesorgan, das sogenannte Seitenlinienorgan, das außer bei ihnen nur noch bei manchen Amphibien bzw. deren Larven zu finden ist. Es handelt sich dabei um einen Ferntastsinn, mit dessen Hilfe Strömungen und von anderen Organismen verursachte Druckwellen wahrgenommen werden können. Durch eigene Bewegungen verursachte Druckwellen, die von Hindernissen zurückgeworfen werden, ermöglichen dem Fisch außerdem eine sichere Orientierung in seinem Lebensraum. Das Seitenlinienorgan dient also wie auch das Auge der Orientierung und Navigation, dem Auffinden und Erkennen der Beute, dem Erkennen von möglichen Feinden, dem Zusammenhalt im Schwarm und anderem mehr. Es befindet sich auf beiden Körperseiten und ist meist äußerlich als eine Längsreihe von Poren zu erkennen, die sich vom Kopf bis zur Schwanzflosse erstreckt.

Einige Fische, z. B. Haie, verfügen darüber hinaus über ein Sinnesorgan, das in der Lage ist, elektrische Felder wahrzunehmen, wie sie von lebenden Organismen erzeugt werden. Dieser elektrische Sinn dient in erster Linie dem Aufspüren und Erkennen von Beute.

Geschlechtsumwandlung bei Fischen

Anders als bei Säugetieren und Vögeln, bei denen das Geschlecht des einzelnen Tieres schon bei der Verschmelzung von Ei- und Samenzelle genetisch festgelegt ist und sich bis zum Tod auch nicht mehr ändert, gibt es im Meer zahlreiche Fischarten, deren Erbmaterial sowohl männliche als auch weibliche Informationen enthält, und die im Verlaufe ihres Lebens zum Teil sogar mehrmals ihr Geschlecht wechseln. Oftmals sind es bei ihnen Umwelteinflüsse, die das Geschlecht beziehungsweise die Geschlechtsumwandlung bewirken. Dabei hat die Natur verschiedene Strategien verwirklicht.

Die wohl häufigste Form der Geschlechtsumwandlung findet man bei den meisten Vertretern aus den Familien der Sägebarsche, der Lippfische, der Papageienfische und der Meerbrassen. Sie werden nach der Jugendentwicklung erst zu Weibchen, bevor sie sich, sozusagen als Lebensziel, zu Männchen umwandeln. Die meisten Sägebarsche, zu denen auch die bis zu zwei Meter langen Zackenbarsche gehören, sind beim Eintritt der Geschlechtsreife mit ca. drei Jahren Weibchen. Je nach Art verschieden wandeln sie sich dann im Alter von fünf bis zehn Jahren zu Männchen um. Bei den farbenprächtigen Papageienfischen und Lippfischen geht diese Umwandlung mit einem auffälligen Farbwechsel einher. Bei den meisten dieser Arten findet man viele kleine Tiere mit Weibchenfärbung und deutlich weniger aber größere Tiere mit Männchenfärbung. Viele tropische

Seitenlinienorgan einer Meerbarbe (Parupeneus sp.), Nachtfärbung.

Lippfische, wie zum Beispiel der bis zu zwei Meter groß werdende Napoleon-Lippfisch *Cheilinus undulatus*, erhalten bei der Geschlechtsumwandlung zum Männchen neben einem anderen Farbkleid auch noch einen deutlich sichtbaren Stirnbuckel.

Der Vorteil dieser Strategie für das einzelne Individuum ist folgender: Jedes Tier »ist bemüht«, möglichst viele Nachkommen in die Welt zu setzen. Da sich meist nur die größten und stärksten Männchen fortpflanzen können, hat ein kleines Tier als Weibchen deutlich bessere Chancen, sein Erbgut weiterzugeben und so möglichst viele Nachkommen zu produzieren. Ist das Tier dann groß genug, sich gegen andere Männchen durchzusetzen, hat es als Männchen die größeren Chancen, mit den zahlreicheren, kleineren Weibchen möglichst viele Nachkommen in die Welt zu setzen.

Einen ganz anderen Weg der Geschlechtsumwandlung findet man bei den Anemonen- oder Clownfischen der Gattung *Amphiprion*. Bei ihnen sind beide Geschlechter gleichgefärbt. Anders als bei den vorher besprochenen Fischen, sind hier die jüngeren kleinen Tiere ausschließlich Männchen, während es sich bei den größeren kräftigeren Tieren durchweg um Weibchen handelt. Die Geschlechtsumwandlung findet bei ihnen auch nicht in einer bestimmten Altersphase statt, sondern wird durch den Umweltfaktor »Aggression« geregelt. Wird eine Anemone von mehreren Fischen derselben Art bewohnt, dann ist das größte und auch dominante Tier stets ein Weibchen, während alle kleineren Tiere Männchen sind. Stirbt das Weibchen oder fällt es Freßfeinden zum Opfer, dann kommt es zu drastischen Änderungen in der verbliebenen Männergesellschaft. Das größte, ranghöchste Männchen schmilzt seine männlichen Keimdrüsen ein, nimmt an Größe und Gewicht deutlich zu und ist nach ca. vier bis neun Wochen in der Lage, befruchtungsfähige Eier zu produzieren. Es hat sich also zu einem voll funktionsfähigen Weibchen entwickelt und tyrannisiert, genau wie das vorherige Weibchen auch, seine Männchen. Hier haben also die Frauen die Hosen an. Ein Männchen bleibt solange Männchen, wie es durch aggressive Handlungen eines stärkeren Tieres unterdrückt wird. Erst wenn diese Aggression wegfällt, erfolgt die Umwandlung zum Weibchen. Diese Umwandlung kann aber auch wieder rückgängig gemacht werden. Treffen zwei Weibchen in einer Anemone aufeinander, dann wandelt sich das kleinere und schwächere in kurzer Zeit wieder in ein Männchen um.

Auch bei dieser Strategie liegt der biologische Sinn auf der Hand. Anemonenfische, die auf den Schutz durch ihre Anemone angewiesen sind, können es sich nicht leisten, eine Anemone wieder zu verlassen, bloß weil sie anstatt eines Geschlechtspartners einen Geschlechtsgenossen dort angetroffen haben. Das Risiko, auf der Suche nach einer Anemone mit dem richtigen Geschlechtspartner von einem der zahlreichen Freßfeinde gefressen zu werden, ist viel zu groß. Diese Strategie ermöglicht den Fischen, ein Paar zu bilden, wann immer zwei Tiere auf eine Anemone zusammentreffen. Gelangen zusätzlich weitere Jungtiere auf diese Anemone, dann ist es wegen der Enge auf der Anemone sinnvoll, daß sie von den erwachsenen Tieren klein gehalten werden, bis sie gebraucht werden. Auch die Tatsache, daß die Weibchen annähernd doppelt so groß wie die Männchen sind und dementsprechend auch wesentlich mehr Eier produzieren können, ist eine weitere List der Natur, die dazu beiträgt, daß möglichst viele Jungtiere den Kampf ums Überleben aufnehmen können und so den Erhalt der Art sichern.

Neben den an dieser Stelle angesprochenen Fischfamilien bzw. Fischarten findet man aber auch bei einer ganzen Reihe weiterer Arten bzw. Familien das Phänomen der Geschlechtsumwandlung. Nähere Informationen dazu finden sich in den jeweiligen Art- und Familienbeschreibungen.

Schlafgewohnheiten von Fischen

Die tropischen Korallenriffe der Welt sind tagsüber von einer fast unüberschaubaren Fülle von Fischen besiedelt. Dabei ist nicht nur die Artenvielfalt überwältigend. Auch die enorm große Anzahl der einzelnen Individuen ist kaum vorstellbar. Angesichts dieser Fischmengen stellt sich nun die Frage: Wo verbringen all diese Fische die Nacht? Diese Frage ist von existentieller Bedeutung, sowohl für das Einzelindividuum als auch für die Art als biologische Einheit.

Doch fangen wir von vorne an! Wenn die Dämmerung hereinbricht, löst sie große Unruhe und Hektik im Riff aus. Die Tagaktiven versuchen noch einmal, sich den Bauch vollzuschlagen, begeben sich ein letztes Mal für diesen Tag zu einer Putzstation und suchen unruhig ihr Quartier für die Nacht auf. Viele Arten suchen sogar jede Nacht, oder zumindest über einen längeren Zeitraum, immer wieder den gleichen Schlafplatz auf. Gleichzeitig verlassen die Nachtaktiven ihre Schlafplätze und bereiten sich auf die Nacht vor.

Grund für diese große Unruhe sind die zahlreichen »Räuber«, oder besser Jäger, wie Zackenbarsche, Haie, Muränen und Feuerfische, die diese Zeit zur Jagd nutzen, um reichlich Beute zu machen. Da auch nach dem Einbruch der Dunkelheit noch zahlreiche Jäger unterwegs sind, ist es für alle Fische wichtig, einen sicheren Schlafplatz zu finden. Auch der Zeitpunkt, diesen Schlafplatz aufzusuchen, ist von großer Bedeutung. Sucht ein Fisch seinen Schlafplatz zu früh auf und begibt sich zu früh zur Nachtruhe, dann läuft er Gefahr im letzten Licht des Tages von einem der aktiven Jäger erbeutet zu werden. Wird der Schlafplatz zu spät aufgesucht, ist er möglicherweise schon besetzt. Dann wird es schwer, einen sicheren Ort für die Nacht zu finden. Im Laufe der Evolution hat jede Art ihre speziellen Schlafgewohnheiten entwickelt, die ebenso vielfältig wie originell sind.

Die kleinen Anemonenfische der Gattung *Amphiprion* halten sich tagsüber stets in unmittelbarer Nähe ihrer Anemone auf und verschwinden meist nur bei Gefahr kurz zwischen den Tentakeln ihres Partners. Nachts kuscheln sie sich dagegen ganz tief zwischen die schützenden Tentakel und sind oft nur schwer zu entdecken. So sind sie hervorragend durch die nesselnde Anemone geschützt und brauchen keine dämmerungsaktiven oder nächtlichen Freßfeinde zu fürchten.

Die Fahnenbarsche der Gattung *Anthias* halten sich tagsüber im freien Wasser in unmittelbarer Riffnähe auf, wo sie auf Planktonjagd gehen. Bei Gefahr ziehen sie sich sofort ins Riff zurück und verschwinden in kleinen Spalten oder zwischen den Ästen von Korallen. Genau die gleiche Strategie verfolgen sie während der Nacht. Im Schutz von Korallenästen oder in Löchern und Spalten versteckt, sind sie vor den Nachstellungen möglicher Freßfeinde sicher. Zahlreiche andere Fischarten verbringen die Nacht ebenfalls einfach im Schutz von Löchern und Spalten, in die sie sich auch am Tag bei Gefahr zurückziehen. Zu ihnen gehören unter anderem Feilen- und Drückerfische. Auch der Regenbogenlippfisch *Thalassoma klunzingeri* konnte nachts tief in Spalten zurückgezogen beobachtet werden.

Andere Lippfischarten graben sich nachts dagegen einfach im Sand ein und entziehen sich auf diese Weise den Räubern. Bei dem Gefleckten Büschelbarsch *Cirrhitichthys oxycephalus* scheint es individuelle Unterschiede bei den Schlafgewohnheiten zu geben. Einige der beobachteten Tiere verbrachten die Nacht zwischen Korallenästen. Andere dagegen lagen einfach relativ frei auf dem Untergrund oder auf einzelnen Korallenästen. Zusätzlich zeigten manche Tiere eine deutlich intensivere Rotfärbung als während des Tages. Wieso es sich diese Büschelbarsche leisten können, die Nacht teilweise so ungeschützt zu verbringen, konnte nicht näher geklärt werden.

Bei den verschiedenen Kugelfischarten, die während der Nacht ebenfalls einfach frei auf dem Untergrund liegen, ist die Erklärung für dieses Verhalten wesentlich einfacher. Viele Kugelfische sind giftig und haben auch am Tage nur wenige Feinde zu fürchten. Außerdem können sie sich bei Gefahr »aufblasen«, was einen zusätzlichen Schutz vor Freßfeinden bietet. Bei vielen Kugelfischen kann man auch eine besondere Nachtfärbung beobachten. Der Maskenkugelfisch *Arothron diadematus* z.B. nimmt eine dunkel marmorierte Färbung an, und seine charakteristische Augenbinde verschwindet. Auch die Spitzkopfkugelfische der Gattung *Canthigaster*, die sich wie ihre großen Verwandten ebenfalls aufblasen können, nehmen eine dunkel marmorierte Färbung an, die die Gestalt auflöst und der Tarnung dient. Sie verbringen die Nacht ebenfalls frei auf dem Boden liegend und sondern zusätzlich noch Hautsekrete ab, die auf Freßfeinde abschreckend wirken. Aus diesen Gründen sind sie nicht darauf angewiesen, sichere Schlafplätze aufzusuchen.

Das gilt genauso für die verschiedenen Kaninchenfischarten. Sie besitzen giftige Flossenstrahlen, die sie während der Nacht einfach abspreizen. Außerdem legen sie eine spezielle Nachtfärbung an, die gestaltsauflösend wirkt und somit der Tarnung dient.

Nahezu alle bisher beschriebenen Arten genießen entweder durch ihre Giftigkeit bzw. Ungenießbarkeit oder durch ihren sicheren Schlafplatz einen ziemlich großen Schutz vor möglichen Freßfeinden. Interessanterweise zeigen sie auch alle einen vergleichsweise »festen« Schlaf und lassen sich z.B. durch Unterwasserscheinwerfer kaum stören. Werden sie schließlich doch aufgeschreckt, taumeln sie vom Licht geblendet umher und stoßen immer wieder gegen Hindernisse, bevor sie erst nach geraumer Zeit richtig wach werden und davonschwimmen.

Das ist bei den folgenden drei Beispielen ganz anders. Der Halfterfisch *Zanclus cornutus* verbringt die Nacht frei über dem Boden stehend unter Überhängen oder zwischen großen Korallen- oder Felsblöcken. Die Färbung ändert sich dahingehend, daß hell gefärbte Bereiche dunkler bzw. rauchig werden. Der Besenschwanz-Feilenfisch *Alutera scriptus* steht nachts ebenfalls im freien Wasser, wobei er sich stets in der Nähe einer Felswand oder einem anderen Substrat aufhält. Seine Färbung nimmt eine deutliche Marmorierung an. Die Barben der Gattung *Parupeneus* schließlich liegen während der Nacht auf dem freien Sandboden. Ihre Nachtfärbung zeichnet sich durch einen wesentlich höheren Rotanteil aus.

In diesen drei Beispielen genießt keine Art einen Schutz durch Giftigkeit oder Ungenießbarkeit. Auch werden als Schlafplatz weder Löcher und Spalten noch reichverzweigte Korallenstücke aufgesucht, die Schutz bieten würden. Als Folge daraus besitzen die Arten aus allen drei Beispielen einen sehr leichten Schlaf. Bereits schwache Lichtreize oder durch Bewegungen verursachte Druckwellen reichen aus, die betreffenden Tiere sofort aufzuschrecken und in die Flucht zu treiben. Dabei scheinen sie sofort hellwach zu sein und haben meist keinerlei Orientierungsprobleme. Der leichte Schlaf dieser Arten ist ihr Schutz vor Freßfeinden. Die Wahl des freien Wassers als Schlafplatz beim Besenschwanz-Feilenfisch erschwert es nachtaktiven Jägern darüber hinaus, die Tiere überhaupt aufzuspüren. Die Änderung der Färbung dient, wie auch schon in den anderen Fällen, der Gestaltauflösung und somit der Tarnung.

Ganz unterschiedliche Schlafgewohnheiten findet man bei den Papageifischen der Familie Scaridae. Mit Einbruch der Dämmerung versammeln sich oftmals die Tiere einer Art aus einem Gebiet auf einer freien Sandfläche oder Ähnlichem. Zu dieser Zeit sind sie extrem unruhig und haben eine sehr große

Schlafende Papageienfische.

Fluchtdistanz. Mit Einbruch der Dunkelheit sucht dann schließlich jeder Fisch seinen Schlafplatz auf, an dem er oftmals über lange Zeit immer wieder angetroffen werden kann. Kleinere Arten ziehen sich oft in Spalten zurück, während größere Arten sich einfach frei auf den Boden legen, den Kopf oder eine Körperseite gegen einen Korallenblock oder Felsen stützen und so die Nacht verbringen. Mit zahlreichen Papageifischarten geht nach einer gewissen Zeit nach Einbruch der Dunkelheit dann jedoch etwas Sonderbares vor. Mit dem Atemwasser wird eine Schleimhülle aus dem Maul bzw. aus den Kiemenspalten ausgeschieden, die nach kurzer Zeit den gesamten Körper weiträumig wie ein Schlafsack umgibt. Diese Schleimhülle stellt nicht etwa eine wirksame Geruchsbarriere gegen Räuber dar, die sich geruchlich orientieren, wie z.B. die Muränen. Statt dessen handelt es sich um einen »chemisch neutralen« Mantel, der bei Berührung durch Muränen kein Zubeißen auslöst.

Diese interessante Verhaltensweise kann man auch bei zahlreichen Lippfischen beobachten. Papageienfische, die sich zum Schlafen in Spalten legen, kann man oft in verschachtelten Tischkorallenstöcken wie in Etagenbetten dicht an dicht übereinander liegen sehen.

Für viele Schwarmfische stellt sich ein anderes Problem. Der Schwarm, der am Tag Schutz vor Freßfeinden bietet, könnte während der Nacht dem gesamten Schwarm zum Verhängnis werden, wenn er von einem Räuber entdeckt würde. Aus diesem Grund lösen sich viele Schwärme mit Einbruch der Dunkelheit auf. Die Einzeltiere suchen unabhängig voneinander einen Schlafplatz auf. Dadurch kann ein Räuber bestenfalls einzelne Tiere erbeuten, was für den Schwarm als Einheit keinen Schaden darstellt. In vielen Fällen legen auch diese Schwarmfische ein spezielles Nachtkleid an, das der Tarnung dienen soll. Caesio-Schnapper weisen nachts z.B. einen großen Rotanteil in ihrer Färbung auf, während die Flötenfische *Fistularia commersonii* ein »Ringelnachthemd« anlegen.

Als letztes sollen einige Vertreter der Falterfische der Familie Chaetodontidae betrachtet werden. Die meisten Arten suchen Spalten oder ähnliches auf und nehmen eine etwas dunklere, rauchige Nachtfärbung an. Bei dem Sparren-Falterfisch *Chaetodon trifascialis* ändert sich die Färbung jedoch mit Einbruch der Dämmerung drastisch. Die obere Hälfte des Körpers wird dunkel mit zwei deutlich sichtbaren Augenflecken. Diese Färbung kann auch tagsüber auftreten, wenn sich die Tiere bedroht fühlen. Dabei handelt es sich jedoch nicht um eine richtige Nacht- sondern um eine Dämmerungsfärbung. Ihre Hauptaufgabe soll wahrscheinlich die Arterkennung während der Dämmerung und das Abschrecken von möglichen Freßfeinden sein.

Diese Beispiele verdeutlichen, wie vielfältig und interessant die Schlafgewohnheiten tropischer Korallenfische sind und was die möglichen biologischen Hintergründe für sie sind.

Lebensgemeinschaften mit Fischen im Korallenriff

Tropische Korallenriffe gehören zu den arten- und individuenreichsten Lebensräumen auf der Erde überhaupt. Auf engstem Raum leben hier unzählige Tiere verschiedenster Arten aus dem gesamten Tierreich zusammen. Jedes einzelne Individuum, gleich welcher Art, steht tagtäglich vor demselben Problem. Es muß sich seine Nahrung beschaffen und gleichzeitig dafür sorgen, daß es nicht selber einem seiner vielen Freßfeinde zum Opfer fällt. Vor allem letzteres ist keine leichte Aufgabe, den nirgendwo leben Jäger und Gejagte so eng beieinander wie in tropischen Korallenriffen. Fressen und gefressen werden ist die ebenso einfache wie kompromißlose Formel zum Überleben. Selbst unter Artgenossen herrscht oftmals ein gnadenloser Konkurrenzkampf um Nahrung, Revier, Fortpflanzungspartner und vieles mehr.

Aber es geht auch anders! Eine ganze Reihe von Tierarten baut auf Kooperation und versucht, mit der Hilfe einer anderen Tierart den Kampf ums Überleben zu meistern. Zu ihnen gehören auch zahlreiche Fischarten. Die meisten von ihnen suchen sich aber nicht etwa einen Partner unter ihresgleichen, sondern wählen ihn aus der ungleich größeren Gruppe der Niederen Tiere aus. Solche Lebensgemeinschaften zwischen verschiedenen Arten gehören zum Faszinierendsten, was man in Korallenriffen beobachten kann.

Man kann in diesem Zusammenhang drei Formen von Lebensgemeinschaften voneinander unterscheiden. Bei einer **Symbiose** ziehen beide Partner Vorteile aus ihrer Lebensgemeinschaft. Von einer **Karpose** spricht man, wenn nur ein Partner Vorteile genießt, ohne jedoch den anderen zu schädigen. Beim **Parasitismus** dagegen wird immer einer der Beteiligten geschädigt. Zwischen allen drei Formen gibt es fließende Übergänge.

Sind die Partner aufeinander angewiesen und sonst nicht überlebensfähig, wird eine Lebensgemeinschaft als **obligat** bezeichnet. Das gilt auch, wenn nur einer der Partner auf sie angewiesen ist. Kommen die Partner auch ohne einander aus, dann bezeichnet man die Lebensgemeinschaft als **fakultativ**.
Zu den Fischen, die in **Karpose** mit anderen Tieren leben, gehören unter anderem die Korallen-Zwerggrundeln der Gattung *Bryaninops*. Da sie dauerhaft auf der Körperoberfläche ihrer Wirte (Horn-, Draht- oder Steinkorallen) leben, unabhängig von deren Aktivität, handelt es sich um eine besondere Form von Karpose, und zwar um **Symphorismus**. Dabei gehören die Korallen-Zwerggrundeln zu den auf ihrem Wirt frei beweglichen Symphorionten.

Eine andere Form von Karpose ist die **Parökie**, bei der es sich um ein Nachbarschaftsverhältnis handelt, das einem der Beteiligten Schutz oder Nahrung bietet. Typische Beispiele hierfür sind die Lebensgemeinschaften zwischen Jungfischen und Quallen oder anderen Nesseltieren. Hierzu gehört auch die Lebensgemeinschaft zwischen jungen Dreifleck-Preußenfischen *Dascyllus trimaculatus* und verschiedenen Anemonenarten.

Eine Sonderform der Parökie ist die Tischgemeinschaft, die als **Kommensalismus** bezeichnet wird. Dabei profitiert eine Art von der Nahrungssuche und Nahrungsaufnahme einer anderen, indem sie die Reste, zu kleine Brocken oder aufgewirbelte und damit für den Suchenden bzw. Fressenden unerreichbare oder uninteressante Nahrungsbrocken, aufnehmen kann. Eine solche zusätzliche Nahrungsquelle nehmen in tropischen Korallenriffen zahlreiche Fische wahr. Unfreiwillige Gastgeber sind vor allem Fische, die ihre Nahrung aus dem Sandboden ausgraben oder freilegen. Neben verschiedenen Meerbarbenarten gehören auch zahlreiche Rochen und große Drückerfische zu ihnen. Zu den Nutznießern gehören zahlreiche Fischarten aus den verschiedensten Familien.

Eine Tischgemeinschaft ganz besonderer Art können Taucher oft bei Nachttauchgängen beobachten, wobei sie selber die Gastgeber sind. An manchen Tauchplätzen haben sich Raubfische darauf spezialisiert, die von Tauchern angeleuchteten, schlafenden Fische, die durch das Licht geblendet werden, blitzschnell zu erbeuten. Auf Ellaidhoo im Ari-Atoll sind es z.B. einige große Einfleck-Schnapper *Lutjanus monostigma*, die bei Nachttauchgängen im Bereich der Überhänge hektisch zwischen den Tauchern umherschwimmen.

Zu den bekanntesten **Symbiosen** im Riff gehört die Lebensgemeinschaft zwischen den Anemonenfischen der Gattung *Amphiprion* und Anemonen aus verschiedenen Gattungen, die man an nahezu jedem Tauchplatz beobachten kann. Auch die Lebensgemeinschaft zwischen den aus verschiedenen Gattungen stammenden Wächtergrundeln und den Pistolenkrebschen aus der Gattung *Alpheus* kann sehr häufig beobachtet werden.

Eine ganz spezielle Symbiose stellt die **Putzsymbiose** dar, die dann vorliegt, wenn eine Tierart im Rahmen ihrer Nahrungsaufnahme die Haut einer anderen Art von Ektoparasiten säubert. Dabei erschließt sich der putzende Partner eine sichere Nahrungsquelle. Der Geputzte wird von lästigen Parasiten befreit, die er sonst nicht loswerden könnte. Des weiteren werden oftmals auch Nahrungsreste aus dem Maul entfernt und Verletzungen versorgt, so daß sie besser und schneller wieder verheilen. Zwischen Putzer und Kunde besteht meist eine »Zeichensprache«, mit deren Hilfe der Putzer seine Dienste anbietet und der Kunde den Putzer zum Putzen auffordert. In vielen Fällen übt der Putzer sein Gewerbe an einer besonderen Putzstation aus, die von den Kunden regelmäßig bzw. bei Bedarf aufgesucht wird. Typische Putzer in den tropischen Korallenriffen des Indischen Ozeans und des Roten Meeres sind neben den gelegentlich putzenden Jungfischen zahlreicher Fischarten der Gewöhnliche Putzerfisch *Labroides dimidiatus*, der Zweifarben-Putzerfisch *Labroides bicolor*, Jungtiere des Blauen Rotmeer-Putzerfisches *Larabicus quadrilineatus* und Jungtiere des Keilschwanz-Putzerfisches *Labropsis xanthonota*.

Von den Schiffshaltern, wie z.B. dem Gestreiften Schiffshalter *Echeneis naucrates*, glaubte man lange Zeit, sie ließen sich ohne Gegenleistung von ihren Wirten transportieren. Tatsächlich handelt es sich bei ihnen aber ebenfalls um echte Putzer, wie Magenuntersuchungen und Freilandbeobachtungen bewiesen haben.

Aber auch verschiedene Garnelen, wie z.B. *Stenopus hispidus*, *Hippolysmata grabhami* und Arten aus den Gattungen *Periclimenes* und *Lysmata* haben sich auf das Putzen von Fischen spezialisiert.

Neben im Riff lebenden Fischen kommen auch Arten des Freiwassers und der Hochsee (z.B. Mantas) regelmäßig in Riffnähe und suchen Putzstationen auf.

Neben diesen »positiven« Lebensgemeinschaften gibt es aber auch Beispiele für **Parasitismus** im Korallenriff. Wahrscheinlich aufgrund der überall vorkommenden Putzsymbiosen sind parasitische Fischasseln in den Riffen des Indischen Ozeans wesentlich seltener als z.B. im Mittelmeer.

Weitaus häufiger sind dagegen verschiedene Arten von Säbelzahnschleimfischen, z.B. der Blaustreifen-Säbelzahnschleimfisch *Plagiotremus rhinorhynchos* und der Schuppenfresser-Säbelzahnschleimfisch *Plagiotremus tapeinosoma*, die anderen Fischen Stücke aus den Flossen und Schuppen oder aus der Haut herausbeißen. Dieses Verhalten hat der Falsche Putzerfisch *Aspidontis taeniatus* bis zur Perfektion verfeinert. Er ahmt in Aussehen und Verhalten den Gewöhnlichen Putzerfisch *Labroides dimidiatus* nach und kann sich so problemlos und unbehelligt seinen Opfern nähern und putzwilligen Fischen Stücke aus Haut und Flossen herausbeißen.

Giftige und gefährliche Fische

In tropischen Korallenriffen gibt es eine ganze Anzahl von Fischen, die Badenden, Schnorchlern und Tauchern in irgendeiner Form gefährlich werden können, indem sie unterschiedlichste Verletzungen oder Vergiftungen verursachen. Dabei handelt es sich eigentlich nie um grundlos aggressives Verhalten solcher Fische, sehr häufig jedoch um Abwehrverhalten, weil sich die betreffenden Fische bedroht fühlen. Aber auch Unvorsichtigkeit oder Fehlverhalten durch den Mensch sind sehr häufig die Ursachen für Verletzungen durch Fische.

Prinzipiell kann man zwischen rein mechanischen Verletzungen, also Biß-, Stich- und Schnittverletzungen, und Vergiftungen unterscheiden. Letztere werden meist durch Stichverletzungen verursacht. Eine weitere Gefahr liegt im Verzehr giftiger Fische, wobei die Giftigkeit verschiedene Ursachen haben kann.

Bißverletzungen können von den verschiedensten Fischen verursacht werden. Häufigster Grund ist wahrscheinlich die leider immer noch unter Tauchern verbreitete Unsitte des Fütterns von Fischen. Zum einen verlieren angefütterte Fische sehr schnell ihre natürliche Scheu vor dem Menschen. Schon nach kurzer Zeit bedrängen sie jeden Taucher, egal ob er Futter dabei hat oder nicht, und schnappen nach allem, was auch nur im entferntesten irgendwie mit Futter verwechselt werden könnte. Ein nach oben gerichteter Daumen zum Beispiel, ursprünglich als Signal für den Tauchpartner gemeint, kann so unter Umständen von einem gierigen, angefütterten Fisch übel zugerichtet werden.

Zum anderen kann es bei der Fütterung auch ganz leicht dazu kommen, daß ein Fisch mit dem Futterbrocken auch gleich die Finger oder gar die ganze Hand einsaugt. Schlecht heilende Abschürfungen sind in solchen Fällen noch die geringsten Folgen. Nicht selten reicht es schon aus, das Futter nur mit den Händen berührt zu haben. Vor allem Fische, die sich überwiegend geruchlich orientieren, können den Unterschied nicht merken und attackieren die vermeintliche Nahrungsquelle. Angefütterte Fische können so gierig und so hektisch werden, daß aus der geplanten Fütterung sehr schnell ein unübersichtliches Chaos wird, bei dem es ebenso schnell zu üblen Verletzungen kommen kann. Ganz abgesehen davon können durch solche Fütterungen unter Umständen auch Haie angelockt werden, die sich dann ebenfalls bedienen wollen...

Da die Fütterung fast immer obendrein auch nicht artgerecht ist (hartgekochte Eier, Schmelzkäse,...) und den Fischen mehr schadet als nutzt, sollte der wahre Naturfreund auf Aktionen dieser Art zum Wohle der Fische und vor allem auch zu seinem eigenen Wohl verzichten!

Da Harpunieren für umweltbewußte Taucher und Schnorchler ohnehin kein Thema sein sollte, muß dieses Thema auch nicht ausführlicher besprochen werden. Es ist nur zu leicht einsichtig, daß harpunierte, blutende Fische große Raubfische wie z.B. Haie anlocken, wodurch es zu schweren Bißverletzungen kommen kann. Eine ebenfalls recht häufige Ursache für Bißverletzungen liegt in einem anderen Fehlverhalten vieler Taucher. Wer schlafende oder ruhende Fische unbedingt anfassen will, der darf sich nicht wundern, wenn er von dem betreffenden Fisch als Reaktion gebissen wird. Es ist genauso leichtsinnig, in unübersichtliche Löcher oder Spalten zu greifen, um z.B. eine Muschel aufzusammeln. Sitzt nämlich eine Muräne darin, die sich nicht zurückziehen kann, dann wird sie unweigerlich aus Selbstverteidigung zubeißen. Das gleiche gilt, wenn man sich unbedingt in enge Höhlen oder Spalten hineinzwängen muß. Ein darin verborgener Fisch, der auf diese Weise in die Enge getrieben und dem jede Fluchtmöglichkeit genommen wird, wird im Zweifelsfall ebenfalls zubeißen! Aus diesem Grund sollte man keine Fische in irgendeiner Form bedrängen und auf gar keinen Fall in dunkle Löcher und Spalten greifen!

Es besteht aber auch die Möglichkeit, scheinbar grundlos von einem Fisch attackiert und gebissen zu werden. Aber eben nur scheinbar! Drückerfische zum Beispiel verteidigen während der Brutzeit ein festes Revier gegen jeden Eindringling, auch gegen Taucher. Da man die auffälligen Nester oft schon von weitem auf dem Boden erkennen kann, macht man am besten einen weiten Bogen um die betreffenden Drückerfische. Viele Taucher machen dabei einen Fehler. Sie glauben, wenn sie ganz hoch über das Nest schwimmen sei das ausreichend. Drückerfische beanspruchen aber in der Regel den gesamten Wasserraum bis zur Oberfläche als Revier, weshalb sie auch ahnungslose Schwimmer angreifen. Um dem vorzubeugen, sollte man sich auch als Schwimmer bei der jeweiligen Tauchbasis erkundigen, ob zur Zeit »angriffslustige« Drücker am Hausriff unterwegs sind.

Stichverletzungen ohne damit verbundene Vergiftung sind wesentlich seltener und können im wesentlichen durch die gleichen Fehl-Verhaltensweisen wie Bißverletzungen hervorgerufen werden.

Schnittverletzungen schließlich können nur durch die verschiedenen Doktorfische der Familie Acanthuridae verursacht werden. Je nach Art besitzen sie entweder ein einklappbares oder zwei oder mehr feststehende Knochenfortsätze beidseits der Schwanzwurzel. Diese sogenannten Skalpelle sind rasiermesserscharf und können mehrere Zentimeter lang werden. Zu Verletzungen kann es eigentlich nur kommen, wenn man versucht, schlafende Doktorfische anzufassen, oder wenn es zu chaotischen Situationen bei Fütterungen kommt, wodurch sich die Tiere bedroht fühlen könnten.

Sollte es trotz aller Vorsichtsmaßnahmen doch zu Biß-, Stich- oder Schnittverletzungen kommen, sollte man schnellstmöglich das Wasser verlassen bzw. den Betroffenen bergen und an Land bringen. Dort sollte man als erstes die Wunde sorgfältig reinigen und desinfizieren sowie die Blutung stillen. Größere Verletzungen sollte man von einem Arzt versorgen lassen.

Bei Verletzungen durch giftige Fische handelt es sich immer um Stichverletzungen. Die häufigsten Verursacher solcher Verletzungen dürften dabei aus der Familie der Skorpionsfische, der Scorpaenidae, kommen. Ihre Mitglieder besitzen je nach Art eine unterschiedliche Anzahl von Giftstacheln in den Flossen und manchmal auch an den Kiemendeckeln. Zu ihnen gehören neben den auffälligen Feuerfischen die gut getarnten Drachenköpfe, Steinfische und Teufelsfische. Da sich letztere meist völlig auf ihre perfekte Tarnung verlassen, besteht die Gefahr, daß man sich als Taucher aus Unachtsamkeit auf sie legt bzw. als Schwimmer oder Strand-(»Riff-«)wanderer auf sie tritt. Die je nach Art unterschiedlich langen und spitzen Stachelstrahlen durchdringen dabei die Haut, und durch den Druck wird das Gift passiv in die Wunde injiziert. Vermeiden kann man diese nicht ungefährlichen Verletzungen als Taucher dadurch, daß man sich nirgendwo festhält, hinkniet oder hinlegt, was man allein aus Rücksicht auf die Korallen ohnehin vermeiden muß. Badende und Strandwanderer sollten schützende Badeschuhe tragen und es vermeiden, sich ohne vorangegangene Kontrolle im flachen Wasser auf den Boden zu legen.

Verletzungen durch Feuerfische, die man wirklich nicht übersehen kann, werden meist durch Taucher selber verursacht, z.B. weil sie versuchen, einen Feuerfisch anzufassen oder ihn in die Enge zu treiben. Dabei können Feuerfische aktiv mit zum Taucher gerichteten Giftstacheln angreifen und so Verletzungen verursachen!

Erste Symptome einer Stichverletzung mit

Fütterungen durch Taucher können Haie aggressiv machen.

Giftstacheln sind sich rasch ausbreitende, sehr starke Schmerzen. In der Folge können je nach Art und Menge des injizierten Giftes Rötungen, Übelkeit, Erbrechen, Herzklopfen, Schwindel, Atemnot und Kreislaufprobleme bis hin zum Kreislaufkollaps auftreten.

Da es sich bei den Giften der Skorpionsfische um komplexe Eiweißkörper handelt, die bei hohen Temperaturen denaturiert und somit inaktiviert werden, wird in vielen Büchern die Heißwasser-Methode als Erste-Hilfe-Maßnahme empfohlen. Danach soll der betroffene Körperteil in möglichst heißes Wasser gehalten werden oder durch heiße Kompressen abgedeckt werden. Diese Methode hat allerdings ihre Risiken. So ist »eine wirkungsvolle Temperatureinwirkung auf das Gewebe nur bei Körperteilen mit dünner Oberhaut bzw. geringer Gewebsmasse (Finger) zu erwarten. Gleichzeitig ist starke Erwärmung selbst gewebsschädigend« (aus »Gifttiere« von Prof. D. Mebs). Aus diesem Grund rät Prof. Mebs von dieser Methode grundsätzlich ab. Der Verfasser dieses Buches war mehrmals Zeuge, daß diese Methode den Betroffenen schnelle Linderung verschaffte. Auf jeden Fall gehören Stichverletzungen durch giftige Fische unbedingt umgehend in die Behandlung eines Arztes!

Stechrochen, die einen oder mehrere große Giftstacheln an ihrem Schwanz tragen, können ebenfalls sehr schmerzhafte, schlecht heilende Verletzungen verursachen. Meist kommt es dann zu Verletzungen, wenn Badende oder Strandwanderer im flachen Wasser auf ein eingegrabenes Exemplar treten oder Taucher sich auf ein im Sandboden eingegrabenes Tier niederlassen. Das so bedrängte Tier fügt dann durch heftige Schwanzschläge die Verletzung bei. Auch hier gilt für Badende wie für Taucher, auf Sandflächen besondere Vorsicht walten zu lassen.

Weitere Fische mit Giftstacheln sind die Korallenwelse der Gattung *Plotosus* und die

Kaninchenfische der Familie Siganidae. Weitere Einzelheiten finden sich in den jeweiligen Art- und Familienbeschreibungen.

Vergiftungen durch den Genuß von Meeresfischen braucht der »normale« Urlauber kaum zu fürchten. Zum einen wird er sich sicher nicht auf den zweifelhaften Genuß von rohem Fleisch der giftigen Kugelfische einlassen, wie es in Japan üblich ist. Zum anderen sind Fischvergiftungen durch **Ciguatera** als Folge des Genußes von »guten« Speisefischen relativ selten. Ciguatera tritt zwar weltweit auf, ist aber vorwiegend auf tropische Regionen (Karibik, Indischer Ozean, Pazifik) beschränkt. Was den Ursprung des Giftes angeht, entspricht sie der Muschelvergiftung in kalten Gewässern.

Ciguatera tritt sporadisch nach dem Verzehr von normalerweise ungiftigen Speisefischen auf. Dabei handelt es sich hauptsächlich um Fische des Korallenriffs, und zwar vorwiegend ozeanischer Riffe und weniger der Saumriffe des Festlandes, die plötzlich und nicht vorhersehbar »giftig« werden. Die Vergiftung kann stark lokal begrenzt sein, so daß Fische aus der einen Bucht »ciguatoxisch« sind, die aus der Nachbarbucht dagegen nicht. Es können aber auch ganze Inselgruppen betroffen sein. Laut Literatur werden mehr als 110 tropische Fischarten mit Ciguatera in Verbindung gebracht. Das Gift wird durch Kochen und Braten nicht zerstört.

Schätzungen zufolge erkranken jährlich 10 000 bis 50 000 Menschen an Ciguatera. Durchfall und Erbrechen gehören zu den ersten Symptomen, doch vor allem einige neurologische Symptome (z. B. metallischer Geschmack, Prickeln und Brennen im Mundbereich, Taubheitsgefühl und anderes mehr) sind charakteristisch für diese Vergiftung, die nur in seltenen Ausnahmefällen (0,1 bis 0,5%) tödlich verläuft.

Es wurde lange Zeit gerätselt, was die Ursachen für die plötzliche Giftigkeit von sonst ungiftigen Fischen sein könnte, bis man einen Dinoflagellaten, eine einzellige Alge, als Verursacher identifizieren konnte. Aus noch nicht geklärten Gründen kommt es gelegentlich zur Massenvermehrung dieser Alge, die übrigens nicht im Plankton sondern auf anderen, größeren Algen des Korallenriffs lebt. Die Dinoflagellaten und mit ihnen auch das Gift werden von pflanzenfressenden Fischen zusammen mit den größeren Algen aufgenommen und so in die Nahrungskette eingebracht. Das Gift reichert sich nun in den Pflanzenfressern an, die wiederum von Raubfischen gefressen werden. Aus diesem Grund sind größere Raubfische, wie z. B. Muränen und Barrakudas, die am Ende einer Nahrungskette stehen, oftmals besonders giftig.

Einen sicheren Schutz vor Ciguatera gibt es nicht, da giftige Tiere äußerlich nicht zu erkennen sind.

Speisefische

Auch Barrakudas sind schmackhafte Speisefische.

Vor allem auf den Malediven, aber auch am Roten Meer und anderen Reisezielen im Indischen Ozean, ist Fisch ein wichtiger Bestandteil der Ernährung der Einheimischen. Der Fischreichtum dieser Regionen und ihrer Korallenriffe bietet ihnen eine stattliche Anzahl schmackhafter Speisefische. Viele von ihnen begegnen dem Taucher und Schnorchler regelmäßig im Riff, die meisten leben jedoch im freien Wasser und können nur selten in Riffnähe beobachtet werden. Dementsprechend wird der Urlauber auf seinem Teller oft ihm bekannte Fischarten vorfinden, allerdings meist in stark veränderter Form, so daß er sie nicht wiedererkennt. Es lohnt sich aber, bei den einheimischen Kellnern nachzufragen, um welchen Fisch es sich bei der betreffenden Mahlzeit handelt. Sie geben meist gerne Auskunft, und Sie werden überrascht sein, wen oder was Sie gerade verspeisen!

Oft werden Stachelmakrelen und Schnapper serviert. Auch Barrakudas mit ihrem wohlschmeckenden Fleisch werden regelmäßig gefangen und in verschiedenen Variationen (z.B. gegrillt, filetiert, als Fisch-Curry) zubereitet. Von den Freiwasser-Arten sind es vor allem Thunfische, Schwertfische, Dolphins und seltener auch Blue Marlins, die in den Küchen der Restaurants, Hotels und Resorts landen und ebenfalls sehr vielfältig zubereitet werden.

Darüber hinaus gehören aber auch die oftmals sehr zutraulichen und deshalb bei Tauchern so beliebten Zackenbarsche zu den schmackhaften Speisefischen. Trotz ihres wohlschmeckenden Fleisches verkrampft sich wahrscheinlich bei so manchem Taucher der Magen bei dem Gedanken, gerade einen farbenprächtigen Juwelen- oder Mondflossen-Zackenbarsch oder möglicherweise gar den zahmen »Udo« vom Hausriff zu verspeisen.

Aber auch andere farbenprächtige Korallenfische werden, regional unterschiedlich mehr oder weniger regelmäßig gefangen und gegessen. Zu ihnen gehören unter anderem auch die Kaiserfische der Gattung *Pomacanthus*, die auf manchen Fischmärkten im Indischen Ozean in großen Stückzahlen angeboten werden. In den Urlaubsgebieten werden solche »Juwelen« den Gästen allerdings in der Regel (vielleicht auf Rücksicht auf die armen Taucher?) nicht vorgesetzt.

Klasse Chondrichthyes (Knorpelfische)

Knorpelfische sind weltweit mit mehr als 900 Arten verbreitet, wobei nur eine vergleichsweise geringe Anzahl von Arten im Bereich von Korallenriffen lebt. Sie besitzen stets ein knorpeliges Skelett, stammen aber von knochentragenden Vorfahren ab. Sie werden in drei verschiedene Gruppen unterteilt, die sich äußerlich gut voneinander unterscheiden lassen: Haie und Rochen, die als Elasmobranchii zusammengefaßt werden und Chimären, auf die an dieser Stelle nicht näher eingegangen wird. Die Elasmobranchii, die Haie und Rochen, zeichnen sich vor allem durch den Besitz von fünf bis sieben Kiemenspalten und das Fehlen einer Schwimmblase aus. Die Körperoberfläche von vielen Knorpelfischen ist mit zahllosen kleinen, spitzen Hautzähnchen bedeckt, den sogenannten Placoidschuppen, die je nach Art verschieden geformt sein können. Sie sind entwicklungsgeschichtlich aus den Knochenplatten des Außenskeletts entstanden. Bei diesen Hautzähnchen handelt es sich um richtige Zähne, deren Spitze aus Zahnbein besteht, das mit einer Art Zahnschmelz überzogen ist. Der untere Teil der Hautzähnchen, der aus Knochen besteht, ist plattenartig gebaut und verankert den »Zahn« in der Haut. Vor allem bei den Rochen können die Hautzähnchen zum Teil große und kräftige Stacheln bilden. So sind z. B. der Dorn der Dornhaie, der Stachel der Stechrochen und die Zähne an der verlängerten Schnauze der Sägefische und Sägehaie umgebildete Hautzähne. Das gleiche gilt auch für die Kiefer- oder Mundzähne von Haien und Rochen, die ebenfalls weiterentwickelte Hautzähnchen sind.

Haie und Rochen besitzen ein sogenanntes »Revolvergebiß«, bei dem abgenutzte oder herausgebrochene Zähne während ihres gesamten Lebens kontinuierlich ersetzt werden. Hinter jedem Zahn befinden sich weitere, nach hinten »geklappte« Ersatzzähne, die in einer speziellen Grube im Kiefer gebildet werden. Bei Bedarf wird der jeweils vorderste Ersatzzahn aufgerichtet und so das Gebiß wieder vervollständigt. Je nach Ernährungsweise findet man auch ganz unterschiedlich geformte Zähne bei den verschiedenen Knorpelfischen. Arten, die sich von hartschaligen Muscheln und Krebsen ernähren, besitzen pflastersteinartige Malmzähne, Fischfresser dagegen meist lange, spitze Zähne mit glatten Kanten und wieder andere Arten, z. B. die Menschenhaie, zeichnen sich durch flache, dreieckige Zähne mit oder ohne gezahnten Kanten aus, die sich zum Zerschneiden ihrer Beute hervorragend eignen.

Ein weiteres gemeinsames Merkmal aller Knorpelfische ist die innere Befruchtung. Bei den männlichen Knorpelfischen sind die inneren Seiten der Bauchflossen zu langen, zylindrischen, penisartigen Begattungsorganen umgewandelt, den Klaspern. Sie werden bei der Begattung in die weibliche Geschlechtsöffnung eingeführt, wobei das Sperma entlang eines Kanals übertragen wird. Neben zahlreichen eierlegenden Arten bringen viele Knorpelfische lebende Junge zur Welt. Dabei schlüpfen die Jungen noch im Körper der Mutter aus den Eiern, bevor sie geboren werden. Bei Hochseehaien gibt es sogar eine echte innere Keimlingsentwicklung ohne Eier. Die Jungen werden anfänglich von einer sogenannten Dottersack-Placenta mit Nährstoffen versorgt. Später kann es bei einigen Arten dazu kommen, daß sich das jeweils größte Ungeborene eines Eierstocks an seinen Geschwistern vergreift und diese frißt, so daß diese Arten nur zwei Junge zur Welt bringen.

Überordnung Squalomorphea (Haie)

Haie, die weltweit mit mehr als 370 Arten vorkommen, stellen eine sehr alte Tiergruppe dar, die bereits seit 400 Millionen Jahren die Meere bevölkern. Dabei haben einige Arten seit 160 Millionen Jahren ihre Körperform kaum verändert. Sie besitzen meist einen schlanken bis bulligen, langgestreckten Körper. Wenige Arten sind eher rochenähnlich

gebaut. Sie unterscheiden sich von Rochen aber deutlich durch die Position ihrer Kiemenspalten, die sich stets auf den Seiten des Vorderkörpers, meist vor dem Ansatz der Brustflossen befinden. Haie schwimmen mit Hilfe ihrer kräftigen Schwanzflosse.

Ordnung Orectolobiformes (Ammenhaiverwandte)

Neben den Ammenhaien wird auch die Familie Walhaie mit dem größten lebenden Fisch, dem Walhai *Rhincodon typus* Smith, 1828 in diese Ordnung gestellt.

Familie Orectolobidae (Ammenhaie)

Ammenhaie zeichnen sich durch einen vergleichsweise plumpen, massigen Körper aus. Ihr Kopf ist meist breiter als hoch und besitzt sehr kleine Augen. Vor den Nasenlöchern befindet sich je eine kleine Bartel. Ihre Schwanzflosse ist sehr groß.

Nebrius concolor
(Rüppell, 1837)
Gelbbrauner Ammenhai

Erkennungsmerkmale: Größe bis ca. 320 cm. Körperform siehe Familienbeschreibung. Oberseite gelblichbraun gefärbt, Unterseite heller, oft hellgrau gefärbt.

Verwechslungsmöglichkeiten: Die Gattung *Nebrius* umfaßt noch eine weitere Art.

Lebensraum: Lagunen und Außenriffbereiche. Vom Flachwasser bis in mindestens 70 m Tiefe. Rotes Meer und Indopazifik einschließlich Malediven.

Biologie: Ammenhaie sind nachtaktiv und verbringen den Tag meist im Schutz von Höhlen oder Überhängen. Sie ernähren sich von Kopffüßern, Krebsen, Fischen und sogar von Seeigeln. Männchen werden mit 250 cm, Weibchen mit 230 cm geschlechtsreif. Letztere sind lebendgebärend und bringen vier oder mehr vollständig entwickelte Junge zur Welt. Provozierte Ammenhaie können Tauchern gefährlich werden!

Ordnung Carcharhiniformes (Grundhaie)

Diese größte der Hai-Ordnungen umfaßt je nach Autor fünf bis acht Familien mit insgesamt ca. 200 Arten aus knapp 50 Gattungen. Die meisten Vertreter besitzen die »typische« Haiform mit einer verlängerten Schnauze und einem großen, bis hinter die Augen reichenden Maul.

Familie Menschenhaie (Carcharhinidae)

Zur Familie der Menschenhaie gehören einige der gefährlichsten Haie, die auch den Menschen angreifen können (Name!). Ihre Vertreter zeichnen sich dadurch aus, daß sich ihre 1. Rückenflosse vor den Bauchflossen befindet und die Schwanzflosse einen kräftigen unteren Flossenlappen besitzt.

Triaenodon obesus
(Rüppell, 1835)
Weißspitzen-Riffhai

Erkennungsmerkmale: Größe bis ca. 170 cm. Körperform sehr schlank. Oberseite graubraun bis dunkelgrau gefärbt, Unterseite hellgrau bis silbergrau, beide Rücken- und die Schwanzflosse mit leuchtend weißer Spitze.
Verwechslungsmöglichkeiten: Keine, einzige Art der Gattung.
Lebensraum: Verschiedene Riffbereiche. Vom Flachwasser bis in mehr als 100 m Tiefe. Rotes Meer und Indopazifik einschließlich Malediven.
Biologie: Die Art ernährt sich von Fischen, Tintenfischen und Krebsen. Die Tiere können oft ruhend auf Sandflächen oder in Höhlen angetroffen werden. Männchen mit etwa 100 cm, Weibchen mit ca. 125 cm geschlechtsreif. Weibchen bringen pro Wurf ein bis fünf lebende Junge mit einer Größe von 45 bis 60 cm zur Welt.

Carcharhinus amblyrhynchos
(Bleeker, 1856)
Grauer Riffhai

Erkennungsmerkmale: Größe bis ca. 250 cm. Körper typisch haiförmig und kräftig gebaut. Färbung grau mit weißer Bauchseite, Spitze der 1. Rückenflosse meist etwas weiß, Hinterrand und Spitze der 2. Rücken- sowie der After- und der Schwanzflosse schwarz, Unterseite der Brustflossen ebenfalls mit schwarzer Spitze.

Verwechslungsmöglichkeiten: Die Gattung umfaßt zahlreiche weitere Arten, die teilweise sehr ähnlich aussehen. Der bis ca. 275 cm große Silberspitzenhai *C. albimarginatus* (Rüppell, 1837) unterscheidet sich durch silbrigweiße Spitzen und Hinterränder an der 1. Rücken-, der Schwanz- und an den Brust- und Bauchflossen. Bei dem bis ca. 180 cm große Schwarzspitzen-Riffhai *C. melanopterus* (Quoy & Gaimard, 1824), der blaß bräunlich gefärbt ist, besitzen alle Flossen schwarze Spitzen. Alle drei Arten kommen im Roten Meer und im Indopazifik einschließlich der Malediven vor.

Lebensraum: Meist in Außenriffbereichen. Vom Flachwasser bis in mehr als 200 m.

Biologie: Graue Riffhaie ernähren sich hauptsächlich von Fischen unter 30 cm Größe, fressen aber auch größere Fische, Kopffüßer und Großkrebse, wie Langusten und Krabben. Sie erreichen mit einem Alter von sieben Jahren und einer Größe von ca. 130 bis 140 cm die Geschlechtsreife. Einmal im Jahr verlassen die Tiere für eine gewisse Zeit ihre Reviere, um sich zu paaren. Danach haben die Weibchen oft viele Bißwunden, die von den Männchen während der Paarung verursacht werden. Weibchen bringen nach einer Tragzeit von ca. einem Jahr ein bis sechs voll entwickelte, 45 bis 60 cm große Junge zur Welt. Das Höchstalter liegt bei ungefähr 25 Jahren.

Überordnung Batoidea (Rochen)

Rochen zeichnen sich durch ihren meist stark abgeflachten Körper aus. Einige der mehr als 500 Arten erinnern in ihrem Körperbau an Haie, von denen man sie jedoch ganz sicher durch die Stellung ihrer Kiemenspalten unterscheiden kann. Sie befinden sich bei ihnen auf der abgeflachten Körperunterseite. Anders als die Haie bewegen sich Rochen meist nicht durch Schlagen mit ihrer Schwanzflosse fort (Ausnahme: Geigenrochen, Zitterrochen), sondern schwimmen elegant durch wellenförmige Bewegungen mit ihren stark vergrößerten Brustflossen, die mit den abgeplatteten Flanken verschmolzen sind. Bei den Adlerrochen und den Mantas sind die Flanken lang flügelartig ausgezogen, so daß diese Rochen eher durch das Wasser zu »fliegen« als zu schwimmen scheinen. Außer den Echten Rochen aus der Familie Rajidae, die Eier legen, bringen alle anderen Rochen lebende Junge zur Welt.

Ordnung Myliobatiformes (Stechrochenartige)

Stechrochenartige, von denen mehr als 170 Arten bekannt sind, besitzen stets einen sehr stark abgeflachten Körper mit einem mittellangen bis peitschenförmigen Schwanz. Bei den meisten Arten befindet sich auf der Oberseite des Schwanzes ein bzw. manchmal auch mehrere große, spitze Stacheln, deren Außenseiten gesägt oder mit Widerhaken besetzt sind. Die Basis dieser Stacheln ist mit einer Giftdrüse versehen.

Familie Dasyatidae (Stechrochen)

Die Vertreter der Familie der Stechrochen, die 61 Arten umfaßt, besitzen weder Rückenflossen noch eine Schwanzflosse. Mit den Stacheln auf ihrem peitschenförmigen Schwanz können sie gefährliche Verletzungen verursachen, die aber fast immer auf Fehlverhalten durch den Menschen zurückgehen.

Taeniura lymma
(Forsskål, 1775)
Blaupunkt-Stechrochen

Erkennungsmerkmale: Körperdurchmesser bis max. 95 cm, Gesamtlänge bis max. 240 cm. Körper fast kreisrund, etwas länger als breit. Schwanz länger als Körper, mit ein oder zwei Giftstacheln ungefähr in der Mitte. Körperoberseite meist gelb bis orangebraun, stets mit zahlreichen leuchtend blauen Punkten. Körperunterseite weiß.
Verwechslungsmöglichkeiten: Keine.
Lebensraum: Sandflächen in der Nähe von Korallenriffen. Bereits ab geringer Tiefe. Rotes Meer und westlicher Indopazifik.
Biologie: Die Art verbringt den Tag oft unter Überhängen. Sie ernährt sich von Fischen und verschiedenen bodenlebenden Wirbellosen, bei deren Suche große kraterförmige Löcher in den Sand gegraben werden, wobei oft andere Fische aufgewühlte Brocken erbeuten (Tischgemeinschaft). Weibchen bringen bis zu sieben Junge zur Welt.

Taeniura melanospilos
Bleeker, 1853
Schwarzpunkt-Stechrochen

Erkennungsmerkmale: Körperdurchmesser bis 164 cm, Gesamtlänge bis ca. 300 cm. Körper fast kreisrund. Schwanz kürzer als Körper, mit ein oder zwei Giftstacheln. Körperoberseite graubraun bis blaugrau mit unregelmäßigen schwarzen Punkten und Flecken. Unterseite weiß.
Verwechslungsmöglichkeiten: Keine.
Lebensraum: Sandflächen in allen Riffbereichen. Vom Flachwasser bis in mehrere hundert Meter Tiefe. Rotes Meer und westlicher Indopazifik einschließlich Malediven.
Biologie: Die Art ist überwiegend nachtaktiv und verbringt den Tag im Schutz von Höhlen oder unter Überhängen. Sie ernährt sich von Muscheln, Krabben und anderen im Sand lebenden Niederen Tieren sowie von verschiedenen Fischen, die meist nachts, wenn sie schlafen, erbeutet werden. Weibchen bringen bis zu sieben lebende Junge zur Welt.

Familie Myliobatidae (Adlerrochen)

Die Adlerrochen sind weltweit in allen tropischen und subtropischen Meeren mit 23 Arten aus fünf Gattungen vertreten. Bei ihnen sind die Brustflossen und die Flanken seitlich sehr stark flügelartig ausgezogen. Sie zeichnen sich durch einen deutlich vom Körper abgesetzten Kopf mit einer schnabelartigen Schnauze aus. Anders als die meisten anderen Rochen besitzen sie eine kleine Rückenflosse, die sich auf der Basis des langen, dünnen Schwanzes befindet. Knapp dahinter sitzt auch ein kleiner Stachel. Eine Schwanzflosse fehlt immer.

Aetobatus narinari
(Euphrasen, 1790)
Gepunkteter Adlerrochen

Erkennungsmerkmale: Spannweite bis 230 cm, eventuell sogar bis 400 cm. Körperform siehe Foto und Familienbeschreibung. Körperoberseite schwarz bis blauschwarz mit zahlreichen kleinen weißen Punkten. Unterseite weiß.
Verwechslungsmöglichkeiten: Keine.
Lebensraum: Im Freiwasser, regelmäßig aber auch in allen Riffbereichen. Vom Flachwasser bis in große Tiefe. Weltweit in allen tropischen Meeren.
Biologie: Adlerrochen sind meist einzeln, regelmäßig auch in kleinen Gruppen bis zu zehn oder mehr Tieren anzutreffen. Sie schwimmen meist im freien Wasser, kommen aber regelmäßig auch in Riffnähe. Zur Nahrungsaufnahme begeben sie sich auf Sandböden, wo sie mit ihrer schnabelförmigen Schnauze nach Muscheln, Schnecken, Krebsen und anderen Niederen Tieren graben, die sie mit ihrem kräftigen, plattenförmigen Gebiß knacken. Dabei suchen sie oft auch ganz flache Lagunen auf. Weibchen bringen bis zu vier lebende Junge zur Welt.

Familie Mobulidae (Teufelsrochen)

Die Familie der Teufelsrochen umfaßt zehn Arten, die je nach Autor zwei bis vier Gattungen zugeordnet werden. Ihre Körperform ähnelt der der Adlerrochen. Ihr Kopf ist jedoch nicht deutlich vom Körper abgesetzt und besitzt eine mit zwei löffelartigen Verlängerungen ausgestattete Schnauze. Auch sie besitzen eine kleine Rückenflosse vor der Basis des Schwanzes, einige Arten dahinter auch einen kleinen Stachel. Eine Schwanzflosse fehlt. Teufelsrochen ernähren sich von Plankton, das sie mit Hilfe ihrer Kiemen aus dem Wasser herausfiltern, wobei die Kopflappen eine wichtige Rolle spielen.

Manta birostris
(Donndorff, 1798)
Manta

Erkennungsmerkmale: Spannweite bis mindestens 670 cm. Gewicht bis mehr als zwei Tonnen. Körperoberseite schwarz, Unterseite weiß mit einigen dunklen, unregelmäßigen Flecken.

Verwechslungsmöglichkeiten: Kleine Exemplare werden oft mit den kleineren Teufelsrochen der Gattung *Mobula* verwechselt, die sich durch ihren schmaleren Kopf unterscheiden.

Lebensraum: Im Freiwasser, regelmäßig aber auch in Riffnähe, oft an speziellen Putzstationen. Bereits ab dem Flachwasser. Weltweit in allen tropischen Gewässern.

Biologie: Mantas sind stets einzeln oder in kleinen Gruppen anzutreffen. Häufig werden sie von Schiffshaltern und manchmal auch von Jungtieren der Schwarzgoldenen Pilotmakrale *Gnathanodon speciosus* begleitet. An einigen Plätzen auf den Malediven suchen die Hochseebewohner zu bestimmten Zeiten Putzstationen im Riff auf, um sich putzen zu lassen. Die Weibchen bringen zwei lebende Junge zur Welt.

Ordnung Rajiformes, Echte Rochen

Diese Ordnung wird in zwei Unterordnungen aufgeteilt: die Echten Rochen mit mehr als 200 Arten und die Geigenrochen, von denen eine Art vorgestellt wird. Alle Arten besitzen keinen Schwanzstachel.

Familie Rhinobatidae (Geigenrochen)

Die Geigenrochen werden von manchen Autoren als eigene Ordnung mit drei Familien eingestuft. Es sind insgesamt 53 Arten aus acht oder neun Gattungen bekannt. Sie zeichnen sich durch einen langgestreckten, haiartigen Körper aus, der nur im vorderen Teil abgeflacht ist. Alle Arten sind lebendgebärend.

Rhynchobatus djiddensis
(Forsskål, 1775)
Großer Geigenrochen

Erkennungsmerkmale: Größe bis ca. 310 cm. Oberseite olivgrün bis grünlichgrau mit Reihen von weißen, meist dunkel gerandeten runden Flecken. In der Mitte der Brustflossen befindet sich oft je ein runder schwarzer Fleck, der von vier runden weißen Flecken umgeben ist.

Verwechslungsmöglichkeiten: Aufgrund von Größe, Körperform und Zeichnung eigentlich nicht vorhanden.

Lebensraum: Sandflächen. Vom Flachwasser bis in mehr als 30 m Tiefe. Rotes Meer und westlicher Indopazifik einschließlich Malediven.

Biologie: Geigenrochen ernähren sich von verschiedenen Bodentieren und Fischen. Männchen erreichen mit knapp 160 cm, Weibchen mit knapp 180 cm die Geschlechtsreife. Letztere bringen bis zu vier Jungtiere von ca. 60 cm Länge zur Welt.

Ordnung Torpediniformes, Zitterrochen

Die Vertreter dieser Ordnung, die vier Familien mit 43 Arten umfaßt, zeichnen sich durch einen runden bis ovalen Körper mit einem kräftigen, deutlich vom Körper abgesetzten Schwanz mit einer Schwanzflosse aus. Sie besitzen auf beiden Seiten der Körperoberfläche elektrische Organe, die aus umgewandelten Muskelzellen entstanden sind. Damit können sie beachtliche Stromschläge abgeben, die sie für den Beutefang und die Abwehr von Feinden einsetzen. Beutetiere können über größere Entfernung betäubt werden und werden ganz verschlungen.

Familie Torpedinidae (Zitterrochen)

Zitterrochen sind mit 17 Arten, aus nur einer Gattung vertreten. Auf ihrem Schwanzstiel besitzen sie zwei kleine Rückenflossen.

Torpedo panthera
Olfers, 1831
Rotmeer-Zitterrochen

Erkennungsmerkmale: Durchmesser bis ca. 92 cm, Gesamtlänge bis 130 cm. Färbung variabel, Körperoberseite meist bräunlich bis beige, teilweise auch mit hellen Punkten.
Verwechslungsmöglichkeiten: Es gibt eine wesentlich weiter verbreitete Art, den Marmorierten Zitterrochen *T. sinuspersici* Olfers, 1831, der hellbraun gefärbt ist und marmoriert ist.
Lebensraum: Sandflächen. Vom Flachwasser bis in große Tiefe. Rotes Meer.
Biologie: Die Art ernährt sich hauptsächlich von Fischen, die mit Stromschlägen betäubt und dann verschlungen werden. Weibchen bringen neun bis 22 lebende Junge zur Welt.

Klasse Osteichthyes (Knochenfische)

Mit weltweit mehr als 23 000 Arten (manche Schätzungen gehen bis zu 28 000 Arten) gehören die meisten Fische zu den Knochenfischen. Davon leben laut Literatur ca. 10 000 bis 11 000 im Süßwasser, während der Rest im Brackwasser und in den Meeren lebt. Trotz der zum Teil beachtlichen Unterschiede in Körperform und Größe weisen sie eine Reihe gemeinsamer Merkmale auf. Im Gegensatz zu den Knorpelfischen ist ihr Skelett weitgehend bis völlig verknöchert, wobei ihre Knochen als Gräten bezeichnet werden. Ihr Hirnschädel besteht aus einer Vielzahl von Knochen, die eine feste Kapsel bilden. Beidseits des Kopfes befindet sich je eine Kiemenöffnung, die von beweglichen Kiemendeckeln geschützt werden. Bei den meisten Gruppen (ca. 95% der heute lebenden Arten) ist der Körper ganz oder teilweise von dachziegelartig übereinanderliegenden Schuppen bedeckt. Sie sind in der unteren Hautschicht verankert und von einer dünnen, durchsichtigen Haut bedeckt, die mit zahllosen Schleimdrüsen ausgestattet ist. Der von diesen Drüsen produzierte Schleim überzieht die gesamte Körperoberfläche und dient dem Schutz vor Pilzen und Bakterien. Des weiteren verringert er die Reibung beim Schwimmen. Unterhalb der durchsichtigen Schuppen befinden sich Zellschichten aus Zellen mit Pigmentkörnern, die für die artspezifische Färbung und Musterung verantwortlich sind. Bei vielen Arten sind Farbe und Muster abhängig von Alter, Geschlecht, Umgebung, Tages- oder Jahreszeit oder der Stimmung. Neben der Tarnung können sie auch der Erkennung von Artgenossen oder Geschlechtspartnern sowie als Warnsignal dienen.

Die Mehrzahl der Knochenfische ist im Besitz einer Schwimmblase, die eine Ausstülpung des Vorderdarmes darstellt. Sie ermöglicht den Fischen, sich für jede Wassertiefe auszutarieren, so daß sie schwerelos in jeder Tiefe und Stellung schweben können. Bei vielen bodenlebenden Fischarten ist die Schwimmblase in Anpassung an die Lebensweise ganz oder teilweise reduziert worden.

Fische besitzen im Normalfall zwei paarige Flossen, Brust- und Bauchflossen, sowie drei unpaare, Rücken-, Schwanz- und Afterflosse. Die Rückenflosse kann dabei aus bis zu drei einzelnen Teilen bestehen. Bei den meisten Arten dient nur die Schwanzflosse dem Antrieb, während die anderen Flossen der Steuerung und Stabilisierung dienen. Bei einigen Familien stehen auch andere Flossen im Dienst der Fortbewegung, z.B. die Brustflossen von Papagei- und Lippfischen, Rücken- und Afterflosse bei Drücker- und Feilenfischen oder nur die Rückenflosse bei Seepferdchen. Je nach Art können einzelne Flossen ganz oder teilweise reduziert, miteinander verschmolzen oder völlig umgebildet sein. Die Rückenflosse kann z.B. zu einer Saugscheibe (Schiffshalter), einer Angel (Krötenfisch) umgebildet oder mit einem Verriegelungsmechanismus (Drückerfische) ausgestattet sein.

Neben Sehfähigkeit und Geschmacksvermögen, die je nach Art unterschiedlich gut ausgebildet sind, zeichnen sich Fische durch das sogenannte Seitenlinienorgan aus. Es handelt sich dabei um einen Ferntastsinn, mit dessen Hilfe Strömungen und von anderen Organismen verursachte Druckwellen wahrgenommen werden können. Durch eigene Bewegungen verursachte Druckwellen, die von Hindernissen zurückgeworfen werden, ermöglichen dem Fisch außerdem eine sichere Orientierung in seinem Lebensraum. Das Seitenlinienorgan befindet sich auf beiden Körperseiten und ist meist äußerlich als eine Längsreihe von Poren zu erkennen, die sich vom Kopf bis zur Schwanzflosse erstreckt.

Mit Ausnahme der **Lungenfische (Dipnoi)** und der **Quastenflosser (Crossopterygii)**, die jeweils einer eigenen Unterordnung mit insgesamt weniger als zehn Arten zugeordnet werden, gehören alle heute lebenden Knochenfische der Unterordnung **Strahlenflosser** oder **Actinopterygii** an. Ihre paarigen und unpaarigen Flossen werden von sogenannten Flossenstrahlen gebildet. Diese können je nach Art und systematischer Zugehörigkeit stabförmig oder verzweigt, ungegliedert oder gegliedert und elastisch-weich oder hart sein. Neben einigen im Süßwasser lebenden, urtümlichen Gruppen, zu denen u. a. die Störe, Knochenhechte und Flösselhechte gehören, bilden die **Echten Knochenfische** oder **Teleostei** mit ca. 22 000 Arten die größte Gruppe der Strahlenflosser.

Ordnung Anguilliformes (Aalartige)

Die Vertreter der Aalartigen unterscheiden sich von fast allen anderen Fischen schon auf den ersten Blick durch ihren langgestreckten, schlangenartigen Körper. Außerdem fehlen ihnen die Bauchflossen. Rücken-, Schwanz- und Afterflosse sind meist zu einem durchgehenden Flossensaum verbunden. Alle Flossen sind ausschließlich mit Weichstrahlen ausgestattet, Hartstrahlen fehlen völlig. Bis auf die Vertreter von vier Familien, die winzige, kaum sichtbare Schuppen besitzen, haben sie eine nackte, schleimige Haut ohne Schuppen. Aalartige bewohnen weltweit fast ausschließlich die Meere. Nur die Flußaale halten sich einen Großteil ihres Lebens im Süßwasser auf, aber auch sie begeben sich zur Fortpflanzung ins Meer. Obwohl Aalartige auch in kalten Meeren vorkommen, findet man die größte Artenfülle in tropischen Gewässern.

Familie Muraenidae (Muränen)

Muränen sind weltweit mit ca. 200 Arten aus ungefähr 13 Gattungen in allen tropischen und subtropischen Meeren vertreten. Ihr sehr muskulöser Körper ist extrem langgestreckt und, zumindest zum Schwanz hin, seitlich etwas zusammengepreßt. Zusätzlich zu den Bauchflossen fehlen ihnen auch noch die Brustflossen. Muränen besitzen meist ein riesiges Maul mit sehr zahlreichen, oftmals spitzen und leicht nach hinten gerichteten Zähnen. Die Maulspalte reicht in der Regel bis weit hinter die Augen. Das Maul wird ständig geöffnet und geschlossen, was von vielen Tauchern als aggressives Verhalten gedeutet wird. Dieses Verhalten dient jedoch der Atmung. Die Pumpbewegungen versorgen die Kiemen mit sauerstoffreichem Wasser. Das »verbrauchte« Wasser wird durch die beiden kleinen Kiemenöffnungen hinter dem Kopf, denen Kiemendeckel fehlen, wieder ausgestoßen. Die Augen der Tiere sitzen sehr weit vorne am Kopf. Das Sehvermögen ist bei den meisten Arten nicht besonders gut entwickelt. Statt dessen orientieren sich Muränen hauptsächlich geruchlich. Die vorderen Nasenöffnungen sind meist in Form von kleinen, vorstehenden Röhrchen ausgebildet, die bei einigen Arten noch blattartig verbreitert sein können. Die hinteren Nasenöffnungen befinden sich kurz vor oder etwas über den Augen. Insgesamt ist das Geruchsorgan von Muränen sehr gut entwickelt.

Muränen sind ausgesprochene Bodenbewohner, die tagsüber nur selten ihre Verstecke verlassen. Mit Einbruch der Dämmerung begeben sich die dämmerungs- und nachtaktiven Jäger auf Beutesuche. Dabei spüren sie ihre Beute mit Hilfe ihres ausgezeichneten Geruchssinnes auf. Kleine Beute wird im Stück verschlungen. Bei zu großer Beute, die nicht mehr im Stück verschlungen werden kann, wird versucht, durch seitliches Schütteln mundgerechte Brocken aus ihr herauszureißen. Dies gelingt oftmals nicht, da das Gebiß mit den spitzen Fangzähnen zwar gut zum Festhalten der Beute geeignet ist, sich aber nicht zum Heraustrennen von Stücken aus ihr eignet. Aus diesem Grund zeigen einige Arten eine interessante Verhaltensweise – den »Knotentrick«. Die betreffende Muräne verbeißt sich dabei in ihre Beute und formt mit ihrem Hinterleib eine Schlaufe, in die sie dann ihren Schwanz einfädelt, so daß ein Knoten entsteht. Dieser Knoten »wandert« über den Körper nach vorne und wird enger gezogen, wenn er den Kopf mit der Beute im Maul erreicht. Dadurch entsteht ein Widerlager, so daß die Muräne beim Herausziehen des Kopfes, also dem Auflösen des Knotens, einen mundgerechten Brocken aus ihrer zu großen Beute reißen kann.

Muränen sind normalerweise nicht angriffslustig. Die Mehrzahl der Bisse geht auf menschliches Fehlverhalten zurück, wie z.B. Füttern und Bedrängen der Tiere. Entgegen zahlreichen Berichten ist der Biß von Muränen jedoch nicht giftig. Sie besitzen keine Giftzähne! Lediglich der Mundschleim soll leicht giftig oder zumindest entzündlich wirkend sein. In jedem Fall kann es aber zu gefährlichen Sekundärinfektionen der oft tiefen Fleischwunden kommen.

Echidna nebulosa
(Ahl, 1798)
Schneeflockenmuräne

Erkennungsmerkmale: Länge bis 75 cm. Grundfärbung weiß bis gelblichweiß mit individuell verschiedenem, schwarzen Muster auf dem gesamten Körper. Augen schwarz mit gelbem Ring. Schnauzenspitze weiß mit gelben, röhrenförmigen Nasenöffnungen.

Verwechslungsmöglichkeiten: Aufgrund der charakteristischen Färbung nicht vorhanden. Die Gattung umfaßt insgesamt 15 Arten.

Lebensraum: Gezeitentümpel, Lagunen und verschiedene andere flache Riffbereiche. Vom Flachwasser bis in 10 m Tiefe und mehr. Rotes Meer und Indopazifik einschließlich Malediven.

Biologie: Wie nahezu alle Vertreter dieser Gattung ernährt sich auch diese Art hauptsächlich von verschiedenen Krebstieren. Die Tiere besitzen vergleichsweise kurze, konische Zähne. Die Art verläßt manchmal das Wasser, um von einem Gezeitentümpel zum anderen zu wandern. Obwohl sie gebietsweise nicht selten ist, bekommt man sie in der Regel nur selten zu Gesicht, da sie sehr versteckt lebt.

Aquarienhaltung: Aufgrund ihrer vergleichsweise geringen Größe ist die Art recht gut für die Aquarienhaltung geeignet. Da sie sich hauptsächlich von Krebsen und anderen Wirbellosen ernährt, kann sie problemlos mit anderen Fischen vergesellschaftet werden.

Gymnothorax favagineus
(Bloch & Schneider, 1801)
Große Netzmuräne

Erkennungsmerkmale: Länge bis ca. 250 cm. Grundfärbung weißlich bis gelblichweiß mit zahllosen braunschwarzen bis schwarzen Flecken am gesamten Körper, so daß eine netzförmige Zeichnung entsteht. Die weißen bis gelblichweißen »Streifen« sind, zumindest im Kopfbereich, vergleichsweise breit. Die Zeichnung setzt sich auch im Maul fort.

Verwechslungsmöglichkeiten: Die Kleine Netzmuräne *G. permistus* (Smith, 1962), die nur im Indischen Ozean vorkommt, erreicht lediglich eine Größe bis ca. 75 cm. Sie unterscheidet sich von der Großen Netzmuräne dadurch, daß bei ihr die weißen Streifen schmaler sind. Außerdem besitzt sie deutlich weniger, dafür aber größere und unregelmäßigere schwarze Flecken.

Lebensraum: Verschiedene Riffbereiche mit zahlreichen Versteckmöglichkeiten. Bereits ab geringer Tiefe. Indopazifik einschließlich Malediven.

Biologie: In den Tagesverstecken von Muränen halten sich oft Putzergarnelen verschiedener Arten auf, von denen sich die Muränen regelmäßig putzen lassen. Auch verschiedene Putzerfische kann man oft dabei beobachten, wie sie einzeln oder paarweise vor allem bei großen Muränen deren Körperoberfläche nach lästigen Hautparasiten absuchen. Oft verschwinden die Putzer sogar weit im geöffneten Maul ihrer Kunden, um Speisereste zu entfernen und die empfindlichen Kiemen von Parasiten zu befreien.

Aquarienhaltung: Aufgrund der Größe nicht geeignet.

Gymnothorax flavimarginatus
(Rüppell, 1830)
Gelbgefleckte Muräne

Erkennungsmerkmale: Größe bis mindestens 125 cm. Grundfärbung gelblichbraun mit zahllosen kleinen dunkelbraunen Flecken, die teilweise ineinander übergehen können. Kiemenöffnung dunkelbraun bis schwarz.

Verwechslungsmöglichkeiten: Die Art wird manchmal mit der Riesenmuräne *G. javanicus* verwechselt. Diese unterscheidet sich jedoch durch ihre Größe und ihre braune Grundfärbung mit kleinen und großen schwarzbraunen Flecken am Körper.

Lebensraum: Verschiedene Riffbereiche. Vom Flachwasser bis in sehr große Tiefen. Rotes Meer und Indopazifik einschließlich Malediven.

Biologie: Die Art ernährt sich von Fischen und verschiedenen Krebstieren. Die abgebildete Muräne versuchte, durch heftiges Schütteln einen Brocken aus den Überresten eines filetierten Fisches herauszureißen. Da dies erfolglos verlief, wandte sie kurze Zeit später den »Knotentrick« an (siehe Familienbeschreibung).

Aquarienhaltung: Aufgrund der Größe nur wenig geeignet.

Gymnothorax javanicus
(Bleeker, 1859)
Riesenmuräne

Erkennungsmerkmale: Länge bis mindestens 240 cm nachgewiesen, nicht belegten Beobachtungen zufolge soll die Art jedoch bis 300 cm lang werden können. Körper wirkt massiger als bei anderen Arten. Grundfärbung braun mit zahlreichen kleinen und großen braunschwarzen, zum Teil ineinander übergehenden Flecken am gesamten Körper.

Verwechslungsmöglichkeiten: Die Art wird manchmal mit der Gelbgefleckten Muräne *G. flavimarginatus* verwechselt. Diese bleibt jedoch deutlich kleiner und unterscheidet sich durch ihre gelblichbraune Grundfärbung mit zahllosen kleinen dunkelbraunen Flecken.

Lebensraum: Verschiedene Riffbereiche. Vom Flachwasser bis in große Tiefe. Rotes Meer und Indopazifik einschließlich Malediven.

Biologie: Bei dieser Art handelt es sich wahrscheinlich um die größte, wenn auch nicht die längste Muränenart. Die Tiere erreichen ein durchschnittliches Körpergewicht von ca. 35 kg, können aber in Einzelfällen bis zu 70 kg schwer werden. Riesenmuränen ernähren sich in erster Linie von einer großen Palette verschiedenster Fische, verschmähen aber auch große Krebse nicht, wie z.B. Langusten. Angefütterte Tiere sind in der Regel recht aufdringlich oder sogar aggressiv. Sie schwimmen oftmals schon aus weiter Entfernung auf Taucher zu und bedrängen sie. Dabei können sie sehr aggressiv werden und ernste Verletzungen verursachen. Nicht angefütterte Tiere sind eher harmlos und scheu.

Aquarienhaltung: Aufgrund der Größe nicht geeignet.

Gymnothorax meleagris
(Shaw & Nodder, 1795)
Weißpunkt-Muräne

Erkennungsmerkmale: Länge bis 120 cm. Grundfärbung violettbraun bis schwarzbraun mit unzähligen kleinen weißen bis gelblichweißen Punkten am gesamten Körper. Maul im Innern weiß.

Verwechslungsmöglichkeiten: Aufgrund der charakteristischen Färbung nicht vorhanden.

Lebensraum: Lagunen und Außenriffbereiche mit reichem Korallenwuchs. Vom Flachwasser bis in mehr als 35 m Tiefe. Rotes Meer und Indopazifik einschließlich Malediven.

Biologie: Die Art ernährt sich hauptsächlich von Fischen, frißt aber auch verschiedene Krebstiere.

Der Augenfleck-Mirakelbarsch *Calloplesiops altivelis*, der fast die gleiche Färbung wie die Weißpunkt-Muräne aufweist, imitiert bei Bedrohung junge Muränen dieser Art. Er spreizt dann seine Flossen ab, so daß im hinteren Teil seiner Rückenflosse ein auffälliger Augenfleck sichtbar wird. Gleichzeitig wendet er meist seinen Kopf in eine Spalte oder ähnliches. Durch dieses Verhalten, die Färbung mit dem Augenfleck und die durch die abgespreizten Flossen hervorgerufene Körperform entsteht der Eindruck, als ob eine kleine Muräne aus einer Spalte herausragen würde.

Aquarienhaltung: Nicht bekannt.

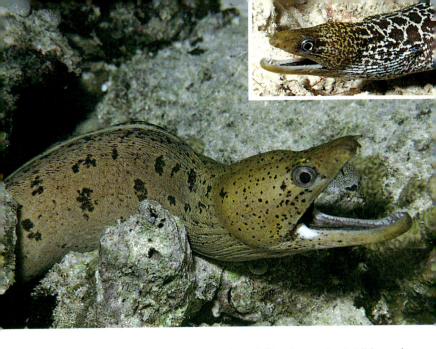

Gmynothorax undulatus
(Lacepède, 1803)
Leopardmuräne (kleines Foto)

Erkennungsmerkmale: Länge bis über 150 cm. Kopf schlanker als bei den anderen vorgestellten Arten. Grundfärbung sehr variabel, meist hell, gelblichbraun bis grünlichbraun mit dunklem, leopardähnlichem Marmormuster. Kopf meist heller als der restliche Körper.
Verwechslungsmöglichkeiten: Aufgrund der Färbung und der Kopfform nicht vorhanden.
Lebensraum: Verschiedene Riffbereiche. Vom Flachwasser bis in mehr als 25 m Tiefe. Rotes Meer und Indopazifik einschließlich Malediven.
Biologie: Leopardmuränen scheinen ausgesprochen nachtaktiv zu sein, da man sie tagsüber nur selten zu Gesicht bekommt. Meist ist dann nur der Kopf zu sehen. Bei Störungen ziehen sich die Tiere schnell ganz zurück. Die Art ernährt sich von Fischen und Kraken, frißt aber wahrscheinlich auch Krebse.
Aquarienhaltung: Nicht geeignet.

Gymnothorax fimbriatus
(Bennett, 1831)
Gefleckte Muräne

Erkennungsmerkmale: Länge bis ca. 80 cm. Kopf schlank. Färbung gelblichbraun bis grünlichbraun mit zahlreichen kleinen und einigen größeren unregelmäßigen dunklen Flecken.
Verwechslungsmöglichkeiten: Keine.
Lebensraum: Verschiedene Riffbereiche. Bis in mehr als 50 m Tiefe. Indopazifik einschließlich Malediven.
Biologie: Die vergleichsweise seltene Art scheint ebenfalls ausgesprochen nachtaktiv zu sein.
Aquarienhaltung: Nicht geeignet.

Siderea grisea
(Lacepède, 1803)
Graue Muräne, Weiße Muräne

Erkennungsmerkmale: Länge bis maximal ca. 70 cm. Färbung gelblichweiß bis hellbeige mit linienförmig angeordneten, kleinen, dunkelbraunen bis schwarzen Punkten am Kopf. Jungtiere sollen heller gefärbt sein als die Erwachsenen.

Verwechslungsmöglichkeiten: Nicht vorhanden.

Lebensraum: Verschiedene Riffbereiche. Bereits ab dem Flachwasser. Rotes Meer und westlicher Indischer Ozean einschließlich Malediven.

Biologie: Die Vertreter dieser Gattung besitzen kurze konische Zähne und ernähren sich hauptsächlich von verschiedenen Krebstieren.

Aquarienhaltung: Aufgrund der vergleichsweise geringen Größe eignet sich diese Art recht gut für die Aquarienhaltung. Da sie sich hauptsächlich von Krebsen ernährt, kann sie problemlos gemeinsam mit anderen Fischen gepflegt werden. Allgemein muß bei der Haltung von Muränen beachtet werden, daß die Tiere in der Lage sind, selbst den kleinsten Spalt zur Flucht zu nutzen. Deshalb muß das betreffende Aquarium unbedingt absolut ausbruchsicher sein! Entsprechend der Lebensweise müssen auch ausreichend Versteckmöglichkeiten im Becken vorhanden sein.

Rhinomuraena quaesita
Garman, 1888
Geister-Muräne

Erkennungsmerkmale: Länge bis ca. 120 cm. Körper sehr schlank und langgestreckt, Nasenöffnungen röhrenförmig verlängert mit auffallenden blattartigen Hautfortsätzen. Jungtiere bis ca. 65 cm schwarz, Männchen (ca. 65 bis 94 cm) leuchtend hellblau mit gelben Flossen und gelber Kopfspitze, Weibchen (> 94 cm) gelb.

Verwechslungsmöglichkeiten: Nicht vorhanden.

Lebensraum: Lagunen und Außenriffbereiche, meist fast völlig in Spalten, zwischen Schotter oder eingegraben in Sand versteckt, so daß nur der Kopf zu sehen ist. Vom Flachwasser bis in große Tiefen. Indopazifik einschließlich Malediven.

Biologie: Die Geister-Muräne ist die einzige Muränenart, bei der es im Laufe ihres Lebens zu einer Geschlechtsumwandlung und einer drastischen Änderung der Färbung kommt. Aus den schwarzen Jungtieren entwickeln sich bei einer Länge von ungefähr 65 cm zuerst die blau-gelben Männchen. Diese wandeln sich bei einer Länge von ca. 94 cm in die gelbgefärbten Weibchen um. Die Nahrung besteht in erster Linie aus kleinen Fischen, die nach Einbruch der Dämmerung und während der Nacht erbeutet werden. Auf den Malediven kommt die Art nur sporadisch vor.

Aquarienhaltung: Die Pflege dieser attraktiven und meist friedlichen Art ist nicht unproblematisch. Sie benötigt unbedingt Lebendfutter für die erfolgreiche Haltung. Sehr lebhafte Fische können unter Umständen das Wohlbefinden der Tiere stören. Da es sich bei ihnen um wahre Ausbruchskünstler handelt, muß ihr Becken absolut ausbruchsicher abgedeckt sein. Kleine Fische werden als Futter betrachtet.

Familie Heterocongridae (Röhrenaale)

Röhrenaale, die in der Literatur manchmal auch als Spargelaale oder Gartenaale bezeichnet werden, sind die einzigen bekannten Wirbeltiere, die im Laufe der Evolution eine »festsitzende« Lebensweise erworben haben. Dadurch unterscheiden sie sich von allen anderen Fischen und sind auch für den Laien sehr leicht zu erkennen.

Erkennungsmerkmale: Körperlänge je nach Art von knapp 30 cm bis mehr als 100 cm. Brustflossen vorhanden, meist sehr winzig, Körper sehr schlank und extrem langgestreckt. Färbung der abgebildeten Arten (von links nach rechts):

Gorgasia maculata Klausewitz & Eibl-Eibesfeldt, 1959, Perlen-Röhrenaal: Grundfärbung schmutzig-sandfarben bis mittelbraun mit einigen schmutzigweißen Punkten am Kopfbereich und einer ebenso gefärbten Längsreihe von Punkten auf den Körperseiten.

Gorgasia preclara Böhlke & Randall, 1981, Pracht-Röhrenaal: Grundfärbung orangebraun mit einigen zum Teil unregelmäßigen, weißlichen bis silbriggrauen Querbändern am Körper, Kopfbereich etwas heller als der Körper und mit weißlichen Flecken. Dunkle Bereiche am Körper ca. drei- bis viermal so breit wie die hellen.

Heteroconger hassi (Klausewitz & Eibl-Eibesfeldt, 1959), Ohrfleck-Röhrenaal: Grundfärbung elfenbeinfarben mit zahllosen kleinen schwarzen bis dunkelbraunen Punkten auf dem gesamten Körper sowie zwei großen schwarzen Flecken auf den Körperseiten im vorderen Teil des Körpers.

Verwechslungsmöglichkeiten: Aufgrund der Lebensweise kann man Röhrenaale nicht mit anderen Fischen verwechseln. Die meisten Röhrenaal-Arten kann man anhand von Färbung und Fundort bis zur Art bestimmen.

Lebensraum: Gut und regelmäßig bestromte Sandböden verschiedener Körnung. Je nach Art bereits ab wenigen Metern bis in große Tiefen. Weltweit verbreitet.

Biologie: Röhrenaale leben stets in Kolonien, die Flächen von mehreren hundert Quadratmetern und mehr als 5000 Individuen umfassen können. Eigenen Beobachtungen des Autors zufolge können sich solche Kolonien auch aus verschiedenen Arten zusammensetzen. Die Tiere leben einzeln in mit dem Schwanz gegrabenen Sandröhren, deren Wände mit abgesondertem Schleim »verkittet« werden. Die Röhren können bei Bedarf in alle Richtungen verlegt werden. Ungestört können die Tiere mit bis zu drei Viertel ihrer Körperlänge aus der Röhre ragen. Der Körper wird dabei meist wie ein Fragezeichen gebogen, so daß der Kopf gegen die Strömung gerichtet ist. In dieser Position schnappen sie nach ihrer Nahrung, vorbeitreibendem Plankton, das von der Strömung herangetragen wird. Bei Gefahr ziehen sich die Tiere vollständig in ihre Röhre zurück. Nähert man sich als Taucher vorsichtig einer Kolonie, dann ziehen sich bei Unterschreitung der Fluchtdistanz stets die vordersten Tiere langsam zurück. Verhält man sich inmitten einer Kolonie ganz ruhig, dann kann es vorkommen, daß man nach kurzer Zeit im Abstand von ca. 2 bis 3 m ringsum von einem »Wald« von Röhrenaalen umgeben ist. Die Röhren der einzelnen Tiere einer Kolonie weisen stets einen gewissen Mindestabstand zueinander auf, der meist bei den Röhren von jeweils zwei Tieren geringer ist als zu den übrigen Nachbarn. Es handelt sich dabei jeweils um ein Männchen und ein Weibchen. Zur Fortpflanzungszeit fechten die Tiere heftige Drohduelle mit ihren Nachbarn aus. Während der Paarung umschlingt das kleinere Weibchen den Körper seines Partners. Über die Jugendentwicklung und die Entstehung der Kolonien ist bislang nichts genaueres bekannt. Die festsitzende Lebensweise stellt eine Anpassung an den Nahrungserwerb dar, wogegen die Ansiedlung in Kolonien dem erhöhten Schutz vor Freßfeinden dient. Freßfeinde der Röhrenaale sind unter anderem verschiedene Eidechsenfische, Schnapper und Makrelenarten.

Familie Ophichthidae (Schlangenaale)

Schlangenaale werden oft für giftige Seeschlangen gehalten. Von diesen unterscheiden sie sich jedoch eindeutig durch den Besitz von Rücken-, After- und Brustflossen!
Schlangenaale sind nachtaktiv und verbringen den Tag meist eingegraben im Sand. Nachts kann man sie frei über dem Boden schlängelnd beobachten. Bei Störungen können sie sich schnell rückwärts in den Boden eingraben. Die Nahrung besteht aus kleinen im Sandboden lebenden Fischen und Krebstieren, die mit Hilfe des empfindlichen Geruchssinnes der Tiere aufgespürt werden.

Myrichthys maculosus
(Cuvier, 1817)
Gefleckter Schlangenaal

Erkennungsmerkmale: Länge bis ca. 100 cm. Körper schlangenähnlich, sehr schlank und langgestreckt. Kopf mit nach schräg unten gerichteten, röhrenförmigen Nasenöffnungen. Färbung hellbeige bis blaßgelblich mit zahlreichen runden bis ovalen dunkelbraunen bis schwarzen Flecken auf dem gesamten Körper. Flecken am Kopf oft kleiner.
Verwechslungsmöglichkeiten: Die Gattung umfaßt insgesamt sieben Arten. Ebenfalls im Roten Meer und dem Indopazifik einschließlich der Malediven kommt der bis ca. 90 cm lange Gebänderte Schlangenaal *M. colubrinus* (Boddaert, 1781) vor. Er ist milchiggelb gefärbt und besitzt 25 bis 32 schmale schwarze Bänder an Kopf und Körper.
Lebensraum: Sandige Bereiche in Lagunen, auf Riffdächern und im Außenriffbereich. Vom Flachwasser bis in mehr als 250 m Tiefe. Rotes Meer und Indopazifik einschließlich Malediven.
Biologie: Siehe Familienbeschreibung.

Ordnung Gonorhynchiformes (Sandfische)

In dieser Ordnung werden einige recht ungewöhnliche Fischfamilien zusammengefaßt, die sich äußerlich nur sehr wenig ähneln. Gleiche Skelettmerkmale und das Fehlen von Zähnen bei fast allen Formen sind jedoch gemeinsame Merkmale. Fast alle Arten sind stammesgeschichtlich sehr alte Arten.

Familie Chanidae (Milchfische)

Die Familie Milchfische umfaßt nur die hier vorgestellte Art. Sie ist fossil schon seit etwa 50 Millionen Jahren bekannt.

Chanos chanos
(Forsskål, 1775)
Lachshering, Milchfisch

Erkennungsmerkmale: Größe bis ca. 180 cm. Körper langgestreckt und schlank mit großer, tief gegabelter Schwanzflosse. Färbung silbrig glänzend.

Verwechslungsmöglichkeiten: Wenn die Tiere direkt an der Oberfläche schwimmen und ihre große Schwanzflosse aus dem Wasser ragt, werden sie oft für Haie gehalten.

Lebensraum: Bevorzugt Küstengewässer und Lagunen. Meist im Flachwasser. Rotes Meer und Indopazifik.

Biologie: Jung- und Alttiere sollen vorwiegend pflanzliche Nahrung in Form von pflanzlichem Plankton und Algen fressen. Beobachtungen zufolge fressen zumindest ausgewachsene Tiere auch Quallen. Der Autor beobachtete einen Schwarm dieser Tiere in einer Planktonsuppe beim Fressen von Quallen und anderem tierischem Plankton. Ein Weibchen produziert bis zu neun Millionen Eier.

Ordnung Siluriformes (Welsartige)

Bei der Mehrzahl der weit mehr als 2000 Welsarten handelt es sich um bodenbewohnende Süßwasserfische mit Barteln am Kopf. Diese sind mit zahllosen Geschmacksorganen besetzt und dienen den meist nacht- oder dämmerungsaktiven Tieren zum Aufspüren der Nahrung. Ihr schuppenloser Körper ist entweder nackt oder mit Knochenplatten bedeckt.

Familie Plotosidae (Korallenwelse)

Die Vertreter der Korallenwelse, von denen mehr als 20 Arten bekannt sind, gehören zu den wenigen Welsen, die im Meer leben und nur selten das Süßwasser aufsuchen. Sie zeichnen sich durch einen langgestreckten aalartigen Körper mit einem durchgehenden Flossensaum aus zweiter Rücken-, After- und Schwanzflosse aus. Die Tiere sind oft in sehr großen, dichtgedrängten Schwärmen anzutreffen. Die meisten Arten besitzen giftige Stacheln in Rücken- und Brustflossen.

Plotosus lineatus
(Thünberg, 1787)
Gestreifter Korallenwels

Erkennungsmerkmale: Größe bis ca. 30 cm. Körper und Flossensaum wie oben beschrieben, mit vier Paar Barteln um das Maul. Färbung hell-dunkel längsgestreift.

Verwechslungsmöglichkeiten: Keine. Die Gattung umfaßt insgesamt fünf Arten (eine davon nur im Süßwasser).

Lebensraum: Jungtiere im dichten Schwarm über Seegraswiesen und Sandböden. Erwachsene einzeln und gut versteckt. Bereits ab dem Flachwasser. Rotes Meer und westlicher Indopazifik.

Biologie: Verletzungen durch die Giftstacheln sind sehr schmerzhaft. Korallenwelse greifen aber nie von sich aus an.

Aquarienhaltung: Wenig geeignet.

Ordnung Aulopiformes (Fadensegelfischverwandte)

In dieser Ordnung werden acht zum Teil recht verschiedenartige Unterordnungen zusammengefaßt, von denen fünf fast ausschließlich aus Tiefseefischen bestehen.

Familie Synodontidae (Eidechsenfische)

Eidechsenfische gehören zusammen mit 14 anderen Familien zur Unterordnung der Laternenfische (Myctophidae). Die meisten dieser Familien umfassen echte Tiefseefische. Bei Eidechsenfischen dagegen, die mit ca. 50 Arten aus vier Gattungen in allen tropischen und gemäßigten Meeren vertreten sind, handelt es sich um Bewohner der oberen Wasserschichten. Gemeinsame Merkmale sind ihr langer, fast zylindrischer, nach hinten spitz zulaufender Körper und ihr Kopf mit dem sehr großen Maul, das mit zahlreichen dolchartigen Zähnen ausgestattet ist.

Synodus variegatus
(Lacepède, 1803)
Gemeiner Eidechsenfisch

Erkennungsmerkmale: Größe bis ca. 25 cm. Färbung hellbraun mit vier bis fünf dunkel- bis rotbraunen Sattelflecken, zwischen diesen auf den Körperseiten vier bis fünf weitere, gleich gefärbte Flecken.

Verwechslungsmöglichkeiten: Arten der Gattung *Saurida* unterscheiden sich durch ihren weniger spitz zulaufenden Kopf. Wichtigstes Bestimmungsmerkmal ist die Musterung.

Lebensraum: Verschiedene Riffbereiche. Vom Flachwasser bis in mehr als 20 m Tiefe. Rotes Meer und Indopazifik einschließlich Malediven.

Biologie: Dieser typische Lauerjäger, der sich von Fischen ernährt, gräbt sich oft fast völlig ein.

Ordnung Beryciformes (Schleimkopfartige)

Die Vertreter dieser Ordnung werden in drei Unterordnungen mit etwa zwölf Familien untergliedert. Sie werden als eine sehr ursprüngliche Gruppe der Knochenfische und teilweise als Vorgänger der Barschartigen angesehen. Hartstrahlen in den Flossen fehlen entweder völlig oder sind nur in geringer Zahl vorhanden und sehr urtümlich aufgebaut. Namensgebend sind je nach Familie unterschiedlich gestaltete Schleimkanäle unter der Kopfhaut der Tiere. Ein weiteres charakteristisches Merkmal ist der Besitz zum Teil zahlreicher Stacheln an den verschiedensten Stellen des Körpers.

Familie Holocentridae (Soldatenfische)

Die Familie der Soldatenfische ist mit ca. 60 Arten aus acht Gattungen die artenreichste der Ordnung. Ihre Vertreter besitzen seitlich abgeflachte, langgestreckte bis hochrückige Körper mit großen Schuppen, großen Augen und einem großen Maul. Die Familie wird in zwei Unterfamilien aufgeteilt, die **Myripristinae** mit ihrer relativ stumpfen Schnauze, denen deutlich entwickelte Kiemendeckeldornen fehlen, und die **Holocentrinae** mit ihrer mehr zugespitzten Schnauze und kräftigen, bei einigen Arten giftigen Kiemendeckeldornen. Letztere werden oft auch als Eichhörnchenfische bezeichnet. Die meisten Arten der Familie sind völlig oder zumindest teilweise rot gefärbt. Es handelt sich bei ihnen durchweg um nachtaktive Fische, die den Tag einzeln oder in Gruppen im Schutz von Überhängen, Höhlen, Spalten oder ähnlichem verbringen. Nachts begeben sie sich auf Nahrungssuche, wobei die Vertreter der Myripristinae großes Zooplankton im Freiwasser in Riffnähe erbeuten, hauptsächlich die Larven verschiedener Krebse, während die Vertreter der Holocentrinae ihre Nahrung eher in Bodennähe suchen (Krebse, Würmer oder kleine Fische).

Myripristes adusta
(Bleeker, 1853)
Schwarzbinden-Soldatenfisch

Erkennungsmerkmale: Größe bis 32 cm (größte Art der Gattung). Körperform siehe Foto (linke Seite) und Familienbeschreibung. Färbung blaß rosa bis lachsfarben mit dunkel bis schwarz gerandeten Schuppen, Rücken-, Schwanz- und Afterflosse mit breitem schwarzen Hinterrand, davor jeweils ein schmaler roter Bereich.
Verwechslungsmöglichkeiten: Keine.
Lebensraum: Verschiedene Riffbereiche mit reichem Korallenwuchs. Bis in ca. 25 m Tiefe. Indopazifik einschließlich Malediven.
Biologie: Die Art ist meist einzeln oder in kleinen Gruppen im Schutz von Höhlen oder Überhängen anzutreffen, wobei sie oftmals in Gesellschaft von anderen Arten der Gattung ist.
Aquarienhaltung: Nicht bekannt.

Myripristes murdjan
(Forsskål, 1775)
Roter Soldatenfisch

Erkennungsmerkmale: Größe bis ca. 27 cm. Körperform siehe Foto (diese Seite) und Familienbeschreibung. Färbung rot mit dunkel gerandeten Schuppen und dunkelbraunem bis schwarzen Kiemendeckelhinterrand, Rücken-, Schwanz-, After- und Bauchflossen teilweise weiß gerandet.
Verwechslungsmöglichkeiten: Es gibt einige fast identisch gefärbte Arten der Gattung, deren genaue Bestimmung per Foto für den Laien oftmals ausgesprochen schwierig ist.
Lebensraum: Verschiedene Riffbereiche. Vom Flachwasser bis in ca. 50 m Tiefe. Rotes Meer und Indopazifik einschließlich Malediven.
Biologie: Siehe Familienbeschreibung und Beschreibung der anderen Arten der Gattung.
Aquarienhaltung: Nicht bekannt.

Myripristes vittata
(Cuvier, 1831)
Orangeroter Soldatenfisch

Erkennungsmerkmale: Größe bis ca. 18 cm. Körperform siehe großes Foto und Familienbeschreibung. Färbung rötlichorange; ohne dunklen Kiemendeckelhinterrand! Rücken-, Schwanz-, After- und Bauchflossen weiß gerandet.
Verwechslungsmöglichkeiten: Keine, nur diese Art weist den dunklen Kiemendeckelhinterrand auf.
Lebensraum: Meist im Bereich von Steilwänden. Unterhalb von ca. 3 m Tiefe, meist aber erst unterhalb von ca. 15 m bis in mindestens 80 m Tiefe. Indopazifik einschließlich Malediven.
Biologie: Die Art kann tagsüber oft in großen Gruppen im Schutz von Höhlen und unter Überhängen angetroffen werden. Siehe auch Beschreibung der Familie und der anderen Arten der Gattung.
Aquarienhaltung: Nicht bekannt.

Neoniphon sammara
(Forsskål, 1775)
Blutfleck-Eichhörnchenfisch
(kleines Foto)

Erkennungsmerkmale: Größe bis ca. 30 cm. Körperform vergleichsweise langgestreckt. Färbung silbrig bis rötlichsilbrig mit dunkelroten Punkten auf den Schuppen, die Längsreihen bilden, großer rötlichschwarzer Fleck in der Rückenflosse (Name!).
Verwechslungsmöglichkeiten: Die Gattung umfaßt fünf Arten. Nur diese Art mit oben beschriebenem Fleck in der Rückenflosse.
Lebensraum: Verschiedene Riffbereiche. Vom Flachwasser bis in mindestens 46 m Tiefe. Rotes Meer und Indopazifik einschließlich Malediven.
Biologie: Die Art lebt weniger versteckt als andere Arten der Familie. Sie verbringt den Tag meist in kleinen Gruppen im Schutz von Korallen, Felsen oder Spalten und frißt verschiedene Krebstiere, die sie hauptsächlich nachts erbeutet.

Sargocentron caudimaculatum (Rüppell, 1838)
Schwanzfleck-Eichhörnchenfisch
(kleines Foto)

Erkennungsmerkmale: Größe bis ca. 25 cm. Körperform vergleichsweise hochrückig. Färbung rot mit weißen Schuppenhinterrändern und einem silbrigweißen Fleck auf der Oberseite der Schwanzwurzel.

Verwechslungsmöglichkeiten: Kann eventuell mit anderen rotgefärbten Arten der Gattung verwechselt werden, aber nur diese Art hat einen silbrigweißen Fleck auf der Schwanzwurzel.

Lebensraum: Meist im Außenriffbereich und an Steilwänden mit reichem Korallenwuchs unterhalb von ca. 6 m bis in mehr als 40 m Tiefe. Rotes Meer und Indopazifik einschließlich Malediven.

Biologie: Die Art ist tagsüber einzeln oder in kleinen Gruppen im Schutz von Löchern, Spalten oder ähnlichem anzutreffen.

Aquarienhaltung: Nicht bekannt.

Sargocentron diadema (Lacepède, 1802)
Diadem-Eichhörnchenfisch

Erkennungsmerkmale: Größe bis ca. 17 cm. Färbung rot mit schmalen, silbrigweißen Längsstreifen und weißer Schwanzwurzel; hinter den Augen ein ebenfalls silbrigweißer, schmaler Querstreifen.

Verwechslungsmöglichkeiten: Kann eventuell mit ähnlich gefärbten Arten der Gattung verwechselt werden.

Lebensraum: Verschiedene Riffbereiche. Vom Flachwasser bis in mehr als 30 m Tiefe. Rotes Meer und Indopazifik einschließlich Malediven.

Biologie: Die Lebensweise entspricht weitgehend der der anderen Arten der Familie. Diese Art ernährt sich hauptsächlich von Borstenwürmern und kleinen Krabben, die sie nachts über flachen und sandigen Riffbereichen erbeutet.

Aquarienhaltung: Nicht bekannt.

Sargocentron spiniferum
(Forsskål, 1775)

Großdorn-Husar, Großdorn-Eichhörnchenfisch

Erkennungsmerkmale: Größe bis ca. 45 cm. Körper hochrückiger als bei den anderen Arten der Gattung, Kiemendeckel mit sehr großem, nach hinten gerichteten Dorn am Hinterrand. Färbung rot, manchmal teilweise in Gelblichorange übergehend, Hinterränder der Schuppen silbrig bis silbrigweiß. Hinterer Teil der Rückenflosse sowie Schwanz-, After-, Bauch- und Brustflossen gelblichorange.

Verwechslungsmöglichkeiten: Größte Art der Gattung, die insgesamt 26 Arten umfaßt (davon fünf im Atlantik). Nur diese Art mit gelblichorange gefärbten Flossen.

Lebensraum: Verschiedene Riffbereiche, Jungtiere bevorzugen flache, geschützte Riffbereiche. Bereits ab geringer Tiefe bis in mehr als 100 m. Rotes Meer und Indopazifik einschließlich Malediven.

Biologie: Der große Kiemendeckeldorn dieser Art ist giftig. Man findet die Art tagsüber in der Regel einzeln, seltener auch in kleinen Gruppen in Höhlen oder großen Spalten sowie unter Überhängen oder im Schutz von großen Korallenstöcken. Mit Einbruch der Dunkelheit begeben sich die Tiere auf die Jagd nach Krabben, Garnelen und kleinen Fischen.

Aquarienhaltung: Aufgrund der Größe nicht geeignet.

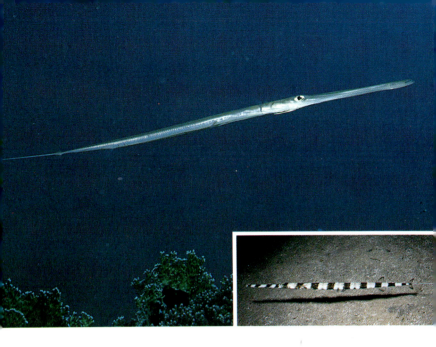

Ordnung Syngnathiformes (Seenadelartige)

Die Ordnung umfaßt sieben sehr verschiedene Familien mit mehr als 230 Arten. Von manchen Autoren wurde sie als Unterordnung der Stichlingsartigen Gasterosteiformes angesehen. Gemeinsame Merkmale aller Familien sind eine vollständige oder teilweise vorhandene äußere Panzerung durch Knochenplatten und das meist extrem vorstreckbare, röhrenförmige Maul. Diese Röhrenschnauze wirkt wie eine Pipette. Mit ihr können die Tiere ihre Beute, je nach Art Kleinkrebse, Kleinfische oder andere Kleintiere, ruckartig einsaugen. Neben den vorgestellten Familien handelt es sich außerdem um die Flügelroßfische Pegasidae, die Schnepfenfische Macroramphosidae und die Schnepfenmesserfische Centriscidae.

Familie Fistulariidae (Flötenfische)

Flötenfische sind mit vier Arten vertreten

Fistularia commersonii
(Rüppell, 1838)
Flötenfisch

Erkennungsmerkmale: Größe bis ca. 150 cm. Körper extrem langgestreckt mit einem langen peitschenförmigen Schwanzfortsatz. Färbung grünlichgrau bis braungrau, Bauch silbrigweiß bis silbriggrau.
Verwechslungsmöglichkeiten: Keine.
Lebensraum: Alle Riffbereiche. Bereits ab dem Flachwasser. Rotes Meer und Indopazifik einschließlich Malediven.
Biologie: Die Art ist meist in unterschiedlich großen Schwärmen von fast gleichgroßen Tieren anzutreffen. Sie fressen kleine Krebse und Fische. Nachts legen sie eine besondere Nachtfärbung an und schweben einzeln knapp über dem Boden (kl. Foto).

Familie Aulostomidae (Trompetenfische)

Trompetenfische sind weltweit mit zwei oder drei Arten vertreten, wobei nur eine im Indopazifik vorkommt.

Aulostomus chinensis
(Linnaeus, 1766)
Trompetenfisch

Erkennungsmerkmale: Größe bis ca. 80 cm. Körper langgestreckt mit seitlich zusammengedrücktem Kopf und kleiner, schrägstehender Mundöffnung. Unterkiefer mit einer kleinen Bartel. Rücken- und Afterflosse sind sehr kurz und weit zum Schwanz hin verlagert. Färbung entweder völlig gelb oder bräunlich mit gelbem Schwanz und weißen Punkten an der Schwanzwurzel im Bereich von Rücken- und Afterflosse.
Verwechslungsmöglichkeiten: Nicht vorhanden.
Lebensraum: Verschiedene Riffbereiche. Vom Flachwasser bis in mehr als 100 m Tiefe. Indopazifik einschließlich Malediven.
Biologie: Die Art lebt einzeln, ernährt sich von kleinen Krebsen und vor allem von kleinen Fischen. Die vergleichsweise schlechten Schwimmer stehen häufig gut getarnt senkrecht im Schutz von Korallen oder Schwämmen und lauern dort auf Beute. Oft schwimmen sie auch im Schutz von pflanzenfressenden, also harmlosen Fischschwärmen mit. So können sie sich unbemerkt an kleine Fische anschleichen, die sie dann mit einem blitzschnellen Vorstoß erbeuten. Gelegentlich benutzen Trompetenfische auch größere, einzeln lebende Fische, wie z.B. Zackenbarsche oder Papageienfische, als Tarnung und schwimmen dicht über dem Rücken ihrer unfreiwilligen Helfer mit. Dabei lassen sie sich in der Regel auch durch aufgeregte Schwimmbewegungen nicht abschütteln. Sie suchen sich dabei stets Arten aus, von denen ihre Beute normalerweise nichts zu fürchten hat.

Familie Solenostomidae (Geisterpfeifenfische)

Geisterpfeifenfische unterscheiden sich in ihrem Körperbau deutlich von Seenadeln und Seepferdchen und den anderen Familien der Ordnung.

Solenostomus sp.
Geisterpfeifenfisch

Erkennungsmerkmale: Größe bis ca. 17 cm, Weibchen deutlich größer als Männchen. Gesamter Körper mit zahllosen stachelartigen Fortsätzen bedeckt. Grundfärbung gelblich bis beige mit feiner, roter Streifenzeichnung. Sehr variabel.

Verwechslungsmöglichkeiten: Es gibt auch Tiere, die keine oder nur sehr wenige stachelartige Fortsätze besitzen. Ihre Färbung ist sehr variabel und reicht von schwarz, braun, grün bis sandfarben, oft mit kleinen weißen oder schwarzen Punkten. Wahrscheinlich handelt es sich um verschiedene Arten. Die einzige Gattung der Familie wird zur Zeit überarbeitet.

Lebensraum: Je nach »Art« im Schutz von verschiedenem Bewuchs und Hornkorallen oder in Seegraswiesen und zwischen Algen. Bereits ab ca. 3 m Tiefe bis in mind. 30 m Tiefe. Rotes Meer und westlicher Indopazifik einschließlich Malediven.

Biologie: Die Tiere sind hervorragend an ihren Lebensraum angepaßt und so gut getarnt, daß man sie nur mit sehr viel Glück und einem geübten Auge entdecken kann. Sie sind häufig paarweise anzutreffen. Ihre Nahrung besteht hauptsächlich aus kleinen Krebstieren. Das Weibchen pflegt Eier und Brut in einer Bruttasche, die von den mit dem Körper verwachsenen Bauchflossen gebildet wird. Nach ca. zehn Tagen verlassen die ersten Jungtiere, ca. 11 bis 13 mm groß, die Bruttasche.

Aquarienhaltung: Nicht bekannt. Vermutlich wie bei Seepferdchen. Aufgrund der Seltenheit der Tiere sollte auf ihre Haltung verzichtet werden.

Familie Syngnathidae (Seenadeln, Seepferdchen)

Von der Familie Syngnathidae mit den beiden Unterfamilien Seenadeln und Seepferdchen sind mehr als 200 Arten aus über 50 Gattungen bekannt. Allein aus dem Roten Meer wurden bisher 31 Arten aus 17 Gattungen nachgewiesen, wovon einige endemisch sind. Neben einigen Arten, die in kalten Meeren oder im Süß- und Brackwasser vorkommen, liegt der Schwerpunkt der Verbreitung mit ca. 70% der bekannten Arten im tropischen und subtropischen Indopazifik. Die kleinsten Arten erreichen mit einer Größe von nur 2 bis 2,5 cm die Geschlechtsreife, während andere Arten bis 60 cm erreichen. Seepferdchen sind leicht an ihrem weit zur Brust gebeugten Kopf zu erkennen, der eine gewisse Ähnlichkeit mit dem Kopf eines Pferdes aufweist. Sie besitzen Brustflossen und eine Rückenflosse, während die Afterflosse fehlt oder nur sehr winzig ist. Ihr Schwanz ist zu einem spitz zulaufenden Greiforgan ausgebildet. Seenadeln zeichnen sich durch einen sehr langgestreckten, schlanken Körper aus. Anders als Seepferdchen besitzen die meisten Arten eine runde Schwanzflosse. Sowohl Seepferdchen als auch Seenadeln sind in der Regel nur langsame Schwimmer, die sich mit Hilfe von wellenförmigen Bewegungen ihrer Rücken- und, falls vorhanden, Afterflosse fortbewegen. Sie ernähren sich von kleinem Zooplankton und verschiedenen bodenlebenden Wirbellosen.

Die Aquarienhaltung von Seepferdchen und Seenadeln ist nicht unproblematisch und verlangt sehr viel Sorgfalt und Fingerspitzengefühl. Sie nehmen in der Regel nur Nahrung an, die sich bewegt. Deshalb benötigen sie unbedingt Lebendfutter. Da sie sehr langsame Fresser sind, die ihre Beute erst eine Weile anvisieren, bevor sie sie verschlingen, darf man sie nicht gemeinsam mit Nahrungskonkurrenten pflegen. Am besten sollte man sie nur mit einigen harmlosen Niederen Tieren vergesellschaften.

Corythoichthys nigripectus
(Herald, 1953)
Schwarzbrust-Seenadel (linke Seite)

Erkennungsmerkmale: Größe bis ca. 11 cm. Färbung beige mit feiner roter Streifenzeichnung am Kopf sowie oranger und roter Streifen- bis Punktzeichnung am Körper, Brust schwarz.
Verwechslungsmöglichkeiten: C. haematopterus (Bleeker, 1851), die bis ca. 20 cm lange Blutflossen-Seenadel aus dem westlichen Indopazifik einschließlich der Malediven unterscheidet sich vor allem durch ihre deutlich dickere, rote Streifenzeichnung auf dem Kopf (siehe kleines Foto linke Seite).
Lebensraum: Verschiedene Riffbereiche. Meist unterhalb von ca. 4 m bis in knapp 30 m Tiefe. Rotes Meer und Indopazifik.
Biologie und Aquarienhaltung: Siehe Familienbeschreibung.

Corythoichthys schultzi
(Herald, 1953)
Schultz's Seenadel

Erkennungsmerkmale: Größe bis ca. 15 cm. Färbung beige mit Längsreihen von goldenen bis orangegefärbten Punkten und unterbrochenen Linien.
Verwechslungsmöglichkeiten: Die Art besitzt die längste Schnauze der drei im Roten Meer vorkommenden Arten der Gattung.
Lebensraum: Verschiedene Riffbereiche. Vom Flachwasser bis in mindestens 30 m Tiefe. Rotes Meer und Indopazifik.
Biologie: Das Ablaichen findet in den frühen Morgenstunden statt. Paarung und Eiablage, die max. 45 Minuten dauern, erfolgen nach einem festgelegten Verhaltensschema. Die Übertragung der Eier erfolgt senkrecht parallel schlängelnd. Die planktischen Larven schlüpfen nach ca. zehn bis 14 Tagen.

Doryrhamphus multiannulatus
(Regan, 1903)
Geringelte Seenadel

Erkennungsmerkmale: Größe bis ca. 18 cm. Färbung abwechselnd gelblichweiß und rot bis rötlichbraun geringelt (ca. 60 oder mehr rote Ringel), Schnauze mit goldgelb gefärbter Unterseite.

Verwechslungsmöglichkeiten: Die Gattung umfaßt insgesamt zehn verschiedene Arten. Die bis mindestens 19 cm lange Breitgestreifte Seenadel *D. dactyliophorus* (Bleeker, 1853) aus dem Roten Meer und dem westlichen Indopazifik unterscheidet sich dadurch, daß sie nur ca. 20 bis 30 etwas breitere Querbinden an Kopf und Körper besitzt. Die bis ca. 8 cm große Blaustreifen-Seenadel *D. excisus* Kaup, 1856, aus dem Roten Meer und dem Indopazifik ist an je einem breiten blauen Längsstreifen auf den Körperseiten zu erkennen.

Lebensraum: Bereits ab wenigen Metern Tiefe. Oft im Schutz von Höhlen und Überhängen. Rotes Meer und westlicher Indischer Ozean einschließlich Malediven.

Biologie: Anders als viele andere Seenadeln nehmen die Männchen bei den Arten dieser Gattung die Eier nicht in eine schützende Bauchfalte auf, sondern heften sie einfach frei auf die Bauchseite, wo sie vom Gewebe becherförmig umwachsen werden (siehe Foto). Die Tiere dieser Art sind häufig paarweise anzutreffen.

Aquarienhaltung: Siehe Familienbeschreibung.

Hippocampus histrix
(Kaup, 1856)
Stacheliges Seepferdchen

Erkennungsmerkmale: Größe bis ca. 15 cm (langgestreckt). Körperform siehe Foto und Familienbeschreibung. Gesamter Körper mit zahlreichen stachelartigen Fortsätzen. Färbung variabel, gelb, grün oder braun.

Verwechslungsmöglichkeiten: Das bis 30 cm lange Kuda-Seepferdchen *H. kuda* Bleeker, 1852, das das gleiche Verbreitungsgebiet wie die beschriebene Art hat, besitzt keine stachelartigen Fortsätze sondern nur mehr oder weniger stumpfe Beulen auf seinem gesamten Körper. Seine Färbung reicht von schmutzig gelb über rötlichbraun bis hin zu schwarz.

Lebensraum: Meist in Seegraswiesen, nur selten auch zwischen Korallen. Große Tiere gelegentlich im Freiwasser im Schutz von treibenden Algen oder ähnlichem. Bereits ab geringer Tiefe. Rotes Meer und Indopazifik einschließlich Malediven.

Biologie: Seepferdchen ernähren sich wie Seenadeln von verschiedenen kleinen Krebstieren und Fischbrut. Sie sitzen die meiste Zeit unbeweglich mit ihrem Greifschwanz am Substrat festgeklammert. Beim Schwimmen wird der Schwanz häufig bauchseits eingerollt. Wie bei den Seenadeln überträgt das Weibchen seine Eier mit Hilfe seiner Genitalpapille in die Bauchtasche des Männchens. Dort können sie sich gut geschützt entwickeln. Je nach Art bringt das Männchen dann nach ca. vier bis fünf Wochen die zahlreichen, vollentwickelten Jungfische unter regelrechten Geburtswehen zur Welt. Dabei klammert es sich mit dem Schwanz an irgendeinem Substrat fest. Danach wird die Bruttasche gereinigt und für das nächste Gelege vorbereitet.

Aquarienhaltung: Siehe Familienbeschreibung.

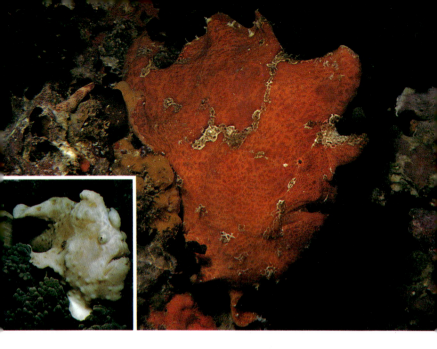

Ordnung Lophiiformes (Armflosser)

Alle Angehörigen dieser Ordnung zeichnen sich durch den Besitz einer »Angel« aus. Es handelt sich um einen vereinzelten, umgebildeten, beweglichen ersten Rückenflossenstrahl, der an seiner Spitze meist einen in Form und Größe artspezifischen Hautlappen ausgebildet hat, den Köder. Mit seiner Hilfe locken die Tiere ihre Beute an, meist kleine Fische, um sie dann blitzschnell zu verschlingen. Neben den Krötenfischen gehört unter anderem auch die Familie Seeteufel oder Lophiidae zu dieser Ordnung.

Familie Antennariidae (Krötenfische)

Während der Körper der Seeteufel oder Lophiidae bauchwärts abgeplattet ist, ist der Körper der Krötenfische hochrückig und seitlich etwas abgeflacht. Die Familie umfaßt 40 Arten aus 13 Gattungen.

Antennarius commersoni
(Latreille, 1804)
Großer Krötenfisch

Erkennungsmerkmale: Größe bis ca. 33 cm. Färbung variabel von fast weiß, gelb, orange, braun, grün bis fast schwarz.

Verwechslungsmöglichkeiten: Die Gattung umfaßt 25 Arten. Wichtige Bestimmungsmerkmale sind Form und Größe des Köders. Das kleine Foto zeigt den Warzen-Krötenfisch *A. maculatus* (Desjardins, 1840).

Lebensraum: Verschiedene Riffbereiche. Ab dem Flachwasser. Rotes Meer und Indopazifik einschließlich Malediven.

Biologie: Die oft standorttreuen Krötenfische sind sehr gut getarnt und ausgesprochen träge. Sie locken mit Hilfe des Köders, den sie vor dem Maul bewegen, kleine Fische an. Nur sechs Millisekunden genügen ihnen, um ihr großes Maul aufzureißen und die Beute einzusaugen.

Aquarienhaltung: Aufgrund der Größe nur wenig geeignet.

Ordnung Scorpaeniformes (Panzerwangen)

Die Ordnung der Panzerwangen stellt mit ca. 1000 Arten aus ungefähr 20 Familien eine recht große und vielgestaltige Fischgruppe dar, deren Vertreter jedoch äußerlich gewisse Ähnlichkeiten miteinander aufweisen. Namensgebend und bei allen Arten vorhanden ist ein Knochensteg unterhalb der Augen (an den Wangen), der in der Regel bis zum Vorkiemendeckel reicht. Der Kopf ist für gewöhnlich mit Dornen versehen und manchmal sogar mit Knochenplatten gepanzert.
Die wichtigsten bzw. bekanntesten Familien dieser Ordnung neben den Skorpionsfischen (Scorpaenidae) sind die Knurrhähne (Triglidae), die Flughähne (Dactylopteridae) und die Plattköpfe (Platycephalidae).

Familie Scorpaenidae (Skorpionsfische)

Skorpionsfische sind mit mehr als 300 Arten in allen tropischen und gemäßigten Meeren vertreten, einige Arten kommen sogar in kalten Meeren vor. Es handelt sich durchweg um typische substratgebundene Fische, die bevorzugt an Korallenriffen und auf Felsböden angetroffen werden können. Die reinen Fleischfresser zeichnen sich durch den Besitz von giftigen Flossenstrahlen vor allem in der Rückenflosse, aber auch in After- und Bauchflossen sowie manchmal auch durch giftige Stacheln an den Kiemendeckeln aus.

Nahezu alle Arten dieser Familie besitzen einen großen breiten Kopf mit einem sehr großen Maul. Am Kopf befinden sich oftmals auffällige, zum Teil bäumchenförmig verzweigte Hautlappen. Gelangt ein Beutetier in die Nähe des riesigen Maules, dann wird dieses blitzartig aufgerissen. Durch den entstehenden Sog wird die Beute ins Maul eingesaugt und sofort verschlungen. Dabei können Skorpionsfische im Verhältnis zu ihrer eigenen Körpergröße erstaunlich große Beutetiere überwältigen.

Entsprechend den unterschiedlichen Erscheinungsformen bei den Skorpionsfischen untergliedert man diese Familie in zahlreiche Unterfamilien, von denen an dieser Stelle nur die vier wichtigsten bzw. bekanntesten vorgestellt werden sollen.

Am auffälligsten und attraktivsten sind wohl die Feuerfische oder Pteroinae, die mit fünf Gattungen ausschließlich im Indopazifik vertreten sind. Sie zeichnen sich durch stark vergrößerte Brustflossen, verlängerte und zumindest teilweise freistehenden Rückenflossenstrahlen und ihre meist prächtige Färbung aus. Feuerfische sind gemächliche, aber majestätisch wirkende Schwimmer.

Die Drachenköpfe oder Scorpaeninae sind nicht nur auf den tropischen Indopazifik beschränkt. Zahlreiche Arten dieser Unterfamilie, die mindestens 15 Gattungen umfaßt, kommen im Mittelmeerraum und im Atlantik vor. Gemeinsames Merkmal der Drachenköpfe ist das Fehlen der Schwimmblase. Dementsprechend handelt es sich bei ihnen durchweg um schlechte Schwimmer, die meist nur im Notfall kurze Strecken zurücklegen, um sich dann wieder auf dem Untergrund niederzulassen. Drachenköpfe sind ausgesprochene Lauerjäger, die stundenlang bewegungslos ausharren können, bis eine geeignete Beute in erreichbare Nähe kommt. Die meisten Arten sind durch eine unregelmäßige Fleckenzeichnung und lappenförmige Hautauswüchse sehr gut getarnt. Zusätzlich sind sie auch in der Lage, sich ihrer Umgebung in kürzester Zeit farblich anzupassen.

Die Steinfische oder Synanceiinae sind mit zehn Arten aus sechs Gattungen ausschließlich im westlichen Indopazifik verbreitet. Sie sind in bezug auf Färbung und Oberflächenstruktur in der Regel so gut ihrer Umgebung angepaßt, daß man sie nur vergleichsweise selten zu Gesicht bekommt. Ihr Körper wirkt extrem massig und plump, wobei der Kopf mit dem riesigen Maul das größte an den Tieren ist. Steinfische sind die giftigsten Fische überhaupt.

Die Teufelsfische sind mit zehn Arten aus zwei Gattungen ebenfalls nur im westlichen Indopazifik vertreten.

Pterois antennata
(Bloch, 1787)
Antennen-Feuerfisch

Erkennungsmerkmale: Größe bis ca. 20 cm. Kopf mit einem Paar relativ langer, regelmäßig gelappter »Antennen« vor den Augen, gelappte Bereiche rötlichbraun, dazwischen weißlich. Brustflossenstrahlen nur im unteren Drittel mit einer gemeinsamen Membran verbunden, restlicher Teil freistehend. Grundfärbung meist rötlichbraun mit zahlreichen hellen und dunklen Querstreifen am Körper. Brustflossenstrahlen weiß, Membran der Brustflossen mit blauen bis schwärzlichen runden Flecken.

Verwechslungsmöglichkeiten: Nicht vorhanden. Nur diese Art mit blauen bis schwärzlichen Flecken in der Membran der Brustflossen.

Lebensraum: In verschiedenen Riffbereichen. Vom Flachwasser bis in große Tiefe. Westlicher Indopazifik einschließlich Malediven.

Biologie: Die Art verbringt den Tag meist einzeln oder in kleinen Gruppen versteckt in Spalten und Höhlen. Erst ab dem späten Nachmittag und mit Einbruch der Dämmerung begeben sich die Tiere auf die Jagd nach Garnelen und Krabben sowie kleinen Fischen. Feuerfische haben eine interessante Jagdmethode entwickelt. Mit Hilfe ihrer großen Brustflossen, die sie weit auseinanderspreizen und vom Körper wegstrecken, treiben sie ihre Opfer in die Enge, um sie schließlich blitzschnell zu verschlingen.

Aquarienhaltung: Kleinere Arten sind durchaus für die Pflege geeignet. Sie dürfen jedoch nur mit gleichgroßen oder größeren Fischen vergesellschaftet werden, da ihre Mitbewohner sonst früher oder später auf ihrem Speisezettel landen. Siehe auch Beschreibungen der anderen Arten.

Pterois miles
(Bennett, 1828)
Indischer Rotfeuerfisch

Erkennungsmerkmale: Größe bis ca. 40 cm. Kopf meist mit einem Paar nicht gelappter Tentakel vor den Augen. Brustflossenstrahlen zum Teil freistehend, aber stets bis zur Spitze mit einer Membran versehen, Rückenflossenstrahlen ebenfalls meist bis zur Spitze mit einer Membran versehen. Färbung variabel. Grundfärbung meist rötlichbraun, seltener bis fast schwarz, mit zahlreichen schmalen weißen Querstreifen auf dem Körper. Rückenflossenstrahlen meist hell-dunkel quergebändert, Brustflossenstrahlen mit Membran von fast weiß über rötlichbraun bis fast schwarz, ebenfalls meist quergebändert oder gefleckt.

Verwechslungsmöglichkeiten: Die Art wird in der Literatur oft noch als *P. volitans* bezeichnet. Neueren Untersuchungen zufolge handelt es sich bei den Populationen im Roten Meer/Indischen Ozean und im Pazifik jedoch jeweils um eigenständige Arten, die sich durch einige äußere Merkmale voneinander unterscheiden. Der Pazifische Rotfeuerfisch *P. volitans* (Linnaeus, 1758) unterscheidet sich unter anderem vom Indischen Rotfeuerfisch durch eine größere Anzahl von Rücken- und Afterflossenstrahlen, größere Brustflossen und größere Flecken im weichen Teil der Rücken- sowie in der Schwanz- und Afterflosse. Verwechslung mit anderen Arten im Gebiet aufgrund der Färbung eigentlich nicht möglich.

Lebensraum: In verschiedenen Riffbereichen. Vom Flachwasser bis in große Tiefen. Rotes Meer und Indischer Ozean einschließlich Malediven.

Biologie: Die Art schwimmt oft auch am Tag im Riff umher. Sie ernährt sich von Garnelen, Krabben und kleinen Fischen. Siehe auch *P. antennata* und *P. radiata*.

Aquarienhaltung: Siehe Beschreibungen der anderen Arten.

Pterois radiata
(Cuvier, 1829)
Strahlen-Feuerfisch

Erkennungsmerkmale: Größe bis ca. 20 cm. Kopf mit einem Paar ungelappter Tentakel vor den Augen. Brustflossenstrahlen nur im unteren Drittel mit gemeinsamer Membran, restlicher Teil freistehend. Grundfärbung dunkel rötlichbraun mit wenigen schmalen weißen Querstreifen. Schwanzwurzel mit zwei weißen Längsstreifen. Rücken- und Brustflossenstrahlen weiß.

Verwechslungsmöglichkeiten: Nicht vorhanden. Einzige Art mit zwei weißen Längsstreifen auf der Schwanzwurzel.

Lebensraum: In verschiedenen Riffbereichen. Vom Flachwasser bis in mehr als 15 m Tiefe. Rotes Meer und Indopazifik einschließlich Malediven.

Biologie: Die Art soll sich fast ausschließlich von Krabben und Garnelen ernähren. Über das Fortpflanzungsverhalten der meisten Arten ist nur wenig bekannt. Balz und Eiablage erfolgen während der Nacht. In die Enge getriebene Feuerfische können aktiv angreifen und unvorsichtigen Tauchern mit ihren aufgerichteten, giftigen Rückenflossenstrahlen gezielte Stichverletzungen zufügen. Die Giftstacheln sind von einer dünnen Bindegewebshülle umgeben, die beim Stich aufreißt. Leichter Druck auf den Stachel (= Flossenstrahl) bewirkt, daß das Gift aus der Giftdrüse an der Basis des Stachels über eine Rinne direkt in die Wunde gespritzt wird. Der Stich ist extrem schmerzhaft und führt meist zu Schwellungen und Kreislaufstörungen. Erste Hilfe am besten durch die »Heißwassermethode« (siehe Seite 25), da es sich um ein Gift auf Eiweißbasis handelt. Auf jeden Fall Arzt aufsuchen!

Aquarienhaltung: Aufgrund der Giftigkeit ist beim Hantieren in einem Becken mit Feuerfischen äußerste Vorsicht geboten! Siehe auch Antennenfeuerfisch *P. antennata*.

Inimicus filamentosus
(Cuvier, 1829)
Teufelsfisch

Erkennungsmerkmale: Größe bis ca. 25 cm. Kopf groß, mit sehr hochliegenden, eng zusammenstehenden Augen und nach oben gerichteter Maulspalte. Rückenflossen mit 15 (bis 16) langen, freistehenden, giftigen Stacheln. Brustflossen flügelartig vergrößert, die ersten beiden Strahlen der Brustflossen freistehend und krallenartig verdickt, die ersten beiden Strahlen des flügelartigen Teils fadenförmig verlängert. Hervorragend getarnt, Färbung bräunlich marmoriert, meist teilweise mit Sand bedeckt. Schwanz- und Brustflossen beige bis dunkelbraun, äußerer Teil leuchtend gelb mit dunkelbraunen bis schwarzen Flecken und schwarzem Rand.
Verwechslungsmöglichkeiten: Die acht Arten der Gattung (Unterfamilie Teufelsfische, Choridactylinae) unterscheiden sich durch die abweichende Färbung ihrer Brustflossen.

Lebensraum: Sandflächen, auch in Ufernähe. Vom Flachwasser bis in mindestens 55 m Tiefe. Rotes Meer und westlicher Indischer Ozean einschließlich Malediven.
Biologie: Die Art scheint sich hauptsächlich von anderen Fischen zu ernähren. Wegen ihrer prächtigen Brustflossen wird sie manchmal auch »Schmetterlings-Skorpionsfisch« genannt. Die schlechten Schwimmer bewegen sich mit Hilfe ihrer krallenartigen Brustflossenstrahlen kriechend über den Boden, wobei die Schwanzflosse eine Schleifspur hinterläßt, die man oft von weitem erkennen kann. Folgt man einer solchen Spur, kann man mit etwas Glück ihren Verursacher entdecken, der manchmal bis zu den Augen eingegraben sein kann. Bei Bedrohung werden Schwanz- und Brustflossen abgespreizt, so daß deren Warnfärbung sichtbar wird.
Aquarienhaltung: Nicht bekannt.

Synanceia verrucosa
(Bloch & Schneider, 1801)
Steinfisch

Erkennungsmerkmale: Größe bis ca. 35 cm. Körper sehr massig mit riesigem Kopf und sehr großer, senkrecht nach oben gerichteter Maulspalte. Körperoberfläche mit unregelmäßigen Hautfortsätzen und warzenähnlichen Ausstülpungen besetzt. Färbung sehr variabel, meist dem Untergrund angepaßt, von schmutzigweiß über rötlich bis fast schwarz.

Verwechslungsmöglichkeiten: Der Steinfisch wird oft mit dem Falschen Steinfisch *Scorpaenopsis diabolus*, einem Drachenkopf, verwechselt. Der Falsche Steinfisch besitzt jedoch eine schräg nach oben gerichtete Maulspalte und ist nicht so massig wie der Steinfisch.

Lebensraum: Meist auf Sand- oder Schotterflächen auf Riffdächern und in flachen Lagunen, seltener auch auf felsigem Untergrund. Hauptsächlich im Flachwasser bis wenige Meter Tiefe, aber auch tiefer. Rotes Meer und Indopazifik einschließlich Malediven.

Biologie: Steinfische ernähren sich von Fischen und Krebsen bis fast zu ihrer eigenen Größe. Die Tiere sind sehr träge und zeigen dem Menschen gegenüber kaum Fluchtverhalten. Da sie außerdem bereits im knöcheltiefen Wasser vorkommen können, sind vor allem Strand- und Riffwanderer gefährdet. Einen gewissen Schutz bietet das Tragen von Turnschuhen. Steinfische sind mit Abstand die giftigsten Fische überhaupt. Verletzungen durch sie sollen extrem schmerzhaft sein und können tödlich verlaufen! Als erste Hilfe sollte möglichst rasch die »Heißwasser-Methode« (siehe Seite) angewandt werden, da dadurch große Teile des Giftstoffs zerstört werden. Ärztliche Behandlung ist auf jeden Fall notwendig!

Aquarienhaltung: Sollte wegen seiner starken Giftigkeit und der damit verbundenen Gefahr nicht gepflegt werden.

Scorpaenopsis diabolus
(Cuvier, 1829)
Falscher Steinfisch

Erkennungsmerkmale: Größe bis ca. 30 cm. Kopf groß mit großer, schräg nach oben gerichteter Maulspalte. Rücken im Bereich des Ansatzes der Rückenflosse buckelartig gewölbt. Färbung variabel, meist dem Untergrund angepaßt. Unterseite der Brustflossen prächtig gelb, orange und schwarz gefärbt.

Verwechslungsmöglichkeiten: Die Art wird oft mit dem Steinfisch *Synanceia verrucosa* verwechselt. Dieser hat jedoch einen massigeren Körper und besitzt eine sehr große, senkrecht nach oben gerichtete Maulspalte.

Lebensraum: Verschiedene Riffbereiche. Vom Flachwasser bis in große Tiefe. Rotes Meer und westlicher Indopazifik einschließlich Malediven.

Biologie: Wenn diese Art gestört oder bedroht wird, zeigt sie plötzlich ihre prächtig gefärbten Unterseiten der Brustflossen. Bei dieser Färbung handelt es sich um eine Warnfärbung, die potentiellen Feinden signalisieren soll: Vorsicht, Gefahr! Jeder Feind, der einmal unangenehme Bekanntschaft mit den Giftstacheln des Falschen Steinfisches gemacht hat, wird beim Anblick der bunten Brustflossen zukünftig einen großen Bogen um diesen Drachenkopf machen.

Drachenköpfe sind meist sehr gut getarnt und werden oft übersehen. Da sie gegenüber Tauchern in der Regel kaum Fluchtverhalten zeigen, besteht eine gewisse Gefahr, daß es bei unvorsichtigem Verhalten zu Verletzungen kommt. Das Gift verursacht starke Schmerzen und eventuell auch Lähmungserscheinungen, soll aber nicht lebensgefährlich sein. Erste Hilfe siehe Bärtiger Drachenkopf *S. oxycephalus*.

Aquarienhaltung: Siehe Steinfisch.

Scorpaenopsis oxycephala
(Bleeker, 1849)
Bärtiger Drachenkopf

Erkennungsmerkmale: Größe bis ca. 36 cm. Kopf groß mit großer, schräg nach vorn gerichteter Maulspalte. Kinn mit zahlreichen, vergleichsweise großen, bäumchenförmigen Hautausstülpungen, Körper mit zahllosen kleinen Hautausstülpungen. Färbung variabel, meist dem Untergrund angepaßt, von weißlich, rosa, orangerot, dunkelbraun bis grünlich, meist mehr oder weniger stark marmoriert.
Verwechslungsmöglichkeiten: Es gibt zahlreiche weitere Drachenkopf-Arten, von denen sich die meisten gut von dieser Art unterscheiden lassen.
Lebensraum: Verschiedene Riffbereiche. Vom Flachwasser bis in mindestens 35 m Tiefe. Rotes Meer und Indopazifik einschließlich Malediven.
Biologie: Da es sich bei dem Gift von Drachenköpfen um ein Gift auf Eiweißbasis handelt, empfiehlt sich als Erste Hilfe die »Heißwassermethode«. Der betroffene Körperteil sollte so schnell wie möglich in so heißes Wasser gehalten werden, wie es der Verletzte gerade noch aushalten kann. Durch die hohen Temperaturen wird das Eiweiß zerstört und somit das Gift unwirksam. Je schneller diese Behandlung nach der Verletzung einsetzt, desto geringer sind die Folgen, da das Gift zerstört wird, bevor es sich ausbreiten und seine Wirkung entfalten kann. Gegen die Schmerzen können schmerzstillende Mittel gegeben werden. Bei sehr schweren Fällen oder Überempfindlichkeitsreaktionen ist ärztliche Behandlung erforderlich.
Aquarienhaltung: Nicht geeignet.

Taenianotus triacanthus
(Lacepède, 1802)
Schaukelfisch

Erkennungsmerkmale: Größe bis ca. 10 cm. Körper leicht seitlich abgeflacht mit großer, hoher, meist aufgestellter Rückenflosse. Färbung variabel, meist gelblichbeige bis grünlich, seltener auch schwarz, rot, pink, zitronengelb oder silbrigweiß, meist mit einigen mittelgroßen bis kleinen, unregelmäßigen, hellen und/oder dunklen Flecken.
Verwechslungsmöglichkeiten: Nicht vorhanden.
Lebensraum: Verschiedene Riffbereiche. Vom Flachwasser bis in sehr große Tiefen. Indopazifik einschließlich Malediven.
Biologie: Schaukelfische imitieren mit ihrer Körperform und ihrem Verhalten ein Blatt oder Tangbüschel. Sie schaukeln von einer Seite zur anderen, als ob sie von den Wellen oder der Dünung bewegt würden, was den Eindruck eines Blattes oder Tangbüschels verstärkt. Bei Gefahr legen sich die Tiere sogar flach auf die Seite. Auch die meist pflanzenähnliche Färbung trägt zu der guten Tarnung bei. Selten aber doch regelmäßig kann man Tiere beobachten, deren Färbung einen starken Kontrast zu ihrer Umgebung darstellt. Doch auch sie ahmen pflanzliches Material nach, was in der Biologie als Mimese bezeichnet wird.
Der Schaukelfisch zeigt noch eine weitere sehr interessante Verhaltensweise: Er häutet sich regelmäßig. Dabei soll die Haut zuerst an den Lippen und Kiemendeckeln aufreißen und im Stück abgestreift werden. Wenige Tage vor einer Häutung wird der Schwanz zusammengefaltet und hochgebogen gehalten.
Aquarienhaltung: Schaukelfische stellen sehr hohe Ansprüche an die Wasserqualität. Die Haltung gelingt nur dann über eine längere Zeit, wenn regelmäßig Lebendfutter in Form von kleinen Fischen oder Krebsen angeboten wird.

Familie Platycephalidae (Plattköpfe)

Plattköpfe zeichnen sich durch einen flachen, langgestreckten (krokodilförmigen) Körper mit einem großen, breiten Kopf aus. Die typischen Bodenbewohner sind weltweit mit ca. 60 Arten aus zwölf Gattungen vertreten.

Papilloculiceps longiceps
(Ehenberg, 1829)
Teppich-Krokodilsfisch

Erkennungsmerkmale: Größe bis ca. 100 cm. Körperform wie oben beschrieben. Zwei getrennte Rückenflossen. Grundfärbung sandfarben mit unregelmäßiger, dunkler Marmorierung.
Verwechslungsmöglichkeiten: Die Unterscheidung der einzelnen Arten ist teilweise nicht ganz einfach.
Lebensraum: Meist auf Sandböden in Riffnähe. Vom Flachwasser bis in sehr große Tiefe. Rotes Meer (häufig) und westlicher Indopazifik einschließlich Malediven (relativ selten).
Biologie: Krokodilfische sind durch ihre Färbung gut getarnte Lauerjäger, die sich vor allem von kleinen Fischen und Krebsen ernähren. Unterschreitet ein mögliches Opfer eine gewisse Mindestentfernung (ca. 1 m), schießt der Teppich-Krokodilsfisch blitzartig vor und verschlingt seine Beute. Bei Bedarf können sich die Tiere auch im Sand eingraben, so daß nur noch die Augen und das Maul herausschauen. Interessanterweise ist bei dieser Art auch das Auge gut getarnt. Die Iris ist strauchförmig verzweigt und läßt das Auge kaum erkennen, wenn sie weit ausgebreitet ist (kleines Foto).
Teppich-Krokodilsfische zeigen gegenüber dem Taucher kaum Scheu. Auf ihre gute Tarnung vertrauend, verharren sie meist, bis man sich ihnen ganz dicht genähert hat und fliehen erst im letzten Moment.
Aquarienhaltung: Nicht geeignet.

Ordnung Perciformes (Barschartige)

Die Ordnung der Barschartigen ist mit mehr als 7800 Arten aus mehr als 150 Familien nicht nur die größte Fischordnung sondern die größte Wirbeltierordnung überhaupt. Sie gilt als die fortgeschrittenste Fischgruppe mit vielen modernen Merkmalen. Es handelt sich bei ihr nicht um eine einheitliche Gruppe, die entwicklungsgeschichtlich einen gemeinsamen Ursprung besitzt. Statt dessen werden in ihr verschiedenste Familien vereint, die einen vage definierten Entwicklungsstand erreicht haben und denen die Spezialisierungen anderer Ordnungen fehlen. Das erklärt die zum Teil sehr unterschiedlichen Angaben über die Anzahl der Arten und Familien dieser Ordnung in der Literatur. Aus diesem Grund ist es auch nicht ganz einfach, charakteristische Merkmale für die Ordnung anzugeben, die auf alle Familien zutreffen. Die meisten Barschartigen besitzen zwei Rückenflossen, die miteinander verschmolzen sein können. Die 1. Rückenflosse oder der vordere Teil der verschmolzenen Rückenflosse ist fast immer mit Stachelstrahlen ausgestattet, während die 2. Rückenflosse oder der hintere Teil davon weichstrahlig ist. Auch die Bauchflossen und die Afterflosse sind mit einem bzw. drei Stachelstrahlen und einer Anzahl Weichstrahlen ausgestattet. Die Kiemendeckel sind gut entwickelt. Weitere charakteristische Merkmale sind äußerlich nicht sichtbar und beziehen sich unter anderem auf das Skelett. Die meisten Barschartigen leben im Meer, und viele haben eine große fischereiwirtschaftliche Bedeutung.

Familie Serranidae (Sägebarsche)

Die Familie der Sägebarsche ist mit mehr als 320 Arten aus ca. 48 Gattungen eine der bedeutendsten Familien der Ordnung der Barschartigen. Sie wird in drei Unterfamilien aufgeteilt: Säge-, Zacken- und Fahnenbarsche. Die Vertreter dieser Familie zeichnen sich durch einen länglichen, mehr oder weniger seitlich abgeflachten Körper aus, der mit Kammschuppen bedeckt ist. Der Unterkiefer des großen, vorstreckbaren Mauls ist meist länger als der Oberkiefer und steht deshalb etwas vor. Auf beiden Kiefern sowie am Gaumen und manchmal auch auf der Zunge stehen zahlreiche Zähne. Namensgebend sind ein bis drei abgeflachte, nach hinten gerichtete Stachein oder Zacken am hinteren Rand der Kiemendeckel sowie der meist gesägte Hinterrand des Vorderkiemendeckels.
Je nach Art sind entweder eine oder zwei Rückenflossen ausgebildet. Ist nur eine Rückenflosse vorhanden, dann besteht der vordere Teil aus stacheligen Hart- und der hintere aus Weichstrahlen. Bei zwei Rückenflossen ist die vordere stets hartstrahlig, während die hintere weichstrahlig ist. Auch im vorderen Teil von Bauch- und Afterflosse befinden sich eine bzw. drei Hartstrahlen.
Die Größe der Vertreter dieser Familie reicht von nur 4 cm kleinen Zwergen bis zu 350 cm langen Arten, die ein Gewicht von 550 kg erreichen können.
Säge- oder Zackenbarsche leben ohne Ausnahme räuberisch und ernähren sich von Fischen und/oder verschiedenen Wirbellosen.
Die Vertreter der Fahnenbarsche ernähren sich ausschließlich von Plankton.
Die Mehrzahl der Arten ist zwittrig. Dabei kommt es bei den meisten im Laufe ihres Lebens zu einer Geschlechtsumwandlung vom Weibchen zum Männchen, wie z.B. bei den Vertretern der Gattungen *Epinephelus* und *Cephalophilis* und wahrscheinlich auch der meisten anderen vorgestellten Gattungen. Es können aber auch beide Geschlechter gleichzeitig angelegt sein, so daß eine Selbstbefruchtung möglich ist. Getrenntgeschlechtliche Arten stellen die Ausnahme dar.
Außerhalb der Fortpflanzungszeit sind die meisten Serraniden Einzelgänger, die ein festes Revier besitzen, das sie gegen Artgenossen verteidigen. Eine Ausnahme bilden auch hier wieder die meisten Fahnenbarsch-Arten, die in großen Schwärmen von Hunderten oder gar Tausenden zusammenleben.

Anyperodon leucogrammicus
(Valenciennes, 1828)
Spitzkopf-Zackenbarsch

Erkennungsmerkmale: Größe bis ca. 50 cm. Körper schlanker und mit spitzerem Kopf als bei anderen Zackenbarscharten. Färbung grünlichgrau mit zahlreichen kleinen orangeroten Punkten am gesamten Körper. Junge und halbwüchsige Tiere mit drei bis fünf weißen Längsstreifen auf den Körperseiten (laut verschiedenen Literaturangaben »blaurot längsgestreift«) und ein oder zwei schwarzen, manchmal blau gerandeten Flecken auf der Schwanzwurzel. Während der Nacht besitzen auch erwachsene Tiere drei bis fünf schmutzigweiße Längsstreifen auf den Körperseiten.
Verwechslungsmöglichkeiten: Keine.
Lebensraum: Lagunen und Außenriffbereiche mit reichem Korallenwachstum. Meist unterhalb von ca. 5 m bis etwa 50 m Tiefe. Rotes Meer und westlicher Indopazifik einschließlich Malediven.

Biologie: Bei dieser Art handelt es sich um einen relativ versteckt lebenden Zackenbarsch, der oft übersehen wird. Er ernährt sich von Fischen und wahrscheinlich auch von Krebstieren. In manchen Gegenden sollen kleine Jungtiere dieses Barsches die ähnlich gefärbten Halbwüchsigen von den beiden Lippfischen *Halichoeres biocellatus* und *H. melanurus* nachahmen. Mögliche Beutetiere können den kleinen Barsch mit den harmlosen Lippfischen verwechseln, die sich nur von kleinen Wirbellosen ernähren. Da in diesem Fall ein »gefährlicher Räuber« einen harmlosen Fisch nachahmt und nicht umgekehrt, spricht man von aggressiver Mimikry.
Aquarienhaltung: Nicht geeignet.

Cephalopholis argus
(Schneider, 1801)
Pfauen-Zackenbarsch

Erkennungsmerkmale: Größe bis 50 cm. Färbung dunkelbraun mit zahlreichen, dunkel gerandeten, weißblauen bis blauen Flecken auf Kopf Körper und Flossen, oft mit fünf breiten, hellen Querbändern in der hinteren Körperhälfte und einem dreieckigen hellen Bereich am Ansatz der Brustflossen.
Verwechslungsmöglichkeiten: Keine.
Lebensraum: Verschiedene Riffbereiche. Vom Flachwasser bis in mindestens 40 m Tiefe. Rotes Meer und Indopazifik einschließlich Malediven.
Biologie: Die Art ernährt sich hauptsächlich von kleinen Fischen, die sie sowohl am Tag als auch nachts erbeutet. Jungtiere halten sich bevorzugt im Schutz von Korallen-»Dickicht« im Flachwasser auf. Erwachsene können paarweise oder auch in kleinen Gruppen angetroffen werden. Weibchen erreichen mit ungefähr 22 cm die Geschlechtsreife.

Cephalopholis hemistiktos
(Rüppell, 1830)
Rotmeer-Zackenbarsch (kleines Foto)

Erkennungsmerkmale: Größe bis ca. 35 cm. Färbung rot bis dunkelbraun mit kleinen, blauen, schwarzgerandeten Punkten auf dem Kopf und der unteren Körperhälfte, manchmal mit großem hellem Bereich im hinteren Teil des Rückens und der Oberseite der Schwanzwurzel. Schwanzflosse meist dunkel.
Verwechslungsmöglichkeiten: Kann eventuell mit ähnlich gefärbten Arten dieser Gattung verwechselt werden, aber nur diese Art weist exakt die oben beschriebene Färbung auf. Häufigste Art der Gattung im Roten Meer.
Lebensraum: Verschiedene Riffbereiche. Bereits ab dem Flachwasser. Rotes Meer bis Arabischer Golf.
Biologie: Keine Besonderheiten.
Aquarienhaltung: Wenig geeignet.

Cephalopholis miniata
(Forrsskål, 1775)
Juwelen-Zackenbarsch

Erkennungsmerkmale: Größe bis ca. 40 cm. Färbung rot bis rotorange, seltener rötlichbraun, stets mit zahlreichen kleinen, hellblauen Punkten auf Kopf, Körper und Flossen. Kleine Jungtiere sollen golden gefärbt sein mit einigen blauen Punkten.
Verwechslungsmöglichkeiten: Nur diese Art einheitlich rot bis rotorange mit zahlreichen kleinen, blauen Punkten auf dem gesamten Körper.
Lebensraum: Verschiedene Riffbereiche mit reichem Korallenwuchs. Vom Flachwasser bis in sehr große Tiefen. Rotes Meer und Indopazifik einschließlich Malediven.
Biologie: Die Art kann einzeln und in kleinen Gruppen angetroffen werden.
Aquarienhaltung: Wenig geeignet.

Cephalopholis leopardus
(Lacepède, 1802)
Leopard-Zackenbarsch (kleines Foto)

Erkennungsmerkmale: Größe bis ca. 24 cm. Färbung beige und rotbraun marmoriert mit kleinen roten Flecken und Punkten auf der vorderen Körperhälfte. Zwei schwarze Flecken auf der Schwanzwurzel.
Verwechslungsmöglichkeiten: Der bis ca. 27 cm große, manchmal ähnlich gefärbte Feuer-Zackenbarsch *C. urodeta* (Bloch & Schneider, 1801) aus dem Indopazifik besitzt keine schwarzen Flecken auf der Schwanzwurzel.
Lebensraum: Verschiedene Riffbereiche mit reichem Korallenwuchs. Unterhalb von ca. 3 m bis in ca. 40 m Tiefe. Indopazifik einschließlich Malediven.
Biologie: Die Art ist stets einzeln anzutreffen. Aufgrund ihrer versteckten Lebensweise wird sie meist übersehen.
Aquarienhaltung: Wenig geeignet.

Cephalopholis sexmaculata
(Rüppell, 1830)
Sechsfleck-Zackenbarsch

Erkennungsmerkmale: Größe bis ca. 50 cm. Färbung orangerot mit zahlreichen kleinen blauen Punkten auf Kopf und Körper, die im Kopfbereich oft in Streifen übergehen. Sechs quadratische, oft etwas unregelmäßige, braune bis schwarze Flecken auf dem Rücken, vier am Ansatz der Rückenflosse und zwei auf der Schwanzwurzel. Von den dunklen Flecken können schwache dunkle Querstreifen bis zur Bauchseite reichen.
Verwechslungsmöglichkeiten: Keine
Lebensraum: Höhlen und Spalten von Außenriffbereichen und Steilabfällen. Unterhalb von 6 m bis in große Tiefen. Rotes Meer und Indopazifik einschließlich Malediven.
Biologie: Diese versteckt lebende Art kann einzeln und in kleinen Gruppen angetroffen werden. Man kann sie gelegentlich dabei beobachten, wie sie sich von der Putzergarnele *Periclimenes elegans* putzen läßt.

Epinephelus flavocaeruleus
(Lacepède, 1802)
Gelbflossen-Zackenbarsch
(kleines Foto)

Erkennungsmerkmale: Größe bis ca. 100 cm. Färbung von Jungtieren bis zu einer Größe von ca. 50 cm tiefblau mit gelben Flossen und gelber Oberlippe. Danach wechselt die Färbung zu einem gefleckten Grau und die Gelbfärbung der Flossen und der Oberlippe verschwindet allmählich.
Verwechslungsmöglichkeiten: Aufgrund der charakteristischen Färbung der Jungtiere besteht keine Verwechslungsgefahr.
Lebensraum: Verschiedene Riffbereiche. Meist unterhalb von ca. 10 m bis in große Tiefe, nur selten auch flacher. Indopazifik einschließlich Malediven.
Biologie: Die vergleichsweise seltene Art ist gegenüber Tauchern kaum scheu.
Aquarienhaltung: Aufgrund ihrer Körpergröße sind die meisten Zackenbarsche nicht für die Pflege im Aquarium geeignet.

Epinephelus fasciatus
(Forsskål, 1775)
Baskenmützen-Zackenbarsch

Erkennungsmerkmale: Größe bis ca. 35 cm. Färbung variabel, von weißlich bis gelblichrot mit einem mützenähnlichen, großen dunklen rötlichbraunen Fleck auf Kopf und Nacken (Name!). Oft mit fünf orangeroten bis rötlichbraunen Querbändern auf den Körperseiten. Der Fleck auf Kopf und Nacken und die Querbänder auf den Körperseiten sind stimmungsabhängig und können blitzschnell verblassen.
Verwechslungsmöglichkeiten: Nicht vorhanden.
Lebensraum: Verschiedene Riffbereiche. Vom Flachwasser bis in große Tiefe. Rotes Meer und Indopazifik einschließlich Malediven.
Biologie: Baskenmützen-Zackenbarsche sind typische Einzelgänger, die aber manchmal auch in kleineren Gruppen dicht beieinander angetroffen werden können. Sie ernähren sich hauptsächlich von verschiedenen Krebstieren und Fischen, die sie sowohl tagsüber als auch während der Nacht erbeuten. Zu einem geringeren Anteil werden auch Kraken und Schlangensterne gefressen. Untersuchungen an der ostafrikanischen Küste zufolge erreichen Weibchen bei einer Größe von 16 cm und Männchen mit 17,5 cm die Geschlechtsreife. Bei dieser Art handelt es sich um den häufigsten Vertreter der Gattung im Roten Meer.
Aquarienhaltung: Nicht geeignet.

Epinephelus microdon
(Bleeker, 1856)
Marmorierter Zackenbarsch

Erkennungsmerkmale: Größe bis ca. 60 cm. Grundfärbung mittelbraun mit zahlreichen kleinen dunkelbraunen Punkten und einer hellen Marmorierung, Verhältnis von heller und mittelbrauner Färbung ungefähr ausgeglichen, teilweise überwiegt der mittelbraune Anteil.

Verwechslungsmöglichkeiten: Die Art wird oft mit dem sehr ähnlich gefärbten *Epinephelus fuscoguttatus* (Forsskål, 1775) verwechselt. Dieser kann jedoch eine Größe bis zu 90 cm erreichen. Er ist ebenfalls hell und dunkel marmoriert, bei ihm überwiegt aber eindeutig der helle Anteil in der Färbung. Außerdem scheint die Marmorierung eine größere Regelmäßigkeit aufzuweisen. Der relativ große Zackenbarsch ist sehr scheu und kommt wie sein »kleiner Bruder« im Roten Meer und dem Indopazifik einschließlich der Malediven vor.

Lebensraum: Lagunen und seewärts gelegene Riffe mit reichem Korallenwuchs. Vom Flachwasser bis in mehr als 45 m Tiefe. Rotes Meer und Indopazifik einschließlich Malediven.

Biologie: Die Art lebt meist einzeln und ernährt sich in erster Linie von verschiedenen Fischen und Krebstieren. Aber auch Kopffüßer und Schnecken werden nicht verschmäht. Die Fische können gegenüber Tauchern sehr zutraulich werden. Sie suchen regelmäßig Putzstationen auf, um sich von Putzergarnelen der Art *Periclimenes elegans* putzen zu lassen.

Aquarienhaltung: Nicht geeignet.

Epinephelus spilotoceps
(Schultz, 1953)
Vierfleck-Zackenbarsch

Erkennungsmerkmale: Größe bis ca. 35 cm. Färbung wabenartig, beige mit braunen Zentren, oft mit einigen großen, dunkel gefärbten Bereichen. Vier schwarze Flecken im hinteren Teil der Rückenflossenbasis und auf der Oberseite der Schwanzwurzel.
Verwechslungsmöglichkeiten: Der sehr ähnlich gefärbte *E. hexagonatus* (Schneider, 1801) unterscheidet sich durch auffällige dreieckige weiße Punkte zwischen den braunen Zentren der wabenartigen Färbung.
Lebensraum: Verschiedene mehr oder weniger geschützte Riffbereiche. Bereits ab dem Flachwasser. Indopazifik einschließlich Malediven.
Biologie: Keine Besonderheiten.
Aquarienhaltung: Nicht geeignet.

Epinephelus merra
(Bloch, 1790)
Honigwaben-Zackenbarsch
(kleines Foto)

Erkennungsmerkmale: Größe bis ca. 30 cm. Färbung wabenartig, beige mit braunen Zentren, oft mit fünf dunkleren, verschieden breiten Schrägstreifen auf den Körperseiten.
Verwechslungsmöglichkeiten: Es gibt einige ähnlich gefärbte Arten der Gattung, die sich aber gut unterscheiden lassen.
Lebensraum: Flache Lagunen und andere geschützte Riffbereiche. Meist im Flachwasser, gelegentlich aber auch bis 50 m Tiefe. Indopazifik einschließlich Malediven.
Biologie: Jungtiere halten sich meist im Schutz von Geweihkorallen der Gattung *Acropora* auf. Die Art ernährt sich hauptsächlich von Fischen und Krebsen.
Aquarienhaltung: Nicht geeignet.

Epinephelus summana
(Forsskål, 1775)
Summana-Zackenbarsch

Erkennungsmerkmale: Größe bis ca. 50 cm. Färbung dunkelbraun bis olivbraun mit einigen großen runden beigen bis weißen Flecken und zahlreichen kleinen weißen Punkten. Jungtiere graubraun mit großen dunkelgerandeten weißen Flecken.
Verwechslungsmöglichkeiten: Im Indopazifik kommt der eng verwandte und ähnlich gefärbte *E. ongus* (Bloch, 1790) vor.
Lebensraum: Verschiedene mehr oder weniger geschützte Riffbereiche. Bereits ab geringer Tiefe. Nur im Roten Meer und dem Golf von Aden.
Biologie: Die Art kann auch in Brackwasserzonen angetroffen werden.
Aquarienhaltung: Nicht geeignet.

Epinephelus tauvina
(Forsskål, 1775)
Braunflecken-Zackenbarsch
(kleines Foto)

Erkennungsmerkmale: Größe bis ca. 70 cm. Färbung grünlichgrau bis hellbeige mit zahlreichen mittel- bis dunkelbraunen Punkten auf dem gesamten Körper, manchmal mit fünf dunkleren, blaßen Schrägstreifen.
Verwechslungsmöglichkeiten: Es gibt zwar einige ähnlich gefärbte Arten, diese unterscheiden sich jedoch deutlich.
Lebensraum: Lagunen und seewärts gelegene Riffe mit reichem Korallenwuchs. Vom Flachwasser bis in mehr als 45 m Tiefe. Rotes Meer und Indopazifik einschließlich Malediven.
Biologie: Die Art ernährt sich vorwiegend von Fischen.
Aquarienhaltung: Nicht geeignet.

Aethaloperca rogaa
(Forsskål, 1775)
Rotmaul-Zackenbarsch (kl. Foto)

Erkennungsmerkmale: Größe bis ca. 60 cm. Körper hochrückiger als bei anderen Zackenbarscharten. Färbung dunkelbraun, Maul innen rötlichorange.
Verwechslungsmöglichkeiten: Nicht vorhanden, einzige Art der Gattung.
Lebensraum: Korallenreiche Riffbereiche mit Höhlen und Spalten. Vom Flachwasser bis in mehr als 50 m Tiefe. Weitverbreitet, aber nicht häufig. Rotes Meer und westlicher Indopazifik.
Biologie: Die Art ernährt sich von verschiedenen Fischen und Krebstieren. Die Tiere erreichen bei einer Größe von ungefähr 34 cm die Geschlechtsreife und laichen das ganze Jahr über ab.
Aquarienhaltung: Nicht geeignet.

Plectropomus areolatus
(Rüppell, 1830)
Roter Leopard-Zackenbarsch

Erkennungsmerkmale: Größe bis mindestens 90 cm. Färbung bräunlichrot bis rot mit zahlreichen dunkelgerandeten, dunkelblauen Punkten, von denen einige länglich sein können.
Verwechslungsmöglichkeiten: Der meist etwas heller gefärbte *P. leopardus*, der nur im westlichen Pazifik vorkommt, unterscheidet sich vom Roten Leopard-Zackenbarsch dadurch, daß seine Punkte hellblau und kleiner, dafür aber zahlreicher sind. Außerdem handelt es sich bei ihm um die einzige Art der Gattung, die einen fast vollständigen blauen Ring um jedes Auge besitzt.
Lebensraum: Verschiedene Riffbereiche. Vom Flachwasser bis über 20 m Tiefe. Rotes Meer und Indopazifik einschließlich Malediven.
Biologie: Auch dieser attraktiv gefärbte Zackenbarsch ernährt sich hauptsächlich von verschiedenen Fischarten.

Plectropomus laevis
(Lacepède, 1801)
Sattelflecken-Leopard-Zackenbarsch

Erkennungsmerkmale: Größe bis mindestens 100 cm. Die Art kommt in zwei verschiedenen Farbvarianten vor: 1) Grundfärbung weiß bis hellbeige mit fünf dunkelbraunen bis schwarzen Sattelflecken vom Rücken bis zur Mitte der Körperseiten, hintere Körperhälfte manchmal dunkel gefleckt, Kopf im Bereich des Mauls, Schwanzwurzel und alle Flossen mehr oder weniger gelb. 2) Grundfärbung rötlichbraun bis braun mit zahlreichen kleinen, meist dunkel gerandeten, blauen Punkten. Bereiche zwischen den (helleren) Sattelflecken auf dem Rücken beige, ohne Gelbfärbung. Es scheint, daß die Variante 1 für Jungtiere und junge Erwachsene typisch ist. Die weißen und gelben Anteile der Färbung werden meist bei einer Größe von ca. 40 bis 60 cm mehr oder weniger durch die rötlichbraune bis braune Färbung ersetzt. Trotz allem kann die Färbung unabhängig von der Größe stark variieren. Anzahl und Intensität der blauen Punkte sind stimmungsabhängig.

Verwechslungsmöglichkeiten: Nicht vorhanden.

Lebensraum: Lagunen und Außenriffbereiche mit reichem Korallenwuchs. Meist unterhalb von ca. 4 m bis in sehr große Tiefen. Indopazifik einschließlich Malediven.

Biologie: Jungtiere dieser Art ahmen in der Färbung den Sattelflecken-Spitzkopfkugelfisch *Canthigaster valentini* nach. Dadurch genießen sie einerseits größeren Schutz vor Freßfeinden, andererseits können sie von ihren Opfern mit dem für sie harmlosen Spitzkopfkugelfisch verwechselt werden. Die Art ernährt sich von Fischen. Untersuchte Tiere von 64 bis 79 cm Größe hatten Papagei-, Lipp- und Doktorfische sowie andere Zackenbarsche von 15 bis 31 cm Größe im Magen!

Aquarienhaltung: Nicht geeignet.

Plectropomus pessuliferus marisrubri
Randall & Hoese, 1986
Rotmeer-Leopard-Zackenbarsch

Erkennungsmerkmale: Größe bis ca. 100 cm. Grundfärbung rötlich bis bräunlich mit zahlreichen dunkelgerandeten, dunkelblauen Punkten am gesamten Körper. Rücken bis zur Schwanzwurzel hin mit sechs bis sieben dunklen, zum Teil unregelmäßigen Sattelflecken, die mit Unterbrechungen bis zur Bauchseite reichen können.

Verwechslungsmöglichkeiten: Diese Unterart kann mit der zweiten Farbvariante des Sattelflecken-Leoparden-Zackenbarsches *P. laevis* verwechselt werden, der sich aber dadurch unterscheidet, daß er nur vier bis fünf dunkle Sattelflecken auf dem Rücken besitzt. Im östlichen Indischen Ozean einschließlich der Malediven und dem Westpazifik kommt der Indische Leopard-Zackenbarsch *P.p. pessuliferus* (Fowler, 1904), die zweite Unterart, vor, die meist unterhalb von 25 Metern bis in große Tiefe anzutreffen ist. Sie besitzt eine kräftig rote Grundfärbung.

Lebensraum: Verschiedene Riffbereiche. Meist unterhalb von ca. 8 m Tiefe. Rotes Meer.

Biologie: Bei dieser Art handelt es sich um einen typischen Einzelgänger, der außerhalb der Fortpflanzungszeit in aller Regel nur einzeln angetroffen werden kann.

Aquarienhaltung: Nicht geeignet.

Variola louti
(Forsskål, 1775)
Mondflossen-Zackenbarsch

Erkennungsmerkmale: Größe bis ca. 80 cm. Schwanzflosse tief mondsichelförmig eingebuchtet. Färbung gelblichbraun bis orangerot mit zahlreichen kleinen, unregelmäßigen, rosafarbenen, blauen oder violetten Punkten am gesamten Körper und den Flossen. Hinterrand von Rücken-, Schwanz-, After-, Brust- und Bauchflossen gelb und vergleichsweise breit.

Verwechslungsmöglichkeiten: Der ziemlich ähnliche und nur bis zu 60 cm groß werdende *V. albimarginata* Baissac, 1956, die zweite Art dieser Gattung, unterscheidet sich hauptsächlich durch den schmalen weißen Hinterrand seiner Schwanzflosse vom Mondflossen-Zackenbarsch.

Lebensraum: Verschiedene Riffbereiche mit reichem Korallenwuchs. Unterhalb von ca. 5 m bis in sehr große Tiefen. Erwachsene Tiere scheinen Tiefen unterhalb von ca. 15 m zu bevorzugen, während Jungtiere auch in flacherem Wasser anzutreffen sind. Rotes Meer und Indopazifik einschließlich Malediven.

Biologie: Die Hauptnahrung dieser Art besteht in erster Linie aus verschiedenen Fischen bis zu einer Größe, die der Barsch gerade noch hinunterwürgen kann. Dabei werden auch große stachelige oder giftige Arten, wie z.B. Soldaten- und Skorpionfische, nicht verschmäht. Zu einem geringeren Teil werden auch Krabben und andere Krebstiere gefressen.

Aquarienhaltung: Aufgrund der Größe nicht geeignet.

Pseudanthias cooperi
(Regan, 1902)
Rotfleck-Fahnenbarsch

Erkennungmerkmale: Größe bis ca. 14 cm. Körperform siehe Foto. Rückenflosse ohne verlängerte Flossenstrahlen. Weibchen orange gefärbt mit hellem Bauch. Männchen rotorange bis silbrigviolett mit je einem intensiv rot gefärbten, kurzen Querstreifen, bzw. länglichen Fleck, in der Mitte der Körperseiten, Schwanzflosse kräftig rot gefärbt. Beide Geschlechter mit violett gefärbtem Fleck im Vorderrand der Rückenflosse.
Verwechslungsmöglichkeiten: Die Männchen dieser Art kann man schon von weitem gut an ihrem rot gefärbten, kurzen Querstreifen auf den Körperseiten erkennen. Weibchen können eventuell mit den Weibchen anderer Arten verwechselt werden.
Lebensraum: Zumindest teilweise gut beströmte Steilwände und steile Riffabhänge. Meist unterhalb von 10 m bis in ca. 60 m Tiefe. Indopazifik einschließlich Malediven.

Biologie: Die Art kann meist in kleinen, lockeren Gruppen angetroffen werden, die, wie für Fahnenbarsche typisch, zum überwiegenden Teil aus Weibchen bestehen. Siehe auch die Beschreibungen der anderen Arten der Gattung.
Aquarienhaltung: So attraktiv Fahnenbarsche auch sind, ihre erfolgreiche Pflege über einen längeren Zeitraum ist nicht einfach! Sie benötigen große Becken (mindestens 500 Liter) mit starker Wasserbewegung, hohem Sauerstoffgehalt und minimalen Nitratwerten. Des weiteren müssen für alle Tiere einer Gruppe ausreichend Versteckmöglichkeiten vorhanden sein. Ein weiteres Problem stellt die Ernährung dar. Die Planktonfresser benötigen mehrmals täglich geeignetes Futter, am besten in Form von lebenden Kleinkrebsen. Manche Arten nehmen kein Ersatzfutter an!

Pseudanthias evansi
(Smith, 1954)
Gelbrücken-Fahnenbarsch

Erkennungsmerkmale: Größe bis ca. 10 cm. Körperform siehe Foto. Färbung rosa bis blaßviolett mit kräftig gelb gefärbtem Rücken und Schwanz, balzende Männchen oft etwas kräftiger gefärbt.

Verwechslungsmöglichkeiten: Kann eventuell mit prächtig gefärbten Männchen des Fadenflossen-Fahnenbarsches N. carberryi verwechselt werden, die sich jedoch durch zwei fadenförmig verlängerte Rückenflossenstrahlen unterscheiden.

Lebensraum: Meist mehr oder weniger steile Riffabhänge. Zwischen ca. 10 bis 35 m Tiefe. Indischer Ozean einschließlich Malediven.

Biologie: Fahnenbarsche leben stets in lockeren, mehr oder weniger großen Gruppen von einigen wenigen bis zu hunderten von Individuen. Die Tiere halten sich meist im freien Wasser auf, wo sie fast ununterbrochen auf der Jagd nach ihrer Nahrung, kleinem tierischem Plankton, sind. Bei Gefahr oder anderen Störungen schwimmen sie blitzschnell zum Riff und ziehen sich in Spalten oder zwischen die Äste verzweigter Korallenstöcke zurück. Dort verbringen die Tiere in der Regel auch gut geschützt vor Freßfeinden die Nacht. Schon kurze Zeit nach der Störung wagen sich bereits wieder die ersten Tiere aus ihrem Versteck heraus, was dann sehr schnell auch den Rest der Gruppe veranlaßt, die Jagd nach Plankton im Freiwasser vor oder über ihrem Korallenblock oder ihrer Wand wieder aufzunehmen. Siehe auch die Beschreibungen der anderen Arten der Gattung.

Aquarienhaltung: Siehe Rotfleck-Fahnenbarsch P. cooperi.

Pseudanthias ignitus
(Randall & Lubbock, 1981)
Flammenschwanz-Fahnenbarsch

Erkennungsmerkmale: Größe bis ca. 6 cm. Körperform siehe Foto. Rückenflosse ohne verlängerte Flossenstrahlen, Schwanzflosse tief gegabelt. Färbung der Weibchen einheitlich orangerot mit roter Rückenflosse, oberer und unterer Rand der Schwanzflosse ebenfalls rot. Grundfärbung balzender oder imponierender Männchen orange. Kopf, Rücken und Schwanzwurzel rosa bis hellviolett gefärbt. Rückenflosse leuchtend hellblau gesäumt, oberer und unterer Rand der Schwanzflosse leuchtend rot gefärbt.
Verwechslungsmöglichkeiten: Auf den Malediven nicht vorhanden. Im westlichen Zentralpazifik kommt der ähnlich gefärbte *P. dispar* Herre, 1955 vor.
Lebensraum: Steilwände und steile Riffabhänge. Von ca. 10 m bis in mindestens 30 m Tiefe. Bisher nur von den Malediven und den Andamanen bekannt.

Biologie: Bei allen Fahnenbarschen kommt es zum Phänomen der Geschlechtsumwandlung. Dabei können sich einzelne Weibchen unter bestimmten Bedingungen zu Männchen umwandeln. Je nach der Anzahl der Tiere einer Gruppe besteht diese aus ein bis mehreren Männchen und einer bedeutet größeren Anzahl von Weibchen. Untersuchungen beim Harems-Fahnenbarsch *P. squamipinnis* ergaben, daß Gruppen bis zu zehn Tieren in der Regel nur aus Weibchen bestehen. Einzelne Männchen besitzen dagegen einen Harem von mehr als zehn Weibchen. In größeren Gruppen von Weibchen findet man auch eine entsprechend größere Anzahl von Männchen, wobei die kleineren geschlechtsreifen Weibchen jeweils ca. 90% einer Gruppe ausmachen. Siehe auch die Beschreibungen der anderen Arten.
Aquarienhaltung: Siehe Rotfleck-Fahnenbarsch *P. cooperi.*

Pseudanthias squammipinnis
(Peters, 1855)
Harems-Fahnenbarsch

Erkennungsmerkmal: Größe bis ca. 16 cm. Körperform siehe Foto. Weibchen mit kaum, Männchen mit deutlich verlängertem dritten Rückenflossenstrahl. Weibchen rötlichorange mit violettem Wangenstreifen vom unteren Augenrand bis zum Brustflossenansatz. Männchen kräftig rot mit kleinen gelben Punkten auf den Schuppen der Körperseiten und einem großen dunkelorangen bis rotvioletten Fleck im äußeren Teil der Brustflossen.
Verwechslungsmöglichkeiten: Bei Männchen nicht vorhanden. Weibchen können eventuell mit ähnlich gefärbten Weibchen anderer Arten verwechselt werden.
Lebensraum: Im Bereich von großen Korallenblöcken, Riffkanten, Riffabhängen und Steilwänden. Meist unterhalb von etwa 4 m bis in ca. 20 m, regelmäßig auch bis in ca. 35 m Tiefe. Rotes Meer und westlicher Indopazifik einschließlich Malediven.
Biologie: Diese Art ist meist in riesigen Ansammlungen anzutreffen. Wie auch bei anderen Fahnenbarsch-Arten wird das Geschlecht sozial gesteuert. Fallen ein oder mehrere Männchen einer Gruppe aus, entwickeln sich aus den größten und ranghöchsten Weibchen der Gruppe ebensoviele neue Männchen. Dieser Geschlechtswechsel findet innerhalb von zwei Tagen statt. Aus diesem Grund kann man regelmäßig Tiere mit Weibchenfärbung beobachten, die trotzdem einen stark verlängerten dritten Rückenflossenstrahl besitzen. Im Roten Meer laicht diese Art im Winter ab, auf der Südhalbkugel im Bereich von Japan und dem Barriereriff dagegen im Sommer. Siehe auch die Beschreibungen der anderen Arten.
Aquarienhaltung: Siehe Rotfleck-Fahnenbarsch *P. cooperi.*.

Pseudanthias taeniatus
(Klunzinger, 1855)
Rotmeer-Fahnenbarsch

Erkennungsmerkmale: Größe bis ca. 13 cm. Körperform siehe Foto. Beide Geschlechter ohne verlängerte Rückenflossenstrahlen. Färbung der Weibchen orangerot mit rosa bis hellviolett gefärbter Bauchseite, Schwanzflossenspitzen orangerot gefärbt. Männchen orangerot mit gelblichen bis weißen Längsstreifen an der Basis der Rückenflosse, in der Mitte der Körperseiten und an der Bauchseite, letzterer beginnt am Kinn.
Verwechslungsmöglichkeiten: Nicht vorhanden.
Lebensraum: Meist an Steilwänden. In der Regel unterhalb von ca. 20 m bis in mindestens 50 m Tiefe, selten auch oberhalb von 20 m Tiefe. Rotes Meer.
Biologie: Man kann die Art oft in der Gemeinschaft des Harems-Fahnenbarsches *P. squamipinnis* antreffen. Das Paarungsverhalten, das bisher nur bei wenigen Arten untersucht wurde, verläuft beim Harems-Fahnenbarsch *P. squamipinnis* folgendermaßen: Mit Anbruch der Dämmerung beginnen die Männchen zu balzen, wobei sie weit oberhalb ihres Harems ins freie Wasser schwimmen. Auf dem höchsten Punkt angekommen, schwimmen sie mit abgespreizten Flossen zum Boden zurück, um dann wieder ins freie Wasser aufzusteigen. Diese Schwimmweise dauert an, bis sich ein Weibchen am Boden zu ihrem Männchen gesellt und eng neben ihm schwimmend mit ins freie Wasser aufsteigt. Dabei laicht das Pärchen ab. Während die Weibchen nur einmal ablaichen, können die Männchen mehrmals mit verschiedenen Weibchen ihres Harems ablaichen. Siehe auch die Beschreibungen der anderen Arten.
Aquarienhaltung: Siehe Rotfleck-Fahnenbarsch *P. cooperi*.

Nemanthias carberryi
(Smith, 1954)
Fadenflossen-Fahnenbarsch

Erkennungsmerkmale: Größe bis ca. 13 cm. Körperform siehe Foto. Männchen mit zwei deutlich fadenförmig verlängerten Rückenflossenstrahlen. Bauchflossen und Schwanzflosse ebenfalls fadenförmig verlängert, unterer Teil der Schwanzflosse länger als oberer Teil. Färbung orange bis rötlichorange mit kleinen gelben Punkten auf den Schuppen der Körperseiten und zwei parallel verlaufenden, blaßviolett gefärbten Wangenstreifen. After- und Bauchflossen sowie Ansatz des hinteren Teils der Rückenflosse gelb. Männchen in Prachtfärbung violett mit gelb gefärbtem Rücken und Schwanz und gelbem Wangenstreifen.

Verwechslungsmöglichkeiten: Kann eventuell mit den ähnlich gefärbten Weibchen des Harems-Fahnenbarsches *P. squamipinnis* verwechselt werden, die sich jedoch dadurch unterscheiden, daß sie keine fadenförmig verlängerten sondern abgerundete Bauchflossen besitzen. Männchen mit Prachtfärbung ähneln dem Gelbrücken-Fahnenbarsch *P. evansi*, der jedoch keine verlängerten Rückenflossenstrahlen besitzt. Fahnenbarsche bilden innerhalb der Familie der Serranidae, der Säge- oder Zackenbarsche, die Unterfamilie Anthiinae. Diese umfaßt mehr als 20 Gattungen mit über einhundert Arten, von denen viele noch unbeschrieben sind.

Lebensraum: Meist an Steilwänden und steilen Riffabhängen. Zwischen ca. 10 bis 30 m Tiefe. Westlicher Indischer Ozean einschließlich Malediven.

Biologie: Siehe die Beschreibungen der anderen Arten.

Aquarienhaltung: Siehe Rotfleck-Fahnenbarsch *P. cooperi*.

Familie Cirrhitidae (Büschelbarsche)

Büschelbarsche oder Korallenklimmer stellen eine der zahlreichen Familien aus der Unterordnung der »Barschfische« dar, der Percoidei. Von allen anderen Familien dieser Unterordnung unterscheiden sie sich in erster Linie durch die fünf bis neun unteren Brustflossenstrahlen, die freistehend sind und stachelig enden. Außerdem sind sie verdickt und unverzweigt. Die anderen für »Barschfische« typischen Merkmale, wie eine vollständige Seitenlinie, eine bestimmte Anzahl von Hartstrahlen in Rücken- und Afterflosse, spitze Zähne in den Kiefern und anderes mehr, sind bei den Büschelbarschen vorhanden.

Die Familie ist mit 35 meist kleinbleibenden Arten aus neun verschiedenen Gattungen vergleichsweise unbedeutend und fehlt aus diesem Grund in vielen Büchern. Abgesehen vom Riesenbüschelbarsch *Cirrhitus rivulatus*, der bis 45 cm groß werden kann, werden die meisten Arten nicht größer als 10 bis 20 cm. Büschelbarsche bewohnen die tropischen und subtropischen Regionen in allen Ozeanen. Dabei leben die meisten der Arten im Indopazifik, während nur drei Arten im Atlantik vorkommen und drei weitere im östlichen Pazifik leben. Der deutsche Name Büschelbarsche bezieht sich auf ein gemeinsames Merkmal dieser Familie. Am Ende ihrer Rückenflossenstrahlen und über dem Maul befinden sich nämlich feine, pinselartige Büschel. Auch der zweite deutsche Name Korallenklimmer läßt sich leicht erklären. Er bezieht sich auf eine etwas seltsam anmutende Fortbewegungsweise dieser Fische. Mit ihren schon erwähnten, freistehenden Brustflossenstrahlen können sie sich überall im Korallengeäst bzw. am Substrat festklammern. Dies ist auch der bevorzugte Aufenthaltsort der meisten Büschelbarsche, an dem sie oft stundenlang bewegungslos auf Beute lauern. Als reine Lauerjäger bevorzugen sie dabei hoch gelegene, eine freie Aussicht bietende Standorte. Wie auf einem Hochsitz lauern sie bewegungslos ihrer Beute auf, kleinen Fischen und bodenbewohnenden Krebstieren, um sich blitzartig auf sie zu stürzen, sobald sie in ihre Nähe geraten. Schlägt ihr Überraschungsangriff fehl, so verfolgen die schlechten Schwimmer, die wie viele substratgebundene Fische keine Schwimmblase mehr besitzen, ihre Beute nur selten. Statt dessen erklimmen sie ihren Ansitz mit Hilfe ihrer spezialisierten Brustflossen aufs Neue, unterstützt von kurzen, ruckartigen Schwimmbewegungen, um dort wieder mit unendlich erscheinender Geduld auf neue Beute zu warten. Diese Form der Jagd, nämlich von einem erhöhten Standort aus die Umgebung nach Beute abzusuchen, um dann überraschend anzugreifen, brachte den Büschelbarschen auch ihren englischen Namen Hawkfishes ein. Wörtlich übersetzt heißt das Falkenfische, was auf die ähnliche Jagdstrategie der Falken hindeutet.

Oxycirrhites typus
(Bleeker, 1857)
Langnasen-Büschelbarsch

Erkennungsmerkmale: Größe bis ca. 12 cm. Körper schlank und langgestreckt mit zugespitztem Kopf und stark verlängerter Schnauze. Färbung silbrigweiß bis gelblichweiß mit roten Quer- und Längsstreifen, die ein netzförmiges Muster bilden.

Verwechslungsmöglichkeiten: Nicht vorhanden. Einzige Art der Gattung.

Lebensraum: Meist auf den Ästen von großen Gorgonien und Schwarzen Korallen sowie auf reichverzweigten und weit ins Wasser ragenden Schwämmen in steil abfallenden Außenriffbereichen, die zumindest teilweise starker Strömung ausgesetzt sind. Meist unterhalb von 10 m bis in große Tiefe. Rotes Meer und Indopazifik einschließlich Malediven.

Biologie: Der Langnasen-Büschelbarsch ernährt sich hauptsächlich von verschiedenen planktischen und benthischen Krebstieren. Aber auch kleine Fische werden nicht verschmäht. Die Färbung dieser Art wirkt auf dem (geblitzten) Foto recht auffällig. In ihrem natürlichen Lebensraum stellt sie jedoch eine hervorragende Tarnung dar, die die Körperumrisse der Tiere auflöst. Dadurch sind die Tiere zwischen den Ästen einer Gorgonie oder einer Schwarzen Koralle ohne Kunstlicht meist nur sehr schwer zu entdecken. Des weiteren halten sich die Langnasen-Büschelbarsche meist auf der dem Taucher abgewandten Seite ihrer Schwarzen Koralle oder Gorgonie auf und entziehen sich so dem Blick des Tauchers.

Aquarienhaltung: Die Art soll sehr gut für die Haltung geeignet sein. Sie nimmt in der Regel schnell Frostfutter in Form von Garnelen und ähnlichem an. Auch gegenüber etwas kleineren Mitbewohnern ist sie sehr verträglich. Springt häufig; Aquarium gut abdecken.

Cirrhitichtys falco
(Randall, 1963)
Zwerg-Büschelbarsch

Erkennungsmerkmale: Größe bis ca. 5 cm. Körper vergleichsweise hochrückig mit leicht zugespitztem Kopf. Färbung weißlich mit orangeroten bis rötlichbraunen, nach unten keilförmig zulaufenden Querbändern, wobei die hinteren in Flecken übergehen können. Kopf mit zwei bis drei feinen orangefarbenen Streifen.

Verwechslungsmöglichkeiten: Diese Gattung umfaßt insgesamt neun verschiedene Arten, von denen sich einige in bezug auf die Färbung recht stark ähneln. Trotzdem besteht bei dieser Art keine Verwechslungsgefahr.

Lebensraum: Meist an der Basis kleiner Korallenstöcke in Riffbereichen mit mehr oder weniger reichhaltigem Korallenwuchs. Unterhalb von 4 m bis in große Tiefen. Westlicher Indopazifik einschließlich Malediven.

Biologie: Bei dieser Art handelt es sich um die wohl kleinste Büschelbarsch-Art. Die Biologie entspricht weitgehend der der anderen vorgestellten Arten.

Aquarienhaltung: Siehe Artbeschreibungen der vorangegangenen Büschelbarsch-Arten.

Cirrhitichthys oxycephalus
(Bleeker, 1855)
Gefleckter Büschelbarsch

Erkennungsmerkmale: Größe bis knapp 10 cm. Körper vergleichsweise hochrückig mit leicht zugespitztem Kopf. Färbung sehr variabel, weißlich bis rötlich mit zahlreichen großen, roten bis braunschwarzen Flecken, die teilweise auch ineinander übergehen können.
Verwechslungsmöglichkeiten: Diese Gattung umfaßt insgesamt neun verschiedene Arten, von denen sich einige in bezug auf die Färbung recht stark ähneln.
Lebensraum: Meist auf, in oder neben verschiedenen Stein- und Weichkorallen in verschiedenen Riffbereichen einschließlich der Brandungszone. Vom Flachwasser bis in mindestens 40 m Tiefe. Rotes Meer und Indopazifik einschließlich Malediven.
Biologie: Die Art hat das größte bekannte Verbreitungsgebiet von allen Vertretern dieser Familie. Bei dieser Art konnte der Autor beobachten, daß die meisten Tiere die Nacht tief zwischen die Äste von verschiedenen Steinkorallen zurückgezogen verbringen. Einzelne Exemplare konnten aber auch frei auf den Ästen einer *Tubastrea*-Art liegend beobachtet werden. Die meisten Tiere zeigten die gleiche Färbung wie während des Tages, wohingegen manche Exemplare eine fast vollständig rote Nachtfärbung aufwiesen.
Aquarienhaltung: Siehe Artbeschreibungen der vorangegangenen Büschelbarsch-Arten.

Paracirrhites arcatus
(Cuvier, 1829)
Regenbogenaugen-Korallenwächter

Erkennungsmerkmale: Größe bis ca. 14 cm. Körper massig gedrungen. Grundfärbung meist hellbraun mit einem weißen bis rosafarbenen Längsstreifen in der oberen Körperhälfte, der ungefähr auf Höhe der Brustflossen beginnt und bis zur Schwanzwurzel reicht. Um die Augen jeweils eine ringförmige, hellblaue, rote und gelbe Zeichnung, unterer Teil des Kiemendeckels ebenfalls mit einer hellblauen, roten und gelben Zeichnung.
Verwechslungsmöglichkeiten: Aufgrund der charakteristischen Zeichnung um die Augen herum und am Kiemendeckel nicht vorhanden.
Lebensraum: In verschiedenen Riffbereichen, meist zwischen den Ästen von Steinkorallen der Gattungen *Acropora, Pocillopora* und *Stylophora*. Vom Flachwasser bis in mehr als 30 m Tiefe. Indopazifik einschließlich Malediven.
Biologie: Wie bei allen Büschelbarschen kann eine Geschlechtsumwandlung vom Weibchen zum Männchen erfolgen. Männchen beanspruchen stets ein Revier mit einer Gruppe von Weibchen. Balz und Ablaichen erfolgen paarweise während der Dämmerung oder zu Beginn der Nacht. Dabei schwimmt das Paar schnell ins Freiwasser, gibt Samen und Eier ab und kehrt sofort wieder zum Untergrund zurück. Nach einem mehrere Wochen dauernden freischwimmenden Larvenstadium gehen die Tiere dann zum Bodenleben über.
Aquarienhaltung: Aufgrund der geringeren Größe besser geeignet als der Gestreifte Korallenwächter *P. forsteri*. Siehe auch dessen Artbeschreibung. Ganz allgemein muß man beachten, daß Büschelbarsche räuberisch sind und wesentlich kleinere Mitbewohner (Fische und Krebse) erbeuten können.

Paracirrhites forsteri
(Schneider, 1801)
Gestreifter Korallenwächter

Erkennungsmerkmale: Größe bis ca. 20 cm. Körper massig gedrungen. Färbung variabel, kann sich mit dem Wachstum ändern. Bei Jungtieren variiert die Färbung der oberen Körperhälfte von grüngolden bis rötlichbraun, während die untere Hälfte weiß ist. Ausgewachsene Tiere sind meist gelblich mit braunem oder grauem Kopf und braunem bis braunschwarzem breiten Querband in der oberen Körperhälfte. Kopf mit zahlreichen kleinen roten Punkten.

Verwechslungsmöglichkeiten: Eine rotbraun und gelb gefärbte Variante wurde als eigene Art, *P. typee* Randall, beschrieben, aber in diesem Zusammenhang sind noch weitere Untersuchungen notwendig.

Lebensraum: In verschiedenen Riffbereichen, meist zwischen den Ästen von Steinkorallen der Gattungen *Acropora* und *Pocillopora* sowie Feuerkorallen der Gattung *Milepora*. Vom Flachwasser bis in mindestens 30 m Tiefe. Rotes Meer und Indopazifik einschließlich Malediven.

Biologie: Die Art ist sowohl territorial als auch polygam. Sie ernährt sich hauptsächlich von kleinen Fischen und Krebstieren, die nach Büschelbarsch-Manier erbeutet werden.

Aquarienhaltung: Über die Haltung dieser Art liegen keine genaueren Angaben vor. Aufgrund der Größe ist er nicht so gut geeignet wie die kleiner bleibenden Arten der Familie. Generell sollten Büschelbarsche nur mit sehr ruhigen anderen Arten vergesellschaftet werden. Da es sich bei ihnen um langsame Fresser handelt, die ihre Beute erst eine ganze Zeit anpeilen, bevor sie sie »erbeuten«, kommen sie sonst bei der Fütterung zu kurz. Die meisten Arten nehmen Ersatzfutter an.

Familie Grammistidae (Seifenbarsche)

Seifenbarsche sind mit ca. 20 Arten aus sieben Gattungen in allen tropischen Riffen vertreten. Sie unterscheiden sich von anderen Familien aus der Ordnung der Barschartigen vor allem dadurch, daß sie in ihrer dicken Schleimschicht einen hochgiftigen Abwehrstoff, das Grammistin, besitzen, das in ihrer Haut produziert wird. Dadurch genießen sie einen guten Schutz vor Freßfeinden. Raubfische sollen erbeutete Seifenbarsche sofort wieder ausspucken. Die oft auffällige Färbung der einzelnen Arten hat dabei eine wichtige Signalwirkung.

Grammistes sexlineatus
(Thunberg, 1792)
Goldstreifen-Seifenbarsch

Erkennungsmerkmale: Größe bis ca. 25 cm. Körper vergleichsweise gedrungen, mit kleinem, nach unten gerichteten Hautfortsatz am Kinn. Färbung dunkelbraun mit Punkten (Körpergröße < 5 cm), drei (> 5 cm) oder sechs bis acht (> 8 cm) hellgelben Längsstreifen auf den Körperseiten.

Verwechslungsmöglichkeiten: Keine, da einzige Art der Gattung.

Lebensraum: Riffdächer, Lagunen und Außenriffbereiche. Vom Flachwasser bis in mindestens 12 m Tiefe. Rotes Meer und westlicher Indopazifik einschließlich Malediven.

Biologie: Die Art wird meistens übersehen, weil sie den Tag versteckt in Löchern und Spalten verbringt. Erst nachts macht sie Jagd auf Fische und Krebse. Dabei können die Tiere Beute verschlingen, die fast so groß ist wie sie selber.

Aquarienhaltung: Unproblematisch, doch stellen die Tiere wegen ihrer Giftigkeit und Gefräßigkeit eine Bedrohung für ihre Mitbewohner dar.

Familie Plesiopidae (Mirakelbarsche)

Die Familie der Mirakelbarsche umfaßt ca. 20 Arten aus sechs Gattungen. Die meisten Arten zeichnen sich durch sehr lange Bauchflossen und ein abgerundetes Kopfprofil aus.

Calloplesiops altivelis
(Steindachner, 1903)
Augenfleck-Mirakelbarsch

Erkennungsmerkmale: Größe bis ca. 16 cm. Rücken-, Schwanz-, After- und Bauchflossen sehr groß. Färbung schwarz mit zahllosen kleinen weißen bis blauweißen Punkten auf dem gesamten Körper und den Flossen. Nur die Brustflossen sind durchscheinend gelblichbraun. Hinterrand der Rückenflossenbasis mit auffälligem Augenfleck.
Verwechslungsmöglichkeiten: Nicht vorhanden. Einzige Art der Gattung.
Lebensraum: Meist in Riffbereichen mit vielen Versteckmöglichkeiten. Unterhalb von etwa 3 m bis in ca. 45 m Tiefe. Rotes Meer und Indopazifik einschließlich Malediven.
Biologie: Die Art ernährt sich vor allem von planktischen Kleinkrebsen und Jungfischen. Sie ist territorial und verbringt den Tag versteckt in Löchern und Spalten, die sie erst gegen Sonnenuntergang verläßt. Bei Bedrohung wendet sie den Kopf in ihre Höhle, so daß nur der Hinterkörper herausschaut, und spreizt ihre Flossen ab, wodurch der Augenfleck der Rückenflosse sichtbar wird. Sie ahmt so die (»gefährliche«) Weißpunkt-Muräne *Gymnothorax meleagris* nach und schreckt mögliche Feinde ab (Mimikry!).
Aquarienhaltung: Geeignet, aber recht anspruchsvoll.

Familie Pseudochromidae (Zwergbarsche)

Bei den Zwergbarschen handelt es sich um kleine, langgestreckte Fische mit einer langen Rückenflosse, die ausschließlich die Korallenriffe des tropischen Indopazifiks bewohnen. Viele Arten sind sehr farbenprächtig und leicht zu identifizieren. Bei manchen Arten sind die Geschlechter unterschiedlich gefärbt. Allein aus dem Roten Meer sind zehn verschiedene Arten bekannt. Die meist sehr versteckt lebenden, kleinen Tiere ernähren sich hauptsächlich von kleinen bodenlebenden Krebsen und Borstenwürmern sowie von Zooplankton. Weibchen der Gattung *Pseudochromis* produzieren eine runde Masse von Eiern, die von den Männchen gepflegt und bewacht wird.

Die Haltung von Zwergbarschen ist unproblematisch. Anfänglich können sie sehr scheu sein. Pflegt man sie jedoch mit anderen, nicht zu großen, ruhigen Fischen im Wirbellosenbecken, schwimmen sie bald munter im Becken umher. Die meisten Arten sind sehr territorial, so daß sie keine Artgenossen oder ähnlich gefärbte Fische dulden.

Pseudochromis fridmani
(Klausewitz), 1968
Violetter Zwergbarsch

Erkennungsmerkmale: Größe bis 7 cm. Färbung violett mit einem dunklen Längsstreifen vom Maul durchs Auge bis zum oberen Rand des Kiemendeckels.

Verwechslungsmöglichkeiten: Keine.

Lebensraum: Meist an senkrechten Fels- und Korallenwänden mit Löchern und Spalten und unter Überhängen. Vom Flachwasser bis in ca. 60 m Tiefe. Rotes Meer.

Biologie: Dieser attraktive, endemische Zwergbarsch ist der wohl häufigste Vertreter der Familie im Roten Meer.

Pseudochromis flavivertex
(Rüppell, 1835)
Gelbrücken-Zwergbarsch

Erkennungsmerkmale: Größe bis ca 8 cm. Färbung blau, Maul, Stirn, Rücken und Schwanzflosse gelb, Bauch oft weißlich.
Verwechslungsmöglichkeiten: Keine.
Lebensraum: Meist im Bereich von kleinen Felsen und Korallenblöcken auf Sandböden. Unterhalb von 2 m bis in ca. 30 m Tiefe. Rotes Meer und Golf von Aden.
Biologie: Keine Besonderheiten; siehe Familienbeschreibung.
Aquarienhaltung: Die Art soll ausgesprochen friedlich sein. Siehe auch Familienbeschreibung.

Pseudochromis springeri
(Lubbock, 1975)
Blaustreifen-Zwergbarsch

Erkennungsmerkmale: Größe bis ca. 5,5 cm. Färbung dunkelgrau bis schwarz mit zwei leuchtend blauen Längsstreifen auf Kopf und Vorderkörper.
Verwechslungsmöglichkeiten: Keine.
Lebensraum: Verschiedene Riffbereiche, stets im Schutz von Korallen. Vom Flachwasser bis in ca. 60 m Tiefe. Rotes Meer.
Biologie: Diese kleine Art ist sehr eng an Korallen gebunden und entfernt sich nur selten aus ihrem Schutz. Man kann die Tiere oft paarweise antreffen. Siehe auch Familienbeschreibung.
Aquarienhaltung: Siehe Familienbeschreibung.

Familie Priacanthidae (Großaugenbarsche)

Die Großaugenbarsche stellen mit ca. 18 Arten aus drei Gattungen eine sehr kleine Fischfamilie dar. Wichtigste Erkennungsmerkmale sind ihr seitlich stark abgeflachter Körper, die extrem großen Augen und ihr schräg nach oben gerichtetes Maul. Die meisten Arten sind tagsüber zumindest teilweise rot gefärbt, während sie nachts silbern marmoriert oder gestreift oder auch völlig silbern sein können. Einige Arten der Gattung *Priacanthus* können schnell ihre rote Färbung in rot/silbern marmoriert oder in völlig silbern wechseln.

Großaugenbarsche kann man einzeln oder in kleinen Gruppen antreffen. Sie verbringen den Tag meist versteckt in Höhlen und Spalten oder unter Überhängen. Erst nachts verlassen sie in der Regel ihre Verstecke und machen Jagd auf größere Tiere des Zooplanktons, z.B. auf die Larven von Krabben, Fischen und Kopffüßern.

Priacanthus hamrur
(Forsskål, 1775)
Gewöhnlicher Großaugenbarsch

Erkennungsmerkmale: Größe bis mind. 45 cm. Färbung rot mit kleinen rötlichbraunen Flecken entlang der Seitenlinie, auch silbern/rot quergestreift oder völlig silbern. Schwanzflosse eingebuchtet.
Verwechslungsmöglichkeiten: Kann eventuell mit anderen Arten der Gattung verwechselt werden.
Lebensraum: Verschiedene Riffbereiche. Unterhalb von ca. 5 m bis in große Tiefen. Rotes Meer und Indopazifik einschießlich Malediven, durch den Suezkanal ins östliche Mittelmeer eingewandert.
Biologie: Siehe Familienbeschreibung.
Aquarienhaltung: Nicht geeignet.

Familie Malacanthidae (Torpedobarsche)

Die Torpedobarsche sind eine kleine Fischfamilie mit nur wenigen Arten. Sie zeichnen sich durch einen langgestreckten Körper mit kleinen Schuppen und einer durchgehenden Rückenflosse aus. Die meisten Arten werden kaum länger als 15 cm (Gattung *Hoplolatilus*). Sie leben meist paarweise auf Sand- oder Geröllböden, wo sie eine Höhle bauen, in der sie bei Gefahr schnell verschwinden.

Malacanthus latovittatus
(Lacepède, 1798)
Blaukopf-Torpedobarsch

Erkennungsmerkmale: Größe bis ca. 43 cm. Körper langgestreckt mit relativ langer Schnauze. Rücken bläulich gefärbt mit feiner dunkler Zeichnung. Bauchseite bläulichweiß, in der Mitte der Körperseiten ein breiter, schwarzer Längsstreifen, Kopf graublau. Jungtiere haben ein ähnliches Farbmuster wie der Gemeine Putzerfisch *Labroides dimidiatus*.
Verwechslungsmöglichkeiten: Keine. Zwei weitere Arten bekannt. Der bis 32 cm große Quergestreifte Torpedobarsch *M. brevirostis* (Guichenot, 1848) (kleines Foto) hat die gleiche Verbreitung.
Lebensraum: Meist auf Sandflächen zwischen Korallenblöcken. Unterhalb von ca. 6 m bis in mehr als 60 m Tiefe. Rotes Meer und Indopazifik einschließlich Malediven.
Biologie: Diese sehr scheue Art, die anders als andere Arten der Gattung in der Regel einzeln anzutreffen ist, flüchtet bei Gefahr meist nicht in ihre Höhle sondern in das freie Wasser. Man vermutet, daß Jungtiere den oben genannten Putzerfisch, dem sie sehr ähneln, nachahmen (Mimikry).
Aquarienhaltung: Aufgrund der Größe nur bedingt geeignet.

Familie Apogonidae (Kardinalbarsche)

Die Kardinalbarsche werden in drei Unterfamilien mit ca. 200 Arten aus 24 bis 26 Gattungen untergliedert. Es handelt sich durchweg um kleinbleibende Arten meist unter 10 cm Größe. Nur wenige werden größer als 15 cm. Der seitlich abgeflachte Körper kann langgestreckt und schlank, aber auch kurz und etwas gedrungen sein. Gemeinsame Merkmale sind der Besitz von zwei Rückenflossen, einem großen Maul und relativ großen Augen. Die meisten Arten sind recht unscheinbar gefärbt, viele sind längsgestreift. Kardinalbarsche verbringen den Tag meist versteckt unter Überhängen, zwischen Korallen, in Höhlen oder in Spalten und begeben sich erst in der Dämmerung und nachts auf die Jagd nach Zooplankton und kleinen bodenlebenden Krebstieren. Es handelt sich wahrscheinlich bei allen Arten um Maulbrüter, wobei stets das Männchen die befruchteten Eier bis zum Schlupf ins Maul nimmt.

Cheilodipterus macrodon
(Lacepède, 1802)
Großzahn-Kardinalbarsch

Erkennungsmerkmale: Größe bis ca. 24 cm. Körper langgestreckt. Färbung silbern und rotbraun längsgestreift. Jungtiere mit großem schwarzen Fleck an der Schwanzwurzel.

Verwechslungsmöglichkeiten: Kann mit *C. lineatus* (Lacepède, 1802) verwechselt werden, der fast genauso gefärbt ist.

Lebensraum: Verschiedene Riffbereiche. Vom Flachwasser bis in mindestens 40 m Tiefe. Rotes Meer und Indopazifik einschließlich Malediven.

Biologie: Die Art ist in der Regel einzeln anzutreffen.

Aquarienhaltung: Aufgrund der Größe nicht geeignet.

Cheilodipterus quinquelineatus
(Cuvier, 1828)
Fünfstreifen-Kardinalbarsch

Erkennungsmerkmale: Größe bis ca. 12 cm. Körper langgestreckt. Färbung silbrigweiß bis gelblichweiß mit fünf schmalen, schwarzen Längsstreifen auf den Körperseiten. Schwanzwurzel beidseits mit großem gelbem Fleck und einem kleinen schwarzen Fleck in dessen Zentrum.

Verwechslungsmöglichkeiten: Der fast identisch gefärbte *C. bipunctatus* (Lachner) unterscheidet sich nur dadurch, daß er auf der Oberseite der Schwanzwurzel einen weiteren schwarzen Fleck besitzt, der ungefähr halb so groß ist wie der Punkt im Zentrum des gelben Flecks. Er bleibt mit einer Größe von ca. 5 cm deutlich kleiner.

Lebensraum: Im Bereich von Korallenblöcken, Felsen und unter Überhängen in verschiedenen Riffbereichen. Vom Flachwasser bis in mindestens 40 m Tiefe. Rotes Meer und Indopazifik einschließlich Malediven.

Biologie: Die Art ist meist in unterschiedlich großen Gruppen anzutreffen. Sie ernährt sich von kleinen Krebsen, Schnecken und Kleinfischen, die sie sowohl tagsüber als auch während der Nacht erbeutet. Beide Arten können tagsüber in kleinen Verbänden im Schutz der langen Stacheln von Seeigeln der Gattung *Diadema* angetroffen werden. Bei Gefahr ziehen sich die Tiere tief zwischen die Stacheln zurück. Dabei orientieren sie sich so, daß ihre schmalen Längsstreifen, die ungefähr die Dicke der Seeigelstacheln aufweisen, parallel zu den Stacheln ausgerichtet sind. Kurz vor Sonnenuntergang, also bevor die Diademseeigel aktiv werden, lösen sich die Verbände auf, und die Fische suchen einzeln ihre Schlafplätze am Meeresboden auf.

Aquarienhaltung: Nicht bekannt.

Apogon aureus
(Lacepède, 1802)
Goldener Kardinalbarsch

Erkennungsmerkmale: Größe bis ca. 14 cm. Körper vergleichsweise hochrückig. Färbung kupfern bis golden, manchmal auch rötlich, mit einem breiten schwarzen Querband an der Schwanzwurzel. Oberhalb und unterhalb der Augen je ein blauer bis silbriger Längsstreifen, der vom Auge bis zur Kopfspitze reicht, ein weiterer, ebenso gefärbter Streifen meist am »Kinn«.
Verwechslungsmöglichkeiten: Nicht vorhanden.
Lebensraum: Im Bereich von Höhlen und Spalten, oft auch an großen Korallenblöcken. Bereits ab geringer Tiefe. Rotes Meer und westlicher Indopazifik einschließlich Malediven.
Biologie: Diese attraktiv gefärbte Art kann auch am Tage regelmäßig in zum Teil großen Schwärmen im freien Wasser in der unmittelbaren Nähe von großen Korallenblöcken beobachtet werden, wo sie nach vorbeitreibendem Plankton schnappt. Die Art ist nicht selten, wird aber oft übersehen.
Aquarienhaltung: Nicht genauer bekannt. Siehe auch Goldstreifen-Kardinalbarsch *A. cyanosoma*.

Apogon cyanosoma
(Bleeker, 1853)
Goldstreifen-Kardinalbarsch

Erkennungsmerkmale: Größe bis ca. 7 cm, Körper eher langgestreckt. Färbung silbrig bis silbrigblau mit sechs goldenen bis orangefarbenen Längsstreifen auf den Körperseiten, wobei der dritte von oben nur bis zum Ansatz der zweiten Rückenflosse reicht.
Verwechslungsmöglichkeiten: Nicht vorhanden.
Lebensraum: Meist unter Überhängen oder in Höhlen, regelmäßig auch im Schutz der Stacheln von Diademseeigeln der Gattung Diadema. Vom Flachwasser bis in mehr als 50 m Tiefe. Rotes Meer und Indopazifik einschließlich Malediven.
Biologie: Die Art, die in der Regel in kleinen Schwärmen angetroffen werden kann, erbeutet ihre Nahrung, planktische Krebstiere und andere Wirbellose, sowohl tagsüber als auch nachts. Ihre größte Aktivität entwickeln die Tiere aber erst gegen Abend. Die Fortpflanzungszeit soll im Hochsommer (Juni bis August) ihren Höhepunkt erreichen. Beobachtungen zufolge besetzen die sich bildenden Paare jeweils ein kleines Revier, das sie gegen andere Artgenossen verteidigen. Während die Balz 30 Minuten bis mehrere Stunden dauert, findet das Ablaichen in nur zwei bis vier Minuten statt. Dabei soll das Weibchen bis zu 2800 aneinander klebende Eier abgeben, die vom Männchen im Wasser besamt und dann ins Maul genommen werden. Nach sieben bis acht Tagen schlüpfen die 2,5 mm großen Jungen, die innerhalb des ersten halben Jahres auf eine Größe von 5 cm heranwachsen.
Aquarienhaltung: Die Haltung der meisten Kardinalbarscharten soll problemlos sein. Allerdings sollte man den Tieren entsprechend ihrer Lebensweise ausreichend Versteckmöglichkeiten bieten.

Familie Carangidae (Stachelmakrelen)

Stachelmakrelen sind mit über 200 Arten aus mehr als 30 Gattungen weltweit in allen tropischen und gemäßigten Meeren als wertvolle Speisefische bekannt. Allein im Roten Meer kommen mehr als 30 Arten vor. Es handelt sich bei ihnen um Bewohner der offenen See, die als schnelle und ausdauernde Schwimmer Geschwindigkeiten bis ca. 50 km/h erreichen können. Da ihre Schwimmblase zurückgebildet ist oder völlig fehlt, müssen sie ständig in Bewegung sein, um nicht abzusinken. Zahlreiche Arten kommen regelmäßig auch in Riffnähe, um zu jagen. Sie zeichnen sich fast alle durch einen seitlich abgeflachten, mehr oder weniger hochrückigen Körper mit einer dünnen Schwanzwurzel und einer großen, tief gegabelten Schwanzflosse aus. Die erste Rückenflosse ist meist nicht zu sehen, da sie in einer Rinne versenkt werden kann. Die zweite Rückenflosse steht bei vielen Arten fast direkt über der Afterflosse und ist genauso gebaut, was den Tieren ihre charakteristische Körperform verleiht. Die ersten Strahlen sind vergleichsweise lang, während die restlichen sehr kurz sind, so daß ein bis zur Schwanzwurzel reichender Saum gebildet wird. Die meist durchscheinenden Brustflossen sind oft sehr lang, dünn und sichelförmig gebogen. Stachelmakrelen besitzen eine vollständige Seitenlinie, die zur Schwanzwurzel hin mit Schuppen bedeckt sein kann. Die meisten Arten haben eine silbrige Färbung, die zum Rücken in metallisch schimmerndes Blau oder Grün übergehen kann.

Stachelmakrelen sind in unterschiedlich großen Schwärmen von einigen wenigen bis zu mehreren hundert Tieren anzutreffen, nur selten kann man auch Einzelgänger beobachten. Auf der Jagd nach Fischen schwimmen sie häufig direkt in einen Schwarm hinein, wodurch sich dieser teilt. Einzeltiere eines solchen Schwarmes, die zu lange zögern, sich einem Teil zuzuordnen, sind potentielle Opfer und werden meist erbeutet.

Carangoides bajad
(Forsskål, 1775)
Gelbgefleckte Stachelmakrele
(Foto linke Seite)

Erkennungsmerkmale: Größe bis ca. 53 cm. Färbung von rein silbrig über silbrig mit zahlreichen gelborangen Flecken bis hin zu fast vollständig gelborange.
Verwechslungsmöglichkeiten: Zumindest bei orangegelb gefleckten und fast völlig orangegelb gefärbten Tieren nicht vorhanden.
Lebensraum: Oft im Freiwasser in Riffnähe. Bereits ab geringer Tiefe. Rotes Meer und Indischer Ozean einschließlich Malediven.
Biologie: Wie auf dem Foto auf dieser Seite zu sehen ist, kann man diese Art oft in einem gemischten Schwarm gemeinsam mit der Schwarzfleck-Stachelmakrele *C. fulvoguttatus* antreffen. Das Foto auf der gegenüberliegenden Seite zeigt einen Trupp von rein gelb und rein silbern gefärbten Tieren.

Carangoides fulvoguttatus
(Forsskål, 1775)
Schwarzfleck-Stachelmakrele

Erkennungsmerkmale: Größe bis 100 cm. Färbung silbrig bis silbriggrau, vor allem erwachsene Tiere meist mit einer Längsreihe von bis zu sechs schwarzen Flecken auf den Körperseiten im Bereich der Seitenlinie, wobei die vorderen fehlen können.
Verwechslungsmöglichkeiten: Vor allem bei erwachsenen Tieren mit der Längsreihe schwarzer Flecken nicht vorhanden.
Lebensraum: Oft im freien Wasser in Riffnähe. Bereits ab geringer Tiefe bis in mindestens 100 m Tiefe. Rotes Meer und westlicher Indopazifik einschließlich Malediven.
Biologie: Die Art tritt vor allem an Außenriffbereichen in großen Schwärmen auf. Wie auf dem Foto auf dieser Seite zu sehen ist, kann man diese Art oft auch in einem gemischten Schwarm gemeinsam mit der Gelbgefleckten Stachelmakrele *C. bajad* antreffen.

Caranx melampygus
(Cuvier, 1833)
Blauflossen-Stachelmakrele

Erkennungsmerkmale: Größe bis 100 cm. Hinterer Teil der Seitenlinie bis zur Schwanzwurzel mit gekielten Schuppen bedeckt. Färbung der Bauchseite silbrig bis silbrigblau, Rücken grünlichblau, manchmal mit goldenem Schimmer, ganzer Körper mit zahlreichen kleinen, schwarzen und blauen Flecken, Rücken-, Schwanz- und Afterflosse blau.
Verwechslungsmöglichkeiten: Aufgrund der charakteristischen Färbung nicht vorhanden.
Lebensraum: Klare Lagunen und verschiedene andere Riffbereiche. Vom Flachwasser bis in sehr große Tiefe. Rotes Meer und Indopazifik einschließlich Malediven.
Biologie: Bei dieser Art handelt es sich wahrscheinlich um die häufigste Stachelmakrelenart, die im Riff zu beobachten ist. Sie ist meist in kleinen Gruppen, manchmal aber auch einzeln anzutreffen.

Elagatis bipinnulatus
(Quoy & Gaimard, 1824)
Regenbogen-Stachelmakrele
(kleines Foto)

Erkennungsmerkmale: Größe bis ca. 120 cm. Köper langgestreckt und vergleichsweise schlank. Rücken olivgrün bis blau, Bauch silbrigweiß, mit zwei schmalen hellblauen Längsstreifen auf den Körperseiten.
Verwechslungsmöglichkeiten: Nicht vorhanden, einzige Art der Gattung.
Lebensraum: Meist im Freiwasser, gelegentlich auch in Riffnähe. Bereits ab dem Flachwasser bis in große Tiefe. Weltweit in allen warmen Meeren (Wassertemperatur > 21 °C) einschließlich Rotes Meer und Malediven.
Biologie: Die Art ernährt sich von verschiedenen planktischen Krebstieren und kleinen Fischen. Sie gilt als ausgezeichneter Speisefisch mit sehr gutem Fleisch. Das schwerste gefangene Exemplar brachte ein Gewicht von 15,2 kg auf die Waage.

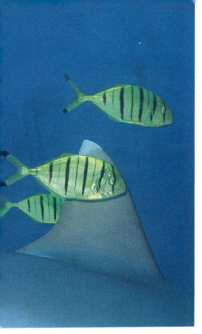

Gnathanodon speciosus
(Forsskål, 1775)
Schwarzgoldene Pilotmakrele

Erkennungsmerkmale: Größe bis ca. 110 cm. Junge und kleine erwachsene Tiere gelb bis silbriggelb mit schwarzen Querstreifen, große mit einigen schwarzen Flecken.
Verwechslungsmöglichkeiten: Keine.
Lebensraum: Je nach Alter verschiedene Riffbereiche. Jungtiere bereits ab geringer, Erwachsene in größerer Tiefe. Rotes Meer und Indopazifik einschließlich Malediven.
Biologie: Kleine Jungtiere leben symbiontisch zwischen den Tentakeln von Quallen. Ab ca. 5 cm Größe begleiten sie oft Haie und große Barsche (manchmal auch Mantas), vor deren Nachstellungen sie durch ihre geringe Größe und Wendigkeit geschützt sind. Durch ihren Wirt, von dessen »Essensresten« sie sich ernähren, sind sie vor Feinden geschützt. Erwachsene leben in tiefen Lagunen und Außenriffbereichen, wo sie im Sand nach Krebsen und anderen Wirbellosen wühlen.

Trachinotus bailloni
(Lacepède, 1802)
Kleingefleckter Pompano

Erkennungsmerkmale: Größe bis mindestens 54 cm. Vorderer Teil von Rücken- und Afterflosse besonders lang ausgezogen. Rücken silbrigblau bis grau. Bauchseite silbrig bis silbrig weiß, Körperseiten mit einer Längsreihe von bis zu fünf kleinen schwarzen Flecken, die ungefähr so groß wie oder kleiner als der Augendurchmesser sind.
Verwechslungsmöglichkeiten: Nicht vorhanden. Die Gattung umfaßt insgesamt 19 Arten.
Lebensraum: Fast immer in oberflächennahen Zonen von Lagunen und verschiedenen anderen Riffbereichen sowie in der Brandungszone von Sandstränden. Rotes Meer und westlicher Indopazifik einschließlich Malediven.
Biologie: Die Art ernährt sich von kleinen Fischen und ist in der Regel in verschieden großen Schwärmen anzutreffen.

Familie Lutjandiae (Schnapper)

Die Angaben in der Literatur über den Umfang der Familie der Schnapper sind sehr unterschiedlich, je nachdem, welche Fischgruppen der betreffende Autor zu ihr stellt. So schwanken die Angaben von weltweit ca. 103 Arten aus 17 Gattungen bis zu mehr als 250 Arten aus ca. 20 Gattungen. Ein anderer Autor spricht sogar von ca. 300 Arten. In jedem Fall wird sie in vier Unterfamilien untergliedert, wobei an dieser Stelle nur Vertreter der *Lutjaninae* vorgestellt werden. Schnapper zeichnen sich durch einen kräftigen, seitlich abgeflachten und je nach Art unterschiedlich hochrückigen, manchmal massigen Körper aus. Alle Arten besitzen ein vergleichsweise großes, vorstülpbares Maul mit großen Zähnen. Ein weiteres gemeinsames Merkmal ist der Besitz einer eingebuchteten bis manchmal tief gegabelten Schwanzflosse und einer durchgehenden Rückenflosse, bei der der erste Teil aus Hartstrahlen gebildet wird und höher ist als der hintere weichstrahlige Teil. Die meisten Arten ernähren sich hauptsächlich von den verschiedensten Krebstieren, einige Arten erbeuten hauptsächlich Fische und andere haben sich auf Plankton spezialisiert. Je nach Art leben sie einzeln oder schwarmweise und sind tag- oder nachtaktiv. Sowohl die Schwärme als auch Einzeltiere sind in der Regel ausgesprochen standorttreu und können oftmals über mehrere Jahre hinweg in denselben Riffbereichen angetroffen werden. Anders als die ähnlich aussehenden Zackenbarsche legen sich Schnapper nie auf den Boden, sondern stehen, oftmals dichtgedrängt, stets deutlich über dem Untergrund im freien Wasser. Schnapper, die man häufig in sehr großen Schwärmen von mehreren hundert Tieren antreffen kann, gehören zu den wichtigsten wirtschaftlich genutzten Fischen der tropischen und subtropischen Gewässer. Unter ihnen finden sich zahlreiche ausgezeichnete Speisefische.

Lutjanus biguttatus
(Valenciennes, 1830)
Zweipunkt-Schnapper
(Foto linke Seite)

Erkennungsmerkmale: Größe bis ca. 28 cm. Körperform langgestreckt. Färbung des Rückens bronzefarben mit zwei weißen Punkten in der hinteren Körperhälfte. Der restliche Körper ist kupferfarben mit einem breiten weißen Längsstreifen in der unteren Körperhälfte. Schwanz- und Afterflosse und hinterer Teil der Rückenflosse gelb.
Verwechslungsmöglichkeiten: Nicht vorhanden.
Lebensraum: Verschiedene Außenriffbereiche. Meist unterhalb von ca. 3 m bis in etwa 36 m Tiefe. Westlicher Indopazifik einschließlich Malediven.
Biologie: Diese attraktive Art kann in Schwärmen von 100 Tieren und mehr angetroffen werden.
Aquarienhaltung: Nicht geeignet.

Lutjanus kasmira
(Forsskål, 1775)
Blaustreifen-Schnapper

Erkennungsmerkmale: Größe bis max. 35 cm. Körperform langgestreckt bis leicht hochrückig. Färbung gelb mit vier dunkelgerandeten blauen Längsstreifen auf den Körperseiten. Bauch weißlich, Flossen gelb.
Verwechslungsmöglichkeiten: Nicht vorhanden.
Lebensraum: Verschiedene Riffbereiche. Vom Flachwasser bis in sehr große Tiefen. Rotes Meer und Indopazifik einschließlich Malediven.
Biologie: Tagsüber schließen sich die Tiere oft zu großen Schwärmen zusammen und stehen dichtgedrängt an markanten Korallenformationen, Wracks oder ähnlichem. Mit Einbruch der Dunkelheit löst sich der Schwarm auf, und die Tiere begeben sich auf die Jagd nach bodenlebenden Krebsen und Fischen.
Aquarienhaltung: Nicht geeignet.

Lutjanus ehrenbergi
(Peters, 1869)
Schwarzfleck-Schnapper

Erkennungsmerkmale: Größe bis ca. 30 cm. Körperform langgestreckt bis leicht hochrückig. Färbung silbrig mit vier bis sechs schmalen gelben Längsstreifen auf den Körperseiten und einem großen schwarzen Fleck in der Mitte der hinteren Körperhälfte. Rücken und Kopf in Graubraun übergehend.
Verwechslungsmöglichkeiten: Es gibt einige ähnlich gefärbte Arten, aber nur diese mit einem großen schwarzen Fleck und vier bis sechs gelben Längsstreifen.
Lebensraum: Verschiedene Riffbereiche. Vom Flachwasser bis in ca. 10 m Tiefe. Rotes Meer und Indopazifik einschließlich Malediven.
Biologie: Die Art soll gelegentlich auch in Mangrovenbereichen anzutreffen sein.
Aquarienhaltung: Nicht geeignet.

Lutjanus gibbus
(Forsskål, 1775)
Buckel-Schnapper

Erkennungsmerkmale: Größe bis ca. 60 cm. Körperform hochrückig mit ausgeprägtem Buckel. Färbung rötlichgrau bis rötlichbraun, in silbrig übergehend. Rücken-, Schwanz- und Afterflosse sind dunkel gefärbt.
Verwechslungsmöglichkeiten: Nur diese Art hat einen ausgeprägten Buckel.
Lebensraum: Verschiedene Riffbereiche. Vom Flachwasser bis in mehr als 150 m Tiefe. Rotes Meer und Indopazifik einschließlich Malediven.
Biologie: Buckel-Schnapper verbringen den Tag meist über dem Boden schwebend in dichtgedrängten Schwärmen entlang der Riffkante von Steilwänden. Bei Nacht erbeuten sie einzeln hauptsächlich Krebstiere, aber auch Seeigel, Schnecken, Würmer, Kraken und kleine Fische.
Aquarienhaltung: Nicht geeignet.

Lutjanus monostigma
(Cuvier, 1828)
Einfleck-Schnapper

Erkennungsmerkmale: Größe bis ca. 60 cm. Körperform leicht hochrückig und kräftig. Färbung gelblichgrau bis gelb mit einem ovalen, schwarzen Fleck in der Mitte der hinteren Körperhälfte. Dieser Fleck kann bei großen Tieren fehlen. Kopf oftmals teilweise bis vollständig rosa bis rötlich gefärbt, alle Flossen gelb.

Verwechslungsmöglichkeiten: Es gibt zwar einige ähnlich gefärbte Arten der Gattung, die insgesamt ca. 65 Arten umfaßt (davon 39 verschiedene Arten im westlichen Indopazifik), aber aufgrund der Größe und der Färbung ist eine Verwechslungsgefahr eigentlich nicht gegeben.

Lebensraum: Verschiedene Riffbereiche. Vom Flachwasser bis in ca. 60 cm Tiefe. Rotes Meer und Indopazifik einschließlich Malediven.

Biologie: Diese Art verbringt den Tag stets einzeln oder in kleinen Gruppen unter Überhängen oder in großen Spalten und Höhlen. Mit Einbruch der Dunkelheit begeben sich die nachtaktiven Tiere auf die Jagd nach Fischen. Sie fressen zu einem geringeren Anteil auch bodenbewohnende Krebse, vor allem Krabben und Garnelen. An manchen Tauchplätzen umschwärmen einzelne Tiere Taucher bei Nachttauchgängen und scheinen regelrecht aufdringlich zu werden. Ihr Interesse gilt jedoch nicht den Tauchern, sondern den von ihnen durch das Licht aufgeschreckten und geblendeten Fischen, die sie mit blitzschnellen Schwimmmanövern zwischen den Tauchern zu erbeuten versuchen.

Aquarienhaltung: Nicht geeignet.

Macolor niger
(Forsskål, 1775)
Schwarzweiß-Schnapper

Erkennungsmerkmale: Größe bis 75 cm. Körperform hochrückig und kräftig, massig, Brustflossen vergleichsweise groß und spitz ausgezogen. Grundfärbung schwärzlich mit je einem meist länglichen, hellblauen bis grünblauen Fleck auf jeder Schuppe. Untere Körperhälfte und Kopf manchmal in gelb übergehend, Kopf mit sehr engem blauem bis schwarzem Linienmuster. Flossen schwärzlich, Jungtiere mit charakteristischer schwarzweißer Zeichnung auf dem gesamten Körper.

Verwechslungsmöglichkeiten: Im Westpazifik kommt die zweite Art der Gattung *M. macularis* Fowler, 1931, vor, die sowohl in ihrer Jugendform als auch als erwachsenes Tier sehr ähnlich aussieht. Vor allem die Unterscheidung erwachsener Tiere ist unter Wasser ausgesprochen schwierig. Jungtiere kann man anhand von Abweichungen in ihrem »Schwarz-Weiß-Muster« unterscheiden.

Lebensraum: Verschiedene Riffbereiche, regelmäßig auch im Freiwasser. Meist unterhalb von etwa 3 m bis in ca. 90 m Tiefe. Rotes Meer und Indopazifik einschließlich Malediven.

Biologie: Die Jungtiere von beiden Arten, die stets einzeln anzutreffen sind, ähneln in ihrer Färbung sehr den Jungtieren einer Süßlippenart *(P. picus)*, die eventuell giftig, bzw. ungenießbar ist (Mimikry). Erwachsene Tiere dieser Art, die man gelegentlich auch einzeln antreffen kann, bilden oftmals riesige Schwärme von mehreren hundert Individuen. Beide Arten ernähren sich hauptsächlich von größerem tierischem Plankton, das sie vorwiegend nachts erbeuten.

Aquarienhaltung: Nicht geeignet.

Familie Echeneididae (Schiffshalter)

Schiffshalter sind mit neun Arten aus drei Gattungen in allen wärmeren Weltmeeren vertreten. Bei ihnen ist die erste Rückenflosse zu einem länglichen Saugorgan umgewandelt, mit deren Hilfe sie sich an verschiedenen Großfischen, Schildkröten und Meeressäugern festheften können. Durch dieses Merkmal unterscheiden sie sich von allen anderen Fischen. Lange Zeit glaubte man, Schiffshalter ließen sich ohne Gegenleistung von ihrem Wirt transportieren. Heute weiß man jedoch, daß es sich bei dieser ungewöhnlichen Lebensgemeinschaft um eine Putzsymbiose handelt, bei der die Wirte von lästigen Parasiten befreit werden. Im Magen der Schiffshalter wurden verschiedene Ektoparasiten ihrer Wirte gefunden. Der Autor konnte selber beobachten, wie ein kleiner Schiffshalter sich plötzlich von der Bauchseite eines Grauen Riffhaies löste und fast völlig in einer seiner Kiemenspalten verschwand. Dieses Verhalten dauerte nur zwei bis drei Sekunden, und dann nahm er wieder seine alte Position ein. Für die Aquarienhaltung sind Schiffshalter nicht geeignet.

Echeneis naucrates
(Linnaeus, 1758)
Gestreifter Schiffshalter

Erkennungsmerkmale: Größe bis ca. 90 cm. Färbung grau mit einem breiten schwarzen Längsstreifen auf den Körperseiten (kann fast völlig verblassen). Bauchseite hell bis weiß.
Verwechslungsmöglichkeiten: Nur diese Art ist gestreift.
Lebensraum: Bereits ab dem Flachwasser. Weltweit verbreitet.
Biologie: Diese Art ist an verschiedenen Wirten zu beobachten und nähert sich manchmal auch dem Taucher. Regelmäßig kann man auch einzelne Tiere oder Gruppen ohne Wirt freilebend in Riffnähe antreffen.

Familie Caesionidae (Füsiliere)

Füsiliere, die manchmal auch als Caesio-Schnapper bezeichnet werden, sind mit neun Arten aus drei Gattungen im westlichen Indischen Ozean vertreten. Insgesamt sind etwa 25 Arten bekannt. Sie sind eng mit den Schnappern der Familie Lutjanidae verwandt und zeichnen sich durch einen schlanken, spindelförmigen Körper mit kleinen Schuppen und ein kleines endständiges Maul aus. Ihre Schwanzflosse ist in der Regel tief gegabelt. Es handelt sich bei ihnen durchweg um planktonfressende Dauerschwimmer des Freiwassers, die regelmäßig auch in Riffnähe zu beobachten sind. Dort suchen sie oft Putzstationen auf und warten geduldig, bis sie geputzt werden. Nachts löst sich der schützende Schwarm auf, die Tiere suchen Schlafplätze am Boden auf und legen oftmals eine rötliche Nachtfärbung an.

Caesio lunaris
(Cuvier, 1830)
Himmelblauer Füsilier

Erkennungsmerkmale: Größe bis ca. 30 cm. Körper langgestreckt, nicht so schlank wie bei anderen Arten der Familie. Färbung silbrigblau, manchmal mit gelblichen Längsstreifen. Spitzen der gegabelten Schwanzflosse schwarz.
Verwechslungsmöglichkeiten: Die genaue Artbestimmung per Foto ist bei einigen Arten nicht immer ganz einfach.
Lebensraum: Meist im Bereich von Steilwänden an Außenriffen. Bereits ab geringerer Tiefe. Rotes Meer und westlicher Indopazifik einschließlich Malediven.
Biologie: Siehe Familienbeschreibung
Aquarienhaltung: Nicht geeignet.

Pterocaesio tile
(Cuvier, 1830)
Neon-Füsilier

Erkennungsmerkmale: Größe bis ca. 25 cm. Körper schlank und langgestreckt. Färbung der unteren Körperhälfte kräftig rot, die Mitte der Körperseiten vom Kopf bis zum Schwanz mit einem breiten leuchtend hellblauen Längsband. Rücken grünlichbraun, oft fein längsgestreift.
Verwechslungsmöglichkeiten: Nicht vorhanden.
Lebensraum: Entlang von Außenriffen und in tiefen Lagunen. Vom Flachwasser bis in ca. 60 m Tiefe. Indopazifik einschließlich Malediven.
Biologie: Auch diese Art ist meist in riesigen Schwärmen anzutreffen. Siehe auch Familienbeschreibung.
Aquarienhaltung: Nicht geeignet.

Caesio teres
(Seale, 1906)
Gelbrücken-Füsilier
(Kleines Foto)

Erkennungsmerkmale: Größe bis ca. 30 cm. Körper langgestreckt, nicht so schlank wie bei anderen Arten der Familie. Färbung der oberen Körperhälfte und des Schwanzes kräftig gelb, untere Körperhälfte hellblau bis silbrigblau gefärbt.
Verwechslungsmöglichkeiten: Nicht vorhanden.
Lebensraum: Verschiedene Riffbereiche. Bereits ab geringer Tiefe. Indopazifik einschließlich Malediven.
Biologie: Diese prächtige Art ist meist in großen Schwärmen, seltener auch in kleineren Gruppen in Riffnähe anzutreffen. Wie auch bei anderen Arten der Familie setzen sich solche Schwärme oft nicht nur aus einer sondern aus zwei oder drei Arten zusammen. Siehe auch Familienbeschreibung.
Aquarienhaltung: Nicht geeignet.

Familie Haemulidae
(Süßlippen und Grunzer)

Die Familie Haemulidae wird in die beiden Unterfamilien Süßlippen oder Plectorhynchinae und Grunzer oder Haemulinae unterteilt, die mit ca. 175 Arten aus 17 bis 18 Gattungen in allen warmen Meeren verbreitet sind. Sie sind sehr nahe verwandt mit der Familie der Schnapper. Wie diese besitzen Sie einen seitlich abgeflachten, hochrückigen, barschartigen Körper. Sie unterscheiden sich von den Schnappern vor allem durch ihr kleineres Maul, das mit wulstigen Lippen ausgestattet ist. Der Name »Grunzer« bezieht sich auf die Fähigkeit vieler Arten, mit Hilfe ihrer Schlundzähne Geräusche zu verursachen, die von der Schwimmblase verstärkt werden. Süßlippen und Grunzer sind in erster Linie nachtaktiv und verbringen den Tag meist einzeln oder in mehr oder weniger großen Schwärmen dicht aneinandergedrängt im Schutz von Höhlen und Spalten oder unter Korallenstücken und Überhängen. Erst nach Einbruch der Dunkelheit begeben sich die nachtaktiven Tiere auf die Jagd nach kleinen bodenlebenden Wirbellosen. Anders als viele andere Großfische zeigen Süßlippen gegenüber Tauchern kaum Scheu. Junge Süßlippen sind stets einzeln, meist im Flachwasser (Lagunen, Ebbetümpel), anzutreffen. Dort schwimmen sie mit schlängelnden Bewegungen in ihrem festen Revier umher. Außer durch ihr Verhalten unterscheiden sie sich auch deutlich durch ihre völlig andere, oftmals grelle und auffallende Färbung und Musterung von ihren Eltern, so daß sie oft als eigene Arten beschrieben wurden. Es gibt Vermutungen, wonach ihre auffällige Färbung und ihr Verhalten als Mimikry giftiger oder ungenießbarer Wirbelloser, wie z.B. von Plattwürmern oder Nacktschnecken, gedeutet wird. Es wäre auch denkbar, daß junge Süßlippen selber ungenießbar oder giftig sind. In diesem Fall würde es sich bei ihrer Färbung und dem Verhalten um eine Warnung handeln, die Räuber abschrecken soll.

Plectorhinchus chaetodonoides
(Lacepède, 1800)
Harlekin-Süßlippe (Foto linke Seite)

Erkennungsmerkmale: Größe bis ca. 60 cm. Körperform siehe Foto und Familienbeschreibung. Rücken gelblich bis oliv, Bauch bräunlich, mit zahllosen kleinen schwarzen, runden Flecken auf dem gesamten Körper. Jungtiere orange bis orangebraun mit einigen großen und runden, dunkel gerandeten weißen Flecken.
Verwechslungsmöglichkeiten: Keine
Lebensraum: Verschiedene Riffbereiche mit reichem Korallenwuchs. Vom Flachwasser bis in mindestens 30 m Tiefe. Östlicher Indischer Ozean einschließlich Malediven und Westpazifik.
Biologie: Anders als bei anderen Arten der Gattung handelt es sich bei dieser Art um typische Einzelgänger, die den Tag meist unter Überhängen oder Tischkorallen verbringen.
Aquarienhaltung: Nicht geeignet.

Plectorhinchus orientalis
(Bloch, 1793)
Orientalische Süßlippe

Erkennungsmerkmale: Größe bis ca. 50 cm. Körperform siehe Foto und Familienbeschreibung. Erwachsene Tiere silbrig weiß mit schwarzen Längsstreifen auf dem gesamten Körper, Stirn und Kehle gelb, Flossen gelb, Rücken-, Schwanz- und Afterflosse mit schwarzen Flecken und Streifen. Jungtiere < ca. 15 cm dunkelbraun mit großen, gelborange gerandeten, cremefarbenen Flecken (linkes kleines Foto, rechts Übergangsfärbung).
Verwechslungsmöglichkeiten: Nur diese Art mit schwarzen Längsstreifen auf dem gesamten Körper.
Lebensraum: Meist an Außenriffbereichen. Unterhalb von ca. 2 m bis in mehr als 25 m Tiefe. Westlicher Indopazifik einschließlich Malediven.
Biologie: Siehe Familienbeschreibung.
Aquarienhaltung: Nicht geeignet.

Plectorhinchus gaterinus
(Forsskål, 1775)
Schwarzgepunktete Süßlippe

Erkennungsmerkmale: Größe bis ca. 60 cm. Körperform siehe Foto und Familienbeschreibung. Färbung silbrig mit zahllosen kleinen schwarzen Punkten auf Rücken, Körperseiten und Schwanz, Kopf grau, oft violett glänzend, Flossen und Lippen gelb. Jungtiere < ca. 12 cm mit je sechs schwarzen Längsstreifen auf Kopf und Körper.
Verwechslungsmöglichkeiten: Nicht vorhanden.
Lebensraum: Häufig an Außenriffen, aber auch in anderen Riffbereichen anzutreffen. Bis in mehr als 30 m Tiefe. Rotes Meer und westlicher Indischer Ozean.
Biologie: Siehe Familienbeschreibung.
Aquarienhaltung: Nicht geeignet.

Digramma pictum
(Thunberg, 1792)
Silber-Süßlippe (kleines Foto)

Erkennungsmerkmale: Größe bis ca. 100 cm. Körperform siehe Foto und Familienbeschreibung. Färbung silbriggrau bis purpurgrau, Kopf manchmal mit kleinen goldenen Punkten. Jungtiere < ca. 20 cm mit schwarzen Längsstreifen und gelben Flossen. Halbwüchsige Tiere mit dunklen Flecken.
Verwechslungsmöglichkeiten: Nicht vorhanden. Einzige Art der Gattung.
Lebensraum: Sandböden im Bereich von Korallenblöcken in Lagunen und an Außenriffen. Bis in mindestens 40 m Tiefe. Rotes Meer und westlicher Indopazifik einschließlich Malediven.
Biologie: Siehe Familienbeschreibung.
Aquarienhaltung: Nicht geeignet.

Familie Nemipteridae (Scheinschnapper)

Die Familie Scheinschnapper umfaßt mindestens 40 Arten in vier Gattungen. Es handelt sich bei ihnen um mehr oder weniger schlanke, kleine bis mittelgroße Fische (max. 40 cm) mit großen Augen und einem kleinen Maul. Ihre Nahrung besteht aus verschiedenen bodenbewohnenden Wirbellosen. Bei der hier vorgestellten Art konnte eine sozial gesteuerte Geschlechtsumwandlung vom Weibchen zum Männchen nachgewiesen werden, was wahrscheinlich auch bei allen Arten der Familie der Fall ist.

Scolopsis bilineatus
(Bloch, 1793)
Schärpen-Scheinschapper

Erkennungsmerkmale: Größe bis ca. 20 cm. Körper seitlich abgeflacht. Färbung weißlich bis hell beigefarben oder silbriggrau mit zwei schmalen, dunkelbraunen, leicht gewölbten, parallel verlaufenden Längsstreifen vom Maul bis zur Mitte der Rückenflosse. Rücken oberhalb der Streifen oft braun, mit zwei schmalen weißen Längsstreifen oberhalb der Augen bis zum Hinterrand der Kiemendeckel. Jungtiere cremefarben mit drei schwarzen Längsstreifen in der oberen Körperhälfte.

Verwechslungsmöglichkeiten: Vertreter dieser Gattung, die ca. 20 Arten umfaßt, besitzen unmittelbar unter dem Auge einen kräftigen, nach hinten gerichteten Stachel.

Lebensraum: Im Bereich von Sandflächen in geschützten Lagunen und an Außenriffen. Vom Flachwasser bis in mindestens 25 m Tiefe. Östlicher Indischer Ozean einschließlich Malediven und Westpazifik.

Biologie: Die Art ist stets einzeln anzutreffen.

Aquarienhaltung: Nicht bekannt.

Familie Lethrinidae (Straßenkehrer)

Auch die Familie der Straßenkehrer, die mit ca. 30 Arten aus fünf Gattungen fast ausschließlich im tropischen Indopazifik vorkommt (nur eine Art im tropischen Atlantik), ist sehr nahe mit der Familie der Schnapper verwandt. Von diesen unterscheiden sie sich durch ihren seitlich abgeflachten, mit großen Schuppen besetzten Körper, wobei der Kopf bzw. die Schnauze unbeschuppt ist. Weitere charakteristische Merkmale sind ihre deutlich wulstigen Lippen, kräftige, oft gut sichtbare »Eckzähne« und sehr hoch am Kopf sitzende Augen. Die meisten Arten sind nachtaktiv, aber einige gehen auch tagsüber auf Beutejagd. Bei verschiedenen Arten der Gattung *Lethrinus* konnte nachgewiesen werden, daß es zu einer Geschlechtsumwandlung vom Weibchen zum Männchen kommt.

Monotaxis grandoculus
(Forsskål, 1775)
Großaugen-Straßenkehrer

Erkennungsmerkmale: Größe bis 60 cm. Körper kräftig mit großem Kopf und sehr großen Augen. Färbung meist silbern mit etwas dunklerem Rücken, Hintergrund der Kiemendeckel oft gelblich, kann sehr schnell vier sehr breite, dunkelbraune Querbänder auf den Körperseiten bekommen. Jungtiere dauerhaft mit dunklen Querbändern.
Verwechslungsmöglichkeiten: Keine, einzige Art der Gattung.
Lebensraum: Verschiedene Riffbereiche in der Nähe von Sandflächen. Vom Flachwasser bis in mindestens 100 m Tiefe. Rotes Meer und Indopazifik einschließlich Malediven.
Biologie: Jungtiere sind meist einzeln anzutreffen, wogegen erwachsene Tiere unterschiedlich große, lockere Schwärme bilden können. Sie fressen hartschalige, im Sand lebende Krebse, Weichtiere und Seeigel, seltener auch Fische.

Lethrinus erythracanthus
(Curier, 1830)
Gelbflossen-Straßenkehrer

Erkennungsmerkmale: Größe bis ca. 70 cm. Körper kräftig mit großem Kopf. Färbung dunkelbraun bis gelblichbraun, Kopf blauschwarz bis blau, Innenseiten der Lippen oft rot, Flossen gelb.
Verwechslungsmöglichkeiten: Nicht vorhanden.
Lebensraum: Verschiedene Riffbereiche. Bereits unterhalb von 3 m Tiefe, meist aber unterhalb von etwa 20 m bis in mehr als 100 m Tiefe. Westlicher Indopazifik einschließlich Malediven.
Biologie: Bei dieser Art handelt es sich um einen meist scheuen Einzelgänger, der sich von Weichtieren, Seeigeln, Haarsternen und Seesternen ernährt.
Aquarienhaltung: Nicht geeignet.

Gnathodentex aurolineatus
(Lacepède, 1802)
Goldstreifen-Straßenkehrer
(kleines Foto)

Erkennungsmerkmale: Größe bis ca. 30 cm. Körper leicht hochrückig mit zugespitztem Kopf und großen Augen. Färbung silbern bis silbrig rot mit ca. acht goldenen bis kupferfarbenen Längsstreifen und einem leuchtend gelben Fleck am Ende des Rückenflossenansatzes.
Verwechslungsmöglichkeiten: Keine.
Lebensraum: Verschiedene Riffbereiche. Bis in mehr als 30 m Tiefe. Indopazifik einschließlich Malediven.
Biologie: Die Art verbringt den Tag inaktiv in kleinen Gruppen, gelegentlich auch in großen Schwärmen im Schutz von Korallenblöcken oder ähnlichem. Nachts begeben sich die Tiere auf die Jagd nach bodenlebenden Wirbellosen, wie z.B. Krabben und Schnecken, und manchmal auch Fischen.
Aquarienhaltung: Nicht geeignet.

Familie Mullidae (Meerbarben)

Meerbarben sind mit ca. 60 Arten weltweit in allen tropischen und subtropischen Meeren vertreten. Aus dem Roten Meer sind mindestens 13 Arten aus drei Gattungen bekannt. Ihr Körper ist länglich und leicht seitlich abgeflacht, die Bauchseite verläuft relativ gerade, während der Rücken mehr oder weniger stark nach oben gewölbt ist. Sie besitzen zwei Rückenflossen, wobei die erste meist angelegt wird. Weitere charakteristische Merkmale sind relativ große Schuppen, wulstige Lippen und ein Paar langer Barteln am Kinn, die beim Schwimmen nach hinten unter den Körper in spezielle Rinnen gelegt werden. Bei der Nahrungssuche werden diese empfindlichen Tastorgane, die mit zahllosen Geschmacksknospen besetzt sind, geschickt eingesetzt, um in Löchern und Spalten oder im weichen Sandboden Nahrung aufzuspüren. Auf Sand- oder Schlickböden wirbeln Meerbarben bei ihrer Suche nach Nahrung (verschiedensten Wirbellosen Tieren) oft große Staubwolken auf, die zahlreiche andere Fischarten anlocken. Neben dem Bodengrund werden nämlich auch Nahrungsbrocken aufgewirbelt und freigelegt, die für die Barben nicht erreichbar sind. Auf diese haben es die selbsteingeladenen Gäste abgesehen, die von der weit sichtbaren Staubwolke und der Körperform ihres Gastgebers angelockt werden. Da die Barben durch ihre »Gäste« nicht geschädigt werden, handelt es sich bei dieser Lebensgemeinschaft um eine Form von Karpose. Man spricht von einer Tischgemeinschaft oder Kommensalismus. Durch ihre Grabaktivitäten werden oft große und tiefe Löcher im Sand hinterlassen. Meerbarben sind je nach Art tag- und/oder nachtaktiv. Tagaktive Arten verbringen die Nacht oft frei auf Sandflächen liegend. Sie haben meist nur einen leichten Schlaf und werden durch Licht schnell aufgeschreckt. Ihre Nachtfärbung ist durch einen größeren Rotanteil als am Tag gekennzeichnet (s. *Parupeneus sp.* diese Seite).

Parupeneus bifasciatus
(Lacepède, 1801)
Doppelsattel-Meerbarbe

Erkennungsmerkmale: Größe bis ca. 35 cm. Körperform siehe Foto und Familienbeschreibung. Grundfärbung variabel, weißlich, gelblich oder graubraun bis graublau mit zwei schwarzen sattelförmigen Querbinden auf den Körperseiten. Schwanz meist heller als der restliche Körper, Bauch oft dunkler als der Rücken.
Verwechslungsmöglichkeiten: Keine.
Lebensraum: Lagunen und Außenriffbereiche, Jungtiere scheinen flache Riffbereiche wie Riffdächer zu bevorzugen, Erwachsene eher steile Riffbereiche. Vom Flachwasser bis in große Tiefen. Indopazifik einschließlich Malediven.
Biologie: Die Art ist einzeln oder in kleinen Gruppen anzutreffen und sowohl tag- als auch nachtaktiv. Sie soll sich tagsüber hauptsächlich von Krebstieren und nachts von kleinen Fischen und Krabbenlarven ernähren.

Parupeneus cyclostomus
(Lacepède, 1801)
Gelbsattel-Meerbarbe, Gelbe Meerbarbe

Erkennunsgmerkmale: Größe bis 50 cm. Färbung einheitlich leuchtend gelb oder gelblich mit blauen Flecken auf den Schuppen (Tiere aus tieferem Wasser rosa bis hellviolett) mit einem gelben Sattelfleck auf der Oberseite der Schwanzwurzel und gelber Bauchseite.
Verwechslungsmöglichkeiten: Keine.
Lebensraum: Nahezu alle Riffbereiche, bevorzugt aber harte Böden. Vom Flachwasser bis in große Tiefen. Rotes Meer und Indopazifik einschließlich Malediven.
Biologie: Die ausschließlich tagaktive Art ernährt sich hauptsächlich von kleinen Fischen, die sie mit Hilfe der langen Barteln aus kleinen Löchern herausscheucht. Wird manchmal von der Blauflossen-Makrele *Caranx melampygus* begleitet, die ihr oft ihre Beute vor der Nase wegschnappt.

Parupeneus forsskali
(Fourmanoir & Guézé, 1976)
Rotmeer-Meerbarbe

Erkennungsmerkmale: Größe bis ca. 28 cm. Körperform siehe Foto und Familienbeschreibung. Grundfärbung weißlich bis gelblichweiß mit einem schwarzen Längsstreifen vom Maul bis zur zweiten Rückenflosse, Rücken oberhalb des schwarzen Streifens braun bis grünlichbraun, am Ende des Streifens zum Schwanz hin in Gelb übergehend, auf der Schwanzwurzel in der Verlängerung des schwarzen Längsstreifens ein schwarzer Fleck. Schwanz- und Rückenflossen mit blauer Streifenzeichnung.
Verwechslungsmöglichkeiten: Im Indopazifik gibt es einige sehr ähnlich gefärbte Arten (z.B. *P. barberinus* (Lacepède, 1801)), die jedoch nicht im Roten Meer vorkommen.
Lebensraum: Verschiedene Riffbereiche, meist aber auf Sandflächen in Riffnähe. Bereits ab geringer Tiefe. Rotes Meer und Golf von Aden.

Biologie: Die Art kann sowohl einzeln und in kleinen Gruppen als auch in größeren Gruppen bis zu 40 Tieren beobachtet werden. Die Tiere sind ausschließlich tagaktiv und suchen scheinbar ununterbrochen den Sandboden nach geeigneter Nahrung ab, wobei ihnen oftmals andere Fische zahlreicher Arten folgen (siehe Familienbeschreibung). Das Ablaichen dieser Art erfolgt hauptsächlich von Frühling bis Sommer. Die Jungtiere leben wie bei allen Meerbarbenarten während ihrer ersten Lebenswochen im Freiwasser des offenen Meeres und kehren erst mit einer Größe von mehreren Zentimetern ins Riff bzw. zum Leben auf den Sandböden zurück.
Aquarienhaltung: Meerbarben sind aufgrund ihrer Lebensweise nur wenig für die Aquarienhaltung geeignet.

Familie Pempherididae (Glasbarsche)

Die Glasbarsche stellen nur eine kleine Familie mit ca. 20 Arten aus zwei Gattungen dar. Die meisten Arten kommen in tropischen und subtropischen Regionen in Tiefen oberhalb von 100 m, meist aber deutlich flacher vor. Es handelt sich bei ihnen um kleine bis mittelgroße Fische (< 20 cm) mit einem seitlich mehr oder weniger abgeflachten Körper und großen Augen. Die exakte Artbestimmung per Foto ist in den meisten Fällen nur sehr schwer bzw. überhaupt nicht möglich. Dafür kann man aber wenigstens die Vertreter der beiden Gattungen leicht voneinander unterscheiden. Die fünf oder sechs Arten der Gattung *Parapriacanthus*, die von Tauchern oft als Glasfische bezeichnet werden, bleiben meist kleiner als 10 cm. Ihr symmetrisch gebauter Körper ist zumindest teilweise durchscheinend und kann je nach Lichteinfall irisieren. Die Tiere bilden tagsüber meist riesige Schwärme, die sich im Schutz von Höhlen, Überhängen oder Wracks aufhalten. Nachts verteilen sie sich im Riff und begeben sich auf die Jagd nach Zooplankton.

Die ca. 15 Arten der Gattung *Pempheris* oder Beilbauchfische erreichen je nach Art eine Größe von 15 bis knapp 20 cm. Man kann sie leicht an ihrem asymmetrischen Körper erkennen. Ihr Bauch ist stärker gewölbt als der Rücken. Neben Größe und Körperbau unterscheiden sie sich auch noch durch ihre Färbung von den Glasfischen der Gattung *Parapriacanthus*. Anders als bei diesen ist ihr Körper nicht durchscheinend sondern vollständig pigmentiert, wobei silberne oder kupferne Farbtöne vorherrschen. Sie bilden nicht ganz so große Schwärme wie die Glasfische, verbringen aber auch den Tag meist im Schutz von Höhlen, Überhängen oder ähnlichem. Eine Art dieser Gattung ist in das Mittelmeer eingewandert.

Über die Biologie der Arten der Familie liegen kaum Daten vor. auch die systematische Stellung der einzelnen Arten ist nicht völlig geklärt und müßte überarbeitet werden.

Familie Ephippidae (Fledermausfische)

Die Familie Fledermausfische umfaßt sieben Gattungen, wobei nur die Gattung *Platax* mit vier Vertretern in Riffen vorkommt. Sie sind an ihrem seitlich stark abgeflachten, extrem hochrückigen Körper und dem kleinen Maul leicht zu erkennen. Ihre Färbung ist silbrig bis silbriggrau mit mindestens zwei schwarzen Querbändern über dem Auge und am Hinterrand des Kiemendeckels. Bei Jungtieren sind Rücken-, After- und Bauchflossen sehr stark verlängert, so daß die Tiere um ein mehrfaches höher als lang sind. Mit zunehmender Größe werden die Flossen kürzer.

Platax teira
(Forsskål, 1775)
Langflossen-Fledermausfisch

Erkennungsmerkmale: Größe bis ca. 50 cm. Körperform und Färbung siehe Foto und Familienbeschreibung.

Verwechslungsmöglichkeiten: Jungtiere des Rundkopf-Fledermausfisches *P. orbicularis* (Forsskål, 1775) sind bräunlich gefärbt und imitieren abgestorbene Blätter. Junge Rotsaum-Fledermausfische *P. pinnatus* (Linnaeus, 1758) sind dunkel mit einem helleren Längsband in der Körpermitte und einem leuchtend orangen Saum um den gesamten Körper. Die Erwachsenen können leicht miteinander verwechselt werden.

Lebensraum: Jungtiere in flachen, geschützten Riffbereichen, Erwachsene meist im Freiwasser in unmittelbarer Riffnähe. Vom Flachwasser bis in mindestens 30 m Tiefe. Rotes Meer und westlicher Indopazifik einschließlich Malediven.

Biologie: Erwachsene Tiere dieser Art sind oft in großen Schulen anzutreffen. Sie ernähren sich von Quallen, Krebstieren und anderen Niederen Tieren. Im Gegensatz zu den anderen beiden Arten zeigen sie gegenüber Tauchern kaum Scheu.

Familie Chaetodontidae (Falterfische)

Falterfische gehören zu den farbenprächtigsten Korallenfischen überhaupt. Mit fast 120 Arten aus zehn Gattungen bevölkern sie küstennahe Gewässer der Tropen und der Subtropen. Die Mehrzahl der Arten lebt in Korallenriffen oberhalb von ca. 20 m Wassertiefe. Von den Malediven sind 27, aus dem Roten Meer 15, davon sieben endemische, Arten bekannt. Nur wenige Arten sind im tieferen Wasser, wo kein oder kaum noch Korallenwachstum möglich ist, anzutreffen. Es handelt sich bei ihnen durchweg um kleine bis mittelgroße Fische, die sich durch einen seitlich stark abgeflachten und dadurch sehr hochrückigen Körper auszeichnen. Er ist vollständig mit ziemlich kleinen Schuppen bedeckt. Bei vielen Arten ist die vorstülpbare Schnauze, die in der Regel nur eine kleine Mundöffnung besitzt, mehr oder weniger stark verlängert. Dadurch können die betreffenden Arten bei der Nahrungssuche auch tief in Spalten versteckte Nahrung aufnehmen. Beide Kiefer sind mit zahlreichen borstenartigen Zähnchen besetzt, worauf sich auch der wissenschaftliche Name der Familie bezieht, der »Borstenzähner« bedeutet.

Die bisher aufgeführten Merkmale der Falterfische findet man auch bei den Kaiserfischen. Aus diesem Grund faßte man Kaiser- und Falterfische bis vor Kurzem noch zu einer einzigen Familie, den Borstenzähnern oder Chaetodontidae, zusammen. Einige auffallende Unterschiede im Körperbau und in der Larvalentwicklung machten jedoch die Trennung in zwei Familien notwendig. Wichtigstes und sicherstes Unterscheidungsmerkmal ist der Besitz eines auffälligen Stachels am unteren Teil des Kiemendeckels bei allen Kaiserfischen, der den Falterfischen fehlt.

Die Färbung der Falterfische ist so konstant, daß man alle Arten an ihrem Farbenkleid erkennen kann. Die meisten Falterfische zeichnen sich dadurch aus, daß ihr Auge durch einen schwarzen oder dunklen Querstreifen getarnt wird. Zahlreiche Arten besitzen darüber hinaus im hinteren Teil des Körpers einen dunklen »Augenfleck«. Diese Färbung stellt einen Schutz vor Freßfeinden dar. Raubfische orientieren sich meist am Auge ihres Opfers. Schwimmt ihr Opfer nun bei einem Angriff in die »falsche« Richtung davon, nämlich in die des echten aber getarnten Auges, wird der Räuber verwirrt, was seinem Opfer das Leben retten kann. Aber auch bei innerartlichen Auseinandersetzungen wird das verletzliche Auge geschützt, und Angriffe werden auf den unempfindlicheren Schwanzbereich gelenkt.

Anders als bei den Kaiserfischen sind die Jungtiere der Falterfische ziemlich ähnlich wie ihre Eltern gefärbt. Beim Heranwachsen ändert sich ihr Farbkleid meist nur wenig.

Über die Funktion der prächtigen Färbung der Falterfische und auch anderer Korallenfische wurde viel diskutiert. Konrad Lorenz vermutete, daß die plakatartige Färbung dem Zweck diene, ein Revier gegen Artgenossen abzugrenzen und zu verteidigen. Neueren Untersuchungen zufolge dient sie zumindest bei Falterfischen vielmehr der Partnerfindung während der Fortpflanzungszeit. Außerdem könnte sie auch ein Signal für Räuber sein, da Falterfische ungenießbar sind (z. B. harte Knochen, scharfe Stacheln).

Falterfische sind ausgesprochen tagaktive Fische, die die Nacht reglos in Korallenspalten oder ähnlichem verbringen. Viele Arten legen eine Nachtfärbung an, die der Tagfärbung weitgehend gleicht und nur etwas dunkler, rauchiger ist. Andere ändern ihre Färbung in der Form, daß sich ihre obere Körperhälfte dunkel färbt und dort beidseits ein oder zwei helle Flecken erscheinen.

Über die Fortpflanzung ist bisher nur wenig bekannt. Die Eiablage erfolgt in der Regel während der Dämmerung. Die winzigen Eier treiben zur Oberfläche und schlüpfen innerhalb von zwei Tagen. Die Larven schwimmen für einige Wochen bis mehrere Monate pelagisch im freien Wasser.

Da die Haltung von Falterfischen in Deutschland verboten ist, wird auf Hinweise zur Aquarienhaltung verzichtet.

Chaetodon austriacus
(Rüppell, 1836)
Rotmeer-Rippelstreifen-Falterfisch

Erkennungsmerkmale: Größe bis ca. 14 cm. Körperform siehe Foto und Familienbeschreibung. Grundfärbung gelb mit feinen bläulichen Längsstreifen und je einem länglichen schwarzen Fleck kurz unterhalb der Rückenflosse. Maul und Augenbinde schwarz, hinter der Augenbinde ein zweiter, bläulicher Querstreifen. Rückenflosse weiß mit schwarzem Hinterrand. Schwanz- und Afterflossen schwarz mit gelbem oder orangefarbenem Rand.

Verwechslungsmöglichkeiten: Diese Art ist sehr nah verwandt mit *C. trifasciatus* und *C. melapterus*. Trotz ihrer ähnlichen Färbung lassen sich die Arten gut unterscheiden. *C. trifasciatus* unterscheidet sich durch die orangefarbene Afterflosse.

C. melapterus Guichenot, 1862, fehlt der längliche Fleck auf den Körperseiten. Größe bis ca. 12 cm, Färbung gelb mit feinen Längsstreifen, schwarze Augenbinde, dahinter ein zweiter dunkler Querstreifen. Hinterer Teil des Körpers, Rücken-, After- und Schwanzflosse schwarz. Persischer Golf, Golf von Aden, Golf von Oman, Südostküste der Arabischen Halbinsel, auch von Réunion und den Seychellen gemeldet.

Lebensraum: Stets in Gebieten mit reichem Korallenwuchs. Meist oberhalb von zwölf bis 15 m Tiefe. Rotes Meer.

Biologie: Alle drei Arten sind wahrscheinlich ausgesprochene Nahrungsspezialisten, die sich in der Natur ausschließlich von Korallenpolypen ernähren. Diese Art ist meist einzeln oder paarweise anzutreffen. Manchmal kann man auch kleinere Gruppen bei der Nahrungssuche beobachten. Jungtiere sind blasser gefärbt, haben einen schwarzen Fleck auf der Schwanzwurzel und leben sehr versteckt.

Chaetodon trifasciatus
(Park, 1797)
Rippelstreifen-Falterfisch

Erkennungsmerkmale: Größe bis 17 cm. Körperform siehe Foto und Familienbeschreibung. Grundfärbung weißlichgelb bis bläulichgelb mit feinen blauen Längsstreifen und einem länglichen schwarzen Fleck unterhalb der Rückenflosse. Maul und Augenbinde schwarz, hinter der Augenbinde ein zweiter bläulicher Querstreifen, dessen Vorderkante weiß gesäumt ist. Rückenflosse weiß mit orangebraunem Hinterrand. Schwanzwurzel orange, Schwanzflosse mit schwarzem Querstreifen, der vorne und hinten von einem gelben bzw. orangefarbenen Strich begrenzt wird. Afterflosse orangefarben mit gelbem Rand, Basis gelbweiß und schwarz.

Verwechslungsmöglichkeiten: Laut BURGESS (1978) kommt im Pazifik eine eigene Unterart vor, und zwar *C. trifasciatus lunulatus*. Siehe auch Rotmeer-Rippelstreifen-Falterfisch *C. austriacus*.

Lebensraum: Lagunen und geschützte Korallenriffe mit reichlichem Korallenwuchs. Vom Flachwasser bis in ca. 20 m Tiefe. Indopazifik einschließlich Malediven.

Biologie: Auch bei dieser Art handelt es sich um einen ausgesprochenen Nahrungsspezialisten, der sich ausschließlich von Korallenpolypen ernähren soll. Die Tiere sind in der Regel paarweise zu beobachten. Anders als bei den meisten anderen Falterfischarten beansprucht ein Paar laut STEENE (1977) kein festes Revier, sondern streift weit im Riff umher. Dabei meiden die Tiere stets die Gesellschaft von anderen Paaren der gleichen Art.

Chaetodon auriga
(Forsskål, 1775)
Fähnchen-Falterfisch

Erkennungmerkmale: Größe bis ca. 23 cm. Körperform siehe Foto und Familienbeschreibung. Hinterer Teil der Rückenflosse fadenförmig verlängert, reicht bis hinter den Schwanz. Grundfärbung weiß mit schräg nach unten und oben verlaufenden Querstreifen, schwarzer Augenbinde und schwarzer bis rauchiger, nach unten gerichteter, keilförmiger Zeichnung. Hinterer Teil von Rücken- und After- und Schwanzflosse gelb, Rückenflosse mit oder ohne Augenfleck.

Verwechslungsmöglichkeiten: Von dieser Art gibt es zwei Unterarten, die sich etwas in ihrer Färbung und ihrem Verbreitungsgebiet unterscheiden. Ausschließlich im Roten Meer trifft man *C. auriga auriga* (Foto) an, bei dem die fadenförmige Verlängerung am hinteren Teil der Rückenflosse deutlich kürzer ist. Erwachsenen Tieren fehlt außerdem der schwarze Fleck in der Rückenflosse, der bei Jungtieren noch ausgeprägt ist. Im Indopazifik dagegen kommt *C. auriga setifer* vor, der am schwarzen Fleck in und dem längeren »Fähnchen« an der Rückenflosse zu erkennen ist.

Lebensraum: In nahezu allen Bereichen des Korallenriffs, auch im Bereich von Seegraswiesen. Meist vom Flachwasser bis in etwa 10 m Tiefe, regelmäßig aber auch tiefer. Rotes Meer und Indopazifik einschließlich Malediven.

Biologie: Beide Unterarten sind in ihrem Verbreitungsgebiet recht häufig. Sie schwimmen stets einzeln oder paarweise durchs Riff und bilden nur selten größere Schwärme. Die Art ernährt sich hauptsächlich von Korallenpolypen, Anemonententakeln, Borstenwürmern, Algen, Garnelen, Krabben und kleinen Schnecken. Fähnchen-Falterfische sind nicht so scheu wie andere Falterfischarten.

Chaetodon bennetti
(Cuvier, 1831)
Bennetts Falterfisch

Erkennungsmerkmale: Größe bis ca. 20 cm. Körperform siehe Foto und Familienbeschreibung. Grundfärbung gelb, Körperseiten mit je einem großen, schwarzen Fleck, der von einem vollständigen oder sich auflösenden hellblauen Ring und einer rauchigen Zone umgeben ist. Je zwei hellblaue, teilweise gebogene Querstreifen in der unteren Körperhälfte, die von den Kiemendeckeln bis zur Afterflosse reichen. Augenbinde bräunlich bis schwarz mit hellblauem Vorder- und Hinterrand.

Verwechslungsmöglichkeiten: Aufgrund der charakteristischen Färbung nicht vorhanden.

Lebensraum: Seewärts gelegene Riffe mit reichem Korallenwachstum. Jungtiere meist im Dickicht von *Acropora*-Ästen. Meist unterhalb von 5 m bis in mindestens 30 m Tiefe. Indopazifik einschließlich Malediven.

Biologie: Bei dieser Art handelt es sich um einen scheuen Falterfisch, der vergleichsweise selten ist. Meist kann man die Tiere einzeln oder seltener auch paarweise beobachten. Wie viele andere Arten, ernährt auch er sich in erster Linie von Korallenpolypen. Die Färbung der Jungtiere gleicht im wesentlichen der der ausgewachsenen Tiere. Lediglich die hellblaue Umrandung der schwarzen Flecke auf den Körperseiten löst sich mit zunehmender Größe ganz bis teilweise auf.

Chaetodon collare
(Bloch, 1787)
Halsband-Falterfisch

Erkennungmerkmale: Größe bis ca. 18 cm. Körperform siehe Foto und Familienbeschreibung. Grundfärbung gelblichgrau mit einer dunklen Netz- bis Streifenzeichnung, einer relativ breiten, leuchtend weißen Querbinde hinter den Augen und einer feinen, ebenfalls leuchtend weißen Querbinde am Maul. Schwanzflosse orange mit einem schwarzen und einem weißen Streifen am Hinterrand.

Verwechslungsmöglichkeiten: Im westlichen Pazifik gibt es den ähnlich gefärbten Perlen-Falterfisch *C. reticulatus* Cuvier 1831. Er erreicht eine Größe bis zu 15 cm, unterscheidet sich jedoch vor allem durch seinen weißen Schwanz und das noch breitere helle Querband hinter den Augen.

Lebensraum: Meist im Bereich des Außenriffs. Zwischen 5 bis 15 m Tiefe, selten darüber oder darunter. Indischer Ozean einschließlich Malediven.

Biologie: Halsband-Falterfische leben meist paarweise zusammen. Man kann die Art aber stellenweise auch in unterschiedlich großen Schwärmen mit mehr als 50 Tieren antreffen. Der Verfasser konnte selber an zwei verschiedenen Plätzen auf den Malediven jeweils einen solchen Schwarm regelmäßig beobachten. Den Angaben von dort lebenden Tauchlehrern zufolge sollen beide Schwärme standorttreu sein. Alle Tiere eines Schwarmes wiesen ungefähr die gleiche Größe auf. Die Art soll sich in erster Linie von Korallenpolypen ernähren. Die Tiere zeigen dem Taucher gegenüber in der Regel keine Scheu, so daß man sich ihnen bis auf eine geringe Distanz nähern kann.

Chaetodon fasciatus
(Forsskål, 1775)
Tabak-Falterfisch

Erkennungsmerkmale: Größe bis ca. 25 cm. Körperform siehe Foto und Familienbeschreibung. Grundfärbung gelb mit einigen rotbraunen bis schwarzen, leicht schräg verlaufenden Längsstreifen auf den Körperseiten, einer schwarzen Augenbinde, einem weißen Stirnfleck und breiten schwarzen Fleck unterhalb des vorderen Teils der Rückenflossenbasis. Rücken-, Schwanz- und Afterflosse dunkel gerandet, Schwanzflosse mit einer Reihe kleiner orangefarbener Punkte.

Verwechslungsmöglichkeiten: Im gesamten Indopazifik kommt der bis ca. 30 cm große Mondsichel-Falterfisch *C. lunula* (Lacepède, 1803) vor, der sich hauptsächlich durch die gelben Schrägstreifen im schwarzen Fleck unterhalb des vorderen Teils der Rückenflossenbasis und den schwarzen Fleck auf beiden Seiten der Schwanzwurzel vom Tabak-Falterfisch unterscheidet.

Lebensraum: In nahezu allen Bereichen der Korallenriffe. Vom Flachwasser bis in mindestens 25 m Tiefe. Rotes Meer.

Biologie: Diese Art gehört zu den häufigsten Falterfischarten des Roten Meeres. Die Tiere sind nur wenig scheu, so daß man sich ihnen leicht nähern kann. Sie schwimmen in der Regel paarweise, seltener auch einzeln, umher. Manchmal kann man aber auch kleine Gruppen antreffen. Der Verfasser konnte mehrfach beobachten, wie fünf bis zehn Tiere gemeinsam über die Keimdrüsen von an das Riff getriebenen Quallen herfielen und diese fraßen. Tabak-Falterfische ernähren sich außer von Korallenpolypen, die den Hauptbestandteil ihres Speisezettels bilden, auch von Algen und verschiedenen Wirbellosen. Jungfische besitzen einen schwarzen Augenfleck im hinteren Teil der Rückenflosse.

Chaetodon guttatissimus
(Bennett, 1832)
Tüpfel-Falterfisch

Erkennungsmerkmale: Größe bis max. 15 cm. Körperform siehe Foto und Familienbeschreibung. Grundfärbung weiß bis hellgrau mit einer großen Anzahl von kleinen schwarzen Punkten auf den Körperseiten und einer schmalen schwarzen Augenbinde.

Verwechslungsmöglichkeiten: Im westlichen Pazifik kommt der ähnlich gefärbte Punktstreifen-Falterfisch *C. punctatofasciatus* Cuvier, 1831 vor, der eine Größe bis zu 10 cm erreichen kann. Er unterscheidet sich durch einige dunkle Querstreifen in der oberen Körperhälfte. Seine Augenbinde reicht nicht bis zur Stirn und ist nicht schwarz.
Der Punkt-Diagonalstreifen-Falterfisch *C. pelewensis* Kner, 1868, der bis ca. 13 cm groß wird und am großen Barriere-Riff vorkommt, unterscheidet sich durch seine dunklen Diagonalstreifen und seine helle, nicht bis zur Stirn reichende Augenbinde.

Lebensraum: In verschiedenen Bereichen der Korallenriffe. Vom Flachwasser bis in mindestens 20 m Tiefe. Südliches Rotes Meer und Indischer Ozean einschließlich Malediven.

Biologie: Diese kleine Art ernährt sich in erster Linie von Borstenwürmern, Algen und Korallenpolypen. Man kann die Tiere sowohl einzeln als auch paarweise und in kleinen Gruppen antreffen.

Chaetodon kleinii
(Bloch, 1790)
Kleins Falterfisch

Erkennungsmerkmale: Größe bis max. 15 cm, meist kleiner. Körperform siehe Foto und Familienbeschreibung. Grundfärbung gelb mit einer schmalen, schwarzen Augenbinde und einer breiteren weißen bis gelblichgrauen Querbinde dahinter. Kopf vor der schwarzen Augenbinde schmutzigweiß bis weiß, Maul schwarz. Der obere Teil der Augenbinde nimmt bei älteren Tieren eine bläuliche Färbung an. Körperseiten mit zahlreichen kleinen weißen bis silbrigen oder dunklen Flecken. Rücken- und Afterflosse je mit einem sehr feinen schwarzen und weißen Rand.
Verwechslungsmöglichkeiten: Nicht vorhanden.
Lebensraum: Tiefe Lagunen mit Korallenbewuchs und am Außenriff gelegene Korallenriffe mit Sandböden und mäßiger Wasserbewegung. Meist oberhalb von ca. 5 m bis in mehr als 60 m Tiefe. Südliches Rotes Meer und Indopazifik einschließlich Malediven.
Biologie: Die Art ernährt sich hauptsächlich von den Polypen verschiedener Leder- und Weichkorallenarten (z.B. *Sarcophyton tracheliophorum* und *Lithopyton viridis*), von Algen und tierischem Plankton. Sie ist meist einzeln oder paarweise, manchmal auch in kleineren Gruppen bis zu zehn Tieren anzutreffen.

Chaetodon madagascariensis
(Ahl, 1923)
Indischer Winkel-Orangen-Falterfisch

Erkennungsmerkmale: Größe bis ca. 14 cm. Körperform siehe Foto und Familienbeschreibung. Grundfärbung weiß mit dunklen, leicht nach vorne gewinkelten Querstreifen auf den Körperseiten, blaß orangefarbenem hinteren Körperabschnitt und schwarzem, scharf abgegrenzten Stirnfleck. Augenbinde schwarz. Hinterer Teil von Rücken- und Afterflosse sowie hinterer Rand der Schwanzflosse ebenfalls blaßorange.

Verwechslungsmöglichkeiten: Es gibt insgesamt drei weitere, sehr ähnlich gefärbte Arten, die von manchen Autoren zum Teil nur als Unterarten angesehen werden.

Der Rotmeer-Orangen-Falterfisch *C. paucifasciatus* kommt nur im Roten Meer vor und unterscheidet sich durch seine gelblichorange gefärbte Augenbinde von den anderen drei Arten. Der Winkel-Orangen-Falterfisch *C. mertensii* Cuvier, 1831, der im Pazifischen Ozean vorkommt, unterscheidet sich durch seinen nicht scharf abgegrenzten schwarzen Stirnfleck.

Der Gitter-Orangen-Falterfisch *C. xanthurus* Bleeker, 1857, der im Gebiet von Ostindien und den Philippinen vorkommt, besitzt als einzige der vier Arten eine gitter- oder netzförmige dunkle Zeichnung auf den Körperseiten.

Lebensraum: Im Bereich von Korallen und über Geröllfeldern. Meist unterhalb von ca. 10 m Tiefe. Indischer Ozean einschließlich Malediven.

Biologie: Diese Art ist meist paarweise anzutreffen. Über die Ernährungsweise liegen keine genaueren Angaben vor, sie ähnelt wahrscheinlich der des Rotmeer-Orangen-Falterfisches *C. paucifasciatus.*

Chaetodon paucifasciatus
(Ahl, 1923)
Rotmeer-Orangen-Falterfisch

Erkennungsmerkmale: Größe bis ca. 14 cm. Körperform siehe Foto und Familienbeschreibung. Grundfärbung weiß mit dunklen, leicht nach vorne gewinkelten Querstreifen auf den Körperseiten, kräftig orangefarbenem hinterem Körperabschnitt und schwarzem, scharf abgegrenztem Stirnfleck. Augenbinde gelblichorange. Hinterer Teil von Rücken- und Afterflosse sowie Hinterrand der Schwanzflosse ebenfalls kräftig orange.

Verwechslungsmöglichkeiten: Es gibt insgesamt drei weitere, sehr ähnlich gefärbte Arten, die von manchen Autoren zum Teil nur als Unterarten angesehen werden.
Der Indische Winkel-Orangen-Falterfisch *C. paucifasciatus* kommt im Indischen Ozean einschließlich der Malediven vor und unterscheidet sich durch die Kombination von Winkelstreifen auf den Körperseiten, schwarzer Augenbinde und schwarzem, scharf abgegrenztem Stirnfleck von den anderen drei Arten.
Der Winkel-Orangen-Falterfisch *C. mertensii* Cuvier, 1831, der im Pazifischen Ozean vorkommt, unterscheidet sich durch seinen nicht scharf abgegrenzten schwarzen Stirnfleck.
Der Gitter-Orangen-Falterfisch *C. xanthurus* Bleeker, 1857, der im Gebiet von Ostindien und den Philippinen vorkommt, besitzt als einzige der vier Arten eine gitter- oder netzförmige dunkle Zeichnung auf den Körperseiten.

Lebensraum: Im Bereich von Korallen und über Geröllfeldern. Zwischen vier und 30 m Tiefe. Rotes Meer und Golf von Aden.

Biologie: Diese Art ist meist paarweise oder in kleinen Schwärmen anzutreffen. Sie ernährt sich von Korallenpolypen, Hornkorallen, Algen, Borstenwürmern und kleinen Krebstieren.

Chaetodon lineolatus
(Cuvier & Valenciennes, 1831)
Gestreifter Falterfisch

Erkennungsmerkmale: Größe bis ca. 30 cm. Körperform siehe Foto und Familienbeschreibung. Grundfärbung weiß mit feinen schwarzen Querstreifen, breiter, durchgehender schwarzer Augenbinde und sichelförmigem schwarzem Bereich am Hinterrand des Körpers, der sich bis zur Mitte des Ansatzes der Afterflosse erstreckt. Hinterer Teil des Rückens und Rücken-, Schwanz- und Afterflosse gelb.

Verwechslungsmöglichkeiten: Der sehr nah verwandte Falsche Gitter-Falterfisch *C. oxycephalus* Bleeker, 1853, (kleines Foto) dessen Verbreitungsgebiet sich zumindest teilweise mit dem des Gestreiften Falterfisches überschneidet, unterscheidet sich durch seine unterbrochene Augenbinde, den Stirnfleck und den sichelförmigen schwarzen Bereich am Hinterrand des Körpers, der sich nur bis zur Wurzel der Schwanzflosse erstreckt.

Lebensraum: Lagunen und Außenriffbereiche mit reichem Korallenwuchs. Vom Flachwasser bis in sehr große Tiefen. Rotes Meer und Indopazifik (der gängigen Literatur ist nicht genau zu entnehmen, ob diese Art auch auf den Malediven vorkommt).

Biologie: Die Art ernährt sich in erster Linie von Korallenpolypen und Anemonententakeln, frißt aber auch kleine Wirbellose und Algen. Die Tiere schwimmen meist einzeln oder paarweise umher und sind vergleichsweise scheu.

Chaetodon falcula
(Bloch, 1793)
Indischer Doppelsattel-Falterfisch

Erkennungsmerkmale: Größe bis mindestens 20 cm (soll laut Literatur sogar bis 29 cm erreichen). Körperform siehe Foto und Familienbeschreibung. Schnauze etwas mehr verlängert als bei den vorangegangenen Arten. Grundfärbung weiß mit gelbem Rücken und Schwanz, zwei schwarzen Sattelflecken auf dem Rücken, einer Anzahl feiner schwärzlicher Querstreifen auf den Körperseiten und einer schwarzen Augenbinde. Rücken-, Schwanz- und Afterflosse gelb.

Verwechslungsmöglichkeiten: Im westlichen Pazifik kommt der sehr ähnlich gefärbte Pazifische Doppelsattel-Falterfisch *C. ulietensis* Cuvier, 1831 vor. Bei ihm sind die beiden Sattelflecken etwas länger und nicht so intensiv schwarz gefärbt. Außerdem ist sein Rücken nicht gelb sondern weiß gefärbt.

Lebensraum: In verschiedenen Bereichen der Korallenriffe. Meist vom Flachwasser bis in ca. 15 m Tiefe. Indischer Ozean einschließlich Malediven.

Biologie: Diese Art hat ein weites Nahrungsspektrum und gehört somit zu den Allesfressern unter den Falterfischen. Sie ernährt sich von Stein- und Weichkorallen, kleinen Borstenwürmern und Krebstieren sowie von tierischem Plankton aller Art. Die Tiere streifen meist einzeln oder paarweise durch das Riff, manchmal auch in Gruppen von bis zu 20 Individuen.

Chaetodon melannotus
(Bloch & Schneider, 1801)
Schwarzrücken-Falterfisch

Erkennungsmerkmale: Größe bis 15 cm. Körperform siehe Foto und Familienbeschreibung. Grundfärbung weiß mit feinen, schwarzen Querstreifen, schwarzem Rücken und gelben Rücken-, Schwanz-, After- und Bauchflossen. Kopf mit schmaler, schwarzer Augenbinde. Schwanzwurzel bei nicht ausgewachsenen Tieren mit schwarzem Augenfleck.

Verwechslungsmöglichkeiten: Der Schlußpunkt-Falterfisch *C. ocellicaudus* Cuvier, 1831, der nur in einem Bereich nördlich von Australien vorkommen soll, unterscheidet sich vor allem durch je einen gerundeten, schwarzen Fleck auf beiden Seiten der Schwanzwurzel.

Lebensraum: Lagunen, Riffdächer und Außenriffbereiche mit reichverzweigten Korallenbeständen. Vom Flachwasser bis in mehr als 15 m Tiefe. Rotes Meer und Indopazifik einschließlich Malediven.

Biologie: Schwarzrücken-Falterfische leben meist einzeln oder paarweise in einem festen Revier. Sie ernähren sich in erster Linie von den Polypen von Weich- und Lederkorallen. Die nur wenig scheuen Tiere können ihr Farbkleid drastisch ändern. Zur Nacht und auch in Schrecksituationen färbt sich der Rücken bis knapp zur Mitte der Körperseiten schwarz mit jeweils ein bis zwei signalartigen, weißen Flecken, während der untere Teil des Körpers seine Färbung beibehält. Diese Färbung, die man auch beim Sparren-Falterfisch *C. trifascialis* beobachten kann, dient wahrscheinlich der Arterkennung während der Dämmerung und soll gleichzeitig auch mögliche Freßfeinde abschrecken.

Chaetodon meyeri
(Schneider, 1801)
Schwarzstreifen-Falterfisch

Erkennungsmerkmale: Größe bis 20 cm. Körperform siehe Foto und Familienbeschreibung. Grundfärbung weiß mit vergleichsweise kräftigen, unterschiedlich gewundenen schwarzen Streifen am gesamten Körper sowie auf Rücken- und Afterflosse. Gesamter Außenrand des Körpers gelb bis orange gefärbt. Augenbinde schwarz. Jungtiere (kleines Foto) sind fast identisch gefärbt, sie unterscheiden sich lediglich durch die Anordnung ihrer schwarzen Streifen am Körper.

Verwechslungsmöglichkeiten: Nicht vorhanden. Jungtiere zeigen annähernd das gleiche Farbkleid wie der Orangestreifen-Falterfisch *C. ornatissimus* Cuvier, 1831, mit dem Unterschied, daß bei diesem die Streifen auf dem Körper golden bis orangegefärbt sind und nicht schwarz. Der Orangestreifen-Falterfisch, der eine Größe bis ca. 18 cm erreichen kann, kommt nur in Teilen des Pazifiks vor.

Lebensraum: Lagunen und Außenriffbereiche mit reichem Korallenwachstum. Meist zwischen 5 bis 25 m Tiefe. Indopazifik einschließlich Malediven.

Biologie: Diese prächtige Art bewohnt meist paarweise ein festes Revier und ernährt sich ausschließlich von Korallenpolypen. Jungtiere halten sich stets im Schutz von reich verzweigten Korallen auf, z.B. zwischen den zahlreichen Spalten von Tisch- oder Geweihkorallen.

Chaetodon mitratus
(Günther, 1860)
Mitra-Falterfisch

Erkennungsmerkmale: Größe bis ca. 14 cm. Körperform siehe Foto und Familienbeschreibung. Körperseiten weißlich bis leuchtend gelb mit zwei breiten, schräg verlaufenden, dunkelbraunen bis schwarzen Binden. Unterer Bereich des Körpers leuchtend gelb. Hinterer Bereich der Rückenflosse gelblich durchscheinend, gesamte Rückenflosse mit schmalem schwarzen und weißen Außenrand. Augenbinde ebenfalls dunkelbraun bis schwarz und vergleichsweise breit.

Verwechslungsmöglichkeiten: Die Art ähnelt dem aus dem Pazifik stammenden Burgess-Falterfisch *C. burgessi* Allen & Stark, 1973. Dieser unterscheidet sich vor allem durch den größeren Anteil von weiß in seiner Färbung und den schwarzen hinteren Bereich der Rückenflosse. Da sich das Verbreitungsgebiet beider Arten nicht überschneidet, ist eine Verwechslung ausgeschlossen.

Lebensraum: Meist an Steilabfällen des Außenriffs. Unterhalb von ca. 30 m bis in große Tiefen. Indischer Ozean einschließlich Malediven.

Biologie: Der Mitra-Falterfisch ist, wie auch der Burgess-Falterfisch, einer der wenigen Falterfische, der tiefes Wasser bevorzugt. Dies ist wahrscheinlich auch der Grund dafür, daß der Wissenschaft bis 1973 nur ein einziges Exemplar bekannt war. Die Tiere leben meist einzeln und können nur seltener auch paarweise oder in kleinen Gruppen beobachtet werden.

Chaetodon semilarvatus
(Cuvier & Valenciennes, 1831)
Masken-Falterfisch

Erkennungsmerkmale: Größe bis max. 30 cm. Körperform siehe Foto und Familienbeschreibung. Grundfärbung gelb mit ca. 13 feinen, orangebraunen Querstreifen auf den Körperseiten und je einem großen, das Auge umschließenden, schwärzlichblauen Fleck auf beiden Seiten des Kopfes. Augenbinde fehlt.
Verwechslungsmöglichkeiten: Nicht vorhanden.
Lebensraum: Verschiedene Riffbereiche mit reichem Korallenwachstum. Meist unterhalb von ca. 4 m bis in mindestens 20 m Tiefe. Rotes Meer.
Biologie: Masken-Falterfische leben meist paarweise zusammen. Manchmal kann man jedoch auch kleine Schwärme von mehr als 50 Tieren dieser Art antreffen. Die Tiere verbringen oft lange Zeiträume während des Tages bewegungslos zwischen Korallenblöcken, in Spalten, unter Überhängen oder unter ausladenden Tischkorallen. Vor allem in den späten Nachmittagsstunden sind sie besonders aktiv. Sie zeigen dem Taucher gegenüber in der Regel keinerlei Scheu, so daß man sich ihnen problemlos nähern kann. Manche Exemplare zeigen ein von der Norm abweichendes Streifenmuster, z.B. in der Art, daß die Streifen nicht gerade verlaufen und teilweise miteinander in Verbindung stehen.

Chaetodon triangulum
(Cuvier, 1831)
Triangel-Falterfisch

Erkennungmerkmale: Größe bis ca. 15 cm. Körperform siehe Foto und Familienbeschreibung. Schnauze klein und spitz. Grundfärbung gelblichweiß mit zahlreichen bläulichen, leicht nach vorne gewinkelten Querstreifen. Hinterer Teil des Körpers dunkel, bräunlich bis schwärzlich. Schnauze rötlichbraun, Augenstreifen rötlichbraun bis schwarz, dahinter ein weiterer, ebenso gefärbter, leicht nach vorn gewölbter Querstreifen. Außenrand von Rücken- und Afterflosse rotbraun mit einer feinen schwarzen und blauen Begrenzungslinie. Schwanzwurzel mit einem kurzen gelben Querstreifen. Schwanzflose mit schwarzem, dreieckigem Fleck, der gelb gesäumt ist (Triangel!).

Verwechslungsmöglichkeiten: Im westlichen Pazifik kommt der Baroness-Falterfisch *C. baronessa* Cuvier, 1831, vor, der von einigen Autoren nur als eine Unterart angesehen wird. Er besitzt anstelle des schwarzen, gelbgesäumten, dreieckigen Schwanzflecks nur einen schmalen schwarzen Querstreifen in seiner Schwanzflosse.

Lebensraum: Stets in Riffbereichen mit reichen Beständen von Geweihkorallen der Gattung *Acropora*. Vom Flachwasser bis in mindestens 15 m Tiefe. Hauptsächlich im Indischen Ozean einschließlich der Malediven.

Biologie: Bei beiden Arten handelt es sich um recht scheue Vertreter, die eine relativ große Fluchtdistanz besitzen. Die Tiere sind meist paarweise oder einzeln anzutreffen und besitzen stets ein festes Revier. Sie ernähren sich fast ausschließlich von Korallenpolypen der Gattung *Acropora*.

Chaetodon trifascialis
(Quoy & Gaimard, 1825)
Sparren-Falterfisch

Erkennungsmerkmale: Größe bis ca. 10 cm. Körperform siehe Foto und Familienbeschreibung. Grunfärbung weiß mit feinen schwarzen, deutlich nach vorne gewinkelten Querstreifen. Augenbinde schwarz und verhältnismäßig breit, mit gelben bzw. silbrigweißen Rändern. Rücken- und Afterflosse gelblich mit je einem feinen schwarzen und weißen Begrenzungsstreifen. Schwanzflosse schwarz mit gelbem Hinterrand. Jungtiere (kleines Foto oben) mit gelber Schwanzflosse und breitem, schwarzem Querband auf dem gesamten hinteren Körperbereich.
Verwechslungsmöglichkeiten: Nicht vorhanden.
Lebensraum: Meist über großen Tischkorallen der Gattung *Acropora* in verschiedenen Riffbereichen. Vom Flachwasser bis in ca. 30 m Tiefe. Rotes Meer und Indopazifik einschließlich Malediven.

Biologie: Diese Art ist ausgesprochen territorial und kann entweder einzeln oder paarweise angetroffen werden. Dabei besetzen die Tiere stets ein festes Revier, meist im Bereich von Tischkorallen, das sie äußerst heftig gegen Eindringlinge verteidigen. Wie der Schwarzrücken-Falterfisch *C. melannotus* legt auch der Sparren-Falterfisch eine besondere Nachtfärbung (kleines Foto unten) an. Mit Einbruch der Dämmerung färbt sich sein Rücken bis ungefähr zur Mitte der Körperseiten schwarz mit jeweils zwei signalartigen weißen Flecken, während die untere Körperhälfte ihre Färbung beibehält. Diese Färbung tritt auch in Schrecksituationen auf. Sie dient wahrscheinlich der Arterkennung während der Dämmerung und soll gleichzeitig mögliche Freßfeinde abschrecken.

Chaetodon unimaculatus
(Bloch, 1787)
Tränentropfen-Falterfisch

Erkennungsmerkmale: Größe bis ca. 20 cm. Körperform siehe Foto und Familienbeschreibung. Von dieser Art gibt es eine weiße und eine gelbe Farbvariante. Beide besitzen in der Mitte der oberen Körperhälfte beidseits einen auffälligen schwarzen Fleck, einen schwarzen Körperhinterrand und eine schwarze Augenbinde.

Verwechslungsmöglichkeiten: Einige Autoren vertreten die Ansicht, daß es sich bei den beiden Farbvarianten um Unterarten handelt. Die gelbe Form, *C. unimaculatus interuptus*, ist hauptsächlich im Indischen Ozean einschließlich der Malediven verbreitet. Die weiße Form dagegen, *C. unimaculatus unimaculatus*, im Pazifik.

Der im Pazifik vorkommende Malayische Einfleck-Falterfisch *C. speculum* Cuvier, 1831, der eine kräftig gelbe Grundfärbung aufweist, und ebenfalls beidseits einen schwarzen Fleck besitzt, unterscheidet sich durch seinen gelben Körperhinterrand von der gelben Farbvariante des Tränentropfen-Falterfisches.

Lebensraum: Verschiedene Riffbereiche mit reichen Beständen von Weich-, Leder- und Steinkorallen. Vom Flachwasser bis in ca. 20 m Tiefe, manchmal auch darunter. Indopazifik einschließlich der Malediven.

Biologie: Untersuchungen des Mageninhalts zufolge ernährt sich diese Art außer von Stein-, Leder- und Weichkorallen auch von Schwämmen, Fadenalgen, kleinen Krebstieren und Borstenwürmern. Die Tiere sind meist paarweise oder in kleinen Gruppen anzutreffen.

Chaetodon xanthocephalus
(Bennett, 1832)
Gelbkopf-Falterfisch

Erkennungsmerkmale: Größe bis ca. 20 cm. Körperform siehe Foto und Familienbeschreibung. Schnauze etwas länger und stärker zugespitzt als bei den meisten anderen Arten. Grundfärbung weißlich mit wenigen feinen dunklen Querstreifen auf den Körperseiten und gelblicher Rücken- und Afterflosse. Kopf bis zu den Augen einschließlich Stirn, Kehle und Schnauze sowie Hinterrand der Kiemendeckel gelborange, Augen mit dunklem Längsstreifen. Unterhalb der Augen je ein hellblauer Fleck. Jungtieren fehlen die Querstreifen auf den Köperseiten und der hellblaue Fleck unter den Augen. Statt dessen besitzen sie eine schwarze Augenbinde, einen schwarzen Fleck auf der Schwanzwurzel und einen ebenfalls schwarzen Fleck im hinteren Teil ihrer Rückenflosse.

Verwechslungsmöglichkeiten: Nicht vorhanden. Im Indopazifik gibt es jedoch eine Art, die dieser Art in der Körperform und der Kopffärbung gleicht. Es handelt sich um den Sattelfleck-Falterfisch *C. ephippium*, Cuvier, 1831, der sich vor allem durch seine Längsstreifen auf den Körperseiten und den schwarzen Sattelfleck auf dem hinteren Teil des Rückens unterscheidet.

Lebensraum: Verschiedene Riffbereiche mit reichem Korallenwachstum. Meist zwischen 5 und 25 m Tiefe. Westlicher Indischer Ozean einschließlich Malediven.

Biologie: Die Art ist in der Regel paarweise, seltener auch einzeln anzutreffen. Über die Ernährungsweise liegen keine genauen Angaben vor.

Forcipiger longirostris
(Broussonet, 1782)
Langmaul-Pinzettfisch

Erkennungsmerkmale: Größe bis ca. 22 cm. Körperform siehe Foto und Familienbeschreibung. Schnauze sehr stark verlängert. Färbung gelb mit schwarzem Augenfleck unterhalb der Schwanzwurzel. Obere Hälfte des Kopfes bis zum Ansatz der Brustflossen und zu den Augen schwarz, untere Hälfte weiß, Kehle mit zahlreichen kleinen schwarzen Flecken.

Verwechslungsmöglichkeiten: Der Kurzmaul-Pinzettfisch *F. flavissimus* unterscheidet sich durch seine etwas kürzere Schnauze und die fehlenden kleinen schwarzen Flecke an der Kehle.

Im Pazifik gibt es eine seltene, vollständig schwarze Farbvariante vom Langmaul-Pinzettfisch.

Lebensraum: Außenriffbereiche. Vom Flachwasser bis in mindestens 60 m Tiefe. Indopazifik einschließlich Malediven.

Biologie: Diese Art ist deutlich seltener als der Kurzmal-Pinzettfisch und meist einzeln oder paarweise anzutreffen. Sie ernährt sich in erster Linie von kleinen Krebstieren, die sie mit dem langen pinzettförmigen Maul auch noch aus engsten Spalten hervorholen kann. Durch den schwarzen Augenfleck am Hintergrund des Körpers und das getarnte »echte« Auge kann im ersten Moment der Eindruck entstehen, der Fisch schwimme rückwärts. Diese Strategie verschafft den Tieren einen Vorteil gegenüber Freßfeinden, die durch dieses »anormale« Verhalten, rückwärts zu schwimmen, verwirrt werden. Diese Verwirrung des Räubers reicht meist aus, um zu fliehen.

Forcipiger flavissimus
(Jordan & McGregor, 1898)
Kurzmaul-Pinzettfisch

Erkennungsmerkmale: Größe bis ca. 18 cm. Körperform siehe Foto und Familienbeschreibung. Schnauze stark verlängert. Färbung gelb mit schwarzem Augenfleck unterhalb der Schwanzwurzel. Obere Hälfte des Kopfes bis zum Ansatz der Brustflossen und zu den Augen schwarz, untere Hälfte weiß. Kehle ohne kleine schwarze Flecken.

Verwechslungsmöglichkeiten: Der Langmaul-Pinzettfisch *F. longirostris* unterscheidet sich durch seine etwas längere Schnauze und die zahlreichen kleinen schwarzen Flecken an seiner Kehle.

Lebensraum: Außenriffbereiche mit reichem Korallenwuchs, Spalten und kleinen Höhlen. Vom Flachwasser bis in sehr große Tiefen. Rotes Meer und Indopazifik einschließlich Malediven.

Biologie: Diese Art ist häufiger als der Langmaul-Pinzettfisch und lebt einzeln, paarweise oder in kleinen Gruppen bis zu fünf Tieren. Sie ernährt sich außer von Polypen auch von kleinen Krebsen und Fischeiern, vorzugsweise von kleinen Teilen größerer Beute, wie z.B. Tentakeln von Röhrenwürmern und Saugfüßchen von Stachelhäutern. Siehe auch Langmaul-Pinzettfisch *F. longirostris.*

Hemitraurichthys zoster
(Bennett, 1831)
Schwarzer Pyramiden-Falterfisch

Erkennungsmerkmale: Größe bis zu 18 cm. Körperform siehe Foto und Familienbeschreibung. Vorderes und hinteres Körperdrittel dunkelbraun bis schwarz, mittleres Körperdrittel und Schwanz weiß. Rückenflossenstrahlen im Bereich des weißen Feldes gelb. Das weiße Feld spitzt sich nach oben hin etwas zu, weshalb es in der Literatur als pyramidenähnlich bezeichnet wird (Name!).

Verwechslungsmöglichkeiten: Im Pazifik kommt der nahe verwandte Gelbe Pyramiden-Falterfisch *H. polylepis* (Bleeker, 1857), vor, der eine Größe bis ca. 18 cm erreichen kann. Er besitzt jedoch hinter dem schwarzen Kopf ein gelbes Feld und sein hinteres Körperdrittel ist nicht schwarz sondern weiß gefärbt. Der hintere Teil des Rückens und der Rückenflosse sowie die Afterflosse sind gelb.

Lebensraum: Meist im freien Wasser oberhalb von Riffen oder neben Steilwänden, stets aber in deren unmittelbarer Nähe. Vom Flachwasser bis in mindestens 35 m Tiefe. Westlicher Indischer Ozean einschließlich Malediven.

Biologie: Diese Art ist meist in mehr oder weniger großen Schwärmen anzutreffen. Schwärme mit mehreren hundert Einzeltieren sind dabei keine Seltenheit. Die Tiere halten sich meist in unmittelbarer Nähe von Steilwänden oder über anderen Riffen im freien Wasser auf, wo sie nach ihrer Nahrung schnappen, überwiegend tierischem Plankton. Bei Gefahr zieht sich der Schwarm geschlossen in den Schutz des Riffes zurück, um anschließend sofort wieder ins freie Wasser zu schwimmen.

Heniochus diphreutes
(Jordan, 1903)
Schwarm-Wimpelfisch

Erkennungsmerkmale: Größe bis 20 cm. Rückenflosse fadenförmig. Färbung weiß mit zwei breiten schwarzen Querstreifen, Kopf bis zum Kiemendeckelhinterrand weiß. Hinterer Teil der Rücken- und Schwanzflosse gelb.

Verwechslungsmöglichkeiten: Siehe Rotmeer-Wimpelfisch *H. intermedius*. Der im Indopazifik vorkommende fast genauso gefärbte Gemeine Wimpelfisch *H. acuminatus* (L., 1758) unterscheidet sich dadurch, daß er einzeln, paarweise oder in kleinen Gruppen in unmittelbarer Bodennähe lebt.

Lebensraum: Meist im freien Wasser in der Nähe von Korallenriffen und über Sand- und Felsböden. Vom Flachwasser bis in mindestens 30 m Tiefe. Rotes Meer und westlicher Indopazifik einschließlich Malediven.

Biologie: Die Art lebt meist in zum Teil riesigen Schwärmen im Freiwasser, wo sie sich von Zooplankton ernährt.

Heniochus intermedius
(Steindachner, 1843)
Rotmeer-Wimpelfisch

Erkennungsmerkmale: Größe bis ca. 20 cm. Körperform siehe Foto und Familienbeschreibung. Rückenflosse fadenförmig. Färbung gelblichweiß mit zwei breiten, schwarzen Querstreifen, wobei der erste bis über die Augen reicht, nur Schnauze und Kehle silbrigweiß. Hinterer Teil der Rückenflosse sowie Schwanz- und Afterflosse gelb.

Verwechslungsmöglichkeiten: Es gibt im Roten Meer nur eine weitere Art dieser Gattung. Der Schwarm-Wimpelfisch *H. diphreutes* unterscheidet sich durch seinen weißen Kopf und die weiße Färbung der Querbinden.

Lebensraum: Stets in unmittelbarer Nähe von Korallenriffen. Vom Flachwasser bis in mindestens 30 m Tiefe. Rotes Meer.

Biologie: Die Art lebt einzeln oder paarweise, seltener auch in Schwärmen von mehr als 50 Tieren. Die Tiere nehmen ihre Nahrung vom Untergrund auf.

Heniochus monoceros
(Cuvier, 1831)
Masken-Wimpelfisch

Erkennungsmerkmale: Größe bis ca. 24 cm. Körperform siehe Foto und Familienbeschreibung. Rückenflosse deutlich fadenförmig verlängert (nicht so lang wie bei den anderen beiden vorgestellten Arten!). Stirn mit einem kleinen hornförmigen Auswuchs in der Mitte und je einem weiteren über jedem Auge. Färbung weiß mit einer breiten schwarzen, manchmal unterbrochenen Querbinde im Bereich von Maul, Auge und Stirn und einer zweiten im Bereich der Brustflosse. Hinterer Teil des Körpers gelblichbraun bis gelblichschwarz. Rücken-, Schwanz- und Afterflosse gelb.

Verwechslungsmöglichkeiten: Der im östlichen Indischen Ozean einschließlich der Malediven vorkommende Phantom-Wimpelfisch *H. pleurotaenia* Ahl, 1923, (kleines Foto) unterscheidet sich vor allem durch die fehlende fadenförmige Verlängerung der Rückenflosse. Statt dessen ist seine Rückenflosse nur insgesamt höher als bei anderen Vertretern dieser Familie.

Lebensraum: Meist in verschiedenen Riffbereichen mit reichem Korallenwuchs, seltener auch in »toten« Bereichen. Vom Flachwasser bis in mehr als 20 m Tiefe. Westlicher Indopazifik einschließlich Malediven.

Biologie: Erwachsene Masken-Wimpelfische leben meist einzeln, paarweise oder in kleinen Gruppen zusammen, während Jungtiere stets einzeln anzutreffen sind. Über ihre Ernährungsweise liegen keine genauen Angaben vor.

Familie Pomacanthidae (Kaiserfische)

Kaiserfische sind mit knapp 80 Arten aus sieben Familien in allen tropischen Meeren verbreitet, wobei die Mehrzahl der Arten (ca. 90%) im Indopazifik vorkommt. Von den Malediven sind neun und aus dem Roten Meer acht (zwei endemische) Arten bekannt.

Die Körperform der Kaiserfische und einige andere Merkmale ähneln stark denen der Falterfische, mit denen sie deshalb bis vor einiger Zeit auch noch in eine einzige gemeinsame Familie eingeordnet wurden. So besitzen Kaiserfische ebenfalls einen seitlich stark abgeflachten, sehr hochrückigen Körper sowie ein kleines Maul mit zahlreichen borstenartigen Zähnchen auf beiden Kiefern.

Auffallende Unterschiede im Körperbau und in der Larvalentwicklung machten aber die Trennung in zwei Familien notwendig. Wichtigstes und sicherstes Unterscheidungsmerkmal zwischen den beiden Familien ist der Besitz je eines auffälligen Stachels am unteren Teil der Kiemendeckel bei allen Kaiserschen, der den Falterfischen fehlt. Des weiteren ist die Schnauze der Kaiserfische nicht so stark verlängert wie bei vielen Falterfischen.

Viele Arten dieser Familie sind noch farbenprächtiger als die Falterfische. Vor allem die Arten der Gattungen *Pomacanthus* und *Holacanthus* machen in ihrer Jugendentwicklung eine drastische Farbänderung durch. Dabei können Jung- und Alttiere so völlig unterschiedlich gefärbt sein, daß man sie nicht im entferntesten zu ein und derselben Art zählen würde. Deshalb wurden die Jungtiere früher oft auch als eigene Arten mit einem eigenen wissenschaftlichen Namen beschrieben. Erst Langzeitbeobachtungen im Aquarium und im Freiland ermöglichten eine Klärung dieses Phänomens. Die Umfärbung, die erst kurz vor der Geschlechtsreife beginnt, dauert in der Regel nur wenige Wochen. Der biologische Sinn dieser unterschiedlichen Farbkleider ist folgender: Die erwachsenen Tiere dieser beiden Gattungen beanspruchen Reviere von einer Größe bis zu 1000 Quadratmetern und mehr. Solch ein Revier wird äußerst heftig gegen Artgenossen verteidigt. Dadurch, daß nun die Jungtiere völlig anders gefärbt sind, werden sie nicht als Artgenossen erkannt und folglich von den Erwachsenen im Revier geduldet. Andernfalls hätten die Jungtiere wesentlich schlechtere Überlebenschancen gegen die konkurrenzstärkeren Erwachsenen, die in vielen Fällen sogar ihre eigenen Eltern sein können.

Die Arten der Gattung *Geniacanthus* sind die einzigen, die einen ausgeprägten Geschlechtsdimorphismus aufweisen, das heißt Männchen und Weibchen sind deutlich unterschiedlich gefärbt. Einen weiteren Unterschied zeigen diese Arten auch in ihrer Lebensweise. Während die meisten anderen Kaiserfischarten sehr stark an reich strukturierte Lebensräume mit zahlreichen Versteckmöglichkeiten gebunden sind, handelt es sich bei den *Geniacanthus*-Arten um charakteristische Freiwasserfische, die oft in Schwärmen hoch über dem Meeresboden auf Planktonfang gehen.

Bei den meisten, vielleicht sogar bei allen Kaiserfischarten entwickeln sich die Jungtiere mit dem Erreichen der Geschlechtsreife zu Weibchen. Diese Weibchen können sich bei Bedarf zu Männchen umwandeln, wobei solch eine Umwandlung nicht wieder umkehrbar ist. Männchen sollen für gewöhnlich in ihrem Revier einen Harem von zwei bis fünf Weibchen verteidigen. Das Ablaichen erfolgt meist paarweise im Freiwasser und findet normalerweise in der Dämmerung nach Sonnenuntergang statt. Nach ca. 24 Stunden schlüpfen die planktischen Larven, die drei bis vier Wochen später schließlich ihren Lebensraum im Riff aufsuchen.

Wie zahlreiche andere Fische, so sind auch Kaiserfische in der Lage, Laute zu erzeugen. Diese »Knack-« oder »Tock«Laute werden bei Bedrohung und wahrscheinlich auch zur Revierverteidigung eingesetzt und dienen der Abschreckung.

Auf die Aquarienhaltung der Kaiserfische wird hier nicht näher eingegangen, da sie in Deutschland derzeit verboten ist.

Apolemichthys trimaculatus
(Lacepède in Cuvier, 1831)
Gelber Dreipunkt-Kaiserfisch

Erkennungsmerkmale: Größe bis ca. 30 cm. Körperform siehe Foto und Familienbeschreibung. Rücken-, Schwanz- und Afterflosse abgerundet. Färbung gelb mit kleinem, schwarzem Stirnfleck und blauem Maul, unterer Teil der Afterflosse schwarz. Jungtiere unter einer Größe von 5 cm besitzen einen schwarzen Fleck an der Basis der Rückenflosse und einen ebenfalls schwarzen Querstreifen durch das Auge.
Verwechslungsmöglichkeiten: Nicht vorhanden.
Lebensraum: Verschiedene Riffbereiche, bevorzugt jedoch Steilwände und vergleichsweise steile Bereiche im Riff. Vom Flachwasser bis in mehr als 40 m Tiefe. Westlicher Indopazifik einschließlich Malediven.
Biologie: Diese Art ist meist einzeln, seltener auch paarweise im Riff anzutreffen. Die Tiere ernähren sich in erster Linie von Schwämmen und Manteltieren (Seescheiden). Es handelt sich um eine vergleichsweise scheue Art.

Apolemichthys xanthurus
(Bennett, 1832)
Indischer Rauch-Kaiserfisch

Erkennungsmerkmale: Größe bis ca. 15 cm. Körperform siehe Foto und Familienbeschreibung. Rücken-, Schwanz- und Afterflosse abgerundet. Grundfärbung gelblichgrau mit zahllosen kleinen schwarzen Flecken auf den Körperseiten, die zum Rücken und zum Schwanz hin ineinander übergehen, Kopf und Schwanzwurzel schwarz, Rücken- und Afterflosse ebenfalls schwarz mit weißem Außenrand, Schwanzflosse gelb.

Verwechslungsmöglichkeiten: Ausschließlich im Roten Meer und im Golf von Aden kommt der Rotmeer-Rauch-Kaiserfisch *A. xanthois* Fraser-Brunner, 1950 vor, der sich vor allem dadurch unterscheidet, daß bei ihm das schwarze Feld am Kopf weiter nach hinten reicht, also größer ist als bei *A. xanthurus*.

Lebensraum: Verschiedene Riffbereiche mit reichlichen Versteckmöglichkeiten. Meist unterhalb von ca. 5 m bis in mehr als 20 m Tiefe. Westlicher Indischer Ozean einschließlich Malediven.

Biologie: Bei dieser Art handelt es sich um einen relativ seltenen Kaiserfisch, der vergleichsweise scheu ist. Die Tiere ernähren sich wahrscheinlich von Algen, Schwämmen und anderen festsitzenden Organismen.

Centropyge multispinis
(Playfair, 1866)
Brauner Zwergkaiserfisch

Erkennungsmerkmale: Größe bis ca. 14 cm. Körperform siehe Foto und Familienbeschreibung. Schwanzflosse abgerundet, Rücken- und Afterflosse zum Schwanz hin leicht zugespitzt aber abgerundet. Grundfärbung braunschwarz mit zahlreichen feinen schwarzen Querstreifen auf den Körperseiten, oberhalb der Brustflossen jeweils ein schwarzer, etwas heller gerandeter »Augenfleck«, Vorderrand der Brustflossen und Außenrand der Afterflosse leuchtend blau. Die Art wirkt von weitem oftmals völlig schwarz!

Verwechslungsmöglichkeiten: Diese Art ist im Roten Meer die einzige Art dieser Gattung. Andere Arten der Gattung aus dem Indopazifik unterscheiden sich deutlich durch ihre Färbung.

Lebensraum: In verschiedenen Riffbereichen mit reichhaltigen Versteckmöglichkeiten. Bereits ab wenigen Metern Tiefe. Rotes Meer und westlicher Indopazifik einschließlich Malediven.

Biologie: Die meisten Arten dieser Gattung ernähren sich wahrscheinlich hauptsächlich von verschiedenen Algen. Die Tiere beanspruchen Reviere von nur wenigen Quadratmetern Größe.

Geniacanthus caudovittatus
(Günther, 1860)
Rotmeer-Lyrakaiserfisch

Erkennungsmerkmale: Größe bis max. 25 cm. Körperform siehe Foto und Familienbeschreibung. Rücken- und Afterflosse zum Schwanz hin leicht zugespitzt, Schwanzflosse sichelförmig mit lang ausgezogenem oberen und unteren Teil. Färbung von Männchen und Weibchen unterschiedlich. Weibchen cremefarben bis hellbraun mit schwarzer Binde von den Augen bis zur Stirn, hinterer Teil der Rückenflossenbasis sowie oberer und unterer Teil der sichelförmig ausgezogenen Schwanzflosse schwarz. Grundfärbung der Männchen weiß-bläulich mit zahlreichen schwarzen Querstreifen. Kopf bräunlich, Schwanzwurzel gelblichorange mit dunkler Zeichnung. Mittlerer Bereich der Rückenflosse mit länglichem schwarzen Fleck, vorderer Teil der Rückenflosse und oberhalb des schwarzen Bereichs kräftig gelb.

Verwechslungsmöglichkeiten: Einzige Art der Gattung im Roten Meer und dem westlichen Indischen Ozean. Die anderen Arten dieser Gattung sind in ihrer Verbreitung auf den Pazifik beschränkt.

Lebensraum: Meist im Freiwasser im Bereich von Steilabfällen, seltener auch in anderen Riffbereichen. Normalerweise unterhalb von ca. 15 m Tiefe, nur selten auch flacher. Rotes Meer und westlicher Indischer Ozean, von den Malediven bisher nicht gemeldet.

Biologie: Man trifft die Arten dieser Gattung meist in größeren, lockeren Gruppen an, die einige Meter vom Riff entfernt im Freiwasser nach Plankton schnappen. Dabei verteidigt ein Männchen stets eine kleine Gruppe von Weibchen gegen andere Männchen der gleichen Art.

Pomacanthus imperator
(Bloch, 1787)
Imperator-Kaiserfisch

Erkennungsmerkmale: Größe bis ca. 40 cm. Körperform siehe Foto und Familienbeschreibung. Schwanz- und Afterflosse abgerundet. Rückenflosse bei großen Tieren fadenförmig ausgezogen. Färbung gelb und dunkelblau längsgestreift. Kopf mit schwarzer Augen- und Stirnbinde, die beidseits blau gerandet ist, Maul und Kopf vor der Augenbinde hellblau. Im Bereich der Brustflossen befindet sich eine breite schwarze Querbinde, die fast bis zum Rücken reicht. Schwanzflosse gelb. Jungtiere dunkelblau-schwarz mit konzentrischen, weißen Ringen im hinteren Teil der Körperseiten, wobei die äußeren nach hinten hin nicht mehr geschlossen sind und zum Kopf hin in Querstreifen übergehen.
Verwechslungsmöglichkeiten: Nicht vorhanden.
Lebensraum: Verschiedene Riffbereiche mit reichem Korallenwachstum. Vom Flachwasser bis in große Tiefe. Rotes Meer und westlicher Indopazifik einschließlich Malediven.
Biologie: Der Imperator ist meist einzeln, seltener auch paarweise anzutreffen. Die Art ist ziemlich zutraulich und schwimmt oft direkt auf Taucher zu. Die Umfärbung der Jungtiere beginnt bei einer Größe von ca. 8 bis 12 cm. Dabei beginnen die weißen Ringe und Querstreifen sich aufzulösen, während sich gelbe Längsstreifen ausbilden.
Wie alle Vertreter dieser Gattung beansprucht auch der Imperator große Reviere von bis zu 1000 Quadratmeter und mehr, die er heftig gegen Artgenossen verteidigt.

Pomacanthus maculosus
(Forsskål, 1775)
Arabischer Kaiserfisch

Erkennungsmerkmale: Größe bis ca. 50 cm. Körperform siehe Foto und Familienbeschreibung. Schwanzflosse abgerundet, Rücken- und Afterflosse lang fadenförmig ausgezogen, knapp bis hinter die Schwanzflosse reichend. Grundfärbung dunkelblau mit sichelförmigem, gelben Bereich in der Körpermitte, der oft nicht scharf umgrenzt ist, manchmal zusätzlich ein bis mehrere kleine gelbe Flecken direkt daneben. Stirn und Nacken mit einigen schwarzen Flecken (Schuppen). Schwanzflosse blaß gelblichblau. Jungtiere schwarz, dunkelblau, hellblau und weiß quergestreift ohne gelben Streifen in der Körpermitte. Schwanzflosse durchscheinend weißlich bis gelblich.

Verwechslungsmöglichkeiten: Diese Art wird oft mit dem bis ca. 40 cm großen Halbmond-Kaiserfisch (siehe kleines Bild) *P. asfur* (Forsskål, 1775) verwechselt. Dieser unterscheidet sich jedoch deutlich durch seine leuchtend gelbe Schwanzflosse, den schwarzen Kopf und den größeren halbmondförmigen, leuchtend gelben Bereich in der Körpermitte, der bis in die Rückenflosse hinein reicht.

Lebensraum: Bevorzugt ruhige Riffbereiche, oft mit mehr oder weniger stark verschlammten Sandböden. Meist unterhalb von ca. 4 m bis in mindestens 25 m Tiefe. Rotes Meer und nordwestlicher Teil des Indischen Ozeans.

Biologie: Die Art zeigt gegenüber Tauchern meist kaum Scheu und nähert sich bis auf geringe Entfernung. Die Umfärbung der Jungtiere erfolgt bei einer Körperlänge von ca. 10 bis 15 cm. Im Gebiet des Persischen Golfs gilt der Sichel-Kaiserfisch als guter Speisefisch und wird oft auf den örtlichen Fischmärkten angeboten.

Pomacanthus semicirculatus
(Cuvier, 1831)
Koran-Kaiserfisch

Erkennungsmerkmale: Größe bis ca. 40 cm. Körperform siehe Foto und Familienbeschreibung. Schwanzflosse abgerundet, Rücken- und Afterflosse lang fadenförmig ausgezogen, bis hinter die Schwanzflosse reichend. Grundfärbung des ersten und dritten Körperdrittels dunkelbraun, mittleres Körperdrittel gelblichbraun, gesamter Körper mit kleinen, leuchtend blauen bis schwarzen Flecken (Schuppen), Maul gelblichorange. Hinterrand der Vorkiemendeckel und der Kiemendeckel sowie Rücken-, Schwanz-, After- und Bauchflossen leuchtend blau gerandet, Kiemendeckelstachel ebenfalls leuchtend blau. Jungtiere schwarz mit weißen bis hellblauen nach vorne gewölbten halbkreisförmigen Streifen in der hinteren Körperhälfte, die zum Kopf hin in Querstreifen übergehen, in äußeren Bereichen des Körpers mit leuchtend blauer Zeichnung.

Verwechslungsmöglichkeiten: Nicht vorhanden.

Lebensraum: Verschiedene Riffbereiche mit sehr reichem Korallenwuchs und gut bewachsenen Höhlen und Überhängen. Meist unterhalb von ca. 5 m bis in 30 m Tiefe, regelmäßig auch tiefer. Jungtiere halten sich in der Regel in geschützten, flachen Riffbereichen mit Sandflächen auf, wobei ganz kleine Exemplare extrem versteckt leben. Rotes Meer und westlicher Indopazifik einschließlich Malediven.

Biologie: Diese Art soll stets nur einzeln anzutreffen sein. Die Umfärbung der Jungtiere findet bei einer Größe von 8 bis 16 cm statt. Die Tiere beanspruchen, wie die meisten Vertreter der Gattung, große Reviere und ernähren sich in erster Linie von Schwämmen und Seescheiden.

Pomacanthus xanthometopon
(Bleeker, 1853)
Blaukopf-Kaiserfisch

Erkennungsmerkmale: Größe bis ca. 40 cm. Körperform siehe Foto und Familienbeschreibung. Rücken-, Schwanz- und Afterflosse abgerundet. Grundfärbung gelb und blau. Die relativ großen Schuppen sind dunkelblau und besitzen einen gelben Rand, so daß ein gelbes netzförmiges Muster mit dunkelblauen Innenflächen entsteht. Kopf dunkelblau mit kleinen gelben Flecken, gelber Maske über den Augen und schwarzer Stirn. Rückenflosse gelb mit schwarzem Augenfleck. Brustflossen und Schwanzflosse ebenfalls gelb, Afterflosse gelblich, ins Blaue übergehend, Rücken-, Schwanz-, After- und Brustflossen blau gerandet. Jungtiere schwarz, blau und weiß quergestreift, wobei die Querstreifen oben und unten nur wenig nach hinten gebogen sind.

Verwechslungsmöglichkeiten: Bei ausgewachsenen Tieren nicht vorhanden. Im östlichen Teil des Verbreitungsgebietes können Jungtiere mit den Jungtieren von zwei anderen Arten dieser Gattung verwechselt werden, die jedoch beide nicht im Indischen Ozean vorkommen. Der Blaukopf-Kaiserfisch wird in der Literatur regelmäßig auch als Diadem-Kaiserfisch oder Gelbmasken-Kaiserfisch bezeichnet.

Lebensraum: In Lagunen und an steilen Riffhängen mit reichem Korallenwuchs. Vom Flachwasser bis in mindestens 30 m Tiefe. Westpazifik und östlicher Indischer Ozean einschließlich Malediven.

Biologie: Diese Art ist meist einzeln oder paarweise im Riff anzutreffen. Die Umfärbung der Jungtiere beginnt ungefähr mit einer Größe von 7 cm und ist bei einer Größe von etwa 12 cm meist abgeschlossen.

Pygoplites diacanthus
(Boddaert, 1772)
Pfauen-Kaiserfisch

Erkennungsmerkmale: Größe bis ca. 25 cm. Körperform siehe Foto und Familienbeschreibung. Rücken-, Schwanz- und Afterflosse abgerundet. Körper gelb, schwarz und weiß quergestreift, wobei Teile der weißen und schwarzen Querstreifen in Blau übergehen könen. Kopf gelb mit schwarzer und blauer Zeichnung im Bereich der Augen. Schwanzflosse gelb, Rückenflosse gelb, nach hinten in Blauschwarz übergehend, Afterflosse gelborange und blau gestreift. Jungtiere fast genauso gefärbt, jedoch mit einem schwarzen Augenfleck im hinteren Teil der Rückenflosse.

Verwechslungsmöglichkeiten: Nicht vorhanden.

Lebensraum: Lagunen und Außenriffbereiche mit reichem Korallenbewuchs und vielen Spalten und Höhlen. Vom Flachwasser bis in große Tiefe, meist aber nicht tiefer als 20 bis 25 m. Rotes Meer und westlicher Indopazifik einschließlich Malediven.

Biologie: Die Art ist meist einzeln oder paarweise anzutreffen. Sie ernährt sich hauptsächlich von Schwämmen und Seescheiden. Die Jungtiere sind in der Regel standorttreu. Sie leben sehr versteckt und werden meist übersehen. Erwachsene Tiere dagegen sind ständig in Bewegung und schwimmen weite Strecken durchs Riff.

Familie Pomacentridae (Riffbarsche)

Die Familie der Riffbarsche umfaßt weltweit 28 Gattungen mit mehr als 300 Arten, von denen die Mehrzahl tropische Meere bewohnt. Aber auch in gemäßigten Meeren sowie in Süßwasserflüssen kann man Riffbarsche antreffen. Aus dem Roten Meer sind 35 Arten bekannt, davon zehn endemische. Im Bereich der Malediven kommen 47 Arten vor, von denen 17 auch im Roten Meer leben (ALLEN, 1991).

Einzelne Arten, vor allem die aus gemäßigten Meeren, können eine Größe von mehr als 30 cm erreichen, doch bleiben die meisten mit einer Länge von 10 bis 15 cm kleiner. Riffbewohnende Arten sind in vielen Fällen sogar mit einer Größe von weniger als 10 cm ausgewachsen. Der Körper ist seitlich zusammengedrückt und kann hochrückig und gedrungen oder vergleichsweise langgestreckt und schlank sein. Das Maul ist in der Regel klein. Weitere charakteristische Merkmale der Riffbarsche sind der Besitz einer einzigen Rückenflosse, die vorne aus Hart- und hinten aus Weichstrahlen besteht, sowie zwei Hart- und einer Anzahl Weichstrahlen in der Afterflosse. Kopf, Körper und Schwanzwurzel sind mit mittelgroßen Schuppen bedeckt. Bei zahlreichen Arten besitzen die Jungtiere eine prächtige Jugendfärbung. Mit zunehmender Größe nehmen sie jedoch die völlig andere Erwachsenenfärbung an.

Riffbarsche sind durchweg tagaktiv. Bei der Mehrzahl von ihnen handelt es sich wahrscheinlich um Allesfresser, die sich von verschiedensten Algenarten und einer Vielzahl von Niederen Tieren ernähren. Es gibt aber auch eine Reihe von Arten, die sich überwiegend vegetarisch ernähren, z.B. aus der Gattung *Stegastes*. Die Arten der Gattung *Chromis* leben dagegen von Plankton.

Bei den meisten Arten handelt es sich um ausgesprochen territoriale Tiere, die nur einen kleinen Aktionsradius besitzen und ihr Revier selten verlassen. Sie verteidigen dies heftig gegen Artgenossen und attackieren während der Fortpflanzungszeit sogar Taucher, von denen sie sich bedroht fühlen. Arten, die gruppenweise einzelne Korallenstöcke bewohnen, teilen diese nie mit anderen Arten. Bei Gefahr und während der Nacht ziehen sich die Tiere einer Gruppe tief zwischen die Äste ihrer Koralle zurück, wobei jedes Tier seinen festen Platz besitzt.

Das Fortpflanzungsverhalten von Riffbarschen ist ausgesprochen interessant. Vor dem Ablaichen suchen meist das Männchen, manchmal auch beide Partner, einen geeigneten Laichplatz auf festem Untergrund aus, der intensiv mit dem Maul von Algen befreit und gesäubert wird. Während dieser Zeit beginnt bereits die Balz. Je nach Art führen die Tiere charakteristische »Tänze« in Form von unterschiedlichen Schwimmbewegungen auf. Diese Aktivitäten werden von ebenfalls artspezifischen Lautäußerungen, gut hörbaren Klick- und Grunzlauten, begleitet. Ähnliche Laute werden auch bei der Abwehr von möglichen Feinden abgegeben. Das Ablaichen erfolgt häufig am Morgen. Anschließend pflegt und verteidigt das Männchen das Gelege, das je nach Art zwischen 50 und mehr als 1000 Eier umfassen kann. Nach dem Schlupf scheinen die Jungen erst eine Zeitlang planktisch im Freiwasser zu leben, bevor sie zum Leben im Riff übergehen.

Eine Sonderstellung nehmen die Anemonenfische der Gattungen *Amphiprion* und *Premnas* ein (siehe deren Artbeschreibung).

Abgesehen von den größeren Arten sind die meisten Riffbarsche gut geeignete Aquarienpfleglinge. Die robusten Zwerge können in der Regel problemlos mit anderen Fischarten vergesellschaftet werden, wobei sie sich auch gegen größere Mitbewohner durchsetzen können. Territoriale Arten sollten einzeln oder paarweise gehalten werden, da sie gegenüber Artgenossen sehr aggressiv werden können. Arten, die auch im Freiland in Gruppen zusammen leben, können oft auch gruppenweise gepflegt werden. Die Ernährung der Tiere bereitet meist keinerlei Schwierigkeiten. Pflege von Anemonenfischen (*Amphiprion*) siehe deren Artbeschreibungen.

Abudefduf sexfasciatus
(Lacepède, 1801)
Scherenschwanz-Feldwebelfisch

Erkennungsmerkmale: Größe bis 15 cm. Körper vergleichsweise hochrückig und gedrungen. Grundfärbung silbrigweiß bis silbriggrau oder -grün mit fünf schwarzen Querstreifen auf den Körperseiten und je einem schwarzen Längsstreifen am oberen und unteren Rand der Schwanzflosse (Name!).

Verwechslungsmöglichkeiten: Kann eventuell mit dem Natal-Feldwebelfisch *A. natalensis* (Hensley & Randall, 1983) verwechselt werden, der ebenfalls jeweils einen schwarzen Längsstreifen am oberen und unteren Rand der Schwanzflosse besitzt. Er unterscheidet sich jedoch dadurch, daß er nur vier schwarze Querstreifen auf den Körperseiten besitzt. Außerdem ist er nur von Südafrika, Mauritius, Madagaskar und Réunion bekannt. Von anderen Arten der Gattung unterscheidet sich diese Art durch die beiden Längsstreifen auf der Schwanzflosse.

Lebensraum: Verschiedene Riffbereiche, oft in Schwärmen im Freiwasser. Vom Flachwasser bis in ca. 15 m Tiefe. Rotes Meer und westlicher Indopazifik einschließlich Malediven.

Biologie: Bei dieser Art handelt es sich um einen Allesfresser, der sich sowohl von Algen als auch von Zooplankton ernährt. Die Tiere sind oft in mehr oder weniger großen, lockeren Schwärmen im Freiwasser in Riffnähe anzutreffen.

Aquarienhaltung: Tiere dieser Art können gut miteinander und auch mit anderen Arten vergesellschaftet werden. Aufgrund der Größe sind allerdings Becken von mindestens 200 l und mehr die Voraussetzung für eine erfolgreiche Pflege.

Abudefduf vaigiensis
(Quoy & Gaimard, 1825)
Indopazifischer Feldwebelfisch

Erkennungsmerkmale: Größe bis knapp 20 cm. Körper vergleichsweise hochrückig und gedrungen. Grundfärbung silbrigweiß bis silbrigblau oder -grün mit fünf schwarzen Querstreifen auf den Körperseiten. Kopf meist dunkler als der restliche Körper. Im Bereich des Rückens oft gelblich.

Verwechslungsmöglichkeiten: Die Art ist eng verwandt mit dem sehr ähnlich gefärbten Sergeant-Major *A. saxatilis* (Linnaeus, 1758) aus dem Atlantik. Beide Arten werden manchmal als Unterarten angesehen.

Neben den beiden vorgestellten Arten gibt es noch zwei weitere Arten im Roten Meer und im Bereich der Malediven.

Der Schwarzpunkt-Feldwebelfisch *A. sordidus* (Forsskål, 1775), der sowohl im Roten Meer als auch auf den Malediven in bis zu 3 m Tiefe vorkommt, unterscheidet sich von den anderen drei vorgestellten Arten vor allem durch den schwarzen Punkt auf der Oberseite der Schwanzwurzel.

Der Gestreifte Feldwebelfisch *A. septemfasciatus* (Cuvier, 1830), der nur im Berich der Malediven in einer Tiefe bis zu 3 m vorkommt, unterscheidet sich durch seine sieben Querstreifen auf den Körperseiten.

Lebensraum: Verschiedene Riffbereiche, oft in Schwärmen im Freiwasser. Vom Flachwasser bis in ca. 12 m Tiefe. Rotes Meer und westlicher Indopazifik einschließlich Malediven.

Biologie: Siehe Scherenschwanz-Feldwebelfisch *A. sexfasciatus*.

Aquarienhaltung: Siehe Scherenschwanz-Feldwebelfisch *A. sexfasciatus*.

Amblyglyphidodon flavilatus
(Allen & Randall, 1980)
Gelbseiten-Riffbarsch (großes Foto)

Erkennungsmerkmale: Größe bis ca. 10 cm. Körper vergleichsweise hochrückig, Körperform fast rundlich. Färbung von Kopf und vorderem Körperbereich silbriggrau, Bauch silbrigweiß und hinterer Bereich der Körperseiten gelblich.

Verwechslungsmöglichkeiten: Es gibt eine zweite Art dieser Gattung, den Weißbauch-Riffbarsch *A. leucogaster*, (Bleeker, 1847), (kleines Foto) der im Roten Meer und im westlichen Indopazifik einschließlich der Malediven (dort als einzige Art der Gattung) in Tiefen zwischen 2 bis 45 m verbreitet ist. Er unterscheidet sich vor allem durch das fehlende Gelb in seiner Färbung und die beiden schwarzen Längsstreifen am oberen und unteren Rand seiner Schwanzflosse.

Lebensraum: Verschiedene Riffbereiche. Meist zwischen ca. 12 und 20 m Tiefe. Rotes Meer und Golf von Aden.

Biologie: Bei allen sechs Arten dieser Gattung handelt es sich um reine Planktonfresser. Die beiden beschriebenen Arten sind in der Regel einzeln, paarweise oder in kleinen Gruppen anzutreffen.

Aquarienhaltung: Die Haltung der beiden Arten soll nicht ganz einfach sein.

Amphiprion bicinctus
(Rüppell, 1830)
Rotmeer-Anemonenfisch

Erkennungsmerkmale: Größe bis ca. 14 cm. Färbung gelborange bis orangebraun mit zwei weißen, dunkelgerandeten Querstreifen. Erster Streifen direkt hinter den Augen, zweiter Streifen von der Mitte der Rückenflosse bis zum Ansatz der Afterflosse. Rücken meist dunkler als Bauchseite.

Verwechslungsmöglichkeiten: Nicht vorhanden, da es sich um die einzige Anemonenfischart im Roten Meer handelt.

Lebensraum: Stets in Lebensgemeinschaft mit Seeanemonen. Vom Flachwasser bis in ca. 30 m Tiefe. Rotes Meer und Golf von Aden.

Biologie: Diese Art kann in Gemeinschaft von insgesamt fünf verschiedenen Anemonenarten angetroffen werden: *Entacmaea quadricolor*, *Heteractis magnifica*, *H. crispa*, *H. aurora* und *Stichodactyla gigantea*. Bei der Lebensgemeinschaft zwischen Anemonenfischen und ihrer Anemone handelt es sich um eine echte Symbiose. Die Fische genießen zwischen den nesselnden Tentakeln ihres Partners einen hervorragenden Schutz vor Freßfeinden. Als Gegenleistung verteidigen sie »ihre« Anemone gegen Fische, die sich auf Anemonententakel als Nahrung spezialisiert haben (z.B. verschiedene Schmetterlingsfische der Gattung *Chaetodon*). Den Schutz vor ihrem nesselnden Partner erwerben Jungtiere durch einen Gewöhnungsprozeß mit sehr kurzen Berührungen der Tentakel. Nach der Gewöhnung wird der Fisch durch einen chemischen Zusatz in der äußeren Schleimhaut geschützt. Dabei ist der Fisch jedoch nicht immun gegen die Nesselzellen seiner Anemone. Der chemische Zusatz in der Schleimhaut verhindert eine Schädigung der Zellen des Fisches. Siehe auch Artbeschreibungen der beiden anderen vorgestellten Arten. Das kleine Foto zeigt ein Gelege.

Aquarienhaltung: Siehe *A. nigripes*.

Amphirion clarkii
(Bennett, 1830)
Clarks Anemonenfisch

Erkennungsmerkmale: Größe bis ca. 13 cm. Färbung variabel, von orange bis braunschwarz mit einer breiten weißen Querbinde direkt hinter den Augen und einer von der Mitte der Rückenflosse bis zum Ansatz der Afterflosse, manchmal eine dritte Binde an der Schwanzwurzel. Jungtiere (großes Foto) meist einheitlich orange mit schwarz abgegrenzten weißen Binden.

Verwechslungsmöglichkeiten: Der ähnlich gefärbte Sebaes Anemonenfisch *A. sebae* Bleeker, 1853, der auch auf den Malediven vorkommen soll, ist meist dunkler gefärbt. Die Clarkii-Gruppe (Untergattung) umfaßt elf z. T. sehr ähnliche Arten.

Lebensraum: Stets in Lebensgemeinschaft mit großen Seeanemonen. Vom Flachwasser bis in mehr als 50 m Tiefe. Indopazifik einschließlich Malediven.

Biologie: Mit neun verschiedenen Anemonenarten hat diese Art die meisten möglichen Partner von allen Anemonenfischen. Die Tiere können in Gemeinschaft mit folgenden Anemonen angetroffen werden: *Cryptodendrum adhaesivum, Entacmaea quadricolor, Macrodactyla doreensis, Heteractis crispa, H. aurora, H. malu, Stichodactyla haddoni, S. gigantea* und *S. mertensii*. Anemonenfische sind in der Lage, ihr Geschlecht zu wechseln. Kleine erwachsene Tiere besitzen neben den reifen männlichen Keimdrüsen auch weibliche Anlagen. Innerhalb einer Gruppe ist stets das größte und dominante, also das aggressivste Tier ein Weibchen, alle anderen sind Männchen. Stirbt das Weibchen, wandelt sich das größte und kräftigste Männchen zum Weibchen um. Die Eiablage erfolgt auf festem Untergrund im Schutz der Anemone. Das Gelege wird meist vom Männchen bewacht und gepflegt.

Aquarienhaltung: Siehe *A. nigripes*.

Amphiprion nigripes
(Regan, 1908)
Malediven-Anemonenfisch

Erkennungsmerkmale: Größe bis ca. 11 cm. Färbung orange bis braunorange mit einem schmalen, weißen Querstreifen auf den Kiemendeckeln. Bauch- und Afterflosse, manchmal auch die Bauchseite braunschwarz bis schwarz.
Verwechslungsmöglichkeiten: Aufgrund der charakteristischen Färbung nicht vorhanden.
Lebensraum: Stets in Lebensgemeinschaft mit großen Seeanemonen. Vom Flachwasser bis in ca. 15 m Tiefe. Nur von den Malediven und Sri Lanka bekannt.
Biologie: Dieser Anemonenfisch gehört zu den wenigen Arten (9 von 27), die nur mit einer einzigen Anemonenart, *Heteractis magnifica*, eine Lebensgemeinschaft eingehen. Siehe auch Artbeschreibungen der beiden anderen vorgestellten Arten.

Aquarienhaltung: Die Pflege bereitet nach sorgfältiger Eingewöhnung bei allen Arten kaum Schwierigkeiten. Die Tiere sollten unbedingt gemeinsam mit ihren »Partner«-Anemonen gehalten werden. Je nach Art benötigen Anemonenfische Becken von mindestens ca. 60 bis 400 Liter. Pflegt man die Tiere paarweise und verzichtet auf eine Vergesellschaftung mit anderen Fischen, bestehen sogar gute Chancen, daß sie nach einigen Monaten beginnen, regelmäßig abzulaichen. Die Aufzucht der frischgeschlüpften Jungen sollte in einem separaten Aufzuchtbecken erfolgen. Wichtigste Vorraussetzung für die erfolgreiche Aufzucht der Jungtiere ist ein reichhaltiges Angebot an Futter in Form von winzigem Zoo- und Phytoplankton. Ausführliche Informationen: Spies, G.: Züchterkniffe VII – Anemonenfische, 1984, Verlag Eugen Ulmer.

Chromis ternatensis
(Bleeker, 1856)
Scherenschwanz-Chromis

Erkennungsmerkmale: Größe bis ca. 10 cm. Färbung dunkel goldbraun, zum Bauch in Silbriggrau übergehend, oberer und unterer Rand der Schwanzflosse mit schmalem schwarzem Streifen.
Verwechslungsmöglichkeiten: Keine.
Lebensraum: Verschiedene Riffbereiche, oft im Schutz von verzweigten Korallenblöcken der Gattung *Acropora*. Meist unterhalb von ca. 2 m bis in mindestens 18 m Tiefe. Rotes Meer und Indopazifik einschließlich Malediven.
Biologie und Aquarienhaltung: Siehe Grünes Schwalbenschwänzchen *C. viridis*.

Chromis dimidiata
(Klunzinger, 1871)
Zweifarb-Riffbarsch (kleines Foto)

Erkennungsmerkmale: Größe bis ca. 7 cm. Färbung der vorderen Körperhälfte grau bis schwarz, hintere Körperhälfte weiß gefärbt.
Verwechslungsmöglichkeiten: Nicht vorhanden. Der bis 5,5 cm große, identisch gefärbte Schwarzweiß-Riffbarsch *C. iomelas* Jordan & Seale, 1906, kommt nur im südöstlichen Pazifik einschließlich des Großen Barriereriffs vor.
Lebensraum: Küstennahe und -ferne Korallenriffe. Meist unterhalb von ca. 2 m bis in mindestens 30 m Tiefe. Rotes Meer und Indischer Ozean einschließlich Malediven.
Biologie und Aquarienhaltung: Siehe Grünes Schwalbenschwänzchen *C. viridis*.

Chromis viridis
(Cuvier, 1830)
Grünes Schwalbenschwänzchen

Erkennungsmerkmale: Größe bis ca. 9 cm. Färbung blaß grünlich silbern bis gelblichgrün, manchmal auch schwach hellblau schimmernd.

Verwechslungsmöglichkeiten: Aufgrund von Färbung und Verhalten eigentlich nicht vorhanden.

Lebensraum: Stets im Schutz von verzweigten Korallen, vor allem der Gattung *Acropora*, in verschiedenen Riffbereichen. Vom Flachwasser bis in ca. 12 m Tiefe. Rotes Meer und Indopazifik einschließlich Malediven.

Biologie: Die Mehrzahl der Arten aus der Gattung *Chromis* ernähren sich hauptsächlich von verschiedenem tierischen Plankton, wobei planktische Kleinkrebse und deren Larven den größten Anteil ausmachen. Alle drei vorgestellten Arten kann man meist in unterschiedlich großen Gruppen im freien Wasser über verzweigten Korallenstöcken beobachten, wo sie nach vorbeitreibendem Plankton schnappen. Bei Gefahr verschwinden sie schnell zwischen den Korallenästen. Von diesem sicheren Versteck beobachten sie dann aufmerksam die Umgebung, um dann kurz darauf, wenn die Gefahr vorbei ist, wieder ihren Platz im freien Wasser einzunehmen.

Aquarienhaltung: Die Haltung der drei hier vorgestellten *Chromis*-Arten bereitet in der Regel kaum Schwierigkeiten. Alle können in Gruppen zu mehreren Tieren im Aquarium gepflegt werden. Bei der Einrichtung eines Beckens sollte man berücksichtigen, daß sich die Tiere in der Natur oft im Schutz von verzweigten Korallenstöcken aufhalten.

Dascyllus aruanus
(Linnaeus, 1758)
Dreibinden-Preußenfisch

Erkennungsmerkmale: Größe bis ca. 9 cm. Körper vergleichsweise hochrückig und gedrungen. Färbung weiß mit drei schwarzen Querbinden. Schwanzflosse weißlich durchscheinend.

Verwechslungsmöglichkeiten: Der im Westpazifik vorkommende Vierbinden-Preußenfisch *D. melanurus* Bleeker, 1854, der bis 9 cm groß wird und in eine Tiefe bis zu 10 m vorkommt, unterscheidet sich durch den Besitz eines vierten schwarzen Querstreifens am Ende der Schwanzflosse.

Der bis ca. 7 cm große Fünfbinden-Riffbarsch *Chrysiptera annulata* (Peters, 1855), der nur im Flachwasser bis in eine Tiefe von 2 m anzutreffen ist, besitzt fünf schwarze Querstreifen.

Lebensraum: Im Bereich von astförmig verzweigten Korallenstöcken in Lagunen und küstennahen Riffen. Vom Flachwasser bis in ca. 12 m Tiefe. Rotes Meer und westlicher Indopazifik einschließlich Malediven.

Biologie: Die Art hält sich meist in kleinen Gruppen von bis zu 30 Individuen und mehr oberhalb von isoliert stehenden astförmig verzweigten Korallenstöcken auf (z.B. der Gattung *Acropora*). Bei Gefahr ziehen sich die Tiere schnell zwischen die schützenden Äste ihres Korallenstockes zurück. Es handelt sich bei ihnen um Allesfresser, die Algen, Zooplankton und kleine bodenbewohnende Wirbellose fressen.

Aquarienhaltung: Die Pflege dieser Art ist mehr oder weniger problemlos. Untereinander sind die Tiere oft sehr zänkisch, was besonders in kleineren Aquarien Probleme bereiten kann.

Dascyllus carneus
(Fischer, 1885)
Indischer Preußenfisch (linkes Foto)

Erkennungsmerkmale: Größe bis ca. 6,5 cm. Körper vergleichsweise hochrückig und gedrungen. Färbung meist hellbeige bis cremefarben mit hellbraunem Kopf und dunklem Querstreifen im Bereich des Brustflossenansatzes. Lippen bläulich-violett. Bauchflossen, Afterflosse und Außenrand der vorderen dreiviertel der Rückenflosse schwarz, hinteres Viertel der Rückenflosse und Schwanzflosse bläulich durchscheinend.
Verwechslungsmöglichkeiten: Der sehr ähnliche Rotmeer-Preußenfisch *D. marginatus* (Rüppell, 1829) (rechtes Foto) kommt ausschließlich im Roten Meer und dem Golf von Oman vor. Er unterscheidet sich vor allem durch den fehlenden dunklen Querstreifen im Bereich des Brustflossenansatzes. Statt dessen besitzt er dort nur einen schwarzen Fleck.

Lebensraum: Stets im Schutz von astförmig verzweigten Korallenstöcken in küstennahen und -fernen Riffen. Meist zwischen ca. 5 bis 35 m Tiefe. Indischer Ozean einschließlich Malediven, fehlt im Roten Meer.
Biologie: Siehe Dreibinden-Preußenfisch *D. aruanus*.
Aquarienhaltung: Die Pflege dieser Art ist mehr oder weniger problemlos.

Dascyllus trimaculatus
(Rüppell, 1829)
Dreifleck-Preußenfisch

Erkennungsmerkmale: Größe bis ca. 14 cm. Körper vergleichsweise hochrückig und gedrungen. Färbung schwarz bis dunkelbraun mit drei weißen Flecken auf der Stirn und beidseits direkt unterhalb der Mitte der Rückenflosse. Bei erwachsenen Tieren verschwindet der Fleck auf der Stirn völlig und die anderen beiden unterhalb der Rückenflosse werden deutlich kleiner.

Verwechslungsmöglichkeiten: Nicht vorhanden.

Lebensraum: Jungtiere in Gemeinschaft mit Anemonen, Erwachsene im Bereich von Korallenblöcken oder isolierten, großen Felsen. Vom Flachwasser bis in große Tiefe. Rotes Meer und westlicher Indopazifik einschließlich Malediven.

Biologie: Jungfische (kleines Foto) leben stets in Gemeinschaft mit großen Anemonen, die sie mit Anemonenfischen der Gattung *Amphiprion* teilen. Wie diese können sie mit den Tentakeln ihrer Anemone in Berührung kommen, ohne genesselt zu werden. Es werden insgesamt acht verschiedene Anemonenarten als Partner akzeptiert. Mit zunehmendem Alter löst sich die Bindung der Fische an ihre Anemone. Siehe auch Artbeschreibung der Anemonenfische der Gattung *Amphiprion*. Dreifleck-Preußenfische sind Allesfresser.

Aquarienhaltung; Die Pflege ist sehr problematisch, da sich die Tiere gegenseitig oft bis zum Tod bekämpfen. Diese Art ist wohl der aggressivste Riffbarsch überhaupt.

Neoglyphidodon melas
(Cuvier, 1830)
Schwarzer Riffbarsch (adult)
Gelbrücken-Riffbarsch (juvenil)

Erkennungsmerkmale: Größe bis ca. 18 cm. Körpergedrungen. Färbung von erwachsenen Tieren blauschwarz bis braunschwarz. Jungtiere (Foto) silbriggrau, Oberseite von Kopf und Rücken sowie Rückenflosse gelb, oberer und unterer Rand der Schwanzflosse ebenfalls gelb, Afterflosse und Bauchflosse blau mit schwarzem Vorderrand.
Verwechslungsmöglichkeiten: Die schwarz gefärbten Erwachsenen können eventuell mit anderen schwarz bzw. dunkel gefärbten Arten verwechselt werden. Bei den Jungtieren besteht aufgrund ihrer charakteristischen Färbung keine Verwechslungsgefahr.
Lebensraum: Korallenreiche Lagunen und Außenriffbereiche. Vom Flachwasser bis in ca. 12 m Tiefe. Rotes Meer und westlicher Indopazifik einschließlich Malediven.

Biologie: Aufgrund der unterschiedlichen Färbung von Jung- und Alttieren findet man bei dieser Art in der Literatur zwei verschiedene deutsche Namen. Die Umfärbung der prächtigen Jungtiere zu der einheitlich schwarzen Färbung der Erwachsenen findet bei einer Größe von 5 bis 6,5 cm statt. Die Tiere sind meist einzeln oder paarweise in Riffbereichen mit Weichkorallen anzutreffen, von denen sich die Allesfresser unter anderem auch ernähren. Jungtiere scheinen sich eher im Bereich von geweihartig verzweigten Korallen aufzuhalten.
Aquarienhaltung: Diese Art ist gegenüber Artgenossen meist sehr unverträglich und sollte deshalb einzeln oder paarweise mit anderen Arten vergesellschaftet werden.

Plectroglyphiododon lacrymatus
(Quoy & Gaimard, 1825)
Juwelen-Riffbarsch

Erkennungsmerkmale: Größe bis ca. 11 cm. Körper vergleichsweise hochrückig und gedrungen mit kleinem, spitz zulaufendem Kopf. Färbung bräunlich mit zahlreichen kleinen blauen bis violetten Punkten auf Kopf und Körper. Bei Jungtieren sind die Punkte zahlreicher und leuchtender als bei erwachsenen Tieren. Schwanzwurzel, Schwanzflosse und Hinterrand der Rückenflosse gelblich bis beige. Vorderrand der Afterflosse mit schmalem leuchtendblauen Streifen.
Verwechslungsmöglichkeiten: Keine.
Lebensraum: Bereiche mit lebenden Korallen und Korallenschutt in Lagunen und Außenriffbereichen. Vom Flachwasser bis in ca. 12 m Tiefe, nach manchen Autoren sogar bis in 40 m Tiefe. Rotes Meer und westlicher Indopazifik einschließlich Malediven.

Biologie: Die Art beansprucht Reviere mit algenbewachsenem Untergrund. Sie ernährt sich dementsprechend auch hauptsächlich von Algen und den darin lebenden kleinen Wirbellosen. Fischlaich wird ebenfalls nicht verschmäht.
Aquarienhaltung: Die Pflege bereitet in der Regel nur wenig Schwierigkeiten. Die Tiere sollten jedoch einzeln oder paarweise mit anderen Arten vergesellschaftet werden.

Pomacentrus caeruleus
(Quoy & Gaimard, 1825)
Gelbbauch-Demoiselle

Erkennungsmerkmale: Größe bis ca. 9 cm. Körper vergleichsweise langgestreckt. Färbung leuchtend blau, Schwanzwurzel und Bauch unterhalb des Ansatzes der Brustflossen kräftig gelb, Schwanz-, After- und Brustflossen sowie hinterer Teil der Rückenflosse ebenfalls kräftig gelb.
Verwechslungsmöglichkeiten: Es gibt zwei weitere, ähnlich gefärbte Arten dieser Gattung.
Die Neon-Demoiselle *P. coelestis* Jordan & Stark, 1901 kommt nur im östlichen Indischen Ozean und dem Westpazifik vor. Bei ihr ist der Gelbanteil der Färbung meist geringer und nicht so intensiv wie bei der Gelbbauch-Demoiselle.
Die Goldbauch-Demoiselle *P. auriventris* Allen, 1991 kommt nur im Indo-malayischen Archipel, den Karolinen-Inseln und der Christmas Insel vor. Sie unterscheidet sich deutlich durch den größeren Gelbanteil in der Färbung. Bei ihr ist die Bauchseite bis zur Mitte der Körperseiten gelb gefärbt.
Lebensraum: Korallenriffe und Geröllfelder an Außenriffhängen und Steilwänden. Vom Flachwasser bis in ca. 10 m Tiefe. Westlicher Indischer Ozean einschließlich Malediven.
Biologie: Wie bei der Mehrzahl der Riffbarscharten handelt es sich auch bei dieser Art um einen Allesfresser.
Aquarienhaltung: Die Pflege bereitet in der Regel kaum Schwierigkeiten. Die Art kann problemlos in Gruppen gepflegt werden, da die Tiere untereinander gut verträglich sind.

Pomacentrus pavo
(Bloch, 1787)
Blaue Demoiselle

Erkennungsmerkmale: Größe bis ca. 8,5 cm. Körper vergleichsweise langgestreckt. Färbung silbriggrün bis silbrigblau mit feiner blauer Punkt- bis Strichzeichnung am Kopf und einem schwarzen Fleck am Hinterrand der Kiemendeckel, Fleck ungefähr so groß wie Pupillendurchmesser. Bauchseite meist gelblichweiß. Afterflosse meist gelblich, Rücken- und Afterflosse mit auffallendem blauen bis schwarzen Rand.

Verwechslungsmöglichkeiten: Kann eventuell mit dem Grünen Schwalbenschwänzchen *Chromis viridis* verwechselt werden, aber nur diese Art mit der oben beschriebenen Färbung und dem schwarzen Fleck am Hinterrand des Kiemendeckels.

Lebensraum: Von Sand umgebene Korallenformationen in Lagunen und Riffen. Vom Flachwasser bis in ca. 16 m Tiefe. Westlicher Indopazifik einschließlich Malediven.

Biologie: Die Art ist meist in Gruppen anzutreffen. Sie ist ein Allesfresser und ernährt sich unter anderem von Plankton und fädigen Algen.

Aquarienhaltung: Die Pflege dieser Art ist mehr oder weniger problemlos.

Pomacentrus sulfureus
(Klunzinger, 1871)
Zitronengelbe Demoiselle

Erkennungsmerkmale: Größe bis ca. 11 cm. Körper vergleichsweise langgestreckt. Färbung zitronengelb mit einem auffälligen schwarzen Fleck am Ansatz der Brustflossen. Jungtiere besitzen einen schwarzen, meist hellblau gerandeten Fleck im hinteren Teil der Rückenflosse.
Verwechslungsmöglichkeiten: Nicht vorhanden.
Lebensraum: Meist an küstennahen Riffen. Vom Flachwasser bis in ca. 5 m Tiefe. Rotes Meer und westlicher Indischer Ozean, fehlt auf den Malediven.
Biologie: Keine Besonderheiten.
Aquarienhaltung: Die Pflege dieser Art bereitet in der Regel nur wenig Schwierigkeiten.

Pomacentrus philippinus
(Evermann & Seale, 1907)
Philippinen-Demoiselle (kleines Foto)

Erkennungsmerkmale: Größe bis ca. 11 cm. Körper vergleichsweise langgestreckt. Färbung variabel, bräunlich bis dunkelblau mit gelb bis gelborange gefärbter Schwanzwurzel und Schwanzflosse, hinterer Teil von Rücken- und Afterflosse ebenfalls meist gelb bis gelborange. Bei Tieren vom Großen Barriereriff fehlt diese gelbe bzw. gelborange Färbung. Ansatz der Brustflossen schwarz.
Verwechslungsmöglichkeiten: Keine.
Lebensraum: Meist im Schatten von Überhängen und Spalten an Außenriffbereichen, Steilwänden und Riffkanälen, aber auch in Lagunen. Vom Flachwasser bis in ca. 12 m Tiefe. Östlicher Indischer Ozean einschließlich Malediven und Westpazifik.
Biologie: Diese Art ist in der Regel in losen Gruppen an den oben beschriebenen Stellen anzutreffen.
Aquarienhaltung: Meist unproblematisch.

Pomacentrus trichourus
(Günther, 1866)
Nebelschwanz-Demoiselle

Erkennungsmerkmale: Größe bis ca. 11 cm. Körper eher langgestreckt. Färbung dunkelbraun bis schwarz, Zentren der Schuppen heller, Brustflossenansatz und Kiemendeckel oberhalb des Brustflossenansatzes mit kleinem schwarzem Fleck. Schwanzwurzel oft mit schwarzem Fleck, Schwanzflosse weiß bis gelblich. Jungtiere mit blauen Schuppenzentren und schwarzem Augenfleck im hinteren Teil der Rückenflosse.

Verwechslungsmöglichkeiten: Zwei weitere, sehr ähnlich gefärbte Arten der Gattung: Weißflossen-Demoiselle *P. albicaudatus* Baschieri-Salvadori, 1957, nur Rotes Meer an küstennahen und -fernen Riffen vom Flachwasser bis in ca. 12 m Tiefe. Größe bis ca. 6,5 cm. Färbung dunkelbraun mit gelblichen Schuppenzentren, Kopf, Brust und Bauch deutlich heller braun, ein bis drei kleine blaue bis schwarze Punkte auf Kopf und Vorderkörper, Schwanzwurzel ohne schwarzen Fleck, Schwanzflosse weiß. Schlanke Demoiselle *P. leptus* Allen & Randall, 1980, nur südliches Rotes Meer und Golf von Oman bis Golf von Aden, meist an küstennahen Korallenriffen vom Flachwasser bis in ca. 10 m Tiefe. Größe bis ca. 7 cm. Körper deutlich schlanker als bei den beiden anderen Arten. Färbung bräunlich mit zwei oder drei blauen Flecken auf den Körperseiten, die verblassen können. Kiemendeckel mit kleinem, tiefblauen Fleck oberhalb des Brustflossenansatzes. Bauchflossen hell, Schwanzflossen weiß bis blaß gelblich.

Lebensraum: Küstennahe und -ferne Riffe. Vom Flachwasser bis in mehr als 40 m Tiefe. Rotes Meer und westlicher Indischer Ozean einschließlich Malediven.

Biologie: Keine Besonderheiten.

Aquarienhaltung: Wie bei anderen Riffbarscharten.

Familie Labridae (Lippfische)

Lippfische kommen mit schätzungsweise 500 Arten in allen Weltmeeren vor, die größte Artenvielfalt haben sie jedoch zweifellos in den tropischen Korallenriffen entwickelt. Sie stellen nach den Grundeln die zweitgrößte Fischfamilie des Indopazifiks dar. Entsprechend der großen Artenzahl zeigen Lippfische eine enorme Vielfalt in bezug auf Körperform und -größe. So erreichen die kleinsten Arten nur Größen von ca. 4 cm, während der Riese unter ihnen, der Napoleon-Lippfisch, bis 229 cm lang werden und dabei ein Gewicht von 190 kg erreichen kann. Die Körperform reicht von sehr schlank und langgestreckt bis zu hochrückig und sehr massig. Gemeinsame Merkmale aller Vertreter dieser Familie sind eine durchgehende Rückenflosse mit Hart- und Weichstrahlen, sogenannte Rundschuppen und ein meist vorstülpbares Maul mit mehr oder weniger stark wulstigen Lippen. Ein weiteres gemeinsames Merkmal ist die sogenannte »labriforme« Schwimmweise aller Lippfische, mit der sich auch die Vertreter der sehr nahverwandten Familie der Papageifische fortbewegen. Dabei schlagen sie mit ihren Brustflossen gleichzeitig nach hinten, während der Schwanz ausschließlich der Steuerung dient.

Die meisten Lippfische sind prächtig gefärbt, wobei Männchen, Weibchen und Jungtiere so unterschiedlich gefärbt sein können, daß man sie lange Zeit für verschiedene Arten hielt. In solchen Fällen kann man bei einer Art neben den typischen Färbungsmustern auch alle Übergangsformen zwischen diesen beobachten.

Geschlechtsumwandlung scheint bei allen Lippfischarten vorzukommen. Alle bisher untersuchten Gattungen und Arten sind sogenannte »protogyne Zwitter«, bei denen sich die Weibchen in voll funktionsfähige Männchen umwandeln können. Bei den meisten Arten unterscheidet man zwei verschiedene Phasen. Bei der ersten Entwicklungsphase, der »initialen« Phase, handelt es sich entweder um Weibchen oder um sehr ähnlich bzw. gleichgefärbte Primärmännchen und Weibchen. Aus ihr entwickelt sich die »terminale« Phase, die ausschließlich aus prächtig gefärbten Sekundärmännchen besteht, die sich aus Weibchen umgewandelt haben. Primärmännchen leben meist mit den Weibchen in großen Gruppen und laichen auch in diesen Gruppen aus Männchen und Weibchen ab. Die Sekundärmännchen dagegen sind in der Regel territorial und halten sich einen Harem von Weibchen. Sie laichen stets paarweise mit nur einem Weibchen ab. In beiden Fällen werden Eier und Samen meist synchron ins freie Wasser abgegeben. Bei einigen Arten werden aber auch Nester gebaut, und die Männchen pflegen und bewachen das Gelege bis zum Schlupf.

Lippfische nehmen durchweg tierische Nahrung auf, wobei sich die Mehrzahl der Arten von einer großen Bandbreite bodenbewohnender Wirbelloser Tiere (z.B. hartschalige Weichtiere, Krebstiere und Seeigel) ernährt, die sie mit ihren kräftigen Schlundzähnen »knacken«. Einige Arten leben aber auch von Plankton, haben sich auf Korallenpolypen spezialisiert oder erbeuten hauptsächlich kleine Fische. Die interessantesten Nahrungsspezialisten dieser Familie sind jedoch die verschiedenen Putzerfische, die sich von Haut- und Kiemenparasiten anderer Fische ernähren. Da sowohl Putzer als auch Geputzte durch diese Ernährungsweise Vorteile genießen, handelt es sich bei diesen Lebensgemeinschaften um Symbiosen, die sogenannten Putzsymbiosen. Neben den hauptberuflichen, den obligaten Putzerfischarten, gibt es auch noch eine Reihe von Arten, die nur gelegentlich andere Fische putzen und deshalb als fakultative Putzer bezeichnet werden. Darüber hinaus ist bei zahlreichen Lippfischarten bekannt, daß nur die Jungtiere als Putzer aktiv sind, während die erwachsenen Tiere völlig andere Nahrungsquellen nutzen. Alle Lippfische sind ausschließlich tagaktiv. Die Nacht verbringen sie je nach Art eingegraben im Sand, versteckt zwischen Steinen und Korallen oder im Schutz von Spalten oder Höhlen.

Bodianus anthioides
(Bennet, 1831)
Lyraschwanz-Schweinslippfisch

Erkennungsmerkmale: Größe bis ca. 24 cm. Körper länglich oval mit sehr großer, tief gegabelter Schwanzflosse. Jung- und Alttiere relativ ähnlich gefärbt. Kopf und vordere Körperhälfte bei erwachsenen Tieren orangebraun bis rotbraun, hintere Hälfte weiß mit kleinen dunklen Flecken, Schwanzwurzel und Schwanzflosse oben und unten mit dunklem Band, Rückenflosse mit schwarzem Fleck im vorderen Teil. Jungtiere (kleines Foto) mit weißlichem Maul, nur vorderes Körperdrittel gelblichorange, restlicher Körper weiß mit kleinen braunen Flecken, sonst wie Erwachsene gefärbt.
Verwechslungsmöglichkeiten: Keine.
Lebensraum: Außenriffbereiche. Jungtiere häufig im Schutz von großen Gorgonien. Meist unterhalb von ca. 6 m bis in ca. 60 m Tiefe. Rotes Meer und Indopazifik einschließlich Malediven.

Biologie: Junge Lyraschwanz-Schweinslippfische können regelmäßig dabei beobachtet werden, wie sie andere Fischarten putzen (siehe Seite Großaugenbarsch). Erwachsene Tiere folgen häufig verschiedenen Arten nahrungssuchender Barben (hier *Parapeneus forsskali*), um aufgewirbelte Nahrungsbrocken zu erhaschen. Angelockt werden die sich selbst einladenden Gäste vor allem durch die von weitem sichtbare, von der Barbe aufgewühlte Sandwolke und der Körperform und Färbung ihres Gastgebers. Da diese Verhaltensweise keine Schädigung für die Barben darstellt, handelt es sich bei dieser Lebensgemeinschaft um eine Karpose, und zwar um eine Tischgemeinschaft, die auch als Kommensalismus bezeichnet wird.
Aquarienhaltung: Nicht besonders geeignet.

Bodianus axillaris
(Bennett, 1831)
Achselfleck-Schweinslippfisch

Erkennungsmerkmale: Größe bis ca. 20 cm. Körper langgestreckt. Die Färbung von Jung- und Alttieren ist völlig verschieden, beide Geschlechter sind ähnlich gefärbt. Jungtiere (kleines Foto) dunkelbraun bis schwarz mit weißem Maul, beidseits drei weiße Flecken entlang des Rückens, drei weiße Flecken entlang des Bauches und zwei weiße Flecken an der Basis der Schwanzflosse. Hinter der Brustflossenbasis und in der Rücken- und der Afterflosse jeweils ein schwarzer Fleck. Bei ausgewachsenen Tieren ist die vordere Körperhälfte rotbraun und die hintere weißlich gefärbt, wobei der Übergangsbereich diagonal vom hinteren Teil der Rückenflosse zur Mitte des Bauches verläuft. Hinter der Brustflossenbasis und in der Rücken- und der Afterflosse befindet sich je ein schwarzer Fleck, manchmal erscheinen an den Stellen, an denen sich bei Jungtieren die weißen Flecken befinden, dunkle Flecken, wie bei dem abgebildeten Tier auf dem großen Foto zu sehen ist.

Verwechslungsmöglichkeiten: Nicht vorhanden. Im Westpazifik kommt der sehr ähnlich gefärbte *B. mesothorax* (Schneider, 1801) vor. Die Jungtiere dieser Art unterscheiden sich dadurch, daß sie gelbe statt weiße Flecken besitzen. Erwachsene Tiere haben keine schwarzen Flecken in Rücken- und Afterflosse, außerdem trennt ein schwarzes Band den dunklen Vorderkörper vom hellen hinteren Teil.

Lebensraum: Klare Lagunen und Außenriffbereiche. Jungtiere meist im Schutz von Höhlen oder Überhängen. Unterhalb von ca. 2 m bis in 40 m Tiefe. Rotes Meer und Indopazifik einschließlich Malediven.

Biologie: Jungtiere können gelegentlich dabei beobachtet werden, wie sie sich als Putzer betätigen.

Aquarienhaltung: Nicht besonders geeignet.

Bodianus diana
(Lacepède, 1801)
Dianas Schweinslippfisch

Erkennungsmerkmale: Größe bis ca. 25 cm. Körper langgestreckt. Färbung der Jungtiere (kleines Foto) rötlich bis rötlichbraun mit Reihen kleiner weißer Flecken auf den Körperseiten, schwarzer Fleck am Vorderrand der Rückenflosse, je ein schwarzer, weiß gerandeter Augenfleck auf den Bauchflossen, der Afterflosse und am Ende der Rückenflosse. Basis der Brustflossen und Mitte der Schwanzflossenbasis jeweils mit einem schwarzen Fleck. Erwachsene Tiere gelblichorange mit rötlichbraunem Kopf, Schuppen der Körperseiten mit braunem Hinterrand, Rücken beidseits mit einer Reihe von drei bis vier weißlichen bis gelben kleinen Flecken, Mitte der Schwanzflossenbasis mit einem kleinen schwarzen Fleck. Meist zwei schwarze Flecken in der Afterflosse sowie je ein großer schwarzer Fleck auf den Bauchflossen.

Verwechslungsmöglichkeiten: Nicht vorhanden. Die Gattung *Bodianus* umfaßt 30 Arten, von denen 23 im Indopazifik, fünf im Atlantik und zwei im östlichen Pazifik vorkommen.

Lebensraum: Verschiedene Riffbereiche mit reichem Korallenwuchs, Jungtiere häufig im Schutz von Gorgonien und Schwarzen Korallen. Meist unterhalb von etwa 6 m bis in mhr als 25 m Tiefe. Rotes Meer und Indopazifik einschließlich Malediven.

Biologie: Anders als die sehr auffällig gefärbten Jungtiere des Achselfleck-Schweinslippfisches *B. axillaris* werden die eher unscheinbaren Jungtiere dieser Art meist übersehen.

Aquarienhaltung: Nicht besonders geeignet.

Pseudodax moluccanus
(Valenciennes, 1839)
Meißelzahn-Lippfisch

Erkennungsmerkmale: Größe bis ca. 25 cm. Körper mehr oder weniger langgestreckt. Färbung grau bis rötlichbraun mit je einem meist länglichen Fleck auf jeder Schuppe, Oberlippe gelb mit einem blauen Streifen darüber, der bis zum Hinterrand des Kiemendeckels reichen kann. Schwanzflosse schwarz mit einer breiten gelblichweißen Querbinde. Jungtiere mit zwei leuchtend hellblauen Längsstreifen (»Putzeruniform«).
Verwechslungsmöglichkeiten: Nicht vorhanden, einzige Art der Gattung.
Lebensraum: Verschiedene Riffbereiche mit reichem Korallenbewuchs. Meist unterhalb von ca. 3 m bis in mindestens 40 m Tiefe. Rotes Meer und Indopazifik einschließlich Malediven.
Biologie: Die Art ist in der Regel einzeln oder paarweise im Riff anzutreffen. Jungtiere ähneln in ihrer Färbung nicht nur Putzerfischen, sondern sie putzen auch andere Fische, während erwachsene Tiere sich von verschiedensten Wirbellosen ernähren. Der Name der Art und die Trennung in einer eigenen Gattung von allen anderen Lippfischen bezieht sich auf die einzigartige Bezahnung.
Aquarienhaltung: Nicht näher bekannt. Eignet sich aber keinesfalls für eine Vergesellschaftung mit Wirbellosen, da diese fast ausnahmslos auf dem Speiseplan stehen.

Cheilinus abudjubbe
(Rüppell, 1835)
Abudjubbes Lippfisch

Erkennungsmerkmale: Größe bis ca. 40 cm. Körper vergleichsweise hochrückig und massig. Grundfärbung grünlich mit orangeroten Punkten auf der vorderen Körperhälfte, einem kurzen, orangeroten Querstrich auf jeder Schuppe der hinteren Körperhälfte und orangeroten, strahlenförmig angeordneten Streifen um die Augen. Große Männchen besitzen zusätzlich blasse grünlichblaue Punkte in der Körpermitte und ebenso gefärbte kurze Querstreifen auf den Schuppen des hinteren Bereichs des Körpers.

Verwechslungsmöglichkeiten: Keine. Die Art ist eng verwandt mit dem Dreizackschwanz-Lippfisch *C. trilobatus* aus dem Indopazifik (fehlt im Roten Meer).

Lebensraum: Verschiedene Riffbereiche mit reichem Korallenbewuchs und zahlreichen Versteckmöglichkeiten. Bereits ab dem Flachwasser. Rotes Meer.

Biologie: Die Art ist in der Regel sehr scheu und läßt sich nur schwer fotografieren. Sie ernährt sich wie die meisten Arten dieser Gattung hauptsächlich von verschiedenen bodenbewohnenden wirbellosen Tieren.

Aquarienhaltung: Die vorgestellten Vertreter dieser Gattung sind aufgrund ihrer Größe für die Pflege im Aquarium nicht oder nur wenig geeignet. Wenn überhaupt, sollte man die Tiere nicht mit Niederen Tieren und nur gemeinsam mit anderen großen und robusten Fischen pflegen.

Cheilinus chlorourus
(Bloch, 1791)
Schneeflocken-Lippfisch

Erkennungsmerkmale: Größe bis ca. 45 cm. Körper vergleichsweise hochrückig und massig. Färbung variabel, von beigefarben über bräunlich bis bräunlicholiv, manchmal auch mit hellem und/oder dunklem Fleckenmuster, meist mit zahlreichen weißlichen bis rosa- oder orangefarbenen Punkten auf dem Körper. Kopf mit zahlreichen kleinen rosafarbenen bis orangeroten Punkten, manchmal auch mit ebenso gefärbten, kurzen, unregelmäßigen Streifen. Schwanz-, After- und Brustflossen immer mit einer großen Zahl feiner, weißer Punkte. Jungtiere mit dunklen Streifen um die Augen und verstreuten, kleinen dunklen Punkten auf dem Körper.

Verwechslungsmöglichkeiten: Die Weibchen anderer Arten dieser Gattung können sehr ähnlich gefärbt sein, aber nur diese Art besitzt in Schwanz-, After- und Brustflossen eine große Anzahl von feinen, weißen Punkten.

Lebensraum: Meist in Lagunen mit einer Mischung aus Sand-, Geröll- und Korallenflächen, seltener auch in anderen Riffbereichen. Unterhalb von ca. 2 m bis in mindestens 30 m Tiefe. Indopazifik einschließlich Malediven.

Biologie: Die Art ernährt sich wie auch viele andere Lippfischarten von verschiedenen bodenlebenden Wirbellosen, unter anderem von verschiedenen Weichtieren, Krebstieren, Borstenwürmern und Seeigeln.

Aquarienhaltung: Siehe Abudjubbes Lippfisch *C. abudjubbe*.

Cheilinus digrammus
(Lacepède, 1801)
Wangenstreifen-Lippfisch

Erkennungsmerkmale: Größe bis ca. 35 cm. Körper eher langgestreckt. Grundfärbung orangerot bis orangebraun mit schmutzig grünlichem Kopf und Rücken. Wangen mit sieben bis neun rötlichen, braunen oder violetten Schrägstreifen. Jungtiere (kleines Foto) beige und rötlichbraun bis dunkelbraun marmoriert mit einem teilweise unterbrochenen dunkelbraunen Längsband in der Mitte der Körperseiten.

Verwechslungsmöglichkeiten: Nicht vorhanden, nur diese Art mit den charakteristischen Wangenstreifen.

Lebensraum: Verschiedene korallenreiche Riffbereiche. Meist unterhalb von 3 m bis in mehr als 100 m Tiefe. Rotes Meer und Indopazifik einschließlich Malediven.

Biologie: Die Art ernährt sich außer von verschiedenen bodenbewohnenden wirbellosen Tieren zumindest teilweise auch von kleinen Fischen. Sie kann regelmäßig im Gefolge von futtersuchenden Barbenschulen beobachtet werden. Anders als die vorangegangene Art zeigt der Wangenstreifen-Lippfisch gegenüber Tauchern meist keinerlei Scheu. Vereinzelte Tiere können so zutraulich sein, daß sie Taucher über längere Zeit begleiten.

Aquarienhaltung: Siehe Abudjubbes Lippfisch *C. abudjubbe*.

Cheilinus fasciatus
(Bloch, 1791)
Rotbrust-Lippfisch

Erkennungsmerkmale: Größe bis ca. 38 cm. Körper vergleichsweise hochrückig und massig. Grundfärbung mittel- bis dunkelbraun mit kurzen schwarzen Querstreifen oder Punkten auf einigen Schuppen und einigen breiten weißen Querbinden auf den Körperseiten. Hintere Körperhälfte manchmal fast schwarz. Kopf und Brust meist rötlichorange.
Verwechslungsmöglichkeiten: Nicht vorhanden. Die Gattung Cheilinus umfaßt insgesamt 15 verschiedene Arten.
Lebensraum: Lagunen und Außenriffbereiche. Meist unterhalb von ca. 4 m bis in mindestens 40 m Tiefe. Rotes Meer und Indopazifik einschließlich Malediven.
Biologie: Die Art ernährt sich hauptsächlich von verschiedenen Niederen Tieren, die in Sand- oder Geröllböden leben. Aus diesem Grund halten sie sich oft im Bereich der Flossen von Tauchern auf, um von den Tauchern freigelegte Bodenbewohner zu erbeuten. Auch gründelnde Meerbarben werden deshalb oft von diesem Lippfisch begleitet. Bei diesem Verhalten handelt es sich um eine Form von Karpose (einer Gemeinschaft von der nur einer der Partner profitiert): eine sogenannte Tischgemeinschaft oder Kommensalismus.
Aquarienhaltung: Siehe Abudjubbes Lippfisch *C. abudjubbe*.

Cheilinus lunulatus
(Forsskål, 1775)
Besenschwanz-Lippfisch

Erkennungsmerkmale: Größe bis ca. 50 cm. Körper vergleichsweise hochrückig und massig. Schwanzflosse vor allem bei ausgewachsenen Männchen besenartig ausgefranst. Grundfärbung grünlich, Kopf mit zahlreichen kleinen orangeroten bis rosafarbenen Punkten. Hinterrand des Kiemendeckels mit einem schwarz gerandeten, intensiv gelben, gebogenen Strich und einem oder mehreren ebenso gefärbten Punkten darunter. Brustflossen gelborange. Körper der Männchen hinter den Brustflossen oft mit einem breiten gelblichen Querband und je einem rötlichen Längsstreifen auf den Schuppen, Bauch-, After und Schwanzflosse intensiv blau. Weibchen abwechselnd hell und dunkel quergebändert, nicht ganz so farbenprächtig.

Verwechslungsmöglichkeiten: Aufgrund der charakteristischen gelben Zeichnung auf dem Hinterrand des Kiemendeckels nicht vorhanden. Der sehr ähnlich gefärbte Dreizackschwanz-Lippfisch *C. trilobatus* aus dem Indopazifik kommt nicht im Roten Meer vor.

Lebensraum: Verschiedene Riffbereiche. Bereits ab dem Flachwasser. Rotes Meer und Golf von Oman.

Biologie: Meist kann man ein großes, sehr prächtig gefärbtes Männchen dieser Art mit einem Harem aus mehreren (nach Beobachtungen des Autors bis zu sechs) kleineren, kaum weniger attraktiv gefärbten Weibchen zusammen antreffen. Dabei konnte beobachtet werden, daß sich die Tiere einer solchen Gruppe meist nicht in unmittelbarer Nähe zueinander aufhalten, sondern auf einen Umkreis von ca. 20 bis 30 cm verteilen.

Aquarienhaltung: Siehe Abudjubbes Lippfisch *C. abudjubbe*.

Cheilinus trilobatus
(Lacepède, 1801)
Dreizackschwanz-Lippfisch

Erkennungsmerkmale: Größe bis ca. 40 cm. Körper vergleichsweise hochrückig und massig. Ausgewachsene Tiere mit deutlich dreigezackter Schwanzflosse. Grundfärbung der Männchen grünlich mit sehr zahlreichen kleinen rötlichen bis rosafarbenen Punkten am Kopf, im Bereich der Augen und des Maules ebenso gefärbte Streifen. Der restliche Körper meist hell und dunkel quergebändert mit rötlichen bis blaßvioletten Längsstreifen auf vielen Schuppen, Schwanzflosse fast schwarz mit breitem, kräftig orangeroten Hinterrand. Jungtiere und Weibchen (kleines Foto) unauffälliger gefärbt.
Verwechslungsmöglichkeiten: Nicht vorhanden. Der sehr ähnlich gefärbte Besenschwanz-Lippfisch *C. lunulatus* kommt nur im Roten Meer und im Golf von Oman vor.
Lebensraum: Häufig im Flachwasssser im Bereich der Riffkante, aber auch in anderen Riffbereichen. Vom Flachwasser bis in mehr als 30 m Tiefe. Indopazifik einschließlich Malediven.
Biologie: Die Art ernährt sich hauptsächlich von bodenlebenden Krebstieren sowie von Muscheln und Schnecken. Gelegentlich erbeutet sie aber auch Fische. Die Tiere sind relativ scheu und nur schwer zu fotografieren.
Aquarienhaltung: Siehe Abudjubbes Lippfisch *C. abudjubbe.*

Cheilinus undulatus
(Rüppell, 1835)
Napoleon-Lippfisch

Erkennungsmerkmale: Größe bis 229 cm. Körper hochrückig und sehr massig, Männchen (kleines Foto) mit ausgeprägtem Stirnbuckel und dicken fleischigen Lippen. Schuppen sehr groß. Grundfärbung bei Weibchen bräunlichgrün bis oliv, bei Männchen eher bläulichgrün. Beide Geschlechter mit attraktiver Zeichnung am Kopf und auf dem Körper. Jungtiere beige bis gelblichgrün mit schwarzer Zeichnung.
Verwechslungsmöglichkeiten: Keine.
Lebensraum: Jungtiere meist in korallenreichen Lagunen, oft im Schutz von Geweihkorallen der Gattung *Acropora*, erwachsene Tiere in verschiedenen Riffbereichen. Unterhalb von 2 m bis in mindestens 60 m Tiefe. Rotes Meer und Indopazifik einschließlich Malediven.
Biologie: Die Tiere leben in der Regel einzeln, können aber häufig auch paarweise angetroffen werden. Sie sind standorttreu und beanspruchen ein Revier, in dem sie über viele Jahre hinweg beobachtet werden können. Meist besitzen sie in ihrem Revier eine spezielle Höhle oder Spalte, in der sie die Nacht verbringen und sich bei Störungen zurückziehen. Sie ernähren sich hauptsächlich von verschiedensten Weichtieren, fressen aber auch Krebse, verschiedene Stachelhäuter und Fische. Napoleon-Lippfische gehören zu den wenigen Feinden zahlreicher giftiger Meeresbewohner, wie Kofferfischen, der Dornenkrone, Seehasen und anderen. Trotz ihrer Größe sind sie sehr scheu, meist nähern sich nur angefütterte Tiere dem Taucher. Das Füttern sollte aber im Interesse der Tiere unterbleiben, da es ihnen sehr schaden kann (zu hoher Cholesterinspiegel, Verfettung).
Aquarienhaltung: Nicht geeignet.

Epibulus insidador
(Pallas, 1770)
Stülpmaul-Lippfisch

Erkennungsmerkmale: Größe bis ca. 35 cm. Körper vergleichsweise hochrückig und massig. Färbung variabel: Kleine Jungtiere bräunlich mit feinen weißen Streifen; halberwachsene Tiere und Weibchen bräunlich oder kräftig gelb mit dunklen Flecken bis Streifen auf einem Teil der großen Schuppen; Sekundärmännchen dunkel gefärbt mit schwarz gerandeten Schuppen so daß ein grobmaschiges Netzmuster entsteht. Kopf auffällig weiß mit einem schwarzem Längsstreifen von den Augen bis zum Hinterrand der Kiemendeckel, vorderer Teil des Rückens orange bis gelb. Die Färbung kann stimmungsabhängig stark variieren.

Verwechslungsmöglichkeiten: Nicht vorhanden. Es soll noch eine zweite, ähnlich gefärbte Art dieser Gattung geben, die im Bereich der Palau-Inseln im Pazifik entdeckt wurde.

Lebensraum: Verschiedene Riffbereiche mit reichem Korallenwuchs. Vom Flachwasser bis in mindestens 40 m Tiefe. Rotes Meer und Indopazifik einschließlich Malediven.

Biologie: Stülpmaul-Lippfische ernähren sich hauptsächlich von kleinen Fischen, Krabben und Garnelen. Ihr Name bezieht sich auf ihr Maul, das blitzschnell röhrenförmig, zum Teil bis auf die halbe Körperlänge des jeweiligen Tieres, ausgestülpt werden kann. Gleichzeitig stoßen die Tiere auf ihre Opfer zu und »saugen« sie regelrecht ein. Durch diese Strategie müssen sie sich ihrer Beute nicht so dicht nähern wie andere Arten. Im geschlossenen Zustand ist das röhrenförmige Maul so zusammengefaltet, daß man bei genauem Hinschauen nur ein paar Falten mehr als bei einem »normalen« Fischmaul erkennen kann.

Aquarienhaltung: Siehe Abudjubbes Lippfisch *C. abudjubbe*.

Novaculichthys taeniourus
(Lacepède 1801)

Steinschieber Lippfisch (alt), Bäumchen-Lippfisch (jung)

Erkennungsmerkmale: Größe bis ca. 30 cm. Körper langgestreckt mit steilem Kopfprofil, Jungtiere (kleines Foto) mit zwei verlängerten Rückenflossenstrahlen. Färbung dunkel graubraun mit hellen Flecken auf den Schuppen, große Tiere mit grauem Kopf und olivgefärbtem Körper. Schwanzflossenbasis mit weißem Querstreifen. Jungtiere rötlich, grünlich oder braun mit unregelmäßigen weißen Flecken in meist vier bis fünf Querreihen.
Verwechslungsmöglichkeiten: Nicht vorhanden. Die Gattung umfaßt zwei weitere Arten.
Lebensraum: Lagunen, Riffdächer bzw. -terrassen und Außenriffbereiche mit einer Mischung von Sand- und Schotterböden, die oftmals leichter Strömung ausgesetzt sind. Vom Flachwasser bis in ca. 40 m Tiefe. Rotes Meer und Indopazifik einschließlich Malediven.
Biologie: Die Art ist als Jungtier meist einzeln, später paarweise anzutreffen. Ihre Nahrung besteht aus Schnecken, Muscheln, Seeigeln, Seesternen, Borstenwürmern und Krabben, die oftmals durch Umdrehen oder Wegschieben von Steinen und Korallenbruch freigelegt und erbeutet werden (Name!). Regelmäßig kann man auch beobachten, wie abwechselnd ein Partner die Beute freilegt und der andere sie erbeutet. Jungtiere ähneln treibenden Algenteilen und ahmen durch Hin- und Herschaukeln in den Wellen auch deren Bewegungen nach. Durch diese Form von Mimikry sind sie besser vor Feinden geschützt und erhöhen ihre Chancen, Beute zu machen. Wie die Sandtaucher der Gattung *Xyrichthys* verschwindet auch diese Art bei Gefahr blitzschnell kopfüber im Sand.
Aquarienhaltung: Jungtiere sind sehr beliebt, erwachsene eignen sich nur wenig für die Haltung.

Xyrichthys pavo
(Valenciennes, 1839)
Blauer Schermesserfisch (alt), Indianerfisch (jung)

Erkennungsmerkmale: Größe bis ca. 40 cm. Körper etwas hochrückig und seitlich abgeflacht, mit steilem Kopfprofil, die ersten beiden Rückenflossenstrahlen bilden eine eigene Flosse. Diese ist bei Jungtieren federartig verlängert und nach vorn gerichtet. Färbung von Jungtieren <ca. 6 cm fast einheitlich grünlichbraun bis braun, >ca. 6 cm gebändert und Tiere von mehr als ca. 14 cm Größe gelblichgrau mit vier dunklen Querbinden bis bläulich mit mehreren leuchtend blauen Streifen auf Kopf und Flossenrändern.
Verwechslungsmöglichkeiten: Die Gattung umfaßt ca. 20 Arten, von denen die Mehrzahl im Indopazifik vorkommt.
Lebensraum: Stets auf ausgedehnten Sandflächen. Jungtiere bereits ab geringer Tiefe, erwachsene Tiere nur selten oberhalb von 20 m bis in mehr als 100 m Tiefe. Rotes Meer und Indopazifik einschließlich Malediven.
Biologie: Wie die meisten Arten der Gattung verschwindet auch diese Art bei Gefahr blitzschnell kopfüber im Sand. Kleine Jungtiere schwimmen regelmäßig auf der Seite und sollen so, unterstützt durch ihre Färbung, ein treibendes Blatt nachahmen (Mimikry). Bei vielen Arten der Gattung zeigen die Weibchen eine Besonderheit. Im Bereich der Ovarien ist ihre Bauchdecke durchsichtig, was durch die Schuppen verdeckt wird. Reifen die Eier heran, dann dehnt sich die Bauchdecke, die Schuppen werden auseinandergezogen und die rote Färbung der gut durchbluteten Ovarien wird sichtbar. Je mehr Eier vorhanden sind, desto deutlicher und auffälliger wird der rote Fleck. Die Weibchen stellen so den Männchen ihre Laichbereitschaft zur Schau.
Aquarienhaltung: Aufgrund der Größe nicht geeignet.

Pseudocheilinus evanidus
(Jordan & Evermann, 1903)
Gestreifter Zwerglippfisch

Erkennungsmerkmale: Größe bis ca. 8 cm. Körper langgestreckt bis leicht hochrückig mit vergleichsweise langem und spitz ausgezogenem Kopf. Färbung orangerot mit zahlreichen, feinen, heller gefärbten Längsstreifen auf den Körperseiten. Kopf beidseits unterhalb der Augen mit auffälligem, weißen bis bläulichweißen Längsstreifen vom Maul bis zum Hinterrand des Vorkiemendeckels. Weibchen unscheinbarer gefärbt als die Männchen.

Verwechslungsmöglichkeiten: Eigentlich nicht vorhanden. Die unscheinbarer gefärbten Weibchen können eventuell mit Weibchen der anderen Arten dieser Gattung verwechselt werden. Sie besitzen jedoch deutlich mehr Längsstreifen als diese. Diese indopazifische Gattung umfaßt sechs Arten.

Lebensraum: Meist Riffbereiche mit Schotterflächen. Unterhalb von ca. 6 m bis in ca. 20 m Tiefe, selten auch bis in mehr als 40 m Tiefe. Rotes Meer und Indopazifik einschließlich Malediven.

Biologie: Ähnlich wie auch andere Vertreter der Gattung lebt dieser kleine scheue Lippfisch sehr versteckt und wird deshalb meist übersehen. Er ernährt sich von verschiedenen kleinen Wirbellosen.

Aquarienhaltung: Nicht näher bekannt.

Pseudocheilinus hexataenia
(Bleeker, 1857)
Sechslinien-Zwerglippfisch

Erkennungsmerkmale: Größe bis max. 10 cm, meist deutlich kleiner. Körper mehr oder weniger langgestreckt. Die oberen beiden Drittel des Körpers abwechselnd blauviolett und gelborange (sechs Streifen) längsgestreift, übriger Körper rötlichorange bis orangebraun gefärbt. Kinn mit zahlreichen kleinen, roten bis rosafarbenen Punkten. Schwanzwurzel beidseits im oberen Teil mit einem schwarzen, manchmal weiß gerandeten Fleck. Die Weibchen sind unscheinbarer gefärbt als die Männchen.
Verwechslungsmöglichkeiten: Aufgrund von Färbung und Lebensweise nicht vorhanden.
Lebensraum: Fast immer im Schutz von lebenden Korallenästen verschiedener Korallenarten in verschiedenen Riffbereichen. Meist unterhalb von 2 m bis in ca. 35 m Tiefe. Rotes Meer und Indopazifik einschließlich Malediven.

Biologie: Obwohl es sich bei dieser Art wahrscheinlich um den häufigsten Vertreter der Gattung handelt, wird auch sie nur selten wahrgenommen. Dies liegt zum einen an ihrer geringen Größe und der versteckten Lebensweise zwischen Korallenästen. Zum anderen ist der attraktiv gefärbte Sechsstreifen-Lippfisch ausgesprochen scheu. Seine Nahrung besteht hauptsächlich aus verschiedenen kleinen Krebstieren.
Aquarienhaltung: Nicht näher bekannt.

Paracheilinus octotaenia
(Fourmanoir, 1955)
Rotmeer-Zwerglippfisch

Erkennungsmerkmale: Größe bis ca. 9 cm. Körper langgestreckt mit eher kurzem, abgerundetem Kopf. Färbung der Geschlechter verschieden, Männchen orangerot mit acht feinen, blau bis violett gefärbten Längsstreifen auf den Körperseiten, Rücken-, Schwanz- und Afterflosse kräftig rot mit feinem, blau bis violett gefärbtem Rand. Weibchen unscheinbarer.

Verwechslungsmöglichkeiten: Die etwas unscheinbarer gefärbten kleineren Weibchen können eventuell mit Weibchen der Gattung *Pseudocheilinus* verwechselt werden. Bei ihnen ist der Kopf jedoch nicht so lang und spitz ausgezogen sondern eher kurz und abgerundet.

Lebensraum: Verschiedene Riffbereiche. Meist unterhalb von 2 m bis in ca. 25 m Tiefe, selten auch bis 50 m Tiefe. Rotes Meer.

Biologie: Die Art ernährt sich hauptsächlich von kleinen bodenlebenden Krebstieren, frißt aber auch Weichtiere, Stachelhäuter, Fischeier und planktische Krebslarven. Die Tiere sind fast immer in verschieden großen Gruppen im Riff anzutreffen. Männchen verteidigen in der Regel einen Harem von mehreren Weibchen gegenüber männlichen Artgenossen. Während der Balz und bei Rivalen-»Kämpfen« zeigen die Männchen ihr prächtigstes Farbkleid.

Aquarienhaltung: Nicht näher bekannt.

Gomphus caeruleus
(Lacepède, 1801)
Vogel-Lippfisch

Erkennungsmerkmale: Größe bis ca. 28 cm. Körper langgestreckt, Tiere ab ca. 8 bis 10 cm mit schnabelähnlich verlängerter Schnauze. Initiale Phase gelblich mit jeweils einem schwarzen Fleck auf den Schuppen, Schwanzflosse abgerundet. Terminale Phase (Sekundärmännchen, kleines Foto) dunkelblau bis grünlichblau, Außenrand von Rücken-, Schwanz- und Afterflosse gelblichgrün bis grün, Schwanzflosse sichelförmig eingebuchtet.

Verwechslungsmöglichkeiten: Zwei Unterarten bekannt. Indischer Ozean: *G. c. caeruleus*. Im Roten Meer kommt die etwas anders gefärbte Unterart *G. caeruleus klunzingeri* Klausewitz, 1962 vor.
Im östlichen Indischen Ozean und dem Pazifik kommt die zweite Art der Gattung, der sehr ähnliche *G. varius* Lacepède, 1801, vor.

Lebensraum: Verschiedene Riffbereiche mit reichem Korallenwuchs. Vom Flachwasser bis in mindestens 30 m Tiefe. Rotes Meer und Indischer Ozean einschließlich Malediven.

Biologie: Die Art ist meist einzeln, gelegentlich auch in kleinen Gruppen anzutreffen. Ihre Nahrung besteht vorwiegend aus kleinen bodenbewohnenden Krebstieren, aber auch aus Seesternen, Weichtieren und Fischen. Mit Hilfe ihrer langen Schnauze können sie ihre Beute aus engen Spalten und vor allem aus den Ästen von Korallenstöcken wie mit einer Pinzette herausholen. Dadurch eröffnet sich ihnen ein Nahrungsreservoir, das den meisten anderen Fischarten weitgehend unzugänglich ist.

Aquarienhaltung: Nur bedingt geeignet. Vogel-Lippfische sind sehr anspruchsvolle Pfleglinge, die große Becken benötigen.

Anampses meleagrides
(Valenciennes, 1839)
Gelbschwanz-Perllippfisch

Erkennungsmerkmale: Größe bis ca. 22 cm. Körperform langgestreckt. Färbung der Weibchen (Foto) dunkelbraun bis schwarz mit zahlreichen kleinen weißen Punkten auf Kopf und Körper (je ein Punkt pro Schuppe), Schnauze rötlichbraun, Schwanzflosse gelb gefärbt. Männchen dunkel orangebraun bis dunkel violett gefärbt mit kleinen, unregelmäßigen blauen Punkten bzw. vertikal verlängerten Punkten auf Kopf und Körper, Rücken- und Afterflosse orangebraun mit blauen Längsstreifen, Schwanzflosse orange mit blauen Flecken und einem blauen Hinterrand.

Verwechslungsmöglichkeiten: Nur diese Art mit der oben beschriebenen Färbung und einer völlig gelben Schwanzflosse bei den Weibchen.

Lebensraum: Verschiedene Riffbereiche mit einer Mischung aus Korallen, Schotter und Sand. Meist unterhalb von ca. 4 m bis in 60 cm Tiefe. Rotes Meer und Indopazifik einschließlich Malediven.

Biologie: Die Tiere sind in der Regel einzeln, paarweise oder in Trupps von einigen wenigen Tieren im Riff anzutreffen. Die Männchen dieser Art wurden lange Zeit als eigene Art angesehen *(A. amboinensis)*. Die Nahrung besteht aus verschiedenen Krebstieren, Weichtieren und Borstenwürmern.

Aquarienhaltung: Vertreter dieser Gattung sollen gut für das Aquarium geeignet sein. Allerdings sollte man sie nicht gemeinsam mit zu ruppigen Arten pflegen. Da die Tiere die Nacht im Boden eingegraben verbringen, darf eine entsprechende Sandschicht nicht fehlen. Die Fütterung bereitet in der Regel keine Probleme, meist wird sogar Flockenfutter angenommen.

Anampses twisti
(Bleeker, 1856)
Gelbbrust-Perllippfisch

Erkennungsmerkmale: Größe bis ca. 18 cm. Körperform langgestreckt. Färbung bei beiden Geschlechtern braun mit zahlreichen kleinen, dunkel gerandeten hellblauen Punkten auf Kopf und Körper, untere Hälfte des Kopfes und Brust gelb gefärbt. Je ein großer dunkelblauer bis schwarzer, hellblau gerandeter Fleck am Ende von Rücken- und Afterflosse (Augenflecken).

Verwechslungsmöglichkeiten: Nicht vorhanden. Die Gattung, die insgesamt 13 Arten umfaßt, ist in ihrer Verbreitung auf den Indopazifik beschränkt. Von anderen Lippfischen unterscheiden sich die Vertreter dieser Gattung durch den Besitz von je einem Paar kleiner Zähne unter der Ober- und der Unterlippe.

Lebensraum: Verschiedene, meist geschützte Riffbereiche mit einer Mischung aus Korallen, Schotter und Sand. Vom Flachwasser bis in ca. 30 m Tiefe. Rotes Meer und Indopazifik einschließlich Malediven.

Biologie: Bei dieser Art ändert sich die Färbung mit dem Wachstum und dem Geschlecht kaum. Die meisten Arten der Gattung zeigen jedoch einen massiven farblichen Geschlechtsdimorphismus, wobei die initiale Phase Jungtiere und Weibchen und die terminale Phase Männchen umfaßt, die sich aus Weibchen umgewandelt haben. Soweit bekannt, graben sich alle Arten der Gattung nachts in den Sandboden ein.

Aquarienhaltung: Siehe Gelbschwanz-Perllippfisch *A. meleagrides*.

Coris aygula
(Lacepède, 1801)
Spiegelfleck-Lippfisch

Erkennungsmerkmale: Größe bis ca. 120 cm, meist aber deutlich kleiner. Körper langgestreckt (Jungtiere und Weibchen) bis vergleichsweise hochrückig mit ausgeprägtem Stirnbuckel bei Sekundärmännchen. Initiale Phase mit beige- bis hellgrün gefärbtem vorderen Körperdrittel mit kleinen roten bis dunkelroten oder schwarzen Flecken, dahinter ein heller Querstreifen. Hintere Körperhälfte dunkler gefärbt (grünlich mit dunklen Schuppenrändern). Sekundärmännchen (großes Foto) dunkelblaugrün mit ein bis zwei hellen Querstreifen in der Körpermitte. Jungtiere (kleines Foto) weißlich mit kleinen schwarzen Flecken auf dem vorderen Körperdrittel und zwei großen halbkreisförmigen orangegefärbten Flecken auf dem Rücken, über jedem dieser Flecken ein großer schwarzer Augenfleck in der Rückenflosse.

Verwechslungsmöglichkeiten: Nicht vorhanden. Die Gattung umfaßt etwa 20 Arten, von denen nur eine im östlichen Atlantik und dem Mittelmeer vorkommt. Alle anderen stammen aus dem Indopazifik.

Lebensraum: Verschiedene Riffbereiche. Vom Flachwasser bis in ca. 30 m Tiefe. Rotes Meer und Indopazifik einschließlich Malediven.

Biologie: Wie die meisten Arten der Gattung kommt es auch bei dieser Art zu einem spektakulären Farbwechsel im Laufe des Wachstums und abhängig vom Geschlecht. Die Art ernährt sich hauptsächlich von hartschaligen Wirbellosen, wie z.B. Weichtieren, Einsiedlerkrebsen, Krabben und Seeigeln. Mit Hilfe der kräftigen, vorstehenden Zähne drehen die Tiere bei der Nahrungssuche oft Korallenschutt und Steine um.

Aquarienhaltung: Aufgrund der Größe nicht geeignet.

Coris caudimacula
(Quoy & Gaimard, 1834)
Schwanzfleck-Lippfisch

Erkennungsmerkmale: Größe bis ca. 20 cm. Körper langgestreckt. Geschlechtsbedingte Unterschiede in der Färbung nicht ganz so drastisch wie bei anderen Arten. Färbung variabel, abhängig vom Lebensraum. Obere Körperhälfte meist mit einem Muster aus breiten dunklen und schmalen hellen Querstreifen, die von einem schmalen, sehr hellen Längsstreifen knapp unterhalb des Rückens unterbrochen werden. Untere Körperhälfte hell gefärbt, von gelblichorange bis gelblichgrün, meist mit einem nach hinten unterbrochenen lachs- bis orangefärbten Längsstreifen. Hinterrand des Kiemendeckels mit kleinem schwarzen Fleck. Schwanzflossenbasis beidseits mit einem kleinen bis großen, oft diffusen schwarzen Fleck. Bei der initialen Phase soll eher eine rotorange, bei Sekundärmännchen eine gelblichgrüne bis blauviolette Grundfärbung vorherrschen.

Verwechslungsmöglichkeiten: Nicht vorhanden. Die Art kann an dem namensgebenden schwarzen Fleck an der Schwanzflossenbasis und dem ebenfalls schwarzen Fleck am Kiemendeckelhinterrand von anderen Arten unterschieden werden.

Lebensraum: Verschiedene Riffbereiche. Meist unterhalb von 3 m bis in ca. 25 cm Tiefe. Rotes Meer und Indischer Ozean einschließlich Malediven.

Biologie: Die Art, die einzeln oder in kleinen Gruppen anzutreffen ist, ernährt sich von verschiedenen kleinen Wirbellosen, wie z.B. Krebstieren, Muscheln, Schnecken, Borstenwürmern und anderen.

Aquarienhaltung: Die Art ist durchaus für die Aquarienhaltung geeignet, benötigt aber ausreichend freien Schwimmraum und Sandboden zum Eingraben.

Coris frerei
(Günther, 1866)
Indischer Clown-Lippfisch

Erkennungsmerkmale: Größe bis ca. 60 cm. Körper langgestreckt. Färbung der initialen Phase (Foto oben rechts) bräunlich bis graubraun mit kleinen schwarzen Punkten, Kopf gelblichorange mit hellblauen Streifen. Sekundärmännchen (Foto oben links) rötlich bis lavendelfarben mit einigen Querstreifen und zahlreichen kleinen grünen bis blaugrünen Punkten, Kopf mit grüngelben Streifen, Hinterrand der Schwanzflosse orange bis rot. Jungtiere (Foto unten links) orange mit fünf dunkel gerandeten, weißen Flecken bzw. Querbändern und einem dunklen Augenfleck in der Rückenflosse.

Verwechslungsmöglichkeiten: Die Jugendform dieser Art kann mit der Jugendform des ähnlich gefärbten, bis 40 cm großen Gelbschwanz-Clown-Lippfisches *C. gaimard* (Quoy & Gaimard, 1824) (Foto unten rechts) verwechselt werden, der im Roten Meer und dem Indopazifik einschließlich der Malediven vorkommt. Die Jungtiere des Gelbschwanz-Clown-Lippfisches unterscheiden sich jedoch vor allem dadurch, daß ihr zweiter weißer Fleck bzw. Querstreifen nur bis zum oberen Rand des Auges und nicht bis über die Mitte des Auges reicht und durch das Fehlen eines schwarzen Augenflecks in der Mitte der Rückenflosse.

Lebensraum: Verschiedene Riffbereiche. Meist unterhalb von ca. 2 m bis in ca. 50 m Tiefe. Indischer Ozean einschließlich Malediven, dort nur sehr fleckenhaft verbreitet, z.B. im Nord-Male-Atoll recht häufig, fehlt aber zumindest im Norden des Ari-Atolls.

Biologie: Die Art ernährt sich von verschiedenen kleinen hartschaligen Wirbellosen und ist meist einzeln, selten auch in kleinen Gruppen anzutreffen.

Aquarienhaltung: Aufgrund der Größe nicht geeignet.

Halichoeres cosmetus
(Randall & Smith, 1982)
Geschmückter Lippfisch

Erkennungsmerkmale: Größe bis ca. 13 cm. Körper langgestreckt. Färbung abwechselnd grünlichgrau bis bläulichgrau und orange- bis lachsfarben längsgestreift, Längsstreifen können teilweise unterbrochen sein. Hinter dem Auge befindet sich jeweils ein kleiner länglicher brauner bis schwarzer Fleck. Rückenflosse mit zwei, manchmal auch drei schwarzen Augenflecken (initiale Phase), bei größeren Tieren (terminale Phase) können diese Flecken rot sein (kleines Foto).
Verwechslungsmöglichkeiten: Die Art ähnelt *H. ornatissimus* (Garrett, 1863) aus dem östlichen Indischen Ozean und dem Westpazifik. Auch die initiale Phase des Zweifleck-Lippfisches *H. biocellatus* Schultz, 1960 aus dem Westpazifik ist ähnlich gefärbt. Da beide Arten nicht im Verbreitungsgebiet dieser Art vorkommen, besteht keine Verwechslungsgefahr.

Lebensraum: Verschiedene Riffbereiche mit ausreichend Versteckmöglichkeiten. Meist unterhalb von ca. 5 m bis in ca. 30 m Tiefe. Westlicher Indischer Ozean einschließlich Malediven.
Biologie: Dieser attraktive kleine Lippfisch ist auf den Malediven vergleichsweise häufig anzutreffen. Sein Artname *cosmetus* bezieht sich auf das Griechische für »geschmückt, verziert« und soll seiner schönen Färbung Rechnung tragen.
Aquarienhaltung: Nicht bekannt.

Halichoeres hortulans
(Lacepède, 1801)
Schachbrett-Lippfisch

Erkennungsmerkmale: Größe bis ca. 30 cm. Körper langgestreckt. Färbung der Weibchen (initiale Phase) weißlich mit je einem schmalen, schwarzen Querstreifen oder zwei übereinanderliegenden schwarzen Punkten auf jeder Schuppe, Rücken mit einem gelben und dahinter einem großen schwarzen Fleck. Männchen (terminale Phase) sehr ähnlich, aber hell grünlich bis bläulich gefärbt mit ausgeprägterem, dunkelblauem »Schachbrettmuster«, Kopf mit rosa- bis orangefarbener Zeichnung, Schwanzflosse gelborange gefärbt. Jungtiere (kleines Foto) hell-dunkel marmoriert mit einem gelbgerandeten, schwarzen Augenfleck in der Rückenflosse.

Verwechslungsmöglichkeiten: Nicht vorhanden.

Lebensraum: Verschiedene Riffbereiche, Jungtiere meist in Bereichen mit zahlreichen Versteckmöglichkeiten, Erwachsene bevorzugen ausgedehnte Sandflächen. Vom Flachwasser bis in mindestens 30 m Tiefe. Rotes Meer und Indopazifik einschließlich Malediven.

Biologie: Die Art ernährt sich hauptsächlich von kleinen sandbewohnenden Schnecken, frißt aber auch zu einem geringeren Anteil Muscheln, Einsiedlerkrebse, Borstenwürmer und kleine Fische. Die Tiere, die meist einzeln anzutreffen sind und kaum Scheu zeigen, sind nahezu ununterbrochen in Bewegung. Bei der Nahrungssuche folgen sie wie auch der Zick-Zack-Lippfisch *H. scapularis* regelmäßig verschiedenen Barbenarten, um von ihnen aufgewühlte Brocken zu erhaschen. Diese Tischgemeinschaft, die auch als Kommensalismus bezeichnet wird, stellt für die Wirte, die Barben, keine Schädigung dar und ist eine Form von Karpose.

Aquarienhaltung: Aufgrund der Größe nur wenig geeignet.

Halichoeres leucoxanthus
(Randall & Smith, 1982)
Indischer Kanarien-Lippfisch

Erkennungsmerkmale: Größe bis ca. 12 cm. Körper langgestreckt. Geschlechter nahezu gleichgefärbt, Färbung der oberen Körperhälfte leuchtendgelb, untere Körperhälfte weiß, Rückenflosse und Schwanzwurzel mit drei schwarzen Augenflecken. Jungtiere vollständig gelb mit Augenflecken.

Verwechslungsmöglichkeiten: Der sehr ähnlich gefärbte Pazifische Kanarien-Lippfisch *H. chrysus* Randall, 1980 aus dem westlichen Zentralpazifik unterscheidet sich vor allem dadurch, daß er vollständig gelb gefärbt ist. Außerdem verlieren die Sekundärmännchen des Kanarien-Lippfisches die schwarzen Flecken in ihrer Rückenflosse. Die Gattung soll mit ca. 55 Arten die größte der Familie der Lippfische sein. Allein aus dem westlichen Indischen Ozean sind 15 verschiedene Arten bekannt. Höchstwahrscheinlich handelt es sich bei der initialen Farbform bei den meisten Arten stets um Weibchen. In diesem Zusammenhang sind jedoch noch weitere Untersuchungen notwendig. Aufgrund der meist vorhandenen Unterschiede in der Färbung bei den Geschlechtern und auch bei den Jungtieren wurden bei zahlreichen Arten die einzelnen »Farbformen« als eigene Arten beschrieben.

Lebensraum: Oft im Bereich von einzeln stehenden Korallenblöcken auf Sandflächen. Meist unterhalb von ca. 15 m bis in mehr als 50 m Tiefe. Zentraler und östlicher Indischer Ozean einschließlich Malediven.

Biologie: Die Art ist in der Regel einzeln oder paarweise anzutreffen. Sie ernährt sich von verschiedenen Kleintieren.

Aquarienhaltung: Die scheue Art sollte nur mit friedlichen Fischen vergesellschaftet werden. Sie benötigt eine ausreichend dicke Sandschicht und Versteckmöglichkeiten.

Halichoeres marginatus
(Rüppell, 1835)
Dunkler Lippfisch

Erkennungsmerkmale: Größe bis ca. 17 cm. Körper langgestreckt. Färbung der initialen Phase dunkelbraun mit schmalen, noch dunkler gefärbten Längsstreifen, Rückenflosse mit schwarzem Augenfleck. Färbung der terminalen Phase (Sekundärmännchen) gelblichbraun bis orangebraun mit dunkelblauen Punkten auf jeder Schuppe, die durch grüne Bereiche voneinander getrennt werden. Kopf mit schmalen, dunkelblauen Längsstreifen. Schwanz- und Afterflosse grün, orange und blau gemustert. Jungtiere dunkelbraun bis schwarz mit vier bis sechs zum Teil unterbrochenen hellen Längsstreifen auf den Körperseiten und einem großem Augenfleck in der Rückenflosse. Das abgebildete Tier befindet sich in der Umfärbung von der initialen zur terminalen Form.
Verwechslungsmöglichkeiten: Nicht vorhanden.

Lebensraum: Lagunen und Außenriffbereich. Bereits ab dem Flachwasser bis in ca. 30 m Tiefe. Rotes Meer und Indopazifik einschließlich Malediven.
Biologie: Anders als bei den meisten Arten dieser Gattung findet man bei der initialen Phase sowohl Weibchen als auch (Primär-)Männchen. Die großen Sekundärmännchen kontrollieren in der Regel ein ausgedehntes Revier mit mehreren Weibchen, mit denen sie auch regelmäßig ablaichen. Die Art ernährt sich von verschiedensten Krebstieren, Borstenwürmern, Schnecken, Käferschnecken, Foraminiferen und Fischeiern.
Aquarienhaltung: Nicht bekannt. Wahrscheinlich aber ähnlich wie bei anderen Arten dieser Gattung.

Halichoeres scapularis
(Bennett, 1831)
Zickzack-Lippfisch

Erkennungsmerkmale: Größe bis ca. 20 cm. Körper langgestreckt. Jungtiere und initiale Phase weißlich mit schwarzem Zick-Zack-Band auf den Körperseiten. Terminale Phase blaß grünlich bis bläulich, Zick-Zack-Band nicht so dunkel wie bei der initialen Phase, zum Schwanz hin in Rosa übergehend. Kopf grünlich mit unregelmäßigem rosagefärbten Muster, oft auch mit gelben Bereichen. Im Roten Meer und dem Golf von Aden bleiben die terminalen Männchen etwas kleiner und unterscheiden sich geringfügig in der Färbung.
Verwechslungsmöglichkeiten: Die Art ähnelt dem Dreifleck-Lippfisch *H. trimaculatus* (Quoy & Gaimard, 1824) aus dem westlichen Zentralpazifik, der sich jedoch durch das Fehlen des Zick-Zack-Bandes und den Besitz eines schwarzen Flecks an der Schwanzwurzel unterscheidet.
Lebensraum: Seegraswiesen und Sandflächen in geschützten Riffbereichen und Lagunen. Vom Flachwasser bis in wenige Meter Tiefe. Rotes Meer und westlicher Indopazifik einschließlich Malediven.
Biologie: Auch bei dieser Art handelt es sich bei den Tieren der initialen Phase sowohl um Weibchen als auch um Primärmännchen. Man kann die Tiere regelmäßig dabei beobachten, wie sie vor allem nahrungssuchenden Barben folgen. Dabei lauern sie auf kleine Nahrungsbrocken, die von den Barben mit dem Sand aufgewirbelt werden. Auch die von den Barben gegrabenen Sandtrichter werden sorgfältig nach Freßbarem abgesucht. Bei diesem Verhalten handelt es sich um eine Tischgemeinschaft oder Kommensalismus, eine Form von Karpose, durch die die Barben nicht geschädigt werden.
Aquarienhaltung: Nicht bekannt.

Hemigymnus fasciatus
(Bloch, 1792)
Quergestreifter Dicklippen-Lippfisch

Erkennungsmerkmale: Größe bis ca. 50 cm, vereinzelten Berichten zufolge sogar bis 80 cm. Körper vergleichsweise hochrückig und massig, Maul mit dicken, wulstigen Lippen. Färbung des Körpers schwarz mit fünf schmalen hellen Querstreifen, Kopf blaßgelblich bis hellgrün mit unregelmäßigen blaugerandeten rosa- bis orangefarbenen Bändern. Bei sehr großen Individuen kehrt sich die Zeichnung um. Bei dem auf dem großen Foto abgebildeten Tier sind die Querstreifen im hinteren Körperbereich schwarz statt hell und die anderen Bereiche hell (gelblich) statt schwarz.

Verwechslungsmöglichkeiten: Die zweite Art dieser Gattung, *Hemigymnus melapterus* (Bloch, 1791), die bis ca. 90 cm groß werden kann, kommt ebenfalls im Roten Meer und dem Indopazifik einschließlich der Malediven vor. Sie unterscheidet sich deutlich durch ihre Färbung. Der vordere Teil des Körpers ist hell und der hintere Teil dunkel gefärbt, weshalb die Art auch Halbundhalb-Lippfisch genannt wird.

Lebensraum: Erwachsene Tiere meist in Bereichen mit Sand-, Schutt- und Korallenflächen, Jungtiere meist im Schutz von verzweigten Korallen. Vom Flachwasser bis in mindestens 18 m Tiefe. Rotes Meer und Indopazifik einschließlich Malediven.

Biologie: Jungtiere ernähren sich hauptsächlich von planktischen Krebstieren, während sich erwachsene Tiere von verschiedenen bodenbewohnenden Wirbellosen ernähren. Dabei erbeuten sie vor allem im Sand grabende Arten wie z.B. Krebse, Borstenwürmer, Seesterne, Seeigel, Weichtiere und Foraminiferen.

Aquarienhaltung: Aufgrund der Größe nicht geeignet.

Hologymnosus annulatus
(Lacepède, 1801)
Gestreifter Hechtlippfisch

Erkennungsmerkmale: Größe bis ca. 40 m. Körper langgestreckt mit sehr kleinen Schuppen. Färbung der initialen Phase olivbraun bis braun mit 18 bis 19 dunklen Querstreifen auf dem Körper und einem weißen Schwanzflossenhinterrand. Terminale Phase (Sekundärmännchen) blaugrün mit ca. 20 schmalen, dunkelblau- bis violettgefärbten und einem etwas breiteren weißen Querstreifen auf dem Körper, Rücken-, Schwanz- und Afterflosse blau gerandet. Jungtiere (kleines Foto) gelb mit je einem sehr breiten dunkelbraunen bis schwarzen Querstreifen auf den Körperseiten.
Verwechslungsmöglichkeiten: Jungtiere sollen den Jungtieren vom Blaukopf-Torpedobarsch *Malacanthus latovittatus*, der ebenfalls auf Sandböden vorkommt, sehr ähnlich sehen. Man vermutet, daß es sich hierbei um eine Form von Mimikry handelt. Die Gattung umfaßt insgesamt vier indopazifische Arten.
Lebensraum: Meist im Bereich von Sandböden mit Schutt, Fels und Korallen, aber auch in anderen Riffbereichen. Meist unterhalb von ca. 3 m bis in ca. 25 m Tiefe. Rotes Meer und Indopazifik einschließlich Malediven.
Biologie: Der Gestreifte Hechtlippfisch ernährt sich hauptsächlich von anderen Fischen, frißt aber zu einem geringeren Anteil auch Krebstiere.
Aquarienhaltung: Nicht geeignet.

Macropharyngodon bipartitus
(Smith, 1957)
Diamant-Großzahnlippfisch

Erkennungsmerkmale: Größe bis ca. 13 cm. Körper langgestreckt bis leicht hochrückig. Färbung der initialen Phase (Weibchen, kleines Foto) orange mit zahlreichen unregelmäßigen weißen bis hellblauen Punkten auf dem Körper. Brust und Bauch schwarz mit sehr unregelmäßigem hellblauem Flecken- bzw. Netzmuster, Kopf gelblich bis gelblichweiß mit schwarzgerandeten goldenen oder hellblauen Flecken. Terminale Phase (Männchen, großes Foto) schmutzig orangerot mit dunkel gerandetem grünem bis grünlichblauem Bänder- bzw. Fleckenmuster an Kopf und Körper.

Verwechslungsmöglichkeiten: Die Population aus dem Roten Meer unterscheidet sich unter anderem leicht in der Färbung der Männchen. Aus diesem Grund wurde sie als eigene Unterart beschrieben: *Macropharyngodon bipartitus marisrubi* Randall, 1978. Die Gattung umfaßt insgesamt zehn Arten, die in ihrer Verbreitung alle auf den Indopazifik beschränkt sind.

Lebensraum: Verschiedene Riffbereiche. Meist unterhalb von ca. 2 m bis in ca. 25 m Tiefe. Rotes Meer und westlicher Indischer Ozean einschließlich Malediven.

Biologie: Die initiale Phase dieser Art soll durchweg nur Weibchen umfassen, aus denen sich dann die Männchen der terminalen Phase entwickeln. Der Gattungsname bezieht sich auf große Zähne auf beiden Seiten des Oberkiefers, die vor allem bei Männchen aus den Mundwinkeln herausragen können.

Aquarienhaltung: Die Haltung dieser attraktiven Art soll mehr oder weniger problemlos sein. Sie eignet sich sogar für die Vergesellschaftung mit Wirbellosen Tieren. Allerdings kann man bestenfalls ein Männchen, gemeinsam mit mehreren Weibchen, halten.

Thalassoma hardwickii
(Bennett, 1828–1830)
Sechsstreifen-Lippfisch

Erkennungsmerkmale: Größe bis ca. 18 cm. Körper langgestreckt. Grundfärbung gelblichgrün (Jungtiere, Weibchen und Primärmännchen) bis grünlichblau (Sekundärmännchen) mit sechs dunkelbraunen bis schwarzen Querstreifen, die zum Körperende hin immer kürzer werden. Männchen mit fünf rosafarbenen Flecken bzw. Streifen um die Augen herum und einem rosafarbenen Längsstreifen in der hinteren Hälfte der Mitte der Körperseiten, oberer und unterer Rand der Schwanzflosse ebenfalls rosa gefärbt. Weibchen weniger auffällig gefärbt. Das Foto zeigt ein noch nicht völlig ausgefärbtes Männchen.

Verwechslungsmöglichkeiten: Nicht vorhanden. Der bis ca. 20 cm große Jansens Lippfisch *T. janseni* (Bleeker, 1856), der im Indopazifik einschließlich der Malediven in bis zu 15 m Tiefe vorkommt, besitzt deutlich breitere, zum Teil ineinander übergehende Querbänder auf den Körperseiten. Außerdem fehlt ihm die attraktive orange- bis rosafarbene Zeichnung am Kopf.

Lebensraum: Lagunen und Außenriffbereiche mit einer Mischung von Korallen-, Schotter- und Sandflächen, häufig auch im Bereich der Riffkante. Vom Flachwasser bis in ca. 25 m Tiefe. Indopazifik einschließlich Malediven.

Biologie: Die Art ernährt sich von einer großen Palette von bodenlebenden und planktischen Krebstieren sowie von kleinen Fischen und Foraminiferen.

Aquarienhaltung: Alle Vertreter der Gattung *Thalassoma* sind unermüdliche Schwimmer, denen man selbst in sehr großen Becken nicht den für ihr Wohlbefinden unbedingt erforderlichen Schwimmraum bieten kann. Deshalb sollte man auf ihre Pflege im Aquarium verzichten.

Thalassoma klunzingeri
(Fowler & Steinitz, 1956)
Regenbogen-Lippfisch

Erkennungsmerkmale: Größe bis 20 cm. Körper langgestreckt. Färbung mit verschiedenen, ineinander übergehenden Pastelltönen. Grundfärbung weißlich bis grünlichblau mit einem kräftig orangefarbenen Längsstreifen in der Mitte der Körperseiten. Obere Körperhälfte mit rosafarbenen bis violetten Querstreifen, die in der vorderen Körperhälfte den orangefarbenen Längsstreifen schneiden, ihn in der hinteren zumindest berühren, Rücken mit ebenso gefärbten Längsstreifen, unterhalb des orangefarbenen Längsstreifens zwei blaß rosa bis violett gefärbte Längsstreifen. Kopf rosa, teilweise in Orange übergehend, mit grünen bis gelblichgrünen gewundenen Streifen. Afterflosse gelb, Rückenflosse gelb und rosa bis orange längsgestreift, oberer und unterer Rand der Schwanzflosse rosa bis rotorange. Weibchen und Primärmännchen weniger farbenprächtig und blasser.

Verwechslungsmöglichkeiten: Nicht vorhanden. Außerhalb des Roten Meeres lebt der nah verwandte, sehr ähnlich gefärbte Rotstreifen-Lippfisch *T. quinquevittatum*.

Lebensraum: Verschiedene Riffbereiche. Bereits ab dem Flachwasser bis in mindestens 20 m Tiefe. Rotes Meer.

Biologie: Einzelne Exemplare dieser Art können sehr zutraulich sein und Taucher bzw. Tauchergruppen längere Zeit umschwimmen. Dabei kann es sogar vorkommen, daß die Tiere immer wieder unmittelbar vor die Maske eines Tauchers schwimmen und dort kurz verharren, als ob es dort etwas besonders Interessantes zu sehen gäbe.

Aquarienhaltung: Siehe Sechsstreifen-Lippfisch *T. hardwickii.*

Thalassoma lunare
(Linnaeus, 1758)
Mondsichel-Lippfisch

Erkennungsmerkmale: Größe bis ca. 25 cm. Körper langgestreckt. Färbung der initialen Phase (Jungtiere, Weibchen und Primärmännchen) grün mit rötlichen kleinen Flecken bis Querstreifen auf den Körperseiten und rosa- bis orangefarbener Zeichnung am Kopf, Brustflosse rosa mit dunkelblauer Umrandung, Schwanzwurzel und Schwanzflosse oben und unten ebenfalls rosa gefärbt. Terminale Phase (Sekundärmännchen) intensiver gefärbt, je nach Stimmung kräftig grün bis dunkelblau mit intensiverer Zeichnung an Kopf und Körper als bei der initialen Phase, Schwanzflosse tief mondsichelförmig ausgezogen mit intensiv gelber Färbung. Jungtiere mit je einem schwarzen Fleck in der Mitte der Rückenflossenbasis und beidseits auf der Schwanzwurzel.

Verwechslungsmöglichkeiten: Nicht vorhanden.

Lebensraum: Verschiedene Riffbereiche, oft auch in sehr bewegten Zonen. Vom Flachwasser bis in ca. 20 m Tiefe. Rotes Meer und Indopazifik einschließlich Malediven.

Biologie: Die Art kann in der Regel in mehr oder weniger großen Gruppen angetroffen werden. Dabei handelt es sich für gewöhnlich um ein prächtig gefärbtes, territoriales Sekundärmännchen mit einer unterschiedlichen Anzahl von Tieren der initialen Phase. Die Tiere ernähren sich vor allem von verschiedenen Krebstieren, Fischeiern und den Eigelegen verschiedener Schnecken. Sie sollen auch kleinen Fischen nachstellen. Darüber hinaus betätigen sie sich auch regelmäßig als Putzer, wobei sie für Taucher ausgesprochen aufdringlich werden können. Ihm gegenüber zeigen sie auch sonst keinerlei Scheu.

Aquarienhaltung: Siehe Sechsstreifen-Lippfisch *T. hardwickii.*

Thalassoma quinquevittatum
(Lay & Bennett, 1839)
Rotstreifen-Lippfisch

Erkennungsmerkmale: Größe bis ca. 17 cm. Körper langgestreckt. Färbung sehr attraktiv. Grundfärbung der initialen Phase (kleines Foto) grün mit zwei sehr unregelmäßigen rosa- bis orangefarbenen Längsstreifen auf den Körperseiten, die teilweise durch feine Querstriche miteinander verbunden sind, so daß isolierte grüne Querbalken zwischen den Längsstreifen entstehen. Kopf rosa- bis orangegefärbt mit gewundenen grünen Streifen. Grundfärbung der terminalen Phase gelb, am Schwarz und am Kopf in Türkis übergehend, Längsstreifen violett gefärbt. Kopf ebenfalls violett mit gewundenen grünlichen bis türkisfarbenen Streifen. Jungtiere mit einer Reihe von kleinen schwarzen Flecken entlang der Rückenflossenbasis.

Verwechslungsmöglichkeiten: Nicht vorhanden. Im Roten Meer lebt der nahverwandte, sehr ähnlich gefärbte Regenbogen-Lippfisch *T. klunzingeri*. Die Gattung umfaßt insgesamt 22 Arten, von denen vier im Atlantik, drei im östlichen Pazifik und der Rest im Indopazifik vorkommen.

Lebensraum: Verschiedene Riffbereiche, in flachen Bereichen von exponierten Außenriffbereichen häufig. Meist im Flachwasser, selten auch bis ca. 18 m Tiefe. Indopazifik einschließlich Malediven.

Biologie: Die Art ernährt sich hauptsächlich von verschiedenen kleinen bodenlebenden Krebstieren, frißt aber auch Fische, Schnecken und Stachelhäuter.

Aquarienhaltung: Siehe Sechsstreifen-Lippfisch *T. hardwickii*.

Labroides bicolor
(Fowler & Bean, 1928)
Zweifarben-Putzerfisch

Erkennungsmerkmale: Größe bis ca. 14 cm. Körper langgestreckt. Färbung der Weibchen grau mit je einem schwarzen Längsstreifen im vorderen Teil der Körperseiten, hinterer Teil des Körpers und Schwanzflosse weiß bis gelblich. Männchen mit blauem Kopf und Vorderkörper und schwarzem Längsstreifen im vorderen Teil der Körperseiten, hinterer Teil des Körpers und Schwanzflosse gelb gefärbt. Jungtiere sind gelbschwarz gestreift.
Verwechslungsmöglichkeiten: Die Gattung umfaßt insgesamt fünf Arten, die alle im Indopazifik vorkommen. Diese Art ist recht gut an ihrer Färbung zu erkennen.
Lebensraum: Verschiedene Riffbereiche. Meist unterhalb von ca. 2 m bis in mindestens 40 m Tiefe. Indopazifik einschließlich Malediven.
Biologie: Junge und halbwüchsige Tiere betreiben im Bereich von Überhängen oder ähnlich markanten Stellen Putzstationen. Erwachsene Tiere dagegen ziehen einzeln oder paarweise auf der Suche nach möglichen Putzkunden weite Strecken durchs Riff. Putzerfische suchen die Körperoberfläche ihrer Kunden sorgfältig nach Parasiten ab und schwimmen sogar unbehelligt in das weit geöffnete Maul von großen »Raub«-Fischen hinein, um die empfindlichen Kiemen von lästigen Schmarotzern zu befreien. Da vom Putzverhalten sowohl Putzer als auch Kunden profitieren, handelt es sich um eine Symbiose. Siehe auch die Beschreibungen der anderen Putzerfisch-Arten.
Aquarienhaltung: Auch im Aquarium putzt diese Art andere Fische, allerdings kann sie davon nicht leben. Die Gewöhnung an Ersatzfutter in Form von Artemien und Flockenfutter soll manchmal Probleme bereiten.

Labroides dimidiatus
(Valenciennes, 1839)
Gewöhnlicher Putzerfisch

Erkennungsmerkmale: Größe bis 11,5 cm. Körper langgestreckt, mit kleinem endständigem Maul. Färbung gelblichgrau (vorne) bis hellblau (hinten) mit einem schwarzen Längsstreifen auf den Körperseiten. Jungtiere schwarz mit einem leuchtend blauen Längsstreifen auf den Körperseiten.

Verwechslungsmöglichkeiten: Häufigste und bekannteste Art der Gattung. Kann mit dem fast identisch gefärbten Falschen Putzerfisch *Aspidonotus taeniatus,* einem Säbelzahn-Schleimfisch, verwechselt werden, der sich jedoch durch sein großes, unterständiges Maul deutlich unterscheidet.

Lebensraum: In nahezu allen Bereichen von Korallenriffen. Vom Flachwasser bis in mehr als 40 m Tiefe. Rotes Meer und Indopazifik einschließlich Malediven.

Biologie: Die Art betreibt meist paarweise Putzstationen an markanten Stellen (z.B. Vorsprüngen, Überhängen etc.) im Riff. Durch besondere, tänzelnde Schwimmbewegungen werden andere Fische aufgefordert, die charakteristische Putzhaltung einzunehmen und die Putzprozedur über sich ergehen zu lassen. Putzerfische haben eine große Bedeutung für den Gesundheitszustand der anderen Fische im Korallenriff. Aber auch viele Fischarten des Freiwassers suchen regelmäßig Putzstationen im Riff auf, um sich »verarzten« zu lassen. Diese Art wird von dem Säbelzahn-Schleimfisch *A. taeniatus* nachgeahmt, der sich durch seine täuschend ähnliche Färbung und ein ähnliches Verhalten wie sein Vorbild seinen »Kunden« nähern kann, um ihnen Stücke aus ihren Flossen und ihrer Haut herauszubeißen. Siehe auch die Beschreibungen der anderen Putzerfische.

Aquarienhaltung: Gut geeignet, nimmt leicht Ersatzfutter an.

Labropsis xanthonota
(Randall, 1981)
Keilschwanz-Putzerfisch

Erkennungsmerkmale: Größe bis ca. 12 cm. Körper langgestreckt. Jungtiere schwarz mit einigen feinen weißen Längsstreifen. Weibchen bekommen einen gelblichen Rücken. Männchen mit je einem leuchtend gelben Fleck in den Schuppen, blauen Streifen am Kopf und einem hellblauen bis weißen, keilförmigen Fleck in der Schwanzflosse.
Verwechslungsmöglichkeiten: Keine.
Lebensraum: Korallenreiche Lagunen und Außenriffe. Meist unter 7 m bis in ca. 55 m Tiefe. Indopazifik einschließlich Malediven.
Biologie: Die Art ist vergleichsweise selten und meist einzeln anzutreffen. Wie bei der vorangegangenen Art putzen nur die Jungtiere, während sich die Erwachsenen hauptsächlich von Korallenpolypen ernähren.
Aquarienhaltung: Nicht geeignet. Nahrungsspezialist!

Larabicus quadrilineatus
(Rüppell, 1835)
Blauer Rotmeer-Putzerfisch
(kleines Foto)

Erkennungsmerkmale: Größe bis 11,5 cm. Körper langgestreckt. Jungtiere und Weibchen dunkelblau mit zwei leuchtend blauen Längsstreifen auf den Körperseiten, Männchen verlieren die Längsstreifen, bekommen aber einen gewellten blauen Streifen unterhalb der Augen.
Verwechslungsmöglichkeiten: Nicht vorhanden, einzige Art der Gattung.
Lebensraum: Verschiedene Riffbereiche. Bereits ab geringer Tiefe. Rotes Meer und Golf von Anden.
Biologie: Nur Jungtiere betätigen sich als Putzerfische. Erwachsene Tiere ernähren sich wahrscheinlich hauptsächlich von Korallenpolypen.
Aquarienhaltung: Nicht bekannt.

Familie Scaridae (Papageienfische)

Die Papageifische wurden lange Zeit mit den sehr nah verwandten Lippfischen zu einer gemeinsamen Familie zusammengefaßt. Heute werden sie in eine eigene Familie mit zwei Unterfamilien gestellt und sind mit ungefähr 80 Arten in allen tropischen und subtropischen Meeren vertreten. Sie zeichnen sich durch einen kräftigen Körper aus, der mit großen, oft sehr attraktiv gefärbten Schuppen bedeckt ist. Ihrer meist sehr bunten und prächtigen Färbung verdanken sie auch, zumindest teilweise, ihren deutschen Namen. Ein weiteres gemeinsames Merkmal ist ihr papageischnabelähnliches Gebiß, durch das sie sich deutlich von den nahverwandten Lippfischen unterscheiden. Dieses Gebiß besteht oft aus zu wenigen Zahnplatten verschmolzenen Zähnen und ist ein wichtiges Bestimmungsmerkmal für die Art- bzw. Gattungszugehörigkeit. Alle Arten besitzen, wie auch die Lippfische, eine lange, durchgehende Rückenflosse. Neben äußerlichen Ähnlichkeiten weisen aber auch die »labriforme« Schwimmweise der Papageifische und die Geschlechtsumwandlung vom Weibchen zum Männchen auf die nahe Verwandtschaft mit den Lippfischen hin. Mit der Geschlechtsumwandlung geht fast immer auch ein geradezu dramatischer Farbwechsel einher. Da sich in einigen Fällen auch die Jungtiere in ihrer Färbung unterscheiden, glaubte man früher, viele verschiedene Papageifischarten beschrieben zu haben. Neben den Färbungen von Jungtieren, Weibchen und Männchen treten auch alle Übergangsfärbungen und geographisch bedingte Variationen auf, wodurch die exakte Artbestimmung nur nach der Färbung trotz der vergleichsweise geringen Artenzahl oft schwierig ist. Ihre Nahrung besteht aus Algen, die sie mit ihrem Gebiß vom Untergrund abschaben. Dabei aufgenommener Korallenkalk wird fein pulverisiert wieder ausgeschieden. Papageifische sind aufgrund ihrer Nahrungsansprüche und ihrer Größe nicht für die Aquarienhaltung geeignet.

Cetoscarus bicolor
(Rüppell, 1829)
Masken-Papageifisch

Erkennungsmerkmale: Größe bis ca. 90 cm. Körper kräftig mit sehr großen Schuppen. Erwachsene Tiere stets mit mondsichelförmig eingebuchteter Schwanzflosse. Färbung der initialen Phase (Weibchen und Primärmännchen, kleines Foto linke Seite) grünlichbraun mit schwarz gerandeten Schuppen und dunklen Punkten und gelblichem bis gelblichgrauem Rücken, Kopf meist rötlichbraun. Terminale Phase (Sekundärmännchen, großes Foto diese Seite) grünblau mit orange bis rosa gerandeten Schuppen und ebenso gefärbten Punkten an Kopf und Vorderkörper. Jungtiere (kleines Foto diese Seite) weiß bis beige gefärbt mit einem breiten, orange gefärbten Querband (Maske) am Kopf, das nach vorne und hinten schwarz abgesetzt ist, einem orange umrandeten schwarzen Fleck in der Rückenflosse und zwei orange gefärbten Bereichen in der Schwanzflosse.

Verwechslungsmöglichkeiten: Bei allen Altersstufen nicht vorhanden.

Lebensraum: Klare Lagunen und Außenriffbereiche. Vom Flachwasser bis in mindestens 30 m Tiefe. Rotes Meer und Indopazifik einschließlich Malediven.

Biologie: Jungtiere dieser Art halten sich, was ungewöhnlich für Papageifische ist, stets einzeln im Schutz von Korallen auf. Ausgewachsene Männchen sind meist territorial und fast immer mit einem oder mehreren Weibchen zusammen anzutreffen. Dabei scheinen sie die oberen Bereiche von steilen Korallenhängen zu bevorzugen. Die Tiere sind meist recht scheu und lassen sich aufgrund ihrer großen Fluchtdistanz nur schwer fotografieren. Sie verbringen die Nacht im Schutz von Spalten, die sie oftmals über längere Zeit jede Nacht wieder aufsuchen, fertigen sich aber keinen »Schleim-Schlafsack« zum Schutz vor möglichen Freßfeinden an. Die Nachtfärbung (großes Foto linke Seite, Weibchen) ist meist prächtiger als die Tagfärbung.

Hipposcarus harid
(Forsskål, 1775)
Indischer Langnasen-Papageifisch

Erkennungsmerkmale: Größe bis ca. 75 cm. Körper kräftig mit deutlich zugespitztem Kopf. Das Gebiß wird völlig oder fast völlig von den Lippen verdeckt. Schwanzflosse stets mondsichelförmig eingebuchtet, bei terminalen Männchen sind der obere und der untere Rand besonders lang ausgezogen. Färbung der initialen Phase (kleines Foto) hellbraun bis hellbeige, zum Bauch hin in Weiß übergehend, Flossen blaß gelblichblau bis hellblau, meist mit leuchtend hellblauem Rand. Terminale Männchen (großes Foto) grünlich mit orange bis rosa geränderten Schuppen (außer im Brust- und Bauchbereich), Kopf und Vorderkörper teilweise blaß orange gefärbt, Flossen gelblichorange bis rosa gefärbt mit leuchtendblauem Rand und blauer Zeichnung, mittlerer Teil der Schwanzflosse fast völlig blau.

Verwechslungsmöglichkeiten: Die Gattung umfaßt noch eine weitere sehr ähnliche Art. Der Pazifische Langnasen-Papageifisch *H. longiceps* (Valenciennes, 1839), der nur im westlichen Zentralpazifik vorkommt, unterscheidet sich sowohl leicht in seiner Färbung als auch durch einige morphologische Merkmale vom Indischen Langnasen-Papageifisch. Eine Verwechslungsgefahr ist aufgrund der verschiedenen Verbreitungsgebiete nicht gegeben.

Lebensraum: Meist in geschützten Riffbereichen (Lagunen), häufig über Sandflächen in der Nähe des Riffs. Bereits ab dem Flachwasser. Rotes Meer und Indischer Ozean einschließlich Malediven.

Biologie: Die Art kann meist in kleinen Gruppen bestehend aus einem terminalen Männchen und mehreren kleineren Tieren mit der initialen Färbung angetroffen werden. Die Tiere verbringen die Nacht stets ohne Schleimhülle auf dem Boden liegend, gegen Korallen oder Felsen gelehnt (großes Foto) oder in Spalten.

Scarus ferrugineus
(Forsskål, 1775)
Rost-Papageifisch

Erkennungsmerkmale: Größe bis ca. 41 cm. Die Schwanzflosse der Weibchen ist meist schwach abgerundet, die der Männchen ist am oberen und unteren Rand leicht ausgezogen. Färbung der Weibchen (kleines Foto) rötlichbraun bis braun mit dunkelbraunen Querbändern, zum Schwanz hin in ein leuchtendes Gelb übergehend. Kopf der Männchen (großes Foto) gelblichorange bis olivgrün gefärbt mit einer grünblauen »Maske«, die vom Maul bis zu den Augen reicht, Oberlippe mit einem rosa bis violett gefärbten Streifen, Zahnplatten dunkelblau bis blaugrün. Die Färbung des Kopfes geht am Körper in eine grünblaue bis blauviolette Färbung über, wobei der Vorderrand der Schuppen rosa gefärbt ist. Die Schuppen im Bereich der Schwanzwurzel sind grün gefärbt. Flossen rosa bis hellviolett mit grünlichblau bis blau gefärbtem Rand.

Verwechslungsmöglichkeiten: Sowohl bei den Weibchen als auch bei den Männchen nicht vorhanden.

Lebensraum: Verschiedene Riffbereiche. Bereits vom Flachwasser bis in mindestens 60 m Tiefe. Rotes Meer und Golf von Aden.

Biologie: Bei dieser Art handelt es sich um eine der häufigsten Papageifischarten des Roten Meeres. Untersuchungen zufolge scheint es bei ihr nur primäre Weibchen und sekundäre Männchen zu geben. Die Männchen beanspruchen Reviere von ca. 20 bis 50 m Durchmesser mit einem Harem von Weibchen für sich. Es konnte beobachtet werden, daß das Ablaichen paarweise stattfindet. Rost-Papageifische verbringen die Nacht im Schutz von Spalten, unter Überhängen oder zwischen Korallenblöcken, wobei der Autor nie beobachten konnte, daß sie eine Schleimhülle produzierten.

Scarus frenatus
(Lacepède, 1802)
Grünbürzel-Papageifisch
(großes Foto)

Erkennungsmerkmale: Größe bis ca. 47 cm. Färbung der initialen Phase gelblichbraun bis rotbraun mit fünf bis sieben dunklen Längsstreifen im hinteren Teil der Körperseiten, Bauch-, After-, Rücken- und Schwanzflossen rot bis orange gefärbt. Terminale Männchen grün mit orangebrauner bis olivgrüner Zeichnung, die auf der Oberseite des Kopfes flächendeckend werden kann, unterhalb der Augen beidseits ein grüner Längsstreifen ohne Zeichnung, der vom Maul bis zum Ansatz der Brustflossen reicht, Oberlippe und Kinn mit je einem orange- bis lachsfarbenen Streifen, Schwanzwurzel und Schwanzflosse leuchtend bläulichgrün mit blauviolettem Halbmond in der Schwanzflosse, Brustflossen grün mit je einem violetten Streifen vom Ansatz bis zur Spitze.

Verwechslungsmöglichkeiten: Keine. Die initiale Phase des bis mindestens 40 cm großen Dreifarbigen Papageienfisches *S. tricolor* Bleeker, 1847 (kleines Foto), der ebenfalls auf den Malediven vorkommt, zeigt eine gewisse Ähnlichkeit mit der initialen Phase dieser Art. Sie unterscheidet sich jedoch eindeutig durch die weißen Zahnplatten und die in allen Regenbogenfarben schillernden Schuppen.

Lebensraum: Meist an Außenriffbereichen, Jungtiere im Schutz von Korallen oder Schotter in klaren Lagunenriffen. Bereits unterhalb von ca. 2 m bis in mindestens 25 m Tiefe. Rotes Meer und Indopazifik einschließlich Malediven.

Biologie: Diese Art verbringt die Nacht im Schutz von Löchern und Spalten, wobei die Tiere Beobachtungen des Autors zufolge niemals eine Schleimhülle zum Schutz vor möglichen Freßfeinden produzierten. Tagsüber sind sie in der Regel nur einzeln anzutreffen.

Scarus ghobban
(Forsskål, 1775)
Blauband-Papageifisch

Erkennungsmerkmale: Größe bis ca. 75 cm. Färbung der initialen Phase (kleines Foto) gelblich bis gelblichorange mit je einem unterschiedlich großen blauen Fleck auf den Schuppen, der meist im Bereich von fünf unregelmäßigen blauen Querbändern am größten ist, Kopf gelblich mit blauer Zeichnung. Terminale Phase (großes Foto) gelblichgrün bis grün gefärbt mit grünblau gemusterten Schuppen, Kopf und Maul mit grünblauer Zeichnung, Flossen kräftig blau gerandet.

Verwechslungsmöglichkeiten: Die initiale Phase ist unverwechselbar. Die terminale Phase soll der von *S. forsteni* (Bleeker, 1861) ähneln, der aber nur im westlichen Zentralpazifik vorkommt.

Lebensraum: Verschiedene flache Riffbereich und freie Sandflächen in Lagunen und Buchten, häufig auch in trübem Wasser. Vom Flachwasser bis in ca. 30 m Tiefe. Rotes Meer und Indopazifik einschließlich Malediven.

Biologie: Diese Art ist die am weitesten verbreitete Papageifischart überhaupt. Tiere aus dem Pazifischen Ozean, vor allem die terminalen Männchen, sollen etwas anders gefärbt sein. Insgesamt wurden dieser Art 20 verschiedene wissenschaftliche Namen gegeben, von denen aber nur der erste gültig ist. Jungtiere halten sich häufig in Gruppen auf, während erwachsene Tiere meist einzeln anzutreffen sind. Ihre Nahrung besteht hauptsächlich aus verschiedenstem Algenaufwuchs, den sie mit ihrem papageiartigen Gebiß vom Untergrund abkratzen. Vom Autor während der Nacht beobachtete Tiere schliefen stets im Schutz von Spalten und besaßen keine Schleimhülle zum Schutz vor möglichen Freßfeinden. Ihre Färbung war rauchig überzogen.

Scarus gibbus
(Rüppell, 1829)
Rotmeer-Buckelkopf-Papageifisch

Erkennungsmerkmale: Größe bis ca. 70 cm. Terminale Männchen (linkes Foto) mit ausgeprägtem Stirnbuckel. Grundfärbung der initialen Phase (Foto oben rechts) gelblichbraun bis orangebraun, zum Bauch hin in Grün übergehend, jede Schuppe mit einem schmalen hellroten bis orangen Hinterrand, unteres Drittel des Kopfes und Oberlippe grünblau, Augen mit unregelmäßigem grünblauem Ring, Zahnplatten dunkel grünlichblau, Flossen mit blauem Rand. Grundfärbung der terminalen Phase grün bis blauviolett mit je einem rosa bis orange gefärbten Längsstreifen auf jeder Schuppe, Bauch grün, unteres Drittel des Kopfes und der Oberlippe grünblau. Jungtiere dunkelbraun mit drei weißlichen bis gelblichen Längsstreifen auf Kopf und Körper.

Verwechslungsmöglichkeiten: Bis vor kurzem hielt man den sehr nahverwandten Indischen Buckelkopf-Papageifisch *S. strongylocephalus* Bleeker, 1854, aus dem Indischen Ozean einschließlich der Malediven, bei dem die initiale Phase (Foto unten rechts) rot gefärbt ist, nur für eine Unterart von *S. gibbus*. Nach neueren Erkenntnissen handelt es sich bei den ebenfalls bis zu 70 cm großen Tieren aber um eine eigene Art.

Lebensraum: Stets im klaren Wasser von Lagunen und verschiedenen anderen Riffbereichen. Meist unterhalb von ca. 2 m bis in mehr als 35 m Tiefe. Rotes Meer.

Biologie: Diese Art produziert einige Zeit nach Einbruch der Dunkelheit eine Schleimhülle, die den gesamten Körper umgibt. Der Schleim wird von Drüsen hinter den Kiemendeckeln gebildet und mit dem Atemwasser ausgeschieden, bis der Körper vollständig eingehüllt ist. Er bietet während der Nacht einen sehr wirkungsvollen Schutz gegen nachtaktive Freßfeinde, die sich geruchlich orientieren, z. B. gegen Muränen.

Scarus niger
(Forsskål, 1775)
Dunkler Papageifisch

Erkennungsmerkmale: Größe bis ca. 40 cm. Grundfärbung der initialen Phase (kleines Foto) rötlichbraun, Schuppen der Körperseiten grau bis bläulichgrau mit dunkler Punkt- und/oder Streifenzeichnung, Kopf mit dunkelgrünen Streifen im Bereich der Lippen und des Kinns, Zahnplatten bläulich bis blaugrün. Terminale Phase (großes Foto) dunkelgrün. Schuppen mit schmalem, rot bis violett gefärbten Hinterrand und teilweise mit ebenso gefärbten Punkten. Kopf mit grünen Streifen wie bei der initialen Phase, Lippen orange gefärbt, hinter den Augen je ein unregelmäßiger länglicher dunkelgrüner Fleck, der in einem kleinen, leuchtend gelben Fleck enden kann. Jungtiere dunkelbraun mit kleinen, leuchtend blauen Flecken, Schwanzflosse weißlich mit einem weißen Band an der Basis und je einem schwarzen Fleck auf der Ober- und Unterseite.

Verwechslungsmöglichkeiten: Nicht vorhanden. Anders als bei der Population aus dem westlichen Indischen Ozean und dem Roten Meer soll es bei der Population aus dem östlichen Indischen Ozean und dem Pazifik nur eine geschlechtsunabhängige Farbform geben, die der oben beschriebenen terminalen Phase gleicht.

Lebensraum: Verschiedene Riffbereiche mit reichem Korallenwuchs. Meist unterhalb von ca. 2 m bis in ca. 15 m Tiefe. Rotes Meer und Indopazifik einschließlich Malediven.

Biologie: Untersuchungen zufolge scheint es sich bei Tieren der initialen Phase stets um Weibchen und bei Tieren der terminalen Phase stets um Männchen zu handeln. Die Tiere sind in der Regel nur einzeln anzutreffen. Männchen beanspruchen einen kleinen Harem. Es konnte beobachtet werden, daß das Ablaichen paarweise erfolgt.

Scarus rubroviolaceus
(Bleeker, 1847)
Nasenhöcker-Papageifisch

Erkennungsmerkmale: Größe bis ca. 66 cm. Ausgewachsene Männchen stets mit einem ausgeprägten Nasenhöcker (Name!). Grundfärbung der initialen Phase (großes Foto) gelblichgrau mit schwarzer Flecken-, Streifen- bis Netzzeichnung, Spitze des Kopfes, Kehle und Bauch rot gefärbt, Zahnplatten weiß bis hell rötlich. Terminale Phase (kleines Foto) gelblichgrün gefärbt, zum Kopf, Bauch und Schwanz in Hellblau übergehend, Kopf im Bereich der Augen und des Mauls mit grünblauer Streifenzeichnung, Zahnplatten dunkel blaugrün.
Verwechslungsmöglichkeiten: Nicht vorhanden. Bei Tieren aus dem Pazifik sind der Kopf und das vordere Körperdrittel übergangslos dunkler als der Rest des Körpers.
Lebensraum: Außenriffbereiche. Vom Flachwasser bis in mehr als 30 m Tiefe. Indopazifik einschließlich Malediven.

Biologie: Auch bei dieser Art scheint es sich bei Tieren der initialen Phase stets um Weibchen und bei Tieren der terminalen Phase stets um Männchen zu handeln. Die Zahnplatten vieler Papageifische erregen bei manchen Botanikern großes Interesse. Auf ihnen wachsen nämlich oftmals verschiedene, spezialisierte Algenarten.
Wenn Papageifische mit ihrem papageiartigen Gebiß Algen vom Untergrund abkratzen oder Korallenäste abknabbern, dann erzeugen sie dabei ganz charakteristische Geräusche, die man als Taucher unter Wasser sehr gut hören kann.

Scarus sordidus
(Forsskål, 1775)
Kugelkopf-Papageifisch

Erkennungsmerkmale: Größe bis ca. 40 cm. Färbung der initialen Phase variabel, dunkelbraun, oft mit zwei Längsreihen von fünf bis sechs kleinen weißen Punkten auf den Körperseiten, die kleiner als die Augen sind, Schwanzwurzel und Basis der Schwanzflosse oftmals weißlich mit einem runden dunkelbraunen bis schwarzen Fleck. Der Kopf und/oder der vordere Teil des Körpers können heller gefärbt sein als der Rest des Körpers; Schuppen in diesem Bereich dann mit orangebraunem Rand. Terminale Phase (Foto) blaugrün mit rosa bis violett gerandeten Schuppen, Schwanzwurzel einheitlich grünlich, Kopf grün bis grünblau mit orange (Rotes Meer, Foto) oder grün (Indischer Ozean) gefärbten Wangen, Maul und Kinn rosa mit breiten blaugrünen Bändern.

Verwechslungsmöglichkeiten: Nicht bekannt.

Lebensraum: Verschiedene Riffbereiche, kleine Jungtiere meist zwischen Korallengeröll auf dem Riffdach und in Lagunen. Vom Flachwasser bis in mehr als 25 m Tiefe. Rotes Meer und Indopazifik einschließlich Malediven.

Biologie: Diese Art legt wie viele andere Arten große Strecken zwischen Schlafplatz und Futterplatz zurück. Das Ablaichen kann sowohl paarweise (initiales Weibchen und terminales Männchen) als auch in Gruppen von initialen Tieren erfolgen. Wie die meisten kleineren Papageifischarten produziert diese Art einige Zeit nach Einbruch der Dunkelheit einen »Schleimschlafsack« zum Schutz gegen mögliche nachtaktive Freßfeinde. Er stellt einen wirkungsvollen chemisch neutralen »Mantel« dar, was durch Untersuchungen im Aquarium nachgewiesen werden konnte. Stößt z. B. eine Muräne gegen die weit um den Körper liegende Schleimhülle, werden bei ihr keine Schnappbewegungen ausgelöst.

Scarus scaber
(Valenciennes, 1840)
Fünfsattelfleck-Papageifisch

Erkennungsmerkmale: Größe bis ca. 37 cm. Oberes Körperdrittel der initialen Phase (kleines Foto) grau mit vier gelben Querstreifen oder Flecken, die unteren beiden Körperdrittel gelblichweiß bis hellgrau mit schmalen, dunklen Schuppenrändern, Kopf dunkelgrau bis oliv mit gelblichen Wangen. Vordere Hälfte der oberen Körperhälfte der terminalen Phase (großes Foto) grauviolett, Rest des Körpers grün bis blaugrün, Schuppen lachsfarben bis rosa gerandet, Kopf mit einem unregelmäßigen grünblauen Längsband unterhalb der grauvioletten Zone.

Verwechslungsmöglichkeiten: Der nah verwandte, sehr ähnlich gefärbte *Scarus dimidiatus* Bleeker, 1859 kommt nur im westlichen Zentralpazifik vor.

Lebensraum: Vorwiegend geschützte Riffbereiche, wie z.B. Lagunen und Buchten. Vom Flachwasser bis in geringe Tiefe. Westlicher Indischer Ozean einschließlich Malediven, eventuell auch im südlichen Teil des Roten Meeres.

Biologie: Tiere der initialen Phase dieser Art können sowohl Weibchen als auch primäre Männchen sein. Mehrfach konnte beobachtet werden, wie ein Paar aus einem Tier der initialen Phase und einem der terminalen Phase gemeinsam ablaichten. Das paarweise Ablaichen kann schon in flachem Wasser von nur 1,5 m Tiefe stattfinden.

Scarus caudofasciatus
(Günther, 1862)
Gebänderter Papageifisch
(großes Foto)

Erkennungsmerkmale: Größe bis mindestens 50 cm. Färbung der vorderen Körperhälfte der initialen Phase (Foto) dunkel rotbraun, hintere Körperhälfte weiß bis hellrot mit drei leicht nach vorne gewölbten, dunkel rotbraunen Querbinden. Rücken-, Schwanz- und Afterflosse rot, Zahnplatten weiß bis hellrot. Terminale Männchen blaugrün gefärbt mit blaß lachsfarben gerandeten Schuppen und einer intensiv blaugrünen Zeichnung am Kopf, Zahnplatten tief blaugrün.
Verwechslungsmöglichkeiten: Zumindest bei der initialen Phase nicht vorhanden.
Lebensraum: Verschiedene Außenriffbereiche. Meist unterhalb von ca. 10 m bis in mindestens 40 m Tiefe. Westlicher Indischer Ozean einschließlich Malediven.
Biologie: Keine Besonderheiten.

Calotomus viridescens
(Rüppell, 1835)
Gepunkteter Papageifisch
(kleines Foto)

Erkennungsmerkmale: Größe bis ca. 27 cm. Initiale Phase grau-braun gesprenkelt mit zahlreichen sehr kleinen schwarzen Flecken im Bereich der Kiemendeckel. Terminale Männchen grünlich-grau gesprenkelt mit schwarzen Flecken im Bereich der Kiemendeckel und orangeroten Flecken in der unteren Körperhälfte. Kopf matt blaugrün mit orangeroten Flecken und ebenso gefärbten, strahlenförmig um die Augen angeordneten Streifen. Nachtfärbung siehe Foto.
Verwechslungsmöglichkeiten: Die Gattung umfaßt insgesamt fünf Arten. Sie unterscheidet sich von anderen Gattungen dadurch, daß die Zähne nicht zu Zahnplatten verschmolzen sind sondern einzeln stehen.
Lebensraum: Verschiedene Riffbereiche. Bereits ab geringer Tiefe. Rotes Meer.
Biologie: Keine Besonderheiten.

Familie Pinguipedidae (Sandbarsche)

Die Familie Sandbarsche umfaßt ca. 60 Arten aus drei Gattungen, von denen nur die Gattung *Parapercis* im Indopazifik vorkommt. Aus dem Roten Meer sind drei verschiedene Arten bekannt, von denen die auf der nächsten Seite beschriebene die wohl häufigste darstellt. Die Vertreter dieser Gattung zeichnen sich durch einen langgestreckten, fast zylindrischen Körper mit kleinen Schuppen aus. Ihr Kopf läuft spitz zu und ist mit einem vergleichsweise großen Maul mit wulstigen Lippen ausgestattet. Ein weiteres gemeinsames Erkennungsmerkmal sind die deutlich hervorstehenden Augen. Die Grundfärbung fast aller Arten ist sandfarben bis beige mit einem dunklen art- und geschlechtsspezifischen Fleckenmuster. Sandbarsche können eine Geschlechtsumwandlung vom Weibchen zum Männchen durchmachen, wobei sich bei den meisten Arten auch die Färbung bzw. das Fleckenmuster verändert. Sandbarsche sind meist auf Sand- und Geröllböden anzutreffen, manche Arten leben aber auch auf felsigem Untergrund oder Korallen. Viele Arten sind bereits ab dem Flachwasser zu beobachten, einige leben aber auch in Tiefen zwischen 100 bis 360 m. Die Tiere ernähren sich räuberisch von verschiedenen kleinen Fischen und Niederen Tieren. Sie sind typische Lauerjäger, die stundenlang reglos auf dem Boden liegen können, wobei sie sich fast immer mit ihren Bauchflossen vom Boden abstützen, so daß ihr Kopf etwas hochgehoben wird. Männchen beanspruchen ein Revier mit einem Harem, das sie gegen Artgenossen verteidigen. In den Tropen findet das Ablaichen während des ganzen Jahres kurz vor Sonnenuntergang statt. Die befruchteten Eier treiben im Plankton, die Larvenphase dauert ein bis zwei Monate.

Das Foto auf dieser Seite zeigt *Parapercis bivittata* von den Malediven.

Parapercis hexophthalma
(Ehrenberg, 1829)
Schwanzfleck-Sandbarsch

Erkennungsmerkmale: Größe bis ca. 25 cm. Färbung sandfarben mit kleinen dunkelbraunen Flecken auf dem Rücken und den Körperseiten und einem großen schwarzen Fleck in der Schwanzflosse, Weibchen (kleines Foto) mit kleinen dunkelbraunen Flecken auch am Kopf, Männchen (großes Foto) mit feinen, ebenfalls dunkelbraunen Schrägstreifen am Kopf und einer Längsreihe von drei gelbgerandeten, schwarzen Flecken beidseits oberhalb des Ansatzes der Afterflosse.

Verwechslungsmöglichkeiten: Nicht vorhanden. Diese Art ist gut an ihrer Zeichnung und dem großen schwarzen Fleck in der Schwanzflosse zu erkennen. Die Bestimmung von anderen Arten der Gattung anhand ihres Fleckenmusters kann durch die Geschlechtsumwandlung und den damit verbundenen Farb- bzw. Musterwechsel erschwert werden. Auf den ersten Blick werden Sandbarsche manchmal mit Eidechsenfischen der Familie Synodontidae verwechselt, die jedoch ein größeres Maul mit deutlich sichtbaren spitzen Zähnen besitzen.

Lebensraum: Sand- und Geröllböden. Bereits ab dem Flachwasser. Rotes Meer und westlicher Indopazifik einschließlich Malediven.

Biologie: Bei dieser Art findet Geschlechtswechsel vom Weibchen zum Männchen bei einer Größe von ca. 17 bis 20 cm statt. Die Tiere liegen oft mit ihren Bauchflossen auf einen erhöhten Punkt (z.B. einen Stein oder ein Stück Koralle) gestützt auf dem Boden und beobachten von dort aufmerksam ihre Umgebung.

Aquarienhaltung: Aufgrund ihrer räuberischen Lebensweise sollten sie nur mit gleichgroßen oder größeren Fischen vergesellschaftet werden.

Familie Blenniidae (Schleimfische)

Die Schleimfische, die in zwei Unterfamilien untergliedert werden, sind weltweit mit mehr als 300 Arten vertreten. Dabei sind sie nicht nur auf tropische Korallenriffe beschränkt, sondern kommen auch im Süß- und Brackwasser sowie in kälteren Meeren vor. Es handelt sich bei ihnen um kleine (maximal 15 cm lange), meist bodenlebende und sehr neugierige Fische mit einem schlanken, langgestreckten Körper. Sie besitzen keine Schuppen, statt dessen ist ihr Körper nur von einer schützenden Schleimschicht bedeckt (Name!). Ihre Rückenflosse ist sehr lang und bei den meisten Arten durchgehend. Bei einigen Arten kann sie auch eingekerbt sein, so daß der Eindruck entsteht, es handele sich um zwei Rückenflossen. Die Vertreter der beiden Unterfamilien, Kammzahn-Schleimfische oder Salariinae und Säbelzahn-Schleimfische oder Blenniinae, die in ihrer Lebensweise deutliche Unterschiede aufweisen, unterscheiden sich auch äußerlich voneinander. Kammzahn-Schleimfische sind an ihrem stumpfen Kopf zu erkennen, der oftmals mit Tentakeln im Bereich der Augen und der Nasenöffnungen besetzt ist. Ihr Maul ist endständig. Sie sind ausgesprochene Bodenbewohner und ernähren sich vorwiegend von Algen, nehmen aber auch Kleintiere auf, die auf den Algen leben. Häufig kann man beobachten, wie sich diese kleinen Kobolde mit Hilfe ihrer Brust- und Bauchflossen auf dem Untergrund abstützen. Säbelzahn-Schleimfische besitzen dagegen einen etwas spitzeren Kopf mit einem unterständigen Maul, das mit zum Teil großen Zähnen (Name!) ausgestattet ist. Bei ihnen handelt es sich um räuberisch lebende Tiere, die entweder auch Bodenbewohner oder ausdauernde Schwimmer sind. Unter letzteren findet man auch einige Spezialisten, die Färbung und Verhalten von Putzerfischen nachahmen, um ihren Opfern Haut- und Flossenstücke herauszureißen. Bodenbewohnende Schleimfische besitzen keine Schwimmblase mehr und sind meist territorial.

Ecsenius lineatus (Klausewitz, 1962)
Längsgestreifter Schleimfisch
(Foto linke Seite)

Erkennungsmerkmale: Größe bis ca. 8 cm. Kopf mit zwei fadenförmigen Augententakeln, Rückenflosse leicht eingekerbt. Färbung der oberen Körperhälfte dunkel mit neun bis zehn in einer Längsreihe angeordneten dunkelbraunen bis schwarzen Flecken, mit etwas Abstand darüber ein feiner silbriger bis goldener Längsstreifen, direkt unter der Fleckenreihe ein zweiter, etwas breiterer, ebenso gefärbter Längsstreifen, untere Körperhälfte hell gefärbt. Färbung zum Schwanz hin manchmal in gelb bis golden übergehend.
Verwechslungsmöglichkeiten: Keine.
Lebensraum: Verschiedene Riffbereiche. Ab dem Flachwasser bis in ca. 30 m Tiefe. Östlicher Indischer Ozean einschließlich Malediven und Westpazifik (Südchinesisches Meer).
Biologie: Siehe Familienbeschreibung.
Aquarienhaltung: Siehe Goldener Schleimfisch E. midas.

Ecsenius nalolo (Smith, 1959)
Nalolo-Schleimfisch
(linkes Foto)

Erkennungsmerkmale: Größe bis ca. 5 cm. Kopf mit kurzen fadenförmigen Augententakeln, Rückenflosse deutlich eingekerbt. Färbung beige bis hellbraun mit mehr oder weniger deutlichen weißlichen Flecken am Körper und dunkler Streifenzeichnung an Kopf und Vorderkörper. Nie mit gegabeltem dunklem Streifen an der Brustflossenbasis.
Verwechslungsmöglichkeiten: E. yaeyamensis (Aoyagi, 1954) aus dem westlichen Indopazifik unterscheidet sich durch einen gegabelten Streifen an der Brustflossenbasis.
Der Zwerg-Schleimfisch E. minutus (rechtes Foto) kommt nur auf den Malediven vor.
Lebensraum: Verschiedene Riffbereiche. Bereits ab dem Flachwasser. Rotes Meer und westlicher Indischer Ozean einschließlich Malediven (östl. Verbreitungsgrenze).
Biologie und Aquarienhaltung: Siehe Familienbeschreibung und E. midas.

Ecsenius gravieri
(Pellegrin, 1906)
Schwarzstreifen-Schleimfisch

Erkennungsmerkmale: Größe bis ca. 8 cm. Körperform siehe Foto und Familienbeschreibung, Rückenflosse nur wenig eingekerbt, Kopf mit sehr kurzen Augententakeln. Färbung von Kopf und vorderer Körperhälfte blau bis blaugrau, hintere Körperhälfte hellgelb, Körperseiten mit einem schmalen schwarzen Längsstreifen im Rückenbereich von den Augen bis zur Schwanzwurzel, wo er in einzelne Punkte zerfallen kann. Rückenflosse mit schwarzen Flecken im vorderen Teil.

Verwechslungsmöglichkeiten: Die Art kann mit dem fast identisch gefärbten Schwarzstreifen-Säbelzahnschleimfisch *Meiacanthus nigrolineatus* Smith-Vaniz, 1969 verwechselt werden, der sich jedoch durch die etwas andere Kopfform, die fehlenden Augententakel und das unterständige Maul unterscheidet.

Lebensraum: Verschiedene Riffbereiche. Bereits ab ca. 2 m Tiefe, selten unterhalb von 10 m Tiefe. Rotes Meer und Golf von Aden.

Biologie: Die Art imitiert den oben beschriebenen Schwarzstreifen-Säbelzahnschleimfisch, der bis ca. 9,5 cm groß werden kann und ebenfalls nur im Roten Meer und dem Golf von Aden vorkommt. Dieser Säbelzahnschleimfisch besitzt, wie alle Vertreter seiner Gattung, giftige »Säbel«-Zähne, weshalb er von möglichen Freßfeinden gemieden wird. Der ungiftige Schwarzstreifen-Schleimfisch imitiert sein giftiges Vorbild nicht nur in bezug auf dessen Färbung, sondern er imitiert auch dessen Verhalten und Schwimmweise etwas oberhalb des Untergrundes. Dadurch genießt auch er einen erhöhten Schutz vor Freßfeinden. Es handelt sich hierbei um einen Fall von Mimikry.

Aquarienhaltung: Siehe Goldener Schleimfisch *E. midas*.

Ecsenius midas
(Starck, 1969)
Goldener Schleimfisch

Erkennungsmerkmale: Größe bis ca. 13 cm. Körperform siehe Foto und Familienbeschreibung, Rückenflosse nicht eingekerbt, Kopf mit sehr kurzen Augententakeln. Verschiedene Farbvarianten vorhanden, Färbung entweder vollständig orangegelb oder nur teilweise dunkelorange, nach hinten in dunkel blaugrau übergehend, manchmal mit einem oder mehreren Querbändern im vorderen Teil des Körpers.

Verwechslungsmöglichkeiten: Nicht vorhanden. Die Gattung umfaßt insgesamt ca. 40 Arten.

Lebensraum: Verschiedene Riffbereiche. Vom Flachwasser bis in mindestens 30 m Tiefe. Rotes Meer und Indopazifik einschließlich Malediven.

Biologie: Die orangegelbe Farbvariante dieser Art kann man regelmäßig inmitten von Gruppen des Harems-Fahnenbarsches *Anthias squamipinnis* schwimmen sehen. Wie die meisten Arten der Familie bewohnen die Tiere leere Röhren von Röhrenwürmern, Wurmschnecken, Bohrmuscheln oder von anderen Organismen verursachte Löcher, in die sie sich bei Gefahr zurückziehen. Aber schon nach kurzer Zeit schauen sie wieder neugierig aus ihrer Wohnröhre heraus. Die Eiablage erfolgt stets in der Höhle des Männchens, das das Gelege bis zum Schlupf pflegt und bewacht.

Aquarienhaltung: Die meisten Schleimfischarten sind für die Pflege im Aquarium gut geeignet. Man sollte ihnen reich strukturierte Becken mit zahlreichen Löchern, Spalten und kleinen Höhlen anbieten. Vor allem bei Arten aus dem Flachwasser muß das Becken ausbruchsicher abgedeckt sein. Männchen können untereinander unverträglich sein. Die Vergesellschaftung mit Niederen Tieren ist meist unproblematisch.

Plagiotremus rhinorhynchos
(Bleeker, 1852)
Blaustreifen-Säbelzahnschleimfisch

Erkennungsmerkmale: Größe bis ca. 12 cm. Körper sehr langgestreckt mit langer, durchgehender Rückenflosse. Färbung variabel, von orange über orangebraun und dunkelbraun bis schwarz, stets mit zwei leuchtend hellblauen Längsstreifen auf den Körperseiten.

Verwechslungsmöglichkeiten: Vor allem Jungtiere dieser Art imitieren Jungtiere des Gewöhnlichen Putzerfisches *Labroides dimidiatus*, die sich jedoch durch ihr kleines, endständiges Maul unterscheiden lassen. Der ähnlich gefärbte Schuppenfresser-Säbelzahnschleimfisch *P. tapeinosoma* unterscheidet sich dadurch, daß bei ihm der Bereich zwischen den beiden hellblauen bis weißen Längsstreifen nicht einheitlich gefärbt sondern abwechselnd hell- und dunkelbraun quergebändert ist.

Lebensraum: Verschiedene Riffbereiche mit reichem Korallenwuchs. Vom Flachwasser bis in mindestens 40 m Tiefe. Rotes Meer und Indopazifik einschließlich Malediven.

Biologie: Auch diese Art macht sich ihre dem Gewöhnlichen Putzerfisch *L. dimidiatus* ähnliche Färbung zunutze, um sich anderen Fischen nähern zu können und ihnen Teile aus Flossen und Haut herauszureißen. Durch das Aufstellen von Rücken- und Afterflosse versuchen die erwachsenen Tiere oft, ihren sehr schlanken Körper etwas kräftiger erscheinen zu lassen, damit sie ihrem Vorbild noch ähnlicher sehen. Bei Gefahr verschwinden die Tiere schnell in ihrer Wurmröhre oder einem ähnlichen Versteck, um kurz darauf wieder neugierig mit dem Kopf herauszuschauen.

Aquarienhaltung: Aufgrund der Lebensweise nur wenig geeignet. Auf keinen Fall mit Fischen vergesellschaften!

Plagiotremus tapeinosoma
(Bleeker, 1857)
Schuppenfresser-Säbelzahnschleimfisch

Erkennungsmerkmale: Größe bis ca. 14 cm. Körper sehr langgestreckt mit langer, durchgehender Rückenflosse. Färbung rötlich- bis gelblichbraun mit einem schmalen, weißen bis hellblauen Längsstreifen am Rücken und einem zweiten, deutlich breiteren und ebenso gefärbten Längsstreifen in der unteren Körperhälfte. Der Bereich zwischen den beiden weißen Längsstreifen abwechselnd hell- und dunkelbraun quergebändert.

Verwechslungsmöglichkeiten: Der ähnlich gefärbte Blaustreifen-Säbelzahnschleimfisch *T. rhinorhynchos* unterscheidet sich dadurch, daß bei ihm der Bereich zwischen den beiden leuchtend hellblauen Längsstreifen stets einheitlich gefärbt ist. Außerdem ist sein unterer heller Längsstreifen deutlich schmaler.

Lebensraum: Verschiedene Riffbereiche. Vom Flachwasser bis in ca. 20 m Tiefe. Rotes Meer und Indopazifik einschließlich Malediven.

Biologie: Wie der Blaustreifen-Säbelzahnschleimfisch ernährt sich auch diese Art von Schuppen und Teilen aus Flossen und Haut anderer Fische, die sie bei blitzschnellen Attacken aus ihren Opfern herausreißt. Man kann die Tiere häufig weit über dem Boden im freien Wasser schlängelnd schwimmen sehen. Bei Gefahr suchen sie wie ihre Verwandtschaft schnell ihre Wohnröhre auf. Gelegentlich attackieren diese kleinen Fischchen auch Taucher und reißen ihnen kleine Stückchen aus der Haut heraus, die ihnen ebenfalls zu schmecken scheinen.

Aquarienhaltung: Aufgrund der Lebensweise nur wenig geeignet. Auf keinen Fall mit Fischen vergesellschaften!

Aspidontis taeniatus
(Quoy & Gaimard, 1834)
Falscher Putzerfisch

Erkennungsmerkmale: Größe bis ca. 11 cm. Körperform siehe Foto und Familienbeschreibung. Färbung gelblichgrau (vorne) bis hellblau (hinten) mit einem schwarzen Längsstreifen auf den Körperseiten.

Verwechslungsmöglichkeiten: Der fast identisch gefärbte Gewöhnliche Putzerfisch *Labroides dimidiatus* unterscheidet sich durch sein endständiges Maul. Außerdem flüchtet er bei Gefahr niemals in einen Unterschlupf, eine kleine Höhle oder Wurmröhre, was der Falsche Putzerfisch nach Schleimfisch-Manier regelmäßig macht (siehe kleines Foto). Zwei Unterarten: im Roten Meer und dem Indischen Ozean *A. t. tractus* Fowler, 1903; im Pazifik *A. t. taeniatus*.

Lebensraum: Verschiedene Riffbereiche. Vom Flachwasser bis in mehr als 20 m Tiefe. Rotes Meer und Indopazifik einschließlich Malediven.

Biologie: Die Art ahmt den Gewöhnlichen Putzerfisch nicht nur in der Färbung (sogar Färbungsunterschiede lokaler Populationen werden imitiert!) sondern auch in ihrem Verhalten nach. Dadurch können sich die Tiere, sozusagen unter Vortäuschung falscher Tatsachen, ungefährdet putzwilligen Fischen nähern, denen sie dann Stücke aus Flossen und Haut rausreißen. Viele erwachsene Fische lernen, den Falschen von dem echten Putzer zu unterscheiden. Es handelt sich hierbei um eine Form von agressiver Mimikry, die dem Nachahmer ermöglicht, an anderen Fischen zu parasitieren. Die Art frißt aber auch Röhrenwürmer und Fischeier. Echte Putzer versuchen energisch, einen solchen »Geschäfts-« Schädling aus ihrem Revier zu vertreiben.

Aquarienhaltung: Aufgrund der Lebensweise nur wenig geeignet. Auf keinen Fall mit Fischen vergesellschaften!

Familie Callionymidae (Leierfische)

Leierfische sind weltweit mit ca. 125 bodenbewohnenden Arten aus neun Gattungen in allen Meeren vertreten. Sie zeichnen sich durch einen mehr oder weniger langgestreckten Körper ohne Schuppen und einen großen Kopf aus. Trotzdem besitzen sie ein kleines Maul, mit dem sie nur kleine Wirbellose erbeuten können. Als Schutz gegen Feinde besitzen die meisten Arten je einen Dorn auf den Vorderkiemendeckeln. Zusätzlich können sie bei Bedrohung einen wahrscheinlich giftigen Schleim absondern. Zum Ablaichen schwimmen die Tiere paarweise bis mehr als 2 m ins freie Wasser, wo sie ablaichen. Eier und Larven treiben im Plankton, bevor sie zum Bodenleben übergehen.

Synchiropus stellatus
(Smith, 1963)
Stern-Mandarinfisch

Erkennungsmerkmale: Größe bis ca. 6 cm. Körper langgestreckt mit großem Kopf und großen vorstehenden Augen. Färbung weißlichrosa bis beige mit rotbraunen bis braunen, z.T. sternförmigen Flecken und kleinen weißen bis silbrigen Punkten. Männchen mit stark verlängerten Flossenstrahlen in der ersten Rückenflosse und kleinen Augenflecken am Außenrand.
Verwechslungsmöglichkeiten: Die Gattung umfaßt insgesamt 26, zum Teil ausgesprochen farbenprächtige Arten.
Lebensraum: Verschiedene Riffbereiche und Seegraswiesen. Meist zwischen ca. 10 bis 20 m Tiefe. Westlicher Indischer Ozean einschließlich Malediven.
Biologie: Die Tiere leben einzeln oder paarweise und ernähren sich von verschiedenen bodenbewohnenden Wirbellosen.
Aquarienhaltung: Nicht unproblematisch.

Familie Microdesmidae (Pfeilgrundeln)

Die Pfeilgrundeln wurden lange Zeit der Familie der Grundeln oder Gobiidae zugeordnet. Neueren Erkenntnissen zufolge stellen sie jedoch eine eigene Familie dar. So sind bei ihnen z.B. die Bauchflossen nicht miteinander verwachsen. Die Angaben in der Literatur über den Umfang der Familie sind recht unterschiedlich und schwanken zwischen 150 bis 250 Arten. Sie sind hauptsächlich im Indopazifik verbreitet, doch kommen einige Arten auch in der Karibik vor. Gemeinsame Merkmale aller Vertreter dieser Familie sind ihr langgestreckter schlanker Körper mit dem kleinen stumpfen Kopf und vergleichsweise großen Augen. Die zweite Rückenflosse und die Afterflosse der Tiere sind jeweils annähernd gleich groß und gleich geformt, was den attraktiven kleinen Fischen eine nahezu unverwechselbare Körperform verleiht und die Unterscheidung von Arten anderer Familien erleichtert.

Anders als die meisten Grundeln der Familie Gobiidae halten sich die Pfeilgrundeln meist im freien Wasser über dem Eingang ihrer Höhle auf, wo sie ihre Nahrung, verschiedenes kleine Zooplankton, erbeuten. Bei Gefahr verschwinden sie pfeilschnell in ihrer Höhle. Die Familie wird in zwei Unterfamilien unterteilt, wobei die Microdesminae, die Wurmgrundeln, an dieser Stelle nicht näher vorgestellt werden. Bei der zweiten Unterfamilie handelt es sich um die Ptereleotrinae, von denen jeweils zwei Vertreter aus den beiden Gattungen der Schwertgrundeln *Nemateleotris* und der Torpedogrundeln *Ptereleotris* beschrieben werden. Die Gattung der Schwertgrundeln umfaßt nur drei, dafür aber ausgesprochen attraktive Arten. Bei ihnen ist der vordere Teil der ersten Rückenflosse schwertförmig verlängert, was den Tieren ihren Namen gab. Die Gattung der Torpedogrundeln umfaßt mindestens 15 Arten. Bei ihren Vertretern ist die erste Rückenflosse nicht verlängert und meist an den Körper angelegt, so daß sie kaum zu erkennen ist.

Ptereleotris evidens
(Jordan & Hubbs, 1925)
(Fotos linke Seite)
Scherenschwanz-Torpedogrundel

Erkennungsmerkmale: Größe bis ca. 12 cm. Körper langgestreckt und schlank. Färbung der vorderen Körperhälfte hell gefärbt (beige bis blaß hellblau), hintere Körperhälfte mit zweiter Rücken- und Afterflosse dunkel (dunkelbraun bis fast schwarz). Jungtiere (kleines Foto) grünlich bis bläulich glänzend mit einem ovalen schwarzen Fleck im unteren Teil der Schwanzwurzel.
Verwechslungsmöglichkeiten: Keine.
Lebensraum: Meist an Riffabhängen, aber auch in Lagunen und Buchten. Unterhalb von ca. 2 m bis in ca. 15 m Tiefe. Rotes Meer und Indopazifik einschließlich Malediven.
Biologie: Erwachsene Tiere sind stets paarweise weit über ihrer Höhle im freien Wasser anzutreffen, während Jungtiere in kleinen Schwärmen im Schutz von Höhlen, Spalten oder großen Korallenblöcken leben.

Ptereleotris heteroptera
(Bleeker, 1855)
Schwanzfleck-Torpedogrundel

Erkennungsmerkmale: Größe bis ca. 14 cm. Körper langgestreckt und schlank. Färbung blaß hellblau-silbrig mit einem schwarzen Fleck in der Schwanzflosse.
Verwechslungsmöglichkeiten: Nur diese Art mit schwarzem Fleck in der Schwanzflosse.
Lebensraum: Sand- und Geröllböden, aber auch auf Hartböden, in Lagunen und Außenriffbereichen. Unterhalb von ca. 5 m bis in ca. 50 m Tiefe. Rotes Meer und Indopazifik einschließlich Malediven.
Biologie: Die Art lebt meist paarweise oder in kleineren Gruppen zusammen. Der Autor konnte sie auf den Malediven mehrmals in Gemeinschaft der Gesprenkelten Wächtergrundel *A. periophthalma* und dessen Pistolenkrebs beobachten (s. Seite 263).
Aquarienhaltung: Die Pflege ist relativ problemlos.

Nemateleotris decora
(Randall & Allen, 1973)
Schmuck-Schwertgrundel, Dekor-Schwertgrundel

Erkennungsmerkmale: Größe bis ca. 7 cm. Körper langgestreckt und schlank mit verlängerter erster Rückenflosse. Die Grundfärbung ist meist hell gelblich, selten auch weißlich, zur hinteren Körperhälfte hin in dunkelviolett übergehend. Maul, Stirn, Nacken und oberer Rand der Augen sind violett gefärbt. Beide Rückenflossen, die Spitzen der Bauchflossen und Schwanz- und Afterflosse sind ebenfalls meist violett gefärbt, seltener rot, und teilweise mit einem leuchtend dunkelblauen Rand versehen.

Verwechslungsmöglichkeiten: Die bis ca. 5 cm große Helfrichs Schwertgrundel *N. helfrichi* Randall & Allen, 1973, kommt nur im westlichen Pazifik vor. Sie unterscheidet sich vor allem durch ihre Färbung: ihre Grundfärbung ist rosa mit meist hellgelber zweiter Rücken-, After- und Schwanzflosse.

Lebensraum: Meist auf Sand-, Kies- oder Geröllböden. Stets unterhalb von ca. 25 m, gebietsweise auch erst unterhalb von 35 m, bis in mindestens 70 m Tiefe. Westlicher Indopazifik einschließlich Malediven.

Biologie: Diese sehr attraktive Art kommt meist paarweise, seltener auch einzeln vor und steht meist regungslos im freien Wasser über ihrem Schlupfloch, wobei die Tiere ganz charakteristisch mit ihrer abgespreizten, verlängerten ersten Rückenflosse zucken. Sie ernähren sich von verschiedenem vorbeitreibendem Zooplankton, das sie mit ruckartigen Schwimmstößen erbeuten. Bei Gefahr nähern sich die Tiere ihrem Schlupfloch, in dem sie dann blitzschnell nacheinander verschwinden. Meist erscheinen sie jedoch bereits nach wenigen Minuten wieder neugierig im Eingang.

Aquarienhaltung: Siehe Feuer-Schwertgrundel *N. magnifica*.

Nemateleotris magnifica
(Fowler, 1938)
Feuer-Schwertgrundel, Pracht-Schwertgrundel

Erkennungsmerkmale: Größe bis ca. 9 cm. Körper langgestreckt und schlank mit sehr stark verlängerter, schwertförmiger erster Rückenflosse (Name!). Grundfärbung meist weißlich bis hell gelblich, in der hinteren Körperhälfte über Orange in Dunkelrot übergehend. Kopf und Kiemendeckel mit kleinen blaßvioletten Punkten. Erste Rückenflosse sowie Brust- und Bauchflossen gelblich, zweite Rücken-, Schwanz- und Afterflosse orangerot bis tief dunkelrot, manchmal fast schwarz.
Verwechslungsmöglichkeiten: Nicht vorhanden.
Lebensraum: Meist verschiedene Außenriffbereiche mit kleinen Sand- oder Geröllflächen oder auf Hartböden mit kleinen Löchern. Unterhalb von ca. 6 m bis in 70 m Tiefe. Gesamter Indopazifik einschließlich Malediven.

Biologie: Siehe Schmuck-Schwertgrundel *N. decora*. Vor allem Jungtiere dieser Art sind manchmal in kleinen Gruppen zu beobachten. Als Erwachsene leben sie jedoch in der Regel paarweise zusammen.
Aquarienhaltung: Schwertgrundeln sind untereinander sehr unverträglich. Man sollte sie deshalb nur einzeln oder paarweise, z.B. im Wirbellosen-Becken mit anderen kleineren Fischarten pflegen. Da keine äußeren Geschlechtsunterschiede bekannt sind, sollte man nur sichere Pärchen zusammen pflegen, von denen man weiß, daß sie sich vertragen. Andernfalls wird das schwächere Tier, wenn man es nicht in ein anderes Becken umsetzt, solange gejagt und gebissen, bis es schließlich völlig geschwächt oder schwerverletzt verendet.

Familie Gobiidae (Grundeln)

Die Grundeln stellen die größte Familie tropischer Meeresfische und sind weltweit mit mehr als 1600 Arten, manche Autoren sprechen sogar von fast 2000 Arten, aus ca. 220 Gattungen vertreten, wobei ungefähr 1200 Arten aus etwa 120 Gattungen im Indopazifik vorkommen. Die Mehrzahl der zu der Ordnung der Barschartigen gehörenden Arten lebt in küstennahen Bereichen tropischer und gemäßigter Meere, aber zahlreiche Arten haben auch die kalten Meere, Brackwasser und das Süßwasser erobert. Nahezu alle Arten sind an das Bodenleben bzw. an das Leben an oder auf einem anderen Substrat gebunden. In Anpassung an diese Lebensweise besitzen die meisten Arten keine Schwimmblase mehr. Ein weiteres gemeinsames Merkmal vieler Grundeln sind die Bauchflossen, die miteinander verwachsen sind und eine Art Saugscheibe bilden. Mit ihr können sich die Tiere am Untergrund festsaugen. Ihr Körper ist langgestreckt und kann manchmal etwas gedrungen wirken. Von den ähnlich gebauten Schleimfischen unterscheiden sie sich durch ihre zwei voneinander getrennten Rückenflossen und den meist etwas kräftigeren Kopf mit dem relativ großen Maul.

Die Mehrzahl der Arten erreicht kaum mehr als 10 cm Körperlänge, und mit der nur 8 mm großen *Trimmatom nanus* stellen die Grundeln das kleinste bekannte Wirbeltier.

Bei den meisten Grundeln handelt es sich um am Boden lebende Lauerjäger. Eine ganze Reihe von Arten hat sich darauf spezialisiert, dauerhaft auf der Oberfläche von Schwämmen oder Stein- oder Hornkorallen zu leben. Da in solchen Fällen nur die Grundeln einen Vorteil aus dem Zusammenleben haben, ohne ihren Wirt zu schädigen, handelt es sich bei solchen Lebensgemeinschaften um eine Form von Karpose, die als Symphorismus bezeichnet wird. Noch interessanter sind die Symbiosen zwischen verschiedenen Grundeln und Pistolenkrebsen, die bei den Artbeschreibungen näher erläutert werden.

Amblygobius phalaena
(Valenciennes, 1837)
Braunstreifen-Grundel

Erkennungsmerkmale: Größe bis ca. 12 cm. Körper langgestreckt mit stumpfem Kopf, erste Rückenflosse fadenförmig verlängert. Die Färbung ist variabel, hellbeige mit vier bis fünf schmalen, dunklen Querstreifen und dunklen Flecken (Nachtfärbung, siehe Foto linke Seite) bis fast völlig dunkelbraun, mit hellblauen Punkten und Flecken am Kopf und manchmal auch auf Teilen des Körpers (Foto diese Seite).

Verwechslungsmöglichkeiten: Kann eventuell mit der nahverwandten, bis 16 cm großen Schwarzpunkt-Grundel A. *albimaculatus* (Rüppell, 1830) aus dem Roten Meer und dem Indischen Ozean verwechselt werden, die jedoch hellblaue Streifen und keine Punkte am Kopf besitzt. Sie bewohnt Seegraswiesen und reine Sandflächen.

Lebensraum: Sand- oder Schotterflächen mit größeren Fels- oder Korallenbrocken. Vom Flachwasser bis in ca. 20 m Tiefe. Laut Literatur nur im Pazifik vorkommend, vom Verfasser auf den Malediven fotografiert.

Biologie: Diese vergleichsweise große Grundel lebt einzeln oder paarweise und gräbt mit dem Maul Wohnhöhlen unter größeren Fels- oder Korallenbrocken. Wie ihre Verwandte, Hectors Grundel A. *hectori*, steht auch diese Art meist freischwimmend knapp über dem Boden. Bei Gefahr ziehen sich die Tiere in ihre Wohnhöhle zurück. Beim Fressen nehmen sie jeweils eine Portion Sand in ihr Maul, den sie gründlich durchkauen. Dabei wird der Sand durch die Kiemenöffnungen wieder ausgeschieden, während kleine Wirbellose und organisches Material sowie zu einem großen Anteil auch Algen aussortiert und gefressen werden.

Aquarienhaltung: Die Haltung und die Vergesellschaftung mit Wirbellosen und anderen Fischen ist unproblematisch.

Amblygobius hectori
(Smith, 1957)
Hectors Grundel

Erkennungsmerkmale: Größe bis ca. 5,5 cm. Körper langgestreckt mit zugespitzem Kopf, erste Rückenflosse fadenförmig verlängert. Färbung der oberen Körperhälfte rötlichbraun bis braun mit schmalen, schwarz gerandeten gelben Längsstreifen, untere Körperhälfte blaugrau, Unterseite von Kopf und Bauch bläulichweiß. Erste Rückenflosse mit einem rotgerandeten schwarzen Augenfleck, zwei weitere weißgerandete schwarze Augenflecken in der Mitte der Rückenflossenbasis und auf der Oberseite der Schwanzwurzel.
Verwechslungsmöglichkeiten: Kann eventuell mit Rainfords Grundel *A. rainfordi* (Whitley, 1940) verwechselt werden, die eher grünlich gefärbt ist und gelborange gefärbte, weißgerandete Längsstreifen besitzt. Außerdem besitzt sie eine Längsreihe weißer Flecken an der Rückenflossenbasis. Die Gattung umfaßt insgesamt ca. 15 Arten.
Lebensraum: Im Bereich von Sandflächen in unmittelbarer Nähe von Felsen und Korallen. Meist unterhalb von ca. 5 m bis in mindestens 20 m Tiefe. Rotes Meer und westlicher Indopazifik einschließlich Malediven.
Biologie: Die Art ist in der Regel einzeln anzutreffen. Sie steht meist freischwimmend knapp über dem Boden. Bei Gefahr zieht sie sich schnell in den Schutz von Spalten oder Korallen zurück.
Aquarienhaltung: Die Art, die einzeln gehalten werden sollte, soll gut mit Wirbellosen und anderen Fischen zu vergesellschaften sein. Sie benötigt Sandboden und Versteckmöglichkeiten. Als Futter werden neben Lebendfutter auch Trocken- und Gefrierfutter angenommen.

Gobiodon citrinus
(Rüppell, 1838)
Zitronen-Grundel

Erkennungsmerkmale: Größe bis ca. 6,6 cm. Körper vergleichsweise hochrückig und kräftig mit abgerundetem Kopf. Alle Flossen abgerundet. Färbung leuchtend gelb mit einem kleinen schwarzen Fleck am Hinterrand des Kiemendeckels und zwei bis vier schmalen, hellblauen Querstreifen auf dem Kopf. Je ein schmaler, hellblauer Längsstreifen an der Basis der Rücken- und Afterflosse.
Verwechslungsmöglichkeiten: Die Gelbe Korallengrundel *G. okinawae* Sawada, Arai & Abe, 1973 aus dem Westpazifik ist ebenfalls völlig gelb gefärbt, sie besitzt jedoch keine hellblauen Querstreifen am Kopf. Die Gattung umfaßt insgesamt ca. 15 Arten.
Lebensraum: Meist auf den Ästen reich verzweigter Korallenstöcke der Gattung *Acropora*. Vom Flachwasser bis in ca. 20 m Tiefe. Rotes Meer und westlicher Indopazifik einschließlich Malediven.
Biologie: Die Vertreter der Gattung sind fast alle völlig schuppenlos und produzieren große Mengen eines stark bitter schmeckenden, giftigen Schleims, der mögliche Freßfeinde abschreckt. Die Tiere dieser Art leben meist in unterschiedlich großen Gruppen auf Tischkorallen oder anderen verzweigten Korallenstöcken. Wenn man sich ihnen als Taucher nähert oder bei Gefahr, verstecken sie sich schnell zwischen den Ästen ihrer Koralle. Zitronen-Grundeln machen im Laufe ihres Lebens einen Geschlechtswechsel durch.
Aquarienhaltung: Gut geeignet. Wie im Freiland liegen die Tiere auch im Aquarium oft stundenlang bewegungslos auf »ihrem« Korallenast. Nur mit ähnlich ruhigen Fischen vergesellschaften.

Valencienna immaculata
(Ni, 1981)
Orangegestreifte Schläfergrundel

Erkennungsmerkmale: Größe bis 16 cm. Körper langgestreckt mit großem Kopf und großem Maul. Färbung beige mit zwei orangebraunen Längsstreifen, die vom Kopf bis in die Spitzen der Schwanzflosse reichen.
Verwechslungsmöglichkeiten: *V. helsdingenii* (Bleeker, 1858) aus dem Indopazifik soll sich dadurch unterscheiden, daß ihre beiden Längsstreifen dunkler gefärbt sind.
Lebensraum: Sand- und Geröllflächen. Bis in mindestens 40 m Tiefe. Indopazifik einschließlich Malediven.
Biologie: Alle Arten der Gattung (ca. 15) leben meist paarweise in einem festen Revier mit einer selbstgegrabenen Wohnhöhle, die oft unter Steinen oder Korallen angelegt wird. Dort werden auch alle vier Wochen die ca. 2000 Eier abgelegt und ungefähr drei Wochen bis zum Schlupf vom Weibchen gepflegt. Siehe auch die anderen Arten der Gattung.

Valencienna puellaris
(Tomiyama, 1955)
Quergestreifte Schläfergrundel
(kleines Foto)

Erkennungsmerkmale: Größe bis 14 cm. Körper langgestreckt mit großem Kopf und großem Maul. Färbung sandfarben mit orangen Querstreifen und silbrigblauen Flecken am Kopf.
Verwechslungsmöglichkeiten: Keine.
Lebensraum: Sand- und Geröllflächen im Bereich von Außenriffen. Unterhalb von ca. 15 m bis in mehr als 20 m Tiefe. Rotes Meer und Indopazifik einschließlich Malediven.
Biologie: Schläfergrundel-Männchen sind durch fadenförmig verlängerte Strahlen in ihrer ersten Rückenflosse von den Weibchen zu unterscheiden. Beide Partner halten sich meist in unmittelbarer Umgebung ihrer Höhle auf. Bei Gefahr verschwindet zuerst das Weibchen und erst im letzten Moment das Männchen in ihr. Nachts verschließt das Männchen den Eingang mit Sand und Geröll.

Valencienna strigata
(Brousonet, 1782)
Goldkopf-Schläfergrundel

Erkennungsmerkmale: Größe bis ca. 18 cm. Körper langgestreckt mit großem Kopf und großem Maul. Färbung beige bis sandfarben mit goldgelbem Kopf und je einem leuchtend hellblauen Längsstreifen unterhalb der Augen sowie weiteren hellblauen Flecken und kleineren Streifen.
Verwechslungsmöglichkeiten: Keine.
Lebensraum: Sand- und Geröllflächen. Bis in mindestens 20 m Tiefe. Indopazifik einschließlich Malediven.
Biologie: Siehe die Beschreibungen der anderen Arten der Gattung.
Aquarienhaltung: Schläfergrundeln sollten stets paarweise in Becken mit einer dicken (>10 cm) Bodenschicht aus Sand und Korallenkies gepflegt werden. Da die Tiere eifrige »Gräber« sind, müssen Aufbauten sehr stabil verankert werden. Einige Arten werden regelmäßig im Aquarium nachgezüchtet.

Valencienna sexguttata
(Valenciennes, 1837)
Blaupunkt-Schläfergrundel
(kleines Foto)

Erkennungsmerkmale: Größe bis 14 cm. Körper langgestreckt mit großem Kopf und großem Maul. Färbung hell sandfarben bis bräunlich mit sechs bis acht kleinen hellblauen Flecken auf Wangen und Kiemendeckeln. Spitze der ersten Rückenflosse mit einem schwarzen Fleck.
Verwechslungsmöglichkeiten: Keine.
Lebensraum: Sandflächen. Bis in mindestens 20 m Tiefe. Rotes Meer und Indopazifik einschließlich Malediven.
Biologie: Schläfergrundeln ernähren sich von kleinen im Boden lebenden Wirbellosen (z.B. Ruderfuß-, Floh- und Muschelkrebse, Fadenwürmer, Foraminiferen). Diese erbeuten sie, indem sie mit ihrem Maul Sand aufnehmen, aus dem sie mit ihren Kiemen alles Freßbare aussieben. Dabei wird der Sand aus den Kiemenspalten wieder ausgestoßen.

Bryaninops natans (Larson, 1985)
Violettäugige Korallen-Zwerggrundel

Erkennungsmerkmale: Größe bis ca. 2 cm. Körper langgestreckt. Färbung durchscheinend mit violettgefärbten Augen und gelbem Bauch bzw. Eingeweiden.
Verwechslungsmöglichkeiten: Keine.
Lebensraum: Meist auf den Ästen von Steinkorallen der Gattung *Acropora*. Vom Flachwasser bis in mind. 25 m Tiefe. Rotes Meer, vom Verfasser auf den Malediven beobachtet.
Biologie: Diese hübsch gefärbte Art schwebt meist in kleinen Gruppen über ihrem Korallenstock, in den sie sich bei Gefahr zurückzieht. Oft setzt sie sich mit ihren Bauchflossen auf die Spitze eines Korallenastes. Siehe auch Steinkorallen-Zwerggrundel *B. ridens*.
Aquarienhaltung: Korallen-Zwerggrundeln sind besonders für Wirbellosenbecken geeignet. Sie fressen nur kleines Futter, das mit der Strömung an ihnen vorbeitreibt.

Bryaninops amplus (Larson, 1985)
Gorgonien-Zwerggrundel
(kleines Foto)

Erkennungsmerkmale: Größe bis knapp 5 cm, meist kleiner. Körper langgestreckt und schlank. Färbung durchscheinend mit rötlicher Zeichnung und einem silbrigweißen Längsstreifen oberhalb der Wirbelsäule.
Verwechslungsmöglichkeiten: Die Gattung umfaßt neun Arten. Sieben sind aus dem westlichen Indopazifik bekannt, von denen drei im Roten Meer. Für die genaue Artbestimmung, die nicht immer einfach ist, sind ihre Färbung und der Wirt, auf dem sie leben, wichtige Parameter.
Lebensraum: Meist auf den Peitschenkorallen *Junceella fragilis* und *J. juncea*, selten auf anderen Gorgonien oder Bojenleinen. Unterhalb von 5 m bis in mehr als 30 m Tiefe. Westlicher Indopazifik einschließlich Malediven.
Biologie: Siehe Steinkorallengrundel *B. ridens*.

Bryaninops youngei
(David & Cohen, 1969)
Drahtkorallen-Zwerggrundel
(kleines Foto)

Erkennungsmerkmale: Größe bis ca. 3 cm. Körper langgestreckt. Färbung durchscheinend mit goldbrauner bis brauner Zeichnung.

Verwechslungsmöglichkeiten: Siehe Gorgonen-Zwerggrundel *B. amplus.*

Lebensraum: Unterhalb von 3 m bis in mehr als 40 m Tiefe. Nur auf der Gewundenen Drahtkoralle *Cirripathes anguina.* Rotes Meer und westlicher Indopazifik (Malediven).

Biologie: Siehe Steinkorallen-Zwerggrundel *B. ridens.* Die Art ist nicht nur farblich an ihren Wirt angepaßt, sie imitiert durch ihre Zeichnung sogar die Polypen. Die Tiere leben stets paarweise, manchmal mit einigen Jungtieren, auf ihrer Drahtkoralle. Für das ca. 2 bis 3 cm große Gelege, das meist im Abstand von 15 bis 25 cm von der Spitze der Koralle abgelegt wird, wird das Gewebe ihres Wirtes entfernt.

Bryaninops ridens (Smith, 1959)
Steinkorallen-Zwerggrundel

Erkennungsmerkmale: Größe bis knapp 2 cm. Körper langgestreckt. Färbung meist blaß grünlichgrau durchscheinend mit gold und rot umringten Augen und einem breiten rötlichbraunen Längsstreifen auf den Körperseiten.

Verwechslungsmöglichkeiten: Siehe Gorgonen-Zwerggrundel *B. amplus.*

Lebensraum: Stets auf Korallenblöcken der Gattung *Porites* (Foto) und *Millepora.* Bereits ab geringer Tiefe. Rotes Meer und westlicher Indopazifik einschließlich Malediven.

Biologie: Korallen-Zwerggrundeln leben je nach Art auf der Oberfläche von verschiedenen Hornkorallen und Schwarzen Korallen, seltener auch auf Steinkorallen und anderen Wirbellosen. Da sie ihren Wirt nicht schädigen, handelt es sich um Symphorismus, eine Form von Karpose.

Aquarienhaltung: Siehe *B. natans.*

Amblyeleotris aurora
(Polunin & Lubbock, 1977)
Aurora-Wächtergrundel

Erkennungsmerkmale: Größe bis ca. 9 cm. Körper sehr langgestreckt und schlank. Färbung weißlich bis hell sandfarben mit fünf breiten, rosa bis orange gefärbten Querstreifen sowie je einem schrägen, schmalen, roten Wangenstreifen unterhalb der Augen, Ende der zweiten Rückenflosse mit einem roten Fleck.

Verwechslungsmöglichkeiten: Nicht vorhanden, nur diese Art mit dem oben beschriebenen Wangenstreifen. Die Gattung umfaßt insgesamt ca. 25 Arten.

Lebensraum: Sandböden. Unterhalb von etwa 5 m bis in mindestens 30 m Tiefe. Nur von den Inseln im westlichen Indischen Ozean einschließlich der Malediven bekannt.

Biologie: Wächtergrundeln leben mit Pistolenkrebsen der Gattung *Alpheus* in einer Lebensgemeinschaft zusammen, aus der beide Partner Vorteile ziehen (Symbiose). Die Grundeln leben jeweils einzeln oder paarweise in der Wohnröhre eines Pistolenkrebspaars, seltener eines einzelnen Krebses. Tagsüber liegen sie meist an der Öffnung der Höhle und beobachten aufmerksam ihre Umgebung. Die kleinen Garnelen erscheinen regelmäßig, meist abwechselnd, am Eingang und schieben wie ein kleiner Schaufelbagger mit Hilfe ihrer Scheren eine Portion Sand nach draußen. Größere Brocken werden oftmals zur »fachmännischen« Abstützung des Eingangsbereiches verwendet. Dabei betasten sie jeweils vor dem Verlassen der sicheren Wohnröhre den dicht an der Öffnung liegenden Schwanz der Grundel mit ihren Antennen und halten so ständig Kontakt mit ihrer Partner. Diese Art scheint stets mit dem prächtig gefärbten *Alpheus randalli* zusammenzuleben. Siehe auch die Beschreibungen der anderen Wächtergarnelen.

Amblyeleotris periophthalma
(Bleeker, 1853)
Gesprenkelte Wächtergrundel

Erkennungsmerkmale: Größe bis ca. 7,5 cm. Körper sehr langgestreckt und schlank. Färbung weißlich bis hell sandfarben mit fünf unregelmäßigen, orangerot bis bräunlich gefärbten Querbändern und zahlreichen kleinen orangefarbenen, meist dunkel gerandeten Sprenkeln am Kopf.
Verwechslungsmöglichkeiten: Keine.
Lebensraum: Sandböden. Meist unterhalb von ca. 10 m bis in mindestens 30 m Tiefe. Rotes Meer und Indopazifik einschließlich Malediven.
Biologie: Bei Gefahr warnt die Grundel ihren Partner durch eine Art Zittern mit dem Körper und zieht sich langsam rückwärts in die Höhle zurück, um dann plötzlich blitzschnell in ihr zu verschwinden. Nach einer Weile erscheint sie wieder vorsichtig an der Öffnung, und erst wenn keine Gefahr mehr droht, erscheinen auch die kleinen »Schaufelbagger«, die Pistolenkrebschen, und nehmen ihre Arbeit wieder auf. Gelegentlich kann man beobachten, wie die Garnelen eine »Schaufel« voll Sand mit in die Wohnröhre zurücknehmen. Dort kauen sie ihn sorgfältig nach Freßbarem durch. Die Lebensgemeinschaft mit den Grundeln ermöglicht es den Garnelen, die sehr schlecht sehen können, daß sie sich im Rahmen der Nahrungsaufnahme und ihrer Bauaktivitäten gefahrlos an die Oberfläche begeben können. Diese Art scheint stets mit der abgebildeten gelben *Alpheus*-Art zusammenzuleben. Der Verfasser konnte mehrmals beobachten, daß eine Schwanzfleck-Torpedogrundel *Ptereleotris heteroptera* über der Öffnung der Wohnröhre im freien Wasser stand (siehe Seite 251) und sich bei Gefahr ebenfalls in die Behausung von Wächtergrundel und Pistolenkrebs zurückzog. Siehe auch die Beschreibungen der anderen Wächtergrundelarten.

Amblyeleotris wheelerei
(Plunin & Lubbock, 1977)
Pracht-Wächtergrundel

Erkennungsmerkmale: Größe bis ca. 6,5 cm. Körper sehr langgestreckt und schlank. Färbung beige bis hell sandfarben gefleckt mit breiten, kräftig dunkelroten Querbändern, zweite Rückenflosse mit roten Flecken.

Verwechslungsmöglichkeiten: Die ähnlich gefärbte Rotgebänderte Wächtergrundel *A. fasciata* (Herre, 1953) unterscheidet sich hauptsächlich durch ihre schmaleren roten Querbänder (die weißen Bereiche sind deutlich breiter) und das Fehlen von roten Flecken in der zweiten Rückenflosse von dieser Art.

Lebensraum: Sandböden. Unterhalb von ca. 5 m bis in mindestens 30 m Tiefe. Indopazifik einschließlich Malediven.

Biologie: Der Nutzen dieser Lebensgemeinschaft für die Grundeln liegt darin, daß sie auf dem sonst keinen Schutz bietenden Lebensraum Sandboden eine sichere Höhle und damit ebenfalls Schutz vor möglichen Freßfeinden finden. Die Wohngänge, die oft weit verzweigt sind, können knapp einen Meter lang sein und bis in eine Tiefe von mehr als 50 cm reichen. Manche Garnelen legen sogar mehrere Eingänge an. Es sind mindestens acht zum Teil noch unbeschriebene *Alpheus*-Arten bekannt, deren Wohnröhren von Grundeln aus mindestens sieben Gattungen bewohnt werden. Manche Garnelen leben nur mit einer Grundelart, andere mit verschiedenen Arten zusammen. Das gleiche gilt auch für die Grundeln. Siehe auch die Artbeschreibungen der anderen Wächtergrundeln.

Aquarienhaltung: Die Pflege von Wächtergrundeln ist unproblematisch. Sie sollte aber unbedingt gemeinsam mit ihren Symbiosepartnern erfolgen, da man nur so das hochinteressante Verhaltensspektrum der Tiere beobachten kann.

Ctenogobiops feroculus
(Lubbock & Pulonin, 1977)
Sand-Wächtergrundel

Erkennungsmerkmale: Größe bis ca. 6 cm. Körper langgestreckt und schlank. Färbung beige bis sandfarben mit braunen, in mehreren Längsreihen angeordneten Flecken und kurzen Streifen.

Verwechslungsmöglichkeiten: Es gibt einige sehr ähnlich gefärbte andere Arten der Gattung, die sich geringfügig in ihrer Zeichnung, vor allem am Kopf, unterscheiden.

Lebensraum: Meist auf Sandböden in Lagunen. Vom Flachwasser bis in mehr als 20 m Tiefe. Rotes Meer und westlicher Indopazifik einschließlich Malediven.

Biologie: Die Art ist paarweise in den Bauten von drei verschiedenen Garnelenarten anzutreffen. Siehe auch die Artbeschreibungen der anderen Wächtergrundeln.

Aquarienhaltung: Siehe Pracht-Wächtergrundel *A. wheelerei*.

Stonogobiops dracula
(Polunin & Lubbock, 1977)
Gelbschnauzen-Wächtergrundel

Erkennungsmerkmale: Größe bis ca. 5,5 cm. Körper langgestreckt und schlank. Männchen mit spitz ausgezogener, etwas verlängerter erster Rückenflosse, Weibchen mit abgerundeter erster Rückenflosse. Färbung weißlich mit vier schmalen schwarzen Querstreifen auf den Körperseiten und gelbgefärbter Schnauze und Stirn.

Verwechslungsmöglichkeiten: Keine.

Lebensraum: Sandböden. Meist unterhalb von ca. 3 m bis in ca. 45 m Tiefe. Malediven.

Biologie: Auch diese Art lebt paarweise mit Knallkrebsen der Gattung *Alpheus* zusammen. Anders als andere Wächtergrundeln schweben die auffällig gezeichneten Tiere meist wenige Zentimeter über dem Eingang ihrer Höhle. Siehe auch die Artbeschreibungen der anderen Wächtergrundeln.

Aquarienhaltung: Siehe Pracht-Wächtergrundel *A. wheeleri*.

Lotilia graciliosa
(Klausewitz, 1960)
Nonnen-Wächtergrundel

Erkennungsmerkmale: Größe bis ca. 5,5 cm. Körper langgestreckt mit großen auffälligen Flossen. Färbung schwarz, Oberseite von Kopf und Vorderkörper bis zum Ansatz der ersten Rückenflosse weiß, zwischen erster und zweiter Rückenflosse und auf der Schwanzwurzel je ein weißer Fleck. Erste Rückenflosse schwarz mit einem feinen orangegefärbten Ring, zweite Rücken-, After- und Bauchflossen schwarz, Schwanzflosse durchscheinend, Brustflossen im äußeren Teil durchscheinend mit kleinen schwarzen und zwei weißen Flecken und einer schwarzen Basis.

Verwechslungsmöglichkeiten: Nicht vorhanden.

Lebensraum: Meist auf Sandböden mit sehr feinem Sand. Bis in ca. 20 m Tiefe. Rotes Meer und Indopazifik einschließlich Malediven.

Biologie: Diese sehr attraktive Art ist ausgesprochen scheu und besitzt in der Regel eine deutlich größere Fluchtdistanz als andere Wächtergrundelarten. Anders als die anderen Wächtergrundelarten liegt diese Art nicht im oder am Eingang ihrer Höhle. Statt dessen schwebt sie ganz »grundel-untypisch« stets knapp über dem Boden. Dabei spreizt sie alle Flossen weit vom Körper ab und wedelt ständig mit ihren großen Brustflossen. Meist lebt nur eine Grundel mit einer Garnele oder einem Garnelenpaar zusammen. Diese Art ist ausgesprochen wählerisch, was die Wahl ihres Partners anbelangt. Sie lebt nur mit dem Pistolenkrebs *Alpheus rubromaculatus* zusammen Siehe auch die Artbeschreibungen der anderen Wächtergrundelarten.

Aquarienhaltung: Siehe Pracht-Wächtergrundel *A. wheeleri*.

Familie Acanthuridae (Doktorfische)

Gemeinsam mit den Halfterfischen (Zanclidae) und den Kaninchenfischen (Siganidae) werden die Doktorfische (Acanthuridae) innerhalb der Ordnung der Barschartigen (Perciformes) zur Unterordnung der Doktorfischverwandten (Acanthuroidei) zusammengefaßt.

Doktorfische werden in drei Unterfamilien unterteilt. Die Doktorfische im engeren Sinn oder Acanthurinae, die die erste Unterfamilie bilden, sind mit 50 Arten aus vier Gattungen weltweit in allen tropischen Meeren vertreten. Dabei kommen nur fünf Vertreter der größten Gattung, *Acanthurus*, im Atlantik vor. Die restlichen 45 Arten sind im Indopazifik verbreitet.

Die zweite Unterfamilie, die Nashorndoktorfische oder Nasinae, umfaßt nur eine Gattung mit ungefähr 15 Arten, die allesamt auf den Indopazifik beschränkt sind.

Auf die dritte Unterfamilie, die Prionurinae, soll an dieser Stelle nicht weiter eingegangen werden.

Alle Vertreter der Familie besitzen einen relativ hochrückigen, seitlich stark abgeflachten Körper, der mit kleinen, rauhen Schuppen bedeckt ist. Das endständige Maul ist in der Regel klein, nicht oder nur wenig vorstreckbar und mit kleinen Zähnen ausgestattet, die je nach Art unterschiedliche Formen haben können. Wichtigstes Unterscheidungsmerkmal von anderen Fischfamilien ist jedoch eine charakteristische Bildung an beiden Seiten der Schwanzwurzel, die auch für den deutschen Namen der Familie verantwortlich ist. Es handelt sich um ein oder mehrere rasiermesserscharfe Knochenfortsätze, die aus umgebildeten Schuppen entstanden sind und als »Skalpelle« bezeichnet werden (daher Doktorfische). Anhand ihrer Anzahl und Form kann man auch die Vertreter der einzelnen Unterfamilien unterscheiden.

Bei den Doktorfischen im engeren Sinn, den Acanthurinae, befindet sich beidseits der Schwanzwurzel jeweils ein solches Skalpell. Es ist beweglich und im Ruhezustand mit der Spitze nach vorne gerichtet in eine Grube eingeklappt, also an den Körper angelegt. Diese gefährlichen Waffen können jedoch nicht aktiv aufgerichtet werden. Statt dessen werden sie passiv durch Schwanzschläge jeweils an der nach außen gebogenen (konkaven) Seite des Schwanzstieles in einem Winkel von ungefähr 80 ° zum Körper aufgerichtet. Zumindest bei den Arten der Gattung *Acanthurus* sollen die Skalpelle bereits bei den Jungtieren ausgebildet sein.

Die Nashorndoktorfische oder Nasinae besitzen jeweils zwei feststehende, mit der Spitze nach vorn gebogene Klingen auf ihrer Schwanzwurzel, d. h. ihre Klingen sind immer aufgerichtet. Sie bilden sich meist erst mit dem Erreichen der Geschlechtsreife und sind häufig bei Männchen stärker entwickelt als bei Weibchen.

Die Vertreter der dritten Unterfamilie, der Prionurinae, besitzen drei bis zehn knöcherne Fortsätze beidseits ihrer Schwanzwurzel. Bei allen Arten dienen die Skalpelle hauptsächlich der Verteidigung. Sie werden aber teilweise auch bei innerartlichen Auseinandersetzungen eingesetzt.

Außer durch die Form und die Anzahl der Skalpelle unterscheiden sich die Nashorndoktorfische auch in ihrer Körperform von den Doktorfischen im engeren Sinn. Ihr Körper ist im ausgewachsenen Zustand deutlich langgestreckter als der der Doktorfische. Außerdem entwickeln viele Nashorndoktorfische mit dem Alter einen Fortsatz am Kopf in Form eines Hornes oder eines Höckers. Bei manchen Arten besitzen nur die Männchen solch ein Horn oder einen Höcker, bei anderen Arten dagegen fehlt diese namensgebende Bildung bei beiden Geschlechtern.

Alle Arten der Familie sind tagaktiv und verbringen die Nacht im Schutz von Löchern, Spalten und Höhlen. Die Jugendformen der meisten Arten unterscheiden sich äußerlich in der Gestalt so sehr von ihren Eltern, daß sie lange Zeit für eigene Arten gehalten wurden. Bei den Arten der Gattung *Acanthurus* z. B. machen die Larven bei einer durch-

schnittlichen Größe von ca. 20 Millimeter eine vollständige Umwandlung durch, nach der man erst die charakteristischen Artmerkmale erkennen kann.

Die Färbung der meisten Arten ist ausgesprochen prächtig. Sie ist jedoch im allgemeinen sehr variabel und hängt von Stimmung, Tageszeit und Region ab.

Acanthurus leucocheilus
(Herre, 1927)
Weißklingen-Doktorfisch

Erkennungsmerkmale: Größe bis ca. 35 cm. Körperform siehe Foto und Familienbeschreibung. Färbung einheitlich dunkelbraun bis schwarzbraun mit weißen Skalpellen und schmalem, leuchtend blauem Rand an Rücken- und Afterflosse. Lippen blasser gefärbt.

Verwechslungsmöglichkeiten: Einzige Art mit gleichzeitig einheitlich dunkelbrauner bis schwarzbrauner Färbung, blassen Lippen und weißem Skalpell.

Lebensraum: Laut Literatur wurde diese Art in einer Tiefe von 16 m an einer Steilwand beobachtet und war bisher nur von den Philippinen, Palau und dem Bereich der Fanning-Insel südlich der Hawaii-Inseln bekannt. Der Autor beobachtete diese Art im Ari-Atoll, Malediven, in Tiefen zwischen 12 bis 18 m an mehr oder weniger steilen Korallenriffen. Wahrscheinlich erstreckt sich das Verbreitungsgebiet dieser Art noch weiter als bisher bekannt.

Biologie: Keine Besonderheiten.

Aquarienhaltung: Nicht bekannt. Wahrscheinlich ähnlich wie bei anderen Arten der Gattung.

Acanthurus leucosternon
(Bennett, 1832)
Weißkehl-Doktorfisch

Erkennungsmerkmale: Größe bis ca. 23 cm, Männchen stets kleiner als Weibchen. Körperform siehe Foto und Familienbeschreibung. Färbung des Körpers prächtig blau mit schwarzem Kopf und weißer Kehle, Schwanzwurzel mit Skalpell, Ansatz der Brustflossen und Rückenflosse gelb bis gelborange, After- und Bauchflossen weiß, Schwanzflosse schwarz und weiß quergebändert.
Verwechslungsmöglichkeiten: Nicht vorhanden.
Lebensraum: Meist auf Riffdächern und an Riffkanten. Vom Flachwasser bis in mindestens 12 m Tiefe. Indischer Ozean einschließlich Malediven.
Biologie: Die Art ernährt sich wie alle Vertreter der Gattung von verschiedenen Algen. Sie kann meist paarweise in einem festen Revier beobachtet werden, das gegen Nahrungskonkurrenten, Artgenossen wie auch andere algenfressende Fischarten, heftig verteidigt wird. Manchmal verteidigt das stets kleinere Männchen jedoch auch ein Revier mit zwei Weibchen gegen Nahrungskonkurrenten. Die Art laicht wahrscheinlich (?) paarweise ab.
Manchmal schließen sich Weißkehl-Doktorfische zu großen Schwärmen zusammen.
Im gleichen Lebensraum trifft man oft auch den Blaustreifen-Doktorfisch *A. lineatus* und den Schwarzbraunen Segelflossen-Doktorfisch *Zebrasoma scopas* an.
Aquarienhaltung: Voraussetzung für die erfolgreiche Pflege dieser Art ist auch nach der Eingewöhnung ein reichliches Angebot an pflanzlicher Kost. Die Art kann sich sowohl gegenüber Artgenossen als auch gegenüber anderen Fischen recht aggressiv verhalten.

Acanthurus lineatus
(Linnaeus, 1758)
Blaustreifen-Doktorfisch

Erkennungsmerkmale: Größe bis max. 38 cm. Männchen etwas größer als Weibchen. Körperform siehe Foto und Familienbeschreibung. Färbung gelb bis gelborange mit ca. zehn hellblauen, schwarzgerandeten Längsstreifen, Bauch silbrigweiß bis silbrigblau. Bauchflossen gelborange. Je nach Stimmung zeigen die Tiere unterschiedliche Farbmuster.
Verwechslungsmöglichkeiten: Nicht vorhanden.
Lebensraum: Außenriffbereiche (Riffdach, Riffkante) mit Algenbeständen, die zumindest zeitweise der Brandung ausgesetzt sind. Fast ausschließlich im Flachwasser, nur selten unterhalb von ca. 3 m Tiefe. Indopazifik einschließlich Malediven.
Biologie: Die Art ernährt sich laut Literatur hauptsächlich von Rotalgen, die rasenförmig auf abgestorbenen Korallen wachsen. Sie lebt meist in mehr oder weniger großen Kolonien zusammen. Dabei sind beide Geschlechter territorial und beanspruchen festumgrenzte Reviere für die Nahrungsaufnahme, die sowohl gegen Artgenossen als auch gegen andere algenfressende Fischarten (z.B. Kaninchenfische, Papageifische, Drückerfische und andere Doktorfische) energisch verteidigt werden. Das Zusammenleben in Kolonien erleichtert den einzelnen Tieren die Verteidigung gegen artfremde Nahrungskonkurrenten. Das Ablaichen findet meist in Gruppen kurz nach Sonnenaufgang im freien Wasser im Bereich der Riffkante statt.
Aquarienhaltung: Jungtiere sind wesentlich leichter einzugewöhnen als erwachsene Tiere. Wie die meisten Doktorfische benötigt auch diese Art große Becken mit viel Schwimmraum.

Acanthurus mata
(Cuvier, 1829)
Schwarzklingen-Doktorfisch

Erkennungsmerkmale: Größe bis ca. 50 cm, meist deutlich kleiner. Körperform siehe Foto und Familienbeschreibung, Körper etwas länglicher als bei anderen Arten dieser Gattung. Färbung stimmungsabhängig, von hell- bis dunkelbraun mit mehr oder weniger deutlich sichtbaren bläulichen, zum Teil leicht gewellten Längsstreifen auf Kopf und Körper. Vor den Augen je zwei gelbe Längsstreifen, hinter den Augen bis zum Hinterrand der Kiemendeckel je ein breiter Längsstreifen. Je nach Stimmung kann sich auch der gesamte Körper blaßblau färben.

Verwechslungsmöglichkeiten: Es gibt drei oder vier sehr ähnlich gefärbte Arten dieser Gattung. Aber nur diese Art ist in Schwärmen im Freiwasser anzutreffen, wo sie auf die Jagd nach tierischem Plankton geht, während die anderen Arten Algenrasen abweiden.

Lebensraum: Meist in Gruppen im Freiwasser im Bereich von Riffkanten und Steilwänden mit zumindest zeitweise bewegtem Wasser (Strömung!). Bereits ab dem Flachwasser. Indopazifik einschließlich Malediven, laut Literatur auch im südlichen Roten Meer.

Biologie: Die Art ernährt sich wie zwei weitere Arten dieser Gattung von tierischem Plankton, während die restlichen 34 Arten der Gattung hauptsächlich Algenrasen abweiden.

Aquarienhaltung: Nicht geeignet.

Acanthurus nigricauda
(Duncker & Mohr, 1929)
Epauletten-Doktorfisch

Erkennungsmerkmale: Größe bis ca. 40 cm. Körperform siehe Foto und Familienbeschreibung. Färbung graubraun bis dunkelbraun mit kurzem, schwarzem Längsstreifen hinter den Augen und weißem Querband am Ansatz der Schwanzflosse. Schwanzflosse manchmal weißlich.
Verwechslungsmöglichkeiten: Kann mit dem sehr ähnlich gefärbten Schwarzen Doktorfisch *A. gahhm* verwechselt werden, der im Roten Meer und im Golf von Aden vorkommt.
Lebensraum: Lagunen und Außenriffbereiche. Mindestens bis in 30 m Tiefe. Indopazifik einschließlich Malediven.
Biologie: Keine Besonderheiten.
Aquarienhaltung: Nicht geeignet.

Acanthurus gahhm
(Forsskål, 1775)
Schwarzer Doktorfisch
(kleines Foto)

Erkennungsmerkmale: Größe bis mindestens 50 cm. Körperform siehe Foto und Familienbeschreibung. Färbung dunkelbraun bis schwarzbraun, Schwanzflossenbasis mit einem weißen Querband, hinter den Augen je ein kurzer, schwarzer Längsstreifen.
Verwechslungsmöglichkeiten: Kann eventuell mit dem sehr ähnlich gefärbten Epauletten-Doktorfisch *A. nigricauda* verwechselt werden, der jedoch nicht im Roten Meer vorkommt.
Lebensraum: Verschiedene Riffbereiche, meist über Sand- und Schuttböden in Riffnähe. Bereits ab geringer Tiefe. Rotes Meer und Golf von Aden.
Biologie: Die Art ernährt sich hauptsächlich von Detritus- und Algenbelägen, frißt aber auch Wirbellose Tiere.
Aquarienhaltung: Nicht geeignet.

Acanthurus sohal
(Forsskål, 1775)
Sohal-Doktorfisch

Erkennungsmerkmale: Größe bis ca. 40 cm. Körperform siehe Foto und Familienbeschreibung. Grundfärbung weißlich bis hellgrau oder hellblau mit zahlreichen schmalen, blauschwarzen bis schwarzen Längsstreifen auf den Körperseiten. Kopf meist nur oberhalb der Augen mit Streifen. Orangefarbener Fleck etwas oberhalb schräg hinter dem Ansatz der Brustflossen. Skalpell kräftig orange. Rücken-, After- und Bauchflossen schwarz mit feinem hellblauem Rand. Schwanzflosse dunkel bis schwarz gefärbt, ebenfalls mit hellblauem Saum.
Verwechslungsmöglichkeiten: Nicht vorhanden.
Lebensraum: Außenriffbereiche (Riffdach, Riffkante) mit Algenbeständen. Fast ausschließlich im Flachwasser, nur selten unterhalb von ca. 5 m Tiefe. Rotes Meer bis Arabischer Golf.
Biologie: Sohal-Doktorfische haben eine sehr ähnliche Lebensweise wie Blaustreifen-Doktorfische *A. lineatus*. Wie diese sind sie territorial und ausgesprochen aggressiv. Magenuntersuchungen zufolge ernährt sich diese charakteristische Rotmeer-Art von verschiedenen Algenarten, wobei fädige Grünalgen bzw. *Sargassum* bei den untersuchten Exemplaren den jeweils größten Anteil bildeten.
Aquarienhaltung: Nicht geeignet.

Acanthurus thompsoni
(Fowler, 1923)
Schokoladen-Doktorfisch

Erkennungsmerkmale: Größe bis ca. 25 cm, meist jedoch deutlich kleiner. Körperform siehe Foto und Familienbeschreibung. Färbung von Körper und Flossen einheitlich (schokoladen-)braun bis braunschwarz mit weißer Schwanzflosse.
Verwechslungsmöglichkeiten: Nicht vorhanden. Nur diese Art einheitlich braun bis braunschwarz mit weißer Schwanzflosse.
Lebensraum: Steilwände und steil abfallende Außenriffbereiche. Meist unterhalb von ca. 4 m bis in große Tiefe. Indopazifik einschließlich Malediven.
Biologie: Diese Art bildet in der Regel lockere Verbände, die im freien Wasser vor der Riffwand stehen. In bezug auf die Ernährung stellt der Schokoladen-Doktorfisch eine Ausnahme dar. Er frißt nicht wie die meisten anderen Arten dieser Gattung Algen, sondern ernährt sich von verschiedenem Zooplankton, z.B. Fischeiern, verschiedenen planktischen Krebstieren, deren Larven und anderem mehr.
Aquarienhaltung: Nicht bekannt.

Acanthurus triostegus
(Linneus, 1758)
Gitter-Doktorfisch

Erkennungsmerkmale: Größe bis max. 27 cm, meist kleiner als 20 cm. Körperform siehe Foto und Familienbeschreibung. Färbung meist blaß grünlichgrau bis bräunlichgrau mit fünf schmalen schwarzen Querstreifen auf Kopf und Körper und zwei kleinen schwarzen Flecken beidseits der Schwanzwurzel.

Verwechslungsmöglichkeiten: Nicht vorhanden.

Lebensraum: Verschiedene Riffbereiche. Meist im Flachwasser, aber auch in großer Tiefe. Indopazifik einschließlich Malediven.

Biologie: Die Art ist sowohl einzeln oder in kleinen Gruppen, als auch in riesigen Schwärmen von bis zu 1000 Tieren und mehr anzutreffen. Einzelne Tiere oder kleine Gruppen besetzen Reviere, die gegen Nahrungskonkurrenten verteidigt werden. Diese Tiere ernähren sich von den Algen ihres Reviers. Die großen Schwärme dagegen ziehen durchs Riff und »plündern« die Algenbestände der Reviere von den verschiedensten algenfressenden Fischarten, wie z.B. anderen Doktorfischarten und verschiedenen Riffbarschen. Die einzelnen Individuen der Art sind keinesfalls nur auf eine dieser beiden Lebensweisen festgelegt. Vielmehr konnte beobachtet werden, wie markierte Tiere ihr Revier aufgaben und sich einem großen Schwarm anschlossen. Streifen-Doktorfische laichen sowohl paarweise und in kleinen Gruppen, als auch in riesigen Schwärmen ab. Bei aggressiven, territorialen Tieren (Revierverteidigung) verblassen die schwarzen Querstreifen. Bei balzenden oder ablaichenden Männchen im Schwarm werden die Querstreifen dunkler und deutlich breiter. Zusätzlich färben sich Rücken-, Schwanz-, After- und Bauchflossen schwärzlich.

Aquarienhaltung: Nicht bekannt.

Ctenochaetus striatus
(Quoy & Gaimard, 1825)
Gestreifter Borstenzahn-Doktorfisch

Erkennungsmerkmale: Größe bis ca. 26 cm. Körperform wie bei den Vertretern der Gattung *Acanthurus*, aber mit leicht zugespitztem Maul. Schwanzflosse stark eingebuchtet, oben und unten halbmondförmig ausgezogen. Grundfärbung grünlichbraun bis graubraun oder dunkelbraun mit zahlreichen schmalen, grünlichgrauen bis bläulichgrauen Längsstreifen auf den Körperseiten und kleinen Punkten im Bereich der Augen.

Verwechslungsmöglichkeiten: Die Gattung umfaßt insgesamt sechs bzw. sieben gut voneinander unterscheidbare Arten, die in ihrer Verbreitung auf den Indopazifik beschränkt sind.

Lebensraum: Verschiedene Riffbereiche. Meist im Flachwasser, aber auch bis in mehr als 30 m Tiefe. Rotes Meer und Indopazifik einschließlich Malediven.

Biologie: Die Art ernährt sich von Blau- und Kieselalgen, die als feiner Oberflächenfilm auf den verschiedensten Untergründen anzutreffen sind. Die Tiere sind sowohl einzeln als auch in unterschiedlich großen Gruppen gemeinsam mit anderen Arten anzutreffen. Dabei handelt es sich in der Regel um ein Männchen mit mehreren Weibchen. Es gibt Tiere, die feste Reviere beanspruchen und andere, die nicht territorial sind. Die Reviere werden vor allem gegen andere Doktorfische und Papageienfische verteidigt. Das Ablaichen kann paarweise oder in Gruppen stattfinden. Die Art kann je nach Stimmung ihre Färbung ändern, wobei der gesamte Körper oder nur Teile davon heller bzw. dunkler werden.

Aquarienhaltung: Nicht bekannt, wenig attraktiv.

Ctenochaetus strigosus
(Bennett, 1828)
Tüpfel-Borstenzahn-Doktorfisch

Erkennungsmerkmale: Größe bis ca. 18 cm. Körperform wie bei den Vertretern der Gattung *Acanthurus*, aber mit leicht zugespitztem Maul. Grundfärbung rötlichbraun bis dunkelbraun mit zahlreichen kleinen blaugrauen Punkten (Tüpfeln) auf dem gesamten Körper und einem blaßgelben bis leuchtend gelben Ring um die Augen. Schwanzflosse nicht oder nur leicht eingebuchtet, oben und unten abgerundet. Jungtiere (kleines Foto) einheitlich leuchtend gelb gefärbt.

Verwechslungsmöglichkeiten: Nicht vorhanden. Siehe auch Gestreifter Borstenzahn-Doktorfisch *C. striatus*. Borstenzahn-Doktorfische der Gattung *Ctenochaetus* unterscheiden sich von anderen Doktorfischen durch die andere Form ihres Maules und die Form der Zähne. Diese sind zahlreicher als bei ihren Verwandten, borstenförmig verlängert mit gebogenen Spitzen und flexibel. Mit ihrer Hilfe schaben sie ihre Nahrung, feine Algenfilme oder Detritus, vom Untergrund ab.

Lebensraum: Verschiedene Riffbereiche. Bereits ab geringer Tiefe, meist jedoch tiefer als *C. striatus*. Indopazifik einschließlich Malediven.

Biologie: Lebensweise und Ernährung siehe Gestreifter Borstenzahn-Doktorfisch *C. strigosus*. Das Ablaichen findet paarweise statt. Das Skalpell dieser Art soll leicht giftig sein. Jungtiere leben meist sehr versteckt zwischen Korallenästen.

Aquarienhaltung: Nicht bekannt.

Paracanthurus hepatus
(Linnaeus, 1758)
Paletten-Doktorfisch

Erkennungsmerkmale: Größe bis ca. 30 cm. Körperform siehe Foto und Familienbeschreibung. Färbung leuchtendblau mit einem breiten, nach oben gewölbten, schwarzen Längsstreifen auf den Körperseiten, von den Augen bis zum Ansatz der Brustflossen ungefähr so breit wie der Augendurchmesser, vom Ansatz der Brustflossen bis zur Schwanzwurzel breiter, etwa bis zur Körpermitte reichend, mit ovalem, leuchtendblauem Fleck, der manchmal nach vorne hin nicht abgegrenzt wird. Schwanzwurzel und Schwanzflosse kräftig gelb, Rücken-, Schwanz- und Afterflosse schwarz gesäumt. Ausgewachsene Tiere sind oft blasser gefärbt.
Verwechslungsmöglichkeiten: Nicht vorhanden. Einzige Art der Gattung.
Lebensraum: Meist im Bereich von seewärts gelegenen Riffterrassen, die zumindest zeitweise gut beströmt werden, Jungtiere und halbwüchsige Tiere halten sich in der Regel in unmittelbarer Nähe von verzweigten Korallenstöcken der Gattungen *Pocillopora* und *Acropora* auf, in die sie sich bei Gefahr zurückziehen. Vom Flachwasser bis in mindestens 40 m Tiefe. Indopazifik einschließlich Malediven.
Biologie: Magenuntersuchungen zufolge ernährt sich die Art von verschiedenem Zooplankton und kleinen, auf festem Untergrund wachsenden Algen. Die Tiere leben meist in lockeren Gruppen zusammen und halten sich häufig im Freiwasser über dem Boden auf. Kleinere Gruppen scheinen aus einem größeren Tier, einem geschlechtsreifen Männchen, und einer Anzahl kleinerer Tiere, wahrscheinlich Weibchen, zu bestehen. Das Ablaichen findet paarweise statt.
Aquarienhaltung: Vor allem Jungtiere sollen im Aquarium gut einzugewöhnen und ausdauernd sein.

Zebrasoma scopas
(Cuvier, 1829)
Braunschwarzer Segelflossen-Doktorfisch

Erkennungsmerkmale: Größe bis max. 20 cm. Körperform eher rundlich mit verlängerter, spitz zulaufender Schnauze. Rücken- und Afterflosse sehr groß. Färbung von Körper und Flossen braunschwarz, Kopf manchmal heller. Skalpell weiß gefärbt. Jungtiere (kleines Foto) mit gelblichem Kopf, hellen Querstreifen und blauer Schwanzflosse.

Verwechslungsmöglichkeiten: Keine. Die Gattung umfaßt sechs Arten, die sich durch ihre Körperform und die große Rücken- und Afterflosse von Vertretern anderer Gattungen unterscheiden.

Lebensraum: Lagunen und Außenriffbereiche. Vom Flachwasser bis in große Tiefe. Indopazifik einschließlich Malediven.

Biologie: Die Art lebt einzeln oder in kleineren Gruppen, meist ein Männchen mit mehreren Weibchen, in fest abgegrenzten, vergleichsweise großen Revieren, die gemeinsam energisch gegen Nahrungskonkurrenten verteidigt werden. Auch kleinere Schulen von ca. 50 bis 80 Individuen sind schon beobachtet worden. Aufgrund der Konkurrenz durch andere algenfressende (Doktor-)Fischarten kann sich diese Art nur in wenig produktiven Riffbereichen, also solchen mit spärlichem Algenwuchs, behaupten. Deshalb sind die beanspruchten Reviere auch größer als z.B. die von Doktorfischen der Gattung *Acanthurus*. Die Tiere ernähren sich von feinstem Algenaufwuchs, der zum Teil für viele andere Arten nicht verwertbar ist. Diese Strategie ermöglicht es, daß sich diese Art gegen andere, konkurrenzstärkere Arten durchsetzen kann. Das Ablaichen kann sowohl paar- als auch gruppenweise erfolgen.

Aquarienhaltung: Nicht bekannt.

Zebrasoma desjardinii
(Bennett, 1835)
Indischer Gestreifter Segelflossen-Doktorfisch

Erkennungsmerkmale: Größe bis 40 cm. Körperform eher rundlich mit verlängerter, spitz zulaufender Schnauze. Rücken- und Afterflosse extrem groß. Grundfärbung dunkelbraun über olivbraun bis fast schwarz mit zahlreichen feinen, gelblichen Querstreifen auf den Körperseiten, je nach Stimmung manchmal wenige breite, weißliche Querbänder, wobei die vorderen stets am hellsten sind und die hinteren dunkler werden. Bauch mit kleinen gelblichen Punkten, Kopf mit zahllosen sehr kleinen, weißen Punkten. Rücken- und Afterflosse mit gelblichen, gewundenen Längsstreifen, Schwanzflosse mit weißlichen Punkten und weißem Hinterrand. Jungtiere gelb mit weißen Querstreifen am Körper, zwei schwarzen Querbändern im Bereich der Schwanzwurzel und zwei schwarzen Querbändern am Kopf.

Verwechslungsmöglichkeiten: Nicht vorhanden. Der Pazifische Gestreifte Segelflossen-Doktorfisch *Z. veliferum* (Block, 1797) aus dem Pazifik unterscheidet sich leicht in der Färbung und in der Anzahl von Rücken- und Afterflossenstrahlen. Von manchen Autoren wurden die beiden Arten nur als Unterarten betrachtet.

Lebensraum: Verschiedene Riffbereiche. Meist im Flachwasser, aber auch bis mindestens 30 m Tiefe. Rotes Meer und Indischer Ozean einschließlich Malediven.

Biologie: Die Art ernährt sich von verschiedenen Rot- und Grünalgen. Die Tiere verteidigen entweder einzeln oder paarweise ein Revier gegen Nahrungskonkurrenten oder ziehen in Schulen von ca. 50 bis 100 Tieren durchs Riff. Das Ablaichen findet paarweise statt.

Aquarienhaltung: Nicht geeignet.

Zebrasoma xanthurum
(Blyth, 1852)
Blauer Segelflossen-Doktorfisch

Erkennungsmerkmale: Größe bis ca. 25 cm. Körperform eher rundlich mit verlängerter, spitz zulaufender Schnauze. Rücken- und Afterflosse sehr groß. Färbung dunkelblau mit kleinen schwarzen Punkten im vorderen Körperdrittel und gelber Schwanzflosse, Brustflossen oft ebenfalls gelblich, zumindest teilweise.
Verwechslungsmöglichkeiten: Nicht vorhanden.
Lebensraum: Verschiedene Riffbereiche. Bereits ab geringer Tiefe. Rotes Meer und Arabischer Golf.
Biologie: Nach Einbruch der Dunkelheit sollen die Tiere eine charakteristische Nachtfärbung anlegen. Sie färben sich hell mit einem dunklen Tupfen in der Körpermitte.
Aquarienhaltung: Die Eingewöhnung dieser Art soll recht schwierig sein. Wenn sie erst einmal gelungen ist, sollen die Fische ziemlich ausdauernd sein. Als Nahrung sollen sowohl tierische als auch pflanzliche Kost angenommen werden. Die Tiere gelten als friedfertig und können problemlos mit anderen friedlichen Arten vergesellschaftet werden.

Naso brevirostris
(Valenciennes, 1835)
Langnasen-Doktorfisch

Erkennungsmerkmale: Größe bis ca. 60 cm. Körperform siehe Foto und Familienbeschreibung. Ausgewachsene Tiere mit langem, weit nach vorn über den Kopf herausragenden »Horn«. Färbung variabel, stimmungsabhängig, von silbrighellblau über bräunlich bis fast schwarz, meist mit zahlreichen kleinen, dunklen Flecken vor allem im Bereich des Kopfes und der unteren Körperhälfte, die manchmal auch in Querstreifen übergehen können. Schwanzflosse meist weißlich bis bläulich.

Verwechslungsmöglichkeiten: Die Art kann eventuell mit dem bis 100 cm groß werdenden *N. annulatus* (Quoy & Gaimard, 1825) verwechselt werden. Dieser besitzt jedoch keine dunklen Flecken im Bereich des Kopfes und der unteren Körperhälfte. Außerdem sind ausgewachsene Tiere nur selten oberhalb von 25 m Tiefe zu beobachten.

Lebensraum: Meist an Steilwänden in Außenriffbereichen und steil abfallenden Riffen. Vom Flachwasser bis in große Tiefe. Rotes Meer und Indopazifik einschließlich Malediven.

Biologie: Jungtiere und halbwüchsige Tiere (ohne ausgeprägtes »Horn«) ernähren sich von Algen, während ausgewachsene Tiere hauptsächlich Zooplankton fressen. Das charakteristische »Horn« beginnt sich bei Jungtieren erst ab einer Größe ab ca. 10 cm in Form eines Buckels auszubilden. Die Art lebt meist in mehr oder weniger großen, lockeren Gruppen beisammen. Das Ablaichen findet paarweise statt.

Aquarienhaltung: Aufgrund der Größe nicht geeignet.

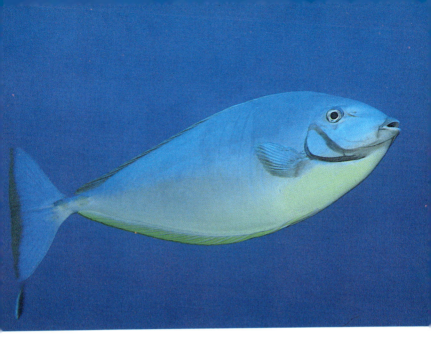

Naso hexacanthus
(Bleeker, 1855)
Blauklingen-Nashorndoktorfisch

Erkennungsmerkmale: Größe bis ca. 75 cm. Körperform siehe Foto und Familienbeschreibung. Art stets ohne »Horn«. Färbung variabel, stimmungsabhängig von silbrigblau bis dunkelbraun, Bauch meist heller, weißlich bis gelblich, stets ohne dunkles Zeichnungsmuster. Hinterrand der Kiemen- und der Vorkiemendeckel dunkelbraun bis schwärzlich.

Verwechslungsmöglichkeiten: Kann eventuell mit dem in Färbung und Körperform ähnlichen, bis 40 cm großen Einklingen-Nashorndoktorfisch *N. thynnoides* (Valenciennes, 1835) verwechselt werden, der sich jedoch dadurch unterscheidet, daß er nur eine feststehende Klinge beidseits der Schwanzwurzel besitzt. Es gibt noch mindestens zwei weitere ähnliche Arten, die aber beide deutlich kleiner bleiben.

Lebensraum: Außenriffbereiche und Steilwände. Ab ca. 6 m bis in sehr große Tiefe, meist aber erst ab ca. 15 bis 20 m Tiefe häufiger. Rotes Meer und Indopazifik einschließlich Malediven.

Biologie: Die Art ist fast immer im freien Wasser anzutreffen. Sie ernährt sich hauptsächlich von den größeren Bestandteilen des Zooplanktons, wie z.B. Krebslarven, Pfeilwürmern und planktischen Manteltieren. Es wird aber auch berichtet, daß die Tiere gelegentlich fädige Rotalgen aufnehmen. Balzende Männchen bekommen einen großen, blaßblauen Bereich auf der Oberseite von Kopf und Nacken sowie blaßblaue Querstreifen und Flecken auf den Körperseiten. Die Tiere schlafen während der Nacht im Riff.

Aquarienhaltung: Aufgrund der Größe nicht geeignet.

Naso literatus
(Bloch & Schneider, 1801)
Orangeklingen-Nashorndoktorfisch

Erkennungsmerkmale: Größe bis ca. 50 cm. Körper nicht ganz so langgestreckt wie bei anderen Arten dieser Gattung. Art stets ohne »Horn«. Oberer und unterer Teil der Schwanzflosse, vor allem bei großen Männchen, lang fadenförmig ausgezogen. Grundfärbung von gelblichbraun, olivbraun bis graubraun. Maul schwarz mit gelborange gefärbten Lippen. Stirn, Kehle, je ein leicht gewundener Streifen vom Mundwinkel zum Auge und die beiden feststehenden Skalpelle (Klingen) beidseits der Schwanzwurzel ebenfalls orange gefärbt. Rückenflosse gelb, Basis der Rückenflosse mit einem weißen und einem schwarzen Längsstreifen. Schwanzflosse weiß mit schwarzem Rand.

Verwechslungsmöglichkeiten: Nicht vorhanden. Die Population im Pazifik unterscheidet sich etwas in der Färbung. Dort ist die Rückenflosse der Tiere schwarz mit einem breiten, weißen Außenrand.
Die Gattung umfaßt insgesamt ungefähr 15 verschiedene Arten, die ausschließlich im indopazifischen Raum verbreitet sind.

Lebensraum: Verschiedene Riffbereiche. Vom Flachwasser bis in sehr große Tiefen. Rotes Meer und Indopazifik einschließlich Malediven.

Biologie: Die Art ernährt sich hauptsächlich von blattförmigen Algen der Gattungen *Sargassum*, *Dictyota* und ähnlichen. Das Ablaichen findet paarweise statt.

Aquarienhaltung: Aufgrund der Größe nicht geeignet.

Naso vlamingii
(Valenciennes, 1835)
Masken-Nashorndoktorfisch

Erkennungsmerkmale: Größe bis ca. 60 cm. Körperform siehe Fotos und Familienbeschreibung. Art mit deutlich ausgeprägtem »Nasen-«buckel. Färbung stimmungsabhängig, Grundfärbung (kleines Foto) meist mittelbraun bis olivbraun mit zahlreichen dunkelblauen Punkten und Querstreifen auf den Körperseiten sowie dunkelblauen Lippen und dunkelblauem Band (Maske) von den Augen zum Nasenbuckel. Rücken- und Afterflosse mit schmalem, leuchtendblauem Rand. An Putzerstationen ändert sich die Grundfärbung zu hell gelblichblau mit zahlreichen blaßblauen bis hellblauen Punkten und Querstreifen auf den Körperseiten, der Kopf färbt sich grünlichgelb, Lippen und Band von den Augen zum Nasenbuckel hellblau bis blaßblau. Bei balzenden Männchen kann die dunkelblaue Zeichnung blitzschnell zu einem spektakulär leuchtenden, irisierenden Blau wechseln.

Verwechslungsmöglichkeiten: Nicht vorhanden.
Lebensraum: Tiefe Lagunen und Außenriffbereiche. Meist unterhalb von ca. 4 m bis in mindestens 50 m Tiefe. Indopazifik einschließlich Malediven.
Biologie: Die Art ernährt sich von Zooplankton. Sie hält sich meist in lockeren, mehr oder weniger großen Gruppen im Freiwasser auf, wo sie ihre Nahrung erbeutet. Die Tiere nähern sich Tauchern häufig sehr dicht, schwimmen immer wieder durch den Blasenschwall hindurch und schnappen unter Umständen nach langen Haaren. Es handelt sich dabei nicht um aggressives Verhalten! Man sollte auf keinen Fall versuchen, die Fische zu verscheuchen und nach ihnen zu schlagen, da dadurch die Verletzungsgefahr sehr groß wird!
Aquarienhaltung: Aufgrund der Größe nicht geeignet.

Familie Siganidae (Kaninchenfische)

Die Kaninchenfische sind mit knapp 30 Arten aus nur einer Gattung im tropischen Indopazifik verbreitet. Durch den Suez-Kanal sind zwei Arten aus dem Roten Meer in das Mittelmeer eingewandert. Aus dem Roten Meer sind vier Arten bekannt, von denen zwei endemisch sind. Aus dem Westlichen Indischen Ozean einschließlich der Malediven sind fünf Arten bekannt, von denen nur eine Art endemisch ist. Kaninchenfische besitzen einen stark seitlich abgeflachten, länglichen und vergleichsweise hochrückigen Körper. Der Kopf ist klein, und die ebenfalls kleine, sehr charakteristische Schnauze mit den verdickten Lippen ist mehr oder weniger stark verlängert. Ihre Rückenflosse ist durchgehend und wird meist an den Körper angelegt. Von den sehr nah verwandten Doktorfischen unterscheiden sie sich durch ihr unverwechselbares Maul, das Fehlen von Skalpellen auf der Schwanzwurzel und zahlreiche Giftstacheln in nahezu allen Flossen (13 in der Rücken-, sieben in der After- und vier in der Bauchflosse). Jede dieser Flossenstrahlen, die nur zur eigenen Verteidigung eingesetzt werden, ist mit zwei länglichen Giftdrüsen ausgestattet, die in grubenähnlichen Vertiefungen liegen. Bei Berührung wird die umgebende Haut von Flossenstrahl und Giftdrüse verletzt, und durch den mit der Berührung verbundenen Druck wird das Gift in die Wunde gepreßt. Die so verursachten Stichwunden sind sehr schmerzhaft, was jedoch meist nicht lange anhält. Die verschiedenen Kaninchenfischarten unterscheiden sich oftmals nur durch Unterschiede in der Färbung voneinander. Dabei sind sie in der Lage, ihre Färbung stimmungsabhängig sehr schnell zu verändern. Die Tiere sind je nach Art entweder paarweise oder in Gruppen anzutreffen. Sie ernähren sich überwiegend pflanzlich von Algen und Seegras, einige Arten fressen aber auch Schwämme und Seescheiden. Aufgrund ihrer teilweise sehr attraktiven Färbung sind sie beliebte und gut zu haltende Pfleglinge.

Siganus puelloides
(Woodland & Randall, 1979)
Traueraugen-Kaninchenfisch
(Foto linke Seite)

Erkennungsmerkmale: Größe bis mindestens 30 cm. Grundfärbung hellgelb mit zahllosen kleinen gelborangen, sehr dichtstehenden Punkten an Kopf und Körper, die in der oberen Körperhälfte zu einem Linienmuster verschmelzen, Auge dunkelbraun bis schwarz, darüber kleine dunkle Punkte.

Verwechslungsmöglichkeiten: Der Gelbe Kaninchenfisch *Siganus corallinus* Valenciennes, 1835, aus dem westlichen Indopazifik unterscheidet sich durch seinen nach oben und unten verlängerten dunklen Augenfleck und die besonders am Kopf dichtstehenden hell- oder dunkelblauen Tüpfel.

Der Masken-Kaninchenfisch *S. puellus* (Schlegel, 1852) aus dem tropischen Westpazifik unterscheidet sich durch sein blauweißes Linienmuster am Körper und die lange dunkle Augenbinde am Kopf.

Lebensraum: Verschiedene Riffbereiche mit reichem Korallenwuchs. Bereits ab dem Flachwasser. Östlicher Indischer Ozean einschließlich Malediven.

Biologie: Siehe Familienbeschreibung.

Siganus stellatus stellatus
(Forsskål, 1775)
Tüpfel-Kaninchenfisch

Erkennungsmerkmale: Größe bis ca. 40 cm. Grundfärbung hellgrau mit zahllosen kleinen, sehr dichtstehenden, dunkelbraunen bis schwarzen Punkten auf Kopf und Körper, Schwanzflosse gelb (Rotes Meer) oder weiß (Indischer Ozean *S. s. laques*, Bonde, 1934) gerandet.

Verwechslungsmöglichkeiten: Keine.

Lebensraum: Verschiedene Riffbereiche. Vom Flachwasser bis in ca. 30 m Tiefe. Rotes Meer und Indischer Ozean einschließlich Malediven.

Biologie: Siehe Familienbeschreibung.

Familie Zanclidae (Halfterfische)

Die Familie der Halfterfische, die gemeinsam mit den Doktor- und den Kaninchenfischen in die Unterordnung der Doktorfischverwandten gestellt wird, ist nur mit einer einzigen Art vertreten. Von den Doktorfischen unterscheidet sie sich unter anderem durch das Fehlen der Skalpelle am Schwanz. Außerdem besitzen Halfterfische von allen Doktorfischverwandten als einzige eine fadenförmig ausgezogene Rückenflosse.

Zanclus cornutus
(Linnaeus, 1758)
Halfterfisch

Erkennungsmerkmale: Größe bis ca. 25 cm. Körper seitlich abgeflacht und sehr hochrückig mit lang ausgezogener Rückenflosse und pinzettenartiger Schnauze. Färbung in der vorderen Körperhälfte weiß mit einem sehr breiten schwarzen Querband und orange gefärbter Zeichnung auf der Schnauze, hintere Körperhälfte hellgelb mit einem schmaleren schwarzen Querband, Schwanzflosse schwarz.

Verwechslungsmöglichkeiten: Wird oft mit Wimpelfischen der Gattung *Heniochus* verwechselt, die aber eine helle Schwanzflosse besitzen. Außerdem unterscheidet er sich durch seine länger ausgezogene und markant gefärbte Schnauze.

Lebensraum: Verschiedene Riffbereiche mit Hartböden. Vom Flachwasser bis in sehr große Tiefen. Indopazifik einschließlich Malediven.

Biologie: Die Art ernährt sich hauptsächlich von Schwämmen und ist entweder paarweise oder in Gruppen bis über 100 Tieren anzutreffen. Das Ablaichen findet nachts oder in der Morgendämmerung statt. Die schlüpfenden Larven verbringen lange Zeit im offenen Meer. Die Jungfische besiedeln das Riff erst ab einer Größe von ca. 6 cm.

Aquarienhaltung: Geschützte Art, Import verboten!

Ordnung Pleuronectiformes (Plattfische)

Plattfische sind ausgesprochene Bodenfische und leben in allen Meeren, vorwiegend aber in den Flachwasserbereichen der warmen und gemäßigten Zonen. Sie erreichen Größen von wenigen Zentimetern (Zwergzungen) bis zu mehr als 4,5 m (Heilbutt). Plattfische liegen nicht auf dem Bauch wie die Rochen, sondern auf einer ihrer Körperseiten. Erst im Laufe ihrer Entwicklung wandert eines der Augen auf die andere Körperseite, der Körper flacht ab und die Tiere gehen zum Bodenleben über. Ihre Schwimmblase ist verkümmert.

Familie Bothidae (Butte)

Die Butte sind mit mehr als 200 Arten in allen Meeren vertreten. Bei ihnen befinden sich beide Augen auf der linken Körperseite (linksäugig).

Bothus pantherinus
(Rüppell, 1830)
Panther-Butt

Erkennungsmerkmale: Größe bis ca. 35 cm. Männchen mit stark verlängerter Brustflosse und Fortsätzen auf den Augen. Färbung hellbraun mit großen dunklen Flecken und einem schwarzen Fleck in der hinteren Körperhälfte, Brustflosse mit einem gelben Fleck (oft mit dunklem Rand).
Verwechslungsmöglichkeiten: Eventuell andere Arten der Gattung.
Lebensraum: Sand- und Schlickböden. Vom Flachwasser bis in mehr als 100 m Tiefe. Rotes Meer und Indopazifik einschließlich Malediven.
Biologie: Bei Bedrohung, innerartlicher Aggression und wahrscheinlich auch bei der Balz stellen die Männchen ihre verlängerte Brustflosse auf, so daß der gelbe Fleck sichtbar wird.

Familie Soleidae (Seezungen)

Die Seezungen, die mit ca. 120 Arten aus 30 Gattungen vertreten sind, liegen auf ihrer linken Körperseite, d.h. sie sind rechtsäugig. Wie die meisten Plattfische sind auch die Seezungen in der Lage, sich farblich an den Untergrund anzupassen.

Soleichthys heterohinus
(Bleeker, 1856)
Gebänderte Seezunge

Erkennungsmerkmale: Größe bis mindestens 14 cm. Körperform vergleichsweise langgestreckt-oval. Färbung hellbeige bis grünlichbraun mit zahlreichen dunklen Querbändern auf dem Körper, Flossensaum oft grünlichblau irisierend, Hinterrand von Rücken-, Schwanz- und Afterflosse schwarz.
Verwechslungsmöglichkeiten: Keine.
Lebensraum: Meist auf Sandflächen vor geschützten Riffbereichen. Bereits ab geringer Tiefe. Rotes Meer und Indopazifik (Malediven?).
Biologie: Die Art scheint hauptsächlich nachtaktiv zu sein. Der Tag verbringt sie meist bis an die Augen im Sand eingegraben. Bei Störungen schießt sie blitzschnell davon und ist nur schwer wieder aufzufinden. Sie ernährt sich wie alle Plattfische räuberisch von verschiedenen kleinen, bodenbewohnenden Fischen und Niederen Tieren.
Aquarienhaltung: Aufgrund ihrer bodengebundenen Lebensweise sind die meisten Plattfische nur für große Becken geeignet.

Ordnung Tetraodontiformes (Kugelfischverwandte)

Die Ordnung umfaßt acht Fischfamilien. Neben den hier vorgestellten sind dies: Dreizähner (Triodontidae), Mondfische (Molidae) und Dreistachler (Triacanthidae). Gemeinsame Merkmale der Vertreter dieser Ordnung sind der relativ große Kopf mit der kleinen Mundöffnung und die kleinen, auf Schlitze vor dem Brustflossenansatz reduzierten Kiemenöffnungen. Die Haut der Tiere ist entweder mit kleinen Schuppen, beweglichen Knochenplättchen oder sechseckigen, aneinanderschließenden Knochentäfelchen bedeckt, seltener auch verdickt oder nackt mit in der Haut verborgenen Knochenkörnern.

Fast alle Kugelfischverwandten zeichnen sich durch ihre Fortbewegungsweise aus. »Wellenschlagen« mit After- und Rückenflosse erzeugt den Vortrieb, während die Schwanzflosse nur noch als Steuerruder dient.

Körperbau und Lebensweise der meisten Arten lassen eine zunehmende Anpassung an küstennahe Lebensräume erkennen. Lediglich einige Drückerfische und die Mondfische leben im offenen Meer. Die Mehrzahl der ca. 330 Arten sind auf die warmen Meere beschränkt. Unter den Kugelfischen gibt es einige reine Süßwasserbewohner.

Die Ordnung Kugelfischverwandte wird in zwei Unterordnungen untergliedert, die Drücker- (Dreistachler, Drücker, Feilen- und Kofferfische) und die Kugelfischartigen (Dreizähner, Kugel-, Igel- und Mondfische).

Familie Tetraodontidae (Kugelfische)

Kugelfische, die in zwei Unterfamilien unterteilt werden, umfassen ca. 110 bis 120 Arten aus zehn bis 25 Gattungen (je nach Autor). Die Gattung Arothron aus der Unterfamilie Tetraodontinae ist mit ca. zehn Arten nur im Indopazifik vertreten. Die Unterfamilie Canthigasterinae umfaßt nur eine Gattung.

Der Name Tetraodontidae (Vierzähner) bezieht sich auf das kräftige, schnabelähnliche Gebiß, das aus vier miteinander verwachsenen Zähnen besteht. Kugelfische erreichen Größen von sechs bis 90 cm bei einem Gewicht von wenigen Gramm bis 6,5 kg.

Kugelfische sind in der Lage sich aufzublasen, indem sie Wasser schlucken. Es gelangt in dehnbare Ausstülpungen des Magens und kann zügig wieder ausgespuckt werden. Während sie aufgeblasen sind, sind sie kaum manövrierfähig und relativ hilflos. Doch das Aufblasen ist für Freßfeinde meist eine so große Überraschung, daß sie von ihrem Opfer schnell wieder ablassen. Zusätzlichen Schutz genießen Kugelfische durch Giftstoffe im Körper. Hauptbestandteil ist das Tetrodoxin, von dem bereits acht bis zehn Milligramm tödlich wirken können. Der Giftgehalt ist starken jahreszeitlichen und geographischen Schwankungen unterworfen. Trotzdem gilt in Japan Fugu, ein Gericht aus Kugelfischen, als Delikatesse. Da das Gift durch Kochen nicht zerstört wird, darf Fugu nur von Köchen mit Spezialausbildung zubereitet werden. Trotzdem kommt es durch den Genuß von nicht fachgerecht zubereiteten Kugelfischen regelmäßig zu Todesfällen.

Kugelfische besitzen einen auffallenden Schwimmstil, der größtmögliche Beweglichkeit auf engstem Raum ermöglicht. Bewegungen der Rücken- und Afterflosse erzeugen den Vortrieb und ermöglichen auch Rückwärtsschwimmen und Drehen auf der Stelle. Dabei sind die Brustflossen, die der Steuerung dienen, ebenfalls ständig in Bewegung. Die Schwanzflosse, die auch der Steuerung dient, kommt nur ausnahmsweise, z.B. bei der Flucht, zum Einsatz.

Bei den Spitzkopfkugelfischen der Gattung *Canthigaster* handelt es sich um kleine, attraktiv gefärbte Tiere. Außer durch ihre geringe Größe unterscheiden sie sich von anderen Kugelfischen durch ihren seitlich etwas abgeflachten Körper, den schnauzenförmig verlängerten Kopf und eine besonders kleine Kiemenöffnung. Ein Kamm auf dem Rücken und ein steifes, kielähnliches Gebilde auf der Bauchseite sind weitere Unterscheidungsmerkmale der Unterfamilie.

Canthigaster bennetti
(Bleeker, 1854)
Bennetts Spitzkopfkugelfisch

Erkennungsmerkmale: Größe bis ca. 10 cm. Körperform siehe Foto und Familienbeschreibung. Grundfärbung hellbeige (sandfarben) mit dunkelbraunem Längsband zwischen Auge und Schwanzwurzel und schwarzem Fleck an der Basis der Rückenflosse, ganzer Körper mit zahlreichen kleinen, orange- und türkisfarbenen Punkten, die teilweise in kurze Striche übergehen. Im Augenbereich sind ausschließlich gut ausgeprägte Striche vorhanden, die meist in Längsrichtung, seltener auch sternförmig um das Auge angeordnet sind.

Verwechslungsmöglichkeiten: Färbung und Muster der indopazifischen Arten dieser Gattung sind, bis auf zwei Ausnahmen, sehr konstant und variieren auch in Abhängigkeit von der Größe bzw. dem Alter und der geographischen Herkunft kaum. Aus diesem Grund sind Färbung und Muster sichere Erkennungsmerkmale. Bei dieser Art gibt es einige ähnlich gefärbte, nah verwandte Arten, die sich bei genauer Betrachtung jedoch gut unterscheiden lassen.

Lebensraum: Meist in Lagunen oder über sandigen und felsigen Böden. Vom Flachwasser bis ca. 10 m Tiefe, selten darunter. Indopazifik einschließlich Malediven.

Biologie: Dieser typische Lagunenbewohner ist meist einzeln oder paarweise anzutreffen. Die blasse Färbung stellt eine gute Tarnung in Anpassung an seinen Lebensraum dar. In Lagunen kann man oft kleine Trupps von 20 bis 30 Jungtieren beobachten. Untersuchungen des Mageninhalts von drei Tiere ergaben, daß sich die Art in erster Linie (85%) von verschiedenen Algen ernährt. Aber auch tierische Bestandteile konnten im Magen nachgewiesen werden: Teile von Entenmuscheln (3,3%), Schwämme (2,6%), Schnecken (2,0%), Moostierchen (1,3%) und anderes mehr.

Aquarienhaltung: Siehe *Canthigaster janthinoptera*.

Canthigaster coronata
(Vaillant & Sauvage, 1875)
Kronen-Spitzkopfkugelfisch

Erkennungsmerkmale: Größe bis ca. 13 cm. Körperform siehe Foto und Familienbeschreibung. Grundfärbung hellbeige mit vier dunkelbraunen bis schwärzlichen Sattelflecken auf dem Rücken, die bis knapp zur Körpermitte reichen, erster Fleck vom Maul bis knapp hinter die Augen, vierter von Höhe der Rückenflosse bis zum Ansatz der Schwanzflosse. Ansatz der Brustflossen mit dunkelbraunem bis schwärzlichem Fleck, ganzer Körper mit zahlreichen kleinen, leuchtend-hellblauen (Rotes Meer) oder gelben (Mikronesien) Punkten bis Strichen, um die Augen längs bis strahlig angeordnete Striche.

Verwechslungsmöglichkeiten: Färbung und Muster der indopazifischen Arten dieser Gattung sind, bis auf zwei Ausnahmen, sehr konstant und variieren auch in Abhängigkeit von der Größe bzw. dem Alter und der geographischen Herkunft kaum. Aus diesem Grund sind Färbung und Muster sichere Erkennungsmerkmale. Diese Art hat eine gewisse Ähnlichkeit mit *C. valentini*, dem Sattelflecken-Spitzkopfkugelfisch, der nicht im Roten Meer vorkommt.

Lebensraum: Häufig im Bereich von Sandflächen mit Korallenformationen. Meist unterhalb von ca. zehn bis 15 m bis in große Tiefen. Rotes Meer und Indopazifik, von den Malediven bisher noch nicht bekannt.

Biologie: Magenuntersuchungen an zwölf Tieren von Hawaii ergaben, daß der pflanzliche Anteil der Nahrung bei dieser Art deutlich geringer ist als bei *C. bennetti*. Der Mageninhalt setzte sich folgendermaßen zusammen: Algen mit Detritus (13,3%), Schnecken (11,9%), Krabben (10,0%), »pelycypods« (9,7%), Borstenwürmer (8,9%), Schwämme (7,7%), Spritzwürmer (7,0%), Schlangensterne (6,1%), Moostierchen (4,7%), Seeigel (3,3%) und einiges mehr.

Aquarienhaltung: Siehe *C. janthinoptera*.

Canthigaster janthinoptera
(Bleeker, 1855)
Perl-Spitzkopfkugelfisch

Erkennungsmerkmale: Größe bis ca. 9 cm. Körperform siehe Foto und Familienbeschreibung. Grundfärbung rötlichbraun mit zahlreichen, kleinen gelblichweißen bis grünlichblauen Punkten, die teilweise etwas dunkler umrandet sind, nur am Auge sternförmig angeordnete, kurze Streifen.

Verwechslungsmöglichkeiten: Färbung und Muster der indopazifischen Arten dieser Gattung sind, bis auf zwei Ausnahmen, sehr konstant und variieren auch in Abhängigkeit von der Größe, bzw. dem Alter und der geographischen Herkunft kaum. Aus diesem Grund sind Färbung und Muster sichere Erkennungsmerkmale. Einige andere Arten dieser Gattung sind ähnlich gefärbt wie diese Art.

Lebensraum: Vor allem in klaren Lagunen und im Außenriffbereich. Vom Flachwasser bis in ca. 30 m Tiefe. Indopazifik einschließlich Malediven.

Biologie: Die Art soll im allgemeinen nicht besonders häufig sein. Man kann sie entweder einzeln oder paarweise beobachten. Ihre Nahrung besteht in erster Linie aus verschiedenen Algen, Schwämmen und Borstenwürmern, seltener auch aus Krebstieren, Stachelhäutern, Manteltieren und Korallen.

Aquarienhaltung: Aufgrund ihrer attraktiven Färbung, der geringen Größe und ihres oft neugierigen Verhaltens sind Spitzkopfkugelfische interessante Pfleglinge. Da die Tiere untereinander jedoch meist sehr aggressiv sind, müssen sie entweder in sehr großen Becken oder einzeln bzw. paarweise gehalten werden. Gegenüber anderen Fische verhalten sie sich in der Regel friedlich. Bedingt durch ihre Ernährungsweise eignen sie sich nur stark eingeschränkt für eine Vergesellschaftung mit Niederen Tieren. Sie akzeptieren in der Regel schnell verschiedenstes Ersatzfutter.

Canthigaster margarittata
(Rüppell, 1829)
Rotmeerperl-Spitzkopfkugelfisch

Erkennungsmerkmale: Größe bis ca. 12,5 cm. Körperform siehe Foto und Familienbeschreibung. Grundfärbung meist rötlichbraun mit gelblichbrauner bis hellbrauner Bauchseite, dunkler Fleck unterhalb der Basis der Rückenflosse, ganzer Körper mit zahlreichen kleinen, dunkler umrandeten hellblauen Punkten, die auf dem Rücken in unterbrochene Längsstreifen übergehen, um die Augen herum sternförmig angeordnete Striche, zur Stirn hin miteinander verbunden.

Verwechslungsmöglichkeiten: Färbung und Muster der indopazifischen Arten dieser Gattung sind, bis auf zwei Ausnahmen, sehr konstant und variieren auch in Abhängigkeit von der Größe bzw. dem Alter und der geographischen Herkunft kaum. Deshalb sind Färbung und Muster sichere Erkennungsmerkmale. Diese Art ist sehr nah verwandt mit *C. solandri*, (Richardson, 1844), der im Indopazifik vorkommt und ähnlich gefärbt ist. Sie unterscheidet sich jedoch durch ihre geringere Anzahl von Punkten, die etwas größer sind. Außerdem sind die Striche im Augen- und Rückenbereich meist nicht so ausgeprägt entwickelt wie bei *C. solandri*.

Lebensraum: Meist auf Sandböden zwischen Korallenblöcken. Vom Flachwasser bis in ca. 10 m Tiefe. Ausschließlich im Roten Meer.

Biologie: Bei dieser Art liegen keine Magenuntersuchungen vor, so daß keine genauen Angaben über die Zusammensetzung der Nahrung gemacht werden können. Sie ähnelt jedoch sicherlich der der anderen Spitzkopfkugelfischarten. Zum Schlafen legen sich die Tiere einfach auf den Boden oder auf Fels- bzw. Korallenbrocken. Dabei nehmen sie auch eine charakteristische Nachtfärbung an: der ganze Körper ist dann grob beige und dunkelbraun marmoriert (kleines Foto).

Aquarienhaltung: Siehe *C. janthinoptera*.

Canthigaster pygmaea
(Allen & Randall, 1977)
Zwerg-Spitzkopfkugelfisch

Erkennungsmerkmale: Größe bis ca. 5,5 cm. Körperform siehe Foto und Familienbeschreibung. Grundfärbung hellbraun bis gelblichbraun mit zahlreichen kleinen hellblauen Punkten auf dem Körper und vier bis neun ebenfalls hellblauen Querstreifen am Kopf.

Verwechslungsmöglichkeiten: Färbung und Muster der indopazifischen Arten dieser Gattung sind, bis auf zwei Ausnahmen, sehr konstant und variieren auch in Abhängigkeit von der Größe bzw. dem Alter und der geographischen Herkunft kaum. Aus diesem Grund sind Färbung und Muster sichere Erkennungsmerkmale. Spitzkopfkugelfische aus der Gattung *Canthigaster* leben mit 25 bekannten Arten in den tropischen Korallenriffen, wobei laut Allen & Randall (1977) mit 22 Arten die Mehrzahl von ihnen im indopazifischen Raum anzutreffen ist. Davon sollen neun Arten im Pazifik und elf Arten im Indischen Ozean vorkommen. Zwei weitere Arten stammen aus dem Roten Meer und sind dort endemisch. Dagegen sind nur drei weitere Arten aus dem Atlantik und der Karibik bekannt.

Lebensraum: Meist in der Nähe von Höhlen oder Spalten. Vom Flachwasser bis in ca. 30 m Tiefe. Nur im Roten Meer.

Biologie: Weibchen dieser Art besitzen bereits mit einer Größe von nur 2,5 cm voll ausgebildete Geschlechtsorgane. Spitzkopfkugelfische sondern ein abschreckend wirkendes Hautsekret ab, das ihnen neben ihrer Giftigkeit einen zusätzlichen Schutz vor Freßfeinden verschafft.

Aquarienhaltung: Siehe *C. janthinoptera*.

Canthigaster smithae
(Allen & Randall, 1977)
Braunrücken-Spitzkopfkugelfisch

Erkennungsmerkmale: Größe bis ca. 13 cm. Körperform siehe Foto und Familienbeschreibung. Körperoberseite (Rücken und Stirn) bis zur Höhe der Augen dunkelbraun, Körperseiten und Bauch weißlich bis hellbeige mit einem bräunlichen Längsstreifen unterhalb des Brustflossenansatzes und zahlreichen, kleinen bläulichen Punkten, die im Kopfbereich in Striche übergehen, in der Übergangszone vom dunklen Rücken zu den hellen Seiten sowie an den Augen und am Ansatz der Rückenflosse gelblichgolden gefärbt mit dunklem Punkt-, Strich- und Ringmuster.

Verwechslungsmöglichkeiten: Färbung und Muster der indopazifischen Arten dieser Gattung sind, bis auf zwei Ausnahmen, sehr konstant und variieren auch in Abhängigkeit von der Größe bzw. dem Alter und der geographischen Herkunft kaum. Aus diesem Grund sind Färbung und Muster sichere Erkennungsmerkmale.

Lebensraum: Im Bereich von kleinen Höhlen und Spalten. Meist unterhalb von ca. 30 m Tiefe, nur selten schon ab 20 m. Indopazifik einschließlich Malediven.

Biologie: Diese Art scheint auf den Malediven ausgesprochen selten zu sein. Über die Biologie sind keine weiteren Einzelheiten bekannt. Sie entspricht wahrscheinlich der der anderen Spitzkopfkugelfische.

Aquarienhaltung: Siehe *C. janthinoptera*.

Canthigaster tyleri
(Allen & Randall, 1977)
Braunpunkt-Spitzkopfkugelfisch

Erkennungsmerkmale: Größe bis ca. 14 cm. Körperform siehe Foto und Familienbeschreibung. Grundfärbung weißlich bis hellbeige mit zahlreichen, vergleichsweise großen (bis Pupillendurchmesser), dunkelbraunen Punkten auf den Körperseiten, Rücken und Kopf mit kräftigen gelben Streifen und Punkten, die durch feine dunkelblaue bis violette Striche voneinander abgetrennt werden. Diese Streifen und Striche auf dem Rücken sind unregelmäßig bis ringförmig, zwischen den Augen jeweils parallel zur Stirnmitte reichend; Stirn aber mit einer Längsreihe hellbrauner Punkte, am Maul Querringe bildend, die zu den Augen hin unregelmäßiger werden.

Verwechslungsmöglichkeiten: Färbung und Muster der indopazifischen Arten dieser Gattung sind, bis auf zwei Ausnahmen, sehr konstant und variieren auch in Abhängigkeit von der Größe, bzw. dem Alter und der geographischen Herkunft kaum. Aus diesem Grund sind Färbung und Muster sichere Erkennungsmerkmale.

Lebensraum: Meist in Gebieten mit Höhlen und zahlreichen Spalten. In der Regel unterhalb von ca. 15 m Tiefe, selten auch darüber. Indopazifik einschließlich Malediven.

Biologie: Auch diese Art scheint auf den Malediven vergleichsweise selten zu sein. Sie konnte vom Verfasser meist nur einzeln beobachtet werden. Über die Biologie sind keine weiteren Einzelheiten bekannt. Sie entspricht aber wahrscheinlich im wesentlichen der der anderen Spitzkopfkugelfische.

Aquarienhaltung: Siehe *C. janthinoptera*.

Canthigaster valentini
(Bleeker, 1853)
Sattelflecken-Spitzkopfkugelfisch

Erkennungsmerkmale: Größe bis 11 cm. Körperform siehe Foto und Familienbeschreibung. Grundfärbung weiß bis hellbeige mit vier dunkelbraunen Sattelflecken auf dem Rücken, der erste und der vierte enden im oberen Teil der Körperseiten, der zweite ist gewinkelt und der dritte ist gerade bis zum Bauch spitz zulaufend. Im hellen Teil der Seiten zahlreiche hellbraune Punkte, am Maul hellbraune Querstreifen, die zwischen den Augen in Längsstreifen übergehen. Schwanzflosse und Brustflossenansatz oft gelb.

Verwechslungsmöglichkeiten: Siehe andere *Canthigaster*-Arten. Wird oft mit dem Sattelflecken-Feilenfisch *Paraluteres prionurus* verwechselt, der sich durch Fleckenform und -farbe auf den Seiten und die Zeichnung zwischen den Augen unterscheidet.

Lebensraum: Meist zwischen Korallenstöcken und Felsen in Lagunen und an verschiedenen Außenriffbereichen. Vom Flachwasser bis in mindestens 55 m Tiefe. Indopazifik einschließlich Malediven. Eine der häufigsten Spitzkopfkugelfischarten.

Biologie: Die Art frißt hauptsächlich fädige Rot- und Grünalgen und Manteltiere. Zu einem geringeren Anteil werden auch Stachelhäuter, Moostierchen, Borstenwürmer, Korallen, Weichtiere, Braun- und Krustenrotalgen gefressen. Männchen kontrollieren Territorien mit ein bis sieben Weibchen, besitzen also einen Harem. Sie laichen für gewöhnlich jeden Vormittag mit einem anderen Weibchen ab, wobei die Eier stets in ein vom Weibchen ausgewähltes Algenbüschel gelegt werden. Die Nachahmung dieser Art durch den Feilenfisch *P. prionurus* und Jungfische des Sattelflecken-Zackenbarsches *P. laevis* sind klassische Beispiele für Mimikry. Beide genießen durch die Nachahmung der Färbung des giftigen und ungenießbaren Kugelfisches einen größeren Schutz vor Freßfeinden. Siehe auch *P. prionurus* und *P. laevis*.

Aquarienhaltung: Siehe *C. janthinoptera*.

Arothron diadematus
(Rüppell, 1829)
Maskenkugelfisch

Erkennungsmerkmale: Größe bis ca. 30 cm. Körperform siehe Foto und Familienbeschreibung. Grundfärbung weißgrau bis beige, oft mit dunkler Marmorierung, schwarze Binde über den Augen, die sich im Bereich der Brustflossen zu einem großen Fleck verbreitert, Maul ebenfalls schwarz, Flossenstrahlen und Basis der Brustflossen sowie von Rücken- und Afterflosse schwarz, Membran zwischen den Strahlen meist durchscheinend weiß.

Verwechslungsmöglichkeiten: Aufgrund der auffälligen, schwarzen Augenbinde und der begrenzten geographischen Verbreitung nicht vorhanden. Die Gattung *Arothron* umfaßt insgesamt zehn Arten, die ausschließlich im Indopazifik vorkommen. Diese Art ist sehr nah verwandt mit dem nur im Indopazifik vorkommenden Schwarzflecken-Kugelfisch *A. nigropunctatus*, dem vor allem die schwarze Augenmaske fehlt. Manche Autoren betrachten den Maskenkugelfisch nur als Unterart oder Farbvariante des Schwarzflecken-Kugelfisches.

Lebensraum: In nahezu allen Bereichen der Korallenriffe. Vom Flachwasser bis in größere Tiefen. Ausschließlich im Roten Meer.

Biologie: Während der Nacht legen sich Maskenkugelfische zum Schlafen einfach auf den Boden oder auf Fels- oder Korallenblöcke. Dabei ändern sie auch ihr Farbkleid und nehmen eine typische Nachtfärbung an. Zum einen verschwindet die charakteristische Augenbinde, zum anderen wird der Körper deutlich dunkel marmoriert. Siehe auch andere *Arothron*-Arten.

Aquarienhaltung: Siehe Weißflecken-Kugelfisch *A. hispidus*.

Arothron hispidus
(L., 1758)
Weißflecken-Kugelfisch

Erkennungsmerkmale: Größe bis ca. 50 cm. Körperform siehe Foto und Familienbeschreibung. Grundfärbung dunkelgrau bis graubraun mit hellgrauer Bauchseite, ganzer Körper mit zahlreichen, relativ großen weißen Punkten, die um die schwarze Basis der Brustflossen und um die Augen herum in ringförmige Linien übergehen.

Verwechslungsmöglichkeiten: Exemplare aus dem Roten Meer weisen deutlich mehr kleinere und dichter stehende weiße Flecken auf als ihre Artgenossen aus dem Indopazifik.

Lebensraum: Verschiedene Lebensräume im Riff. Soll besonders in der Jugendphase mit Seegras bewachsene, flache Lagunen bevorzugen, erst später auch in anderen Bereichen des Riffs. Vom Flachwasser bis in größere Tiefen. Rotes Meer und Indopazifik einschließlich Malediven.

Biologie: Diese Art besitzt, wie viele Vertreter der Gattung, ein sehr weites Nahrungsspektrum. Es besteht aus verschiedenen Algen, Detritus, Weichtieren, Manteltieren (Seescheiden), Schwämmen, Krustenanemonen, Korallen, Einsiedlerkrebsen, Krabben, Röhrenwürmern, Seegurken, Schlangensternen und Seesternen (inklusive der Dornenkrone *Acanthaster*). Die Tiere nehmen ihre Nahrung sowohl tagsüber als auch nachts auf.

Aquarienhaltung: Aufgrund ihrer Größe sind die Vertreter dieser Gattung nur begrenzt für eine Aquarienhaltung geeignet. Gegen Artgenossen sind sie meist unverträglich. Als Nahrung benötigen sie Lebendfutter in Form von Miesmuscheln, Garnelen, Krabben, Würmern und ähnliches. Bei der Einrichtung eines Beckens muß man bedenken, daß die Tiere sich mit Hilfe ihres kräftigen Gebisses an Dekoration, Heizer, Filter und anderem vergreifen können.

Arothron mappa
(Lesson, 1826)
Landkarten-Kugelfisch

Erkennungsmerkmale: Größe bis ca. 65 cm. Körperform siehe Foto und Familienbeschreibung. Grundfärbung weißlich oder gelblich bis hellbraun mit schwarzem, labyrinthartigem Strichmuster, im Bauchbereich unterhalb der Brustflossen und am Ansatz der Brustflossen schwarz mit weißem Strichmuster.

Verwechslungsmöglichkeiten: Nicht vorhanden. Siehe auch Maskenkugelfisch *A. diadematus*. Das wichtigste Unterscheidungsmerkmal der Gattung Arothron von anderen Kugelfischen ist neben der plumperen Körperform die Ausbildung eines Nasenorgans in Form von zweilappigen Tentakeln, die auf den beiden gegenüberliegenden Innenseiten kleine Grübchen aufweisen.

Lebensraum: In Lagunen und direkt am Riff. Meist vom Flachwasser bis in ca. 30 m Tiefe. Indopazifik einschließlich Malediven.

Biologie: Der deutsche Name Landkarten-Kugelfisch bezieht sich auf die Färbung der Art, zahlreiche gewundene Linien, die mit etwas Fantasie teilweise an Flußläufe einer Landkarte erinnern sollen. Bei zwei untersuchten Exemplaren waren die Mägen vollgestopft mit Schwammstücken und, zu einem geringeren Anteil, zerkleinerten Manteltieren, Schnecken, Krabben, Kalkalgen sowie Algen der Gattungen *Halimeda* und *Valonia*. Diese attraktiv gefärbte Art soll relativ selten sein.

Aquarienhaltung: Siehe Weißflecken-Kugelfisch *A. hispidus*.

Arothron meleagris
(Lacepède, 1798)
Weißpunkt-Kugelfisch

Erkennungsmerkmale: Größe bis ca. 50 cm. Körperform siehe Foto und Familienbeschreibung. Färbung vollständig schwarz mit zahllosen kleinen, dichtstehenden weißen Punkten, Bauchseite manchmal heller bis weiß oder gelblich.

Verwechslungsmöglichkeiten: Nicht vorhanden. Siehe auch Maskenkugelfisch *A. diadematus*.

Lebensraum: Klare Lagunen mit korallenreichen Gebieten und Außenriffbereiche. Hält sich meist unter überhängenden Korallen oder in Spalten und Höhlen auf. Vom Flachwasser bis in mindestens 15 m Tiefe. Indopazifik einschließlich Malediven.

Biologie: Diese Art ernährt sich in erster Linie von den Spitzen von verzweigten Korallen. In geringeren Mengen werden aber auch Schwämme, Weichtiere, Moostierchen, Manteltiere, Algen und Detritus aufgenommen. Auch diese Art soll vergleichsweise selten sein.

Es ist ganz interessant, daß auch einige andere Fischarten die gleiche Färbung aufweisen wie der Weißpunkt-Kugelfisch. Es handelt sich um die Weißpunkt-Muräne *Gymnothorax meleagris*, die Jungtiere und Weibchen des Weißpunkt-Kofferfisches *Ostracion meleagris* und den Mirakelbarsch *Calloplesiops altivelis*. Ob es sich dabei um einen Zufall handelt oder ob ein »tieferer« biologischer Sinn, wie bei der Mimikry vom Mirakelbarsch und Weißpunktmuräne, dahintersteckt, konnte in der gängigen Literatur nicht ausfindig gemacht werden.

Aquarienhaltung: Siehe Weißflecken-Kugelfisch *A. hispidus*.

Arothron nigropunctatus
(Bloch & Schneider, 1801)
Schwarzflecken-Kugelfisch

Erkennungsmerkmale: Größe bis ca. 30 cm. Körperform siehe Foto und Familienbeschreibung. Grundfärbung variabel, von hellgrau bis hellbeige über gelblich, bläulich bis blauschwarz, jeweils mit unregelmäßig verstreuten, kleinen und größeren schwarzen Flecken, Augen und Maul meist dunkel gefärbt.

Verwechslungsmöglichkeiten: Nicht vorhanden. Diese Art ist sehr nahe verwandt mit dem Maskenkugelfisch *A. diadematus*, der ausschließlich im Roten Meer vorkommt. Dieser unterscheidet sich aber vor allem durch seine schwarze Augenmaske. Manche Autoren betrachten den Maskenkugelfisch nur als eine Unterart oder Farbvariante des Schwarzflecken-Kugelfisches.

Lebensraum: In nahezu allen Bereichen der Korallenriffe. Vom Flachwasser bis in größere Tiefen. Indopazifik einschließlich Malediven.

Biologie: Die Art ernährt sich in erster Linie von Korallen. Dabei bevorzugt sie die Spitzen von Geweihkorallen der Gattung *Acropora*. Sie erbeutet aber auch Weichtiere und Krebse. Der Schwarzflecken-Kugelfisch ist der häufigste Vertreter der Gattung *Arothron*.

Aquarienhaltung: Siehe Weißflecken-Kugelfisch *A. hispidus*.

Arothron stellatus
(Bloch & Schneider, 1801)
Riesen-Kugelfisch

Erkennungsmerkmale: Größe bis ca. 120 cm. Körperform siehe Foto und Familienbeschreibung. Grundfärbung hellgrau mit zahlreichen relativ großen, unregelmäßigen dunklen Flecken bis Streifen. Flecken um so kleiner und zahlreicher, je größer das betreffende Individuum ist, Bauchseite stets heller und oft ohne dunkle Flecken, Ansatz der Brustflossen meist schwarz. Kleine Jungtiere sind dunkel gefärbt mit schmalen, hellen, gebogenen Linien, die sich mit zunehmendem Wachstum ausdehnen, gleichzeitig reißen die dunklen Partien auf, bis nur noch dunkle Flecken übrig bleiben.

Verwechslungsmöglichkeiten: Nicht vorhanden. Siehe auch Maskenkugelfisch *A. diadematus*.

Lebensraum: Fleckenriffe und Korallenhänge in der Nähe von sandigen Gebieten von klaren Lagunen und Außenriffbereichen. Vom Flachwasser bis in größere Tiefen. Rotes Meer und Indopazifik einschließlich Malediven (?).

Biologie: Ein untersuchtes Exemplar dieser Art von Enewetak (Pazifik) hatte nur Seesterne der Art *Linkia guildingi* gefressen. Kugelfische sind durchweg territorial und besetzen Reviere mit zahlreichen Unterschlüpfen, in die sie sich zurückziehen können. Gegenüber Artgenossen verhalten sie sich meist aggressiv und verteidigen heftig ihr Revier.

Aquarienhaltung: Siehe Weißflecken-Kugelfisch *A. hispidus*.

Familie Diodontidae (Igelfische)

Igelfische sind mit 19 Arten, die sich auf sechs verschiedene Gattungen verteilen, vor allem in tropischen Korallenriffen verbreitet. Keine Art kommt im Süßwasser vor, und auch im Brackwasser findet man sie nur selten. Bei den meisten Arten sind die Jungtiere, die meist eine andere Färbung als die Erwachsenen aufweisen, bis zu einer gewissen Größe pelagisch, also Bewohner des Freiwassers bzw. der Hochsee. Es gibt aber auch Arten, die zeitlebens pelagisch bleiben.

Die enge Verwandtschaft zu den Kugelfischen kann man den Igelfischen auf den ersten Blick ansehen. Sie besitzen eine sehr ähnliche Körperform, und auch das Maul erinnert sofort an das der Kugelfische. Neben der familientypischen Schwimmweise können sie sich wie Kugelfische durch »Wasserschlucken« bei Gefahr aufblasen. Dabei gelangt das Wasser jedoch nicht in spezielle Blindsäcke wie bei den Kugelfischen. Statt dessen wird es direkt in den Magen gepumpt. Deutlichstes Unterscheidungsmerkmal ist der Besitz von Stacheln auf der Körperoberfläche, der ihnen ihren Namen eingebracht hat. Bei den Stacheln handelt es sich um stark abgewandelte Schuppen, die entweder relativ kurz und feststehend oder vergleichsweise lang und beweglich sein können. Bei den Arten mit beweglichen Stacheln liegen sie normalerweise mit den Spitzen nach hinten gerichtet eng am Körper an. Erst wenn ein Tier sich aufbläst, richten sich auch die Stacheln auf und verwandeln es in einen nahezu unangreifbaren »Stachelball«. Ein weiteres Unterscheidungsmerkmal zu den Kugelfischen sind die größeren Augen. Die exakte Artbestimmung von Jungfischen unter 5 cm Größe ist schwierig, da alle Arten ähnliche Farbmuster und kleine, sehr ähnliche Stacheln aufweisen. Aus dem Roten Meer sind vier bis fünf Igelfischarten bekannt. Über die genaue Zahl der auf den Malediven bzw. im Indopazifik vorkommenden Arten konnten keine Angaben gefunden werden.

Cyclichthys spilostylus
Leis & Randall, 1982
Gelbgepunkteter Igelfisch
(Foto linke Seite)

Erkennungsmerkmale: Größe bis ca. 34 cm. Gattung mit kurzen feststehenden Stacheln. Färbung graubraun bis beige mit je einem weißen oder gelben Fleck an jedem Stachel, Stacheln der Bauchseite mit einem dunkelbraunem Fleck.

Verwechslungsmöglichkeiten: Die Gattung umfaßt acht Arten. Der bis ca. 14 cm große *C. orbicularis* (Bloch, 1785) besitzt weniger Stacheln und einige große schwarze Flecken, die nicht an Stacheln gebunden sind.

Lebensraum: Verschiedene Riffbereiche. Bereits ab geringer Tiefe. Rotes Meer und Indopazifik (Malediven?).

Biologie: Jungtiere leben bis zu einer Größe von ca. 15 cm pelagisch im Freiwasser der Hochsee.

Aquarienhaltung: Siehe Gepunkteter Igelfisch *D. hystrix*.

Diodon liturosus
(Shaw, 1804)
Masken-Igelfisch

Erkennungsmerkmale: Größe bis 50 cm. Stacheln bei dieser Gattung am Körper anliegend. Grundfärbung hellbeige bis cremefarben mit einigen hellgerandeten dunklen Flecken auf Rücken und Körperseiten.

Verwechslungsmöglichkeiten: Der bis ca. 35 cm groß werdende Langstachel-Igelfisch *D. holocanthus* Linnaeus, 1758, der weltweit in allen tropischen Gewässern vorkommt, unterscheidet sich dadurch, daß seine Stacheln am Kopf größer als der Augendurchmesser sind. Außerdem sind seine dunklen Flecken auf den Körperseiten nicht hell gerandet.

Lebensraum: Stets in Riffnähe, tagsüber oft unter Überhängen oder in Höhlen. Vom Flachwasser bis in größere Tiefe. Rotes Meer und Indopazifik einschließlich Malediven.

Biologie und Aquarienhaltung: Siehe Gepunkteter Igelfisch *D. hystrix*.

Diodon hystrix
(L., 1758)
Gepunkteter Igelfisch

Erkennungsmerkmale: Größe bis ca. 70 cm. Körperform siehe Foto und Familienbeschreibung. Stacheln bei den Vertretern dieser Gattung am Körper anliegend. Grundfärbung gräulich bis bräunlich mit zahlreichen kleinen schwarzen Punkten auf Rücken, Körperseiten und Flossen, Bauchseite hellgrau bis weiß ohne Punkte.
Verwechslungsmöglichkeiten: Nicht vorhanden. Diese Gattung soll insgesamt fünf Arten umfassen.
Lebensraum: Lagunen und Außenriffbereiche. Vom Flachwasser bis in größere Tiefen. Weltweit in allen tropischen Gewässern.
Biologie: Aufgrund ihrer Schwimmweise kommen Igelfische nicht gegen Meeresströmungen an. Deshalb kann man sie trotz ihrer tropischen Verbreitung immer wieder an den europäischen Küsten und sogar mehr oder weniger regelmäßig im Mittelmeer finden. Wie man dem wissenschaftlichen Namen dieser Art entnehmen kann, war diese Art, genau wie der Langstachel-Igelfisch *D. holocanthus*, bereits Linnè bekannt. Igelfische sind überwiegend nachtaktiv und verbringen den Tag meist versteckt unter Überhängen oder in Höhlen oder Spalten. Sie ernähren sich in erster Linie von Seeigeln, Schnecken, Krabben und Einsiedlerkrebsen. Die pelagischen Jungtiere werden unter anderem von Thunfischen erbeutet. Hauptfeind der erwachsenen Tiere ist der Tigerhai.
Aquarienhaltung: Aufgrund der maximalen Körpergröße sind eigentlich nur die kleiner bleibenden Arten für eine Haltung im Aquarium geeignet. Die Ernährung der Tiere soll problemlos sein, da die Tiere schnell an verschiedenstes Ersatzfutter gehen. Wie die Kugelfische der Gattung *Arothron* sind Igelfische in der Lage, sich mit ihrem kräftigen Gebiß an der Dekoration und den technischen Einrichtungsgegenständen zu vergreifen.

Familie Balistidae (Drückerfische)

Die Mehrzahl der Drückerfische sind reine Riffbewohner, nur wenige Arten leben im offenen Meer. Sie zeichnen sich durch einen seitlich stark abgeflachten eiförmigen bis rhomboiden Körper aus, der stets mit zwei Rückenflossen ausgestattet ist. Die Augen sitzen stets weit oben am Kopf, der nur eine kleine Mundöffnung mit einem kräftigen Gebiß aufweist. Bei zahlreichen Arten findet man am Kopf direkt hinter der Mundspalte eine Zeichnung, die eine weitaus größere Mundspalte vortäuscht. Sowohl im Ober- als auch im Unterkiefer besitzen die Tiere eine vordere Reihe mit acht meißelförmigen Zähnen. Im Oberkiefer befindet sich dahinter eine zweite Reihe mit sechs plattenförmigen Zähnen. Mit Hilfe dieses Gebisses können Drückerfische ihre oft sehr harte Nahrung problemlos abbeißen oder abschaben und zerreiben.

Die Haut der Vertreter dieser Familie ist panzerartig mit dicht aneinanderliegenden, nicht überlappenden, beweglichen massiven Knochenschuppen bedeckt, die im Bereich des Hinterkörpers oftmals mit stachelähnlichen Fortsätzen, Dornen oder Leisten bestückt sind, welche ein wenig an die Klingen der Doktorfische erinnern. Sie sollen bei innerartlichen Auseinandersetzungen eine Rolle spielen.

Der deutsche Name, der sich von dem englischen Namen »trigger-fish« ableitet, bezieht sich auf die besondere Form der ersten Rückenflosse, die nur aus drei Stachelstrahlen besteht, die durch eine Flossenhaut miteinander verbunden sind. Der erste dieser Stachelstrahlen ist der größte. Er ist auf seiner Vorderseite rauh wie eine Feile, während die Hinterseite glatt ist und an der Basis eine Vertiefung hat. Die beiden hinteren Strahlen sind deutlich kleiner und glatt. Wird der erste Strahl aufgerichtet, dann richten sich auch gleichzeitig, von der Flossenhaut gezogen, die beiden hinteren Strahlen mit auf. Dabei klemmt sich die Basis des zweiten Strahls in die Vertiefung am Hinterrand des vorderen, wodurch dieser blockiert wird und dadurch völlig unbeweglich wird. Diese Sperre kann nur überwunden werden, wenn der dritte Strahl durch einen speziellen Muskel wieder nach hinten geklappt wird. Dabei zieht er nämlich den zweiten Strahl durch ein Band nach hinten aus der Vertiefung im ersten Stachel heraus, wodurch auch dieser wieder nach hinten umgelegt werden kann. Dieser Mechanismus stimmt weitgehend mit dem Abzug, dem »Drücker«, eines Gewehres überein. Sinn und Zweck dieses Mechanismus liegt darin, daß sich Drückerfische bei Gefahr oder während Ruhephasen in Felsspalten oder zwischen den Ästen einer Koralle durch Abspreizen ihrer Stacheln gewissermaßen »felsenfest« verankern können, ohne daß irgendwelche Muskel dabei ständig angespannt werden müssen. Durch gleichzeitiges Aufrichten des stachelförmigen Restes der Bauchflosse wird die Verankerung noch verstärkt.

Die zweite Rückenflosse, die nur aus Weichstrahlen besteht und deutlich größer ist als die erste, befindet sich in der hinteren Körperhälfte in der Nähe der Schwanzwurzel. Gemeinsam mit der Afterflosse dient sie der Fortbewegung, dem für die Vertreter dieser Ordnung typischen »Wellenschlagen« mit diesen beiden Flossen. Die Schwanzflosse wird nur noch selten, wie z.B. auf der Flucht, zur Fortbewegung eingesetzt. Ansonsten dient sie sozusagen als »Seitenruder«, während die Brustflossen die Funktion von »Höhenrudern« übernehmen.

Manche Drückerfische sind in der Lage, Laute zu erzeugen, die von der Schwimmblase verstärkt werden.

Zahlreiche Arten der Drückerfische sind in ihrer Verbreitung eng an bestimmte Riffzonen gebunden. Aus diesem Grund stellen die entsprechenden Arten sogenannte »Leitformen« oder Charakterfische der jeweiligen Riffzone dar.

Balistapus undulatus
(Mungo Park, 1797)
Orangestreifen-Drückerfisch

Erkennungsmerkmale: Größe bis ca. 30 cm. Körperform mehr oder weniger rautenförmig mit langgestreckter Schnauze. Grundfärbung olivgrün mit zahlreichen gelben bis orangefarbenen, zum Teil schräg verlaufenden Streifen auf dem Körper. Vom Maul bis zum Bauch zwei bis drei orangefarbene Streifen, Stacheln des Schwanzstiels schwarz, Schwanzflosse leuchtendgelb bis orange.
Verwechslungsmöglichkeiten: Nicht vorhanden. Einzige Art der Gattung.
Lebensraum: Meist in korallenreichen Gebieten in Lagunen und an Innenriffen, seltener auch am Außenriff. Vom Flachwasser bis in größere Tiefe. Rotes Meer und Indopazifik einschließlich Malediven.
Biologie: Magenuntersuchungen zufolge besitzt diese Art ein sehr umfangreiches Beutespektrum. Dabei findet man nur selten zwei Tiere, die einen ähnlichen Mageninhalt aufweisen. Auf dem Speisezettel stehen: Astspitzen von Geweihkorallen der Gattung *Acropora*, verschiedene Algen, Seeigel, Herzseeigel, verschiedene Krebstiere, Schwämme, Seescheiden, Borstenwürmer, Seesterne, Schnecken und einiges mehr. Die Art hat eine interessante Methode entwickelt, wie sie Diademseeigel trotz ihrer Stacheln fressen kann. Als erstes beißt der Drücker an einer Seite Stück für Stück die Stacheln ab (Foto). Dann beißt er in die übriggebliebenen stabilen Stachelstümpfe hinein, hebt den Seeigel ins freie Wasser, wo er ihn losläßt. Während der Seeigel langsam zu Boden sinkt, kann der Drücker problemlos von unten in die ungeschützte Unterseite des Seeigels beißen. Orangestreifen-Drücker leben einzeln oder in kleinen Gruppen. Die Eiablage erfolgt in einer flachen, im Sand oder Kies ausgehobenen Mulde. Der Schlupf der Brut erfolgt während der Nacht.
Aquarienhaltung: Wenig geeignet.

Balistoides conspicillum
(Bloch & Schneider, 1801)
Leoparden-Drückerfisch

Erkennungsmerkmale: Größe bis ca. 50 cm. Körper ei- bis rautenförmig mit mehr oder weniger abgestumpftem Kopf. Grundfärbung schwarz mit zahlreichen sehr großen weißen Flecken auf der unteren Körperhälfte und gelber, netzförmiger Zeichnung im Bereich der ersten Rückenflosse. Maul orange mit einem dahinterliegenden, blaßgelben Streifen, Ansatz von Rücken- und Afterflosse orange, vor den Augen ein blaßgelber, mit der Spitze zum Maul gerichteter v-förmiger Streifen, Schwanzflosse blaßgelb mit schwarzem Hinterrand. Bei Jungtieren (kleines Foto) befinden sich die großen weißen Flecken auf dem gesamten Körper. Vorderer Teil des Kopfes und Bereich der ersten Rückenflosse sind gelb gefärbt.

Verwechslungsmöglichkeiten: Nicht vorhanden. Zur Gattung gehört eine weitere Art, der Grüne Drückerfisch *B. viridescens*.

Lebensraum: Fast ausschließlich am äußeren Riffhang. Vom Flachwasser bis in größere Tiefen. Jungtiere meist im Bereich von Höhlen und Spalten an Steilwänden unterhalb von ca. 20 m Tiefe. Indopazifik einschließlich Malediven.

Biologie: Leoparden-Drückerfische sind eine Leitform bzw. Charakterart für den äußeren Riffhang. Sie sind sehr ortstreu und beanspruchen große Reviere für sich. Die Art ernährt sich von Schwämmen, Hydrozoen, Moostierchen und Kalkalgen. Die auffällige Färbung wirkt aus der Entfernung gestaltsauflösend. Im Nahbereich spielt sie jedoch eine wichtige Rolle für das Zusammenfinden der Geschlechter.

Aquarienhaltung: Wenig geeignet. Leoparden-Drückerfische gehören zu den unverträglichsten Drückerfischen überhaupt und eignen sich kaum für eine Vergesellschaftung mit anderen Fischen. Trotzdem werden sie aufgrund ihrer attraktiven Färbung immer wieder im Handel angeboten.

Balistoides viridescens
(Bloch & Schneider, 1801)
Grüner Riesen-Drückerfisch

Erkennungsmerkmale: Größe bis ca. 75 cm. Körperform mehr oder weniger eiförmig mit abgestumpftem Kopf. Grundfärbung schmutzig-grünlich, Schuppen am Körper mit dunklem, rautenförmigem Zentrum, Schwanzwurzel weißlich bis hellbeige.

Verwechslungsmöglichkeiten: Nicht vorhanden. Zur Gattung gehört noch eine weitere Art, der Leoparden-Drückerfisch *B. conspicillum*.

Lebensraum: Meist über Sandböden in Lagunen und am Fuß von Riffen. Vom Flachwasser bis in mindestens 40 m Tiefe. Rotes Meer und Indopazifik einschließlich Malediven.

Biologie: Diese Art ist stets einzeln oder paarweise anzutreffen. Sie ernährt sich von Seeigeln, Herzseeigeln, Krabben, Muscheln, Schnecken, Käferschnecken, Röhrenwürmern, Algen und den Ästen von Geweihkorallen der Gattungen *Acropora* und *Pocillopora*. Bei einem 7 kg schweren Tier war der Magen vollgestopft mit mehreren Zentimeter langen Spitzen von Korallenästen der Gattung *Pocillopora*. Bei der Nahrungssuche können die Tiere tiefe Krater in den Sandboden »blasen« (Foto) und große Korallenbrocken beiseite transportieren. Während der Laichzeit werden große Nestgruben mit einem Durchmesser bis zu 1 m ausgehoben, die mit einem ringförmigen Wall aus Korallenbruch umgeben sind. Während dieser Zeit sind die Tiere äußerst aggressiv und greifen einschließlich Taucher alles an, was sich ihrem Nest nähert. Dabei können sie mit ihrem kräftigen Gebiß tiefe Wunden verursachen. Oftmals werden Taucher sogar über weite Strecken verfolgt und heftig attackiert.

Aquarienhaltung: Aufgrund der Größe nicht geeignet.

Melichthys indicus
(Randall & Klausewitz, 1973)
Indischer Drückerfisch

Erkennungsmerkmale: Größe bis ca. 25 cm. Körper eiförmig mit abgerundetem Kopf. Grundfärbung dunkelbraun bis schwarz mit kleinen, goldenen Punkten und in Streifen übergehenden Punktreihen auf den Seiten, am Kopf sechsstrahlig oberhalb der Augen angeordnete dunkelbläuliche Streifen, Basis von Rücken- und Afterflosse leuchtend weiß, Schwanzflosse schwarz mit feinem, leuchtendweißem Rand, ohne verlängerte Strahlen.

Verwechslungsmöglichkeiten: Aus dieser Gattung sind zwei weitere Arten bekannt: Schwarzer Drückerfisch *M. niger* (Bloch, 1786), Größe bis ca. 35 cm, in allen tropischen Meeren, Charakterart des äußeren Riffhanges, unterscheidet sich durch seine einheitlich dunkle Schwanzflosse, deren oberer und unterer Strahl lang ausgezogen sind. *M. vidua* (Solander, 1844), Größe bis ca. 30 cm, Indopazifik, bisher von den Malediven nicht bekannt, unterscheidet sich durch seine weißliche Schwanzflosse, die bläuliche Rücken- und Afterflosse sowie die gelblichen Brustflossen und das gelbe Maul.

Lebensraum: Meist an der Riffkante und dem äußeren Riffhang. Bereits ab wenigen Metern Tiefe. Im Süden des Roten Meeres und Indischen Ozeans einschließlich der Malediven.

Biologie: Über die Biologie dieser Art liegen keine genaueren Angaben vor. Die Schwesterart *M. niger* ernährt sich vorwiegend von Kalkalgen. Die dunkle Färbung ist eine Anpassung an den mit dunklen Schlagschatten übersäten Lebensraum Riffhang und dient der Tarnung.

Aquarienhaltung: Wenig geeignet.

Odonus niger
(Rüppell, 1837)
Rotzahn-Drückerfisch

Erkennungsmerkmale: Größe bis ca. 50 cm. Körper eiförmig mit wenig abgestumpftem Kopf, vorderer Teil von Rücken- und Afterflosse sehr hoch, Schwanzflosse tief gegabelt mit lang ausgezogenen Spitzen. Grundfärbung dunkel blauviolett bis dunkel braunviolett, wirkt oft fast schwarz, Kopf meist heller, manchmal grünlichblau, mit dunkelblauen bis violetten Streifen vom Mundwinkel zum Ansatz der Brustflossen und zu den Augen. Rücken-, After- und Schwanzflosse leuchtendblau gerandet, Zähne rotbraun bis schmutzigorange gefärbt.

Verwechslungsmöglichkeiten: Einzige Art der Gattung. Wird oft mit der Rotmeer-Farbvariante des Blauen Drückerfisches *Pseudobalistes fuscus* verwechselt, der jedoch massiger ist, eine nicht so lang ausgezogene Schwanzflosse besitzt und meist über Sandböden anzutreffen ist.

Lebensraum: Außenhang der Riffe, stets unterhalb der Riffkante. Meist unterhalb von 3 m bis in ca. 35 m Tiefe. Rotes Meer und Indopazifik einschließlich Malediven.

Biologie: Diese Art ist eine Charakterart für den Außenhang von Riffen unterhalb der Riffkante. Sie ernährt sich von dort wachsenden Schwämmen und von Plankton. Auch hier stellt die dunkle Färbung eine Anpassung an die reichhaltig vorhandenen Schlagschatten an der Riffwand dar und dient der Tarnung. Die Art besiedelt geeignete Riffwände meist in großer Zahl, so daß der Eindruck eines Schwarmes entstehen kann. Es handelt sich jedoch nur um eine Ansammlung von Einzelindividuen. Meist stehen die Tiere im freien Wasser vor der Riffwand. Bei Gefahr schwimmen sie sofort an die Riffwand, wo sie in »ihrer« Felsspalte verschwinden, wobei oft noch die lang ausgezogenen Schwanzspitzen zu sehen sind. Dort verbringen sie auch die Nacht.

Aquarienhaltung: Die Art ist weniger aggressiv als andere. Trotzdem wenig geeignet.

Pseudobalistes fuscus
(Bloch & Schneider, 1801)
Blauer Drückerfisch

Erkennungsmerkmale: Größe bis ca. 55 cm. Körper massig eiförmig mit abgestumpftem Kopf. Schwanzflosse gegabelt mit verlängerten Spitzen. Zwei Farbvarianten vorhanden. Im Roten Meer (kleines Foto) Grundfärbung dunkelblau bis bräunlichviolett, oft mit gelblichen bis bräunlichen Flecken auf jeder Schuppe. Im Indopazifik gelblichbraune und blaue Streifen- bis Netzzeichnung. Jungtiere gelblichbraun mit zahlreichen blauen bis graublauen gewellten Streifen auf Körper und Flossen, die mit zunehmendem Alter bei subadulten Tieren feiner werden, sich verzweigen und miteinander vernetzen (großes Foto).
Verwechslungsmöglichkeiten: Keine.
Lebensraum: Im Bereich von Sandflächen in Lagunen und am Fuß von Riffen. Vom Flachwasser bis in größere Tiefe. Rotes Meer und Indopazifik einschließlich Malediven.

Biologie: Die Art ernährt sich von Schnecken, Muscheln, Krebsen und Seeigeln, wobei sie selbst vor langstacheligen Diademseeigeln nicht zurückschreckt. Dabei hat sie mehrere Techniken entwickelt, die spitzen Stacheln zu überwinden. Frei auf dem Sand sitzende Diademseeigel werden durch »Anblasen« mit einem kräftigen Wasserstrahl aus dem Maul umgeworfen. Sobald der Seeigel umkippt, beißt der Drücker in die ungeschützte Unterseite. Beobachtungen zufolge mußte ein Tier mehr als 100mal in 20 Min. blasen, um sein Opfer fressen zu können. Durch Blasen kann auch im Sand vergrabene Beute freigelegt und gefressen werden. Versteckt sitzende Seeigel werden an ihren Stacheln herausgezogen. Gelingt dies nicht, werden die Stacheln Stück für Stück abgebissen, bis der Drücker den Seeigel direkt von oben auffressen kann.
Aquarienhaltung: Nicht geeignet.

Rhinecanthus aculeatus
(Linnaeus, 1758)
Gemeiner Picasso-Drückerfisch

Erkennungsmerkmale: Größe bis ca. 30 cm. Körperform rautenförmig mit langgestreckter Schnauze. Färbung von Bauch und Kehle weiß, Schnauzenoberseite hellgrau bis sandfarben, Rücken etwas heller, Körperseiten schwarz bis dunkelbraun mit weißlichen schrägen Streifen in der hinteren unteren Hälfte, oberer Bereich der Streifen manchmal hellblau, Maul und Streifen vom Maul bis zu den Brustflossen gelb bis orange, Stirn zwischen den Augen dunkelblau mit schwarzen Querstreifen, von den Augen zu den Brustflossen hellblaue Querstreifen, Schwanzstielstacheln schwarz auf weißem Grund.
Verwechslungsmöglichkeiten: Keine. Diese Gattung umfaßt sechs Arten.
Lebensraum: Im Bereich von Sandzonen mit Korallenschutt und einzelnen Korallenstöcken. Nur im Flachwasser bis ca. 4 m Tiefe. Indopazifik einschließlich Malediven.

Biologie: Charakterart für die flachen Sandzonen von Lagunen und Außenriffen mit ruhigem Wasser. Der Gemeine Picasso-Drückerfisch hat einen reichhaltigen Speisezettel. Er ernährt sich von Algen, Detritus (abgestorbenem, organischem Material), Weichtieren, Krebstieren, Würmern, Seeigeln, Herzseeigeln, Fischen, Korallen, Seescheiden und anderem mehr. Dabei wird die Nahrung vorwiegend aus Spalten und Hohlräumen gezogen. Zu einem deutlich geringeren Anteil wird sie aber auch vom Boden aufgenommen. Die Tiere sind territorial, leben meist paarweise zusammen und bewohnen gemeinsam eine Höhle unter Korallenschutt. Während der Laichzeit kann es vorkommen, daß diese Art Schnorchler attackiert, um ihr Nest zu verteidigen.
Aquarienhaltung: Vertreter dieser Gattung sind beliebte Aquarienpfleglinge, die am besten nur mit größeren Fischen vergesellschaftet werden sollten. Sie benötigen eine abwechslungsreiche und pflanzenhaltige Kost.

Rhinecanthus assai
(Forsskål, 1775)
Rotmeer-Picasso-Drückerfisch

Erkennungsmerkmale: Größe bis ca. 30 cm. Körperform rautenförmig mit langgestreckter Schnauze. Grundfärbung gelblichgrau bis gelblichbraun, zur Bauchseite in weiß übergehend, Maul gelb, brauner Streifen vom Maul zu den Brustflossen, von den Augen zu den Brustflossen gelb-blau-schwarze Streifenzeichnung, Stirn zwischen den Augen dunkelblau und schwarz quergestreift, After schwarz, orange umrandet, Schwanzstiel-Stacheln schwarz, in drei Längsreihen angeordnet.

Verwechslungsmöglichkeiten: Nicht vorhanden. Einzige Art der Gattung im Roten Meer. Die Gattung umfaßt insgesamt sechs Arten. Der Schwarzbauch-Picasso-Drückerfisch *Rhinecanthus rectangulus* (Bloch & Schneider, 1801) (kleines Foto) lebt in äußeren Bereichen des Riffdaches und von Lagunen nahe der Riffkante, oft auch an Stellen, die der Brandung ausgesetzt sind. Nur im Flachwasser bis in geringe Tiefe. Indopazifik einschließlich Malediven.

Lebensraum: In Lagunen und auf Riffdächern. Nur im Flachwasser bis in geringe Tiefe. Rotes Meer.

Biologie: Über die Biologie dieser Art liegen keine weiteren Angaben vor. Sie dürfte jedoch der des Gemeinen Picasso-Drückerfisches *R. aculeatus* ähneln.

Aquarienhaltung: Siehe Gemeiner Picasso-Drückerfisch *R. aculeatus*.

Sufflamen chrysoptera
(Bloch & Schneider, 1801)
Blaukehl-Drückerfisch

Erkennungsmerkmale: Größe bis ca. 30 cm. Körper rautenförmig mit langgestreckter Schnauze. Grundfärbung dunkelbraun, wobei Kopf und Rücken oft etwas heller sind, Kehle und ein Ring hinter den Lippen blau, gelblicher Streifen von den Augen bis zum Ansatz der Brustflossen, Schwanzwurzel ohne weißen Ring, Schwanzflosse gelblichbraun mit weißem, halbmondförmigem Hinterrand.

Verwechslungsmöglichkeiten: Diese Art ist sehr nah verwandt mit dem Rotmeer-Blaukehl-Drückerfisch *S. albicaudatus*, der nur im Roten Meer vorkommt. Die Rotmeerart wird von manchen Autoren nur als eine Unterart von *S. chrysopterus* betrachtet. Hauptunterscheidungsmerkmal zwischen beiden Arten ist die unterschiedliche Färbung der Schwanzflosse. Die Rotmeerart *S. albicaudatus* hat auf der Schwanzwurzel einen weißen, ringförmigen Streifen, die Schwanzflosse besitzt nur einen schmalen weißen Hinterrand. Bei der indopazifischen Art *S. chrysopterus* fehlt der weiße Streifen auf der Schwanzwurzel und der weiße Hinterrand der Schwanzflosse ist halbmondförmig.

Lebensraum: Meist im Bereich von Sandzonen mit Korallenschutt und vereinzelten Korallenblöcken, besonders auf Riffterrassen. Vom Flachwasser bis in mindestens 30 m Tiefe. Indopazifik einschließlich Malediven.

Biologie: Magenuntersuchungen zufolge ernährt sich diese Art vorwiegend von Schwämmen. Darüber hinaus stehen aber auch Moostierchen, Schnecken, Muscheln, Seeigel, Borstenwürmer und Krebstiere auf dem Speiseplan. Die Tiere leben in der Regel einzeln und besetzen ein Revier, das gegen Artgenossen verteidigt wird.

Aquarienhaltung: Siehe Gemeiner Picasso-Drückerfisch *Rhineacanthus aculeatus*.

Sufflamen albicaudatus
(Rüppell, 1829)
Rotmeer-Blaukehl-Drückerfisch

Erkennungsmerkmale: Größe bis ca. 30 cm. Körper rautenförmig mit langgestreckter Schnauze. Grundfärbung dunkelbraun bis braunschwarz mit blauer Kehle und blauem Ring hinter den Lippen, Schwanzwurzel mit weißem Ring, Schwanzflosse gelblichbraun bis orange mit schmalem, weißem Hinterrand.

Verwechslungsmöglichkeiten: Diese Art ist sehr nah verwandt mit dem Blaukehl-Drückerfisch *S. chrysopterus*, der im Indopazifik einschließlich der Malediven vorkommt. Die Rotmeerart wird von manchen Autoren nur als eine Unterart von *S. chrysopterus* betrachtet. Hauptunterscheidungsmerkmal zwischen beiden Arten ist die unterschiedliche Färbung der Schwanzflosse. Die Rotmeerart *S. albicaudatus* hat auf der Schwanzwurzel einen weißen, ringförmigen Streifen, und die Schwanzflosse besitzt nur einen schmalen weißen Hinterrand. Bei der indopazifischen Art *S. chrysopterus* fehlt der weiße Streifen auf der Schwanzwurzel und der weiße Hinterrand der Schwanzflosse ist halbmondförmig.

Lebensraum: Meist im Bereich von Sandflächen mit Korallenbewuchs und Korallenschutt. Vom Flachwasser bis in mindestens 30 m Tiefe. Rotes Meer.

Biologie: Über die Biologie des Rotmeer-Blaukehl-Drückerfisches liegen keine Angaben vor, sie ähnelt wahrscheinlich weitgehend der der indopazifischen Art.

Aquarienhaltung: Siehe Gemeiner Picasso-Drückerfisch *Rhineacanthus aculeatus*.

Sufflamen bursa
(Bloch & Schneider, 1801)
Weißlinien-Drückerfisch

Erkennungsmerkmale: Größe bis ca. 25 cm. Körper rautenförmig mit langgestreckter Schnauze. Grundfärbung des Körpers gelblichweiß, Kopf gelblichgrau, Bauch schmutzig weiß bis weiß, auf den Körperseiten je ein dünner weißer bis silbriger Strich vom Maul bis zum Ansatz der Afterflosse, zwei gelbliche bis gelblichbraune Kopfstreifen, die bei Erwachsenen dunkelbraun bis fast schwarz werden, stachelförmiger Rest der Bauchflosse schwarz.

Verwechslungsmöglichkeiten: Nicht vorhanden. Diese Gattung umfaßt insgesamt fünf Arten, von denen eine auf das Rote Meer und eine auf den östlichen Pazifik beschränkt ist.

Lebensraum: Meist mehr oder weniger steil abfallende Riffe mit reichem Korallenbewuchs und zahlreichen Höhlen und Spalten. Unterhalb der Brandungszone von 3 m bis in größere Tiefe. Indopazifik einschließlich Malediven.

Biologie: Die Art ernährt sich von Krabben, Muscheln, Schnecken, Algen, organischen Resten, Stachelhäutern, Würmern und Seescheiden.

Aquarienhaltung: Siehe Gemeiner Picasso-Drückerfisch *Rhineacanthus aculeatus*.

Familie Monacanthidae (Feilenfische)

Feilenfische sind mit ungefähr 40 Arten aus elf Gattungen bekannt und sehr nahe mit den Drückerfischen verwandt. Bis vor einiger Zeit wurden sie als Unterfamilie zur Familie der Drückerfische gerechnet. Morphologische Unterschiede haben die Systematiker jedoch veranlaßt, sie einer eigenen Familie zuzuordnen. Feilenfische besitzen in der Regel einen seitlich stärker abgeflachten und mehr langgestreckten Körper als Drückerfische. Des weiteren besteht ihre erste Rückenflosse nur aus ein oder zwei Strahlen, wobei der erste länger und meist auch dünner als bei den Drückerfischen ist. Er ist auch verantwortlich für den wissenschaftlichen Namen der Familie, der Einstachler bedeutet. Der zweite Flossenstrahl ist entweder wesentlich kleiner, oder er fehlt wie der dritte Strahl völlig. Die erste Rückenflosse kann mit Hilfe eines ähnlichen Mechanismus wie bei den Drückerfischen aufgestellt und arretiert werden.

Das Gebiß der Feilenfische ist nicht so kräftig wie bei den Drückerfischen. Es besteht aus je einer vorderen Reihe mit sechs Zähnen in Ober- und Unterkiefer (statt acht bei den Drückern) und einer hinteren Reihe mit vier Zähnen im Oberkiefer (statt sechs bei den Drückerfischen). Das Maul ist bei den meisten Arten winzig, so daß die Tiere nur sehr kleine Nahrung aufnehmen können.

Der deutsche Name bezieht sich auf die rauhen Schuppen, die kleiner sind als bei den Drückerfischen. Bei vielen Arten befindet sich beidseits der Schwanzwurzel oder kurz davor ein bürstenähnlicher Bereich mit verlängerten Borsten. Diese sind bei Männchen meist besser entwickelt als bei Weibchen.

Anders als Drückerfische sollen die meisten Feilenfische in der Lage sein, ihre Färbung zu wechseln und sich so ihrer Umgebung anzupassen. Einige Arten haben Hautlappen ausgebildet, die ihre Tarnung noch perfekter machen. Da Feilenfische meist sehr versteckt leben und scheu sind, werden sie von vielen Tauchern übersehen.

Die Schwimmweise aller Feilenfische, die der Schwimmweise der Drückerfische entspricht, ermöglicht es auch dem Ungeübten sofort, die Tiere als Vertreter der Ordnung der Kugelfischverwandten zu identifizieren.

Aluteres scriptus
(Osbeck, 1765)
Besenschwanz-Feilenfisch

Erkennungsmerkmale: Größe bis ca. 100 cm. Körper langgestreckt mit zugespitzter Schnauze, Schwanzflosse sehr lang und oft besenförmig ausgefranst, erster Strahl der ersten Rückenflosse fadenförmig verlängert. Grundfärbung olivbraun bis grau mit wenigen oder zahlreichen (Geschlechtsunterschied?) kleinen schwarzen Punkten und blauen, in Längsreihen angeordneten größeren Flecken, die teilweise in Längsstreifen übergehen. Schwanzwurzel meist heller bis schmutzigweiß mit größeren schwarzen Punkten.

Verwechslungsmöglichkeiten: Nicht vorhanden. Diese Gattung umfaßt drei weitere Arten.

Lebensraum: In nahezu allen Bereichen des Riffs. Vom Flachwasser bis in größere Tiefen. Weltweit in allen tropischen und subtropischen Gewässern.

Biologie: Diese Art ist vergleichsweise selten. Sie ernährt sich von einer großen Bandbreite von festsitzenden Organismen: Algen, Seegras, Seescheiden, Hornkorallen, Anemonen und anderen Nesseltieren. Die Tiere sind meist einzeln, seltener auch paarweise anzutreffen. Jungtiere und manchmal auch erwachsene Tiere halten sich regelmäßig auch im freien Meer im Bereich von treibenden Gegenständen auf. Mit Einbruch der Dunkelheit nehmen die Tiere eine charakteristische Nachtfärbung an. Ihr Körper ist dann hell und dunkel marmoriert, wobei die schwarzen Punkte und die blauen Flecken und Streifen größtenteils noch sichtbar sind.

Aquarienhaltung: Aufgrund der Größe nicht geeignet.

Amanses scopas
(Cuvier, 1829)
Bürsten-Feilenfisch

Erkennungsmerkmale: Größe bis ca. 20 cm. Körper mehr oder weniger rautenförmig. Männchen mit einer Gruppe von fünf bis sechs langen, kräftigen Stacheln im hinteren Teil der Körperseiten, die nach hinten gerichtet am Körper anliegen, Weibchen mit einer bürstenähnlichen dichtstehenden Menge von langen Borsten an der gleichen Stelle. Grundfärbung des gesamten Körpers bräunlich, zum Schwanz in fast schwarz übergehend, bis zu zwölf dunkle Querstreifen auf den Körperseiten, Lippen braun, die weißen Zähne sind gut sichtbar.
Verwechslungsmöglichkeiten: Nicht vorhanden. Einzige Art der Gattung.
Lebensraum: Meist im Bereich von Sandflächen mit Korallenblöcken oder über Geröllböden. Vom Flachwasser bis in mindestens 18 m Tiefe. Rotes Meer und Indopazifik einschließlich Malediven.
Biologie: Über die Biologie dieser Art liegen keine Angaben vor. Die Tiere sind meist einzeln oder paarweise anzutreffen.
Aquarienhaltung: Siehe Rotmeer-Harlekin-Feilenfisch *Oxymonacanthus halli*.

Cantherhines dumerilii
(Hollard, 1854)
Gelbschwanz-Feilenfisch

Erkennungsmerkmale: Größe bis ca. 35 cm. Körper mehr oder weniger ellipsenförmig. Dornen im Bereich der Schwanzwurzel bei Männchen länger als bei Weibchen. Grundfärbung graubraun bis gelblichbraun mit bis zu zwölf dunklen Querstreifen in der hinteren Körperhälfte, Schwanzflosse gelblich bis orange, bei Männchen kräftig orange, mit braunen Längsstreifen, Ansatz der Brustflossen orange, Dornen bei ausgewachsenen Männchen kräftiger orange als bei Weibchen, Lippen weiß, die weißen Zähne gut sichtbar. Jungtiere und halberwachsene Tiere mit diffusen weißen Flecken auf Kopf und Körper.
Verwechslungsmöglichkeiten: Diese Gattung umfaßt insgesamt neun Arten.
Lebensraum: Klare Lagunen und Außenriffbereiche mit reichverzweigtem Korallenbewuchs. Vom Flachwasser bis in größere Tiefen. Indopazifik einschließlich Malediven.

Biologie: Die vergleichsweise seltene Art meist paarweise anzutreffen. Sie ernährt sich in erster Linie von den Spitzen verzweigt wachsender Korallenarten, z.B. der Gattungen *Acropora* und *Pocillopora*, aber auch *Porites* und *Heliopora*. Zu einem geringeren Anteil stehen aber auch Seeigel, Weichtiere, Moostierchen, Schwämme und Algen auf dem Speisezettel.
Aquarienhaltung: Siehe Rotmeer-Harlekin-Feilenfisch *Oxymonacanthus halli*.

Oxymonacanthus halli
Marshall, 1952
Rotmeer-Harlekin-Feilenfisch

Erkennungsmerkmale: Größe bis ca. 10 cm. Körper langgestreckt mit zugespitzer Schnauze. Grundfärbung grünlichblau mit zahlreichen, relativ großen, gelben bis orangefarbenen unregelmäßigen Flecken am gesamten Körper, Schnauzenspitzen gelb mit hellblauem Ring dahinter, Bauchflosse bei Männchen orange mit schwarzer Umrandung, bei Weibchen grünlicholiv.

Verwechslungsmöglichkeiten: Diese Gattung umfaßt noch eine weitere Art, den Harlekin-Feilenfisch *O. longirostris* (Bloch & Schneider, 1801), der jedoch nur im Indopazifik einschließlich der Malediven vorkommt. Außer durch das Verbreitungsgebiet unterscheidet sich die indopazifische Art durch die längere Schnauze und eine etwas andere Färbung.

Lebensraum: Lagunen und Riffe mit reichem Korallenwuchs und nur geringer Strömung. Vom Flachwasser bis in mindestens 30 m Tiefe. Rotes Meer.

Biologie: Beide Arten ernähren sich von Korallenpolypen der Gattung *Acropora*. Dabei stehen die Tiere häufig kopfüber in oder über Korallenstöcken. Freilandbeobachtungen am indopazifischen Harlekin-Feilenfisch haben ergeben, daß die Tiere monogam, also in einer dauerhaften »Einehe« leben. Das Ablaichen soll täglich erfolgen, wobei die 100 bis 300, nur 0,7 mm großen Eier stets in den Büscheln giftiger Algenarten abgelegt werden. Dadurch genießen die Eier, die nicht weiter von den Eltern betreut werden, einen besseren Schutz vor Freßfeinden. Der Schlupf der Eier erfolgte im Labor bei 27 °C nach gut 50 Stunden.

Aquarienhaltung: Feilenfische sollen sehr empfindliche Pfleglinge sein. Die Haltung der größeren Arten sowie der Nahrungsspezialisten unter ihnen ist nicht empfehlenswert.

Paraluteres prionurus
(Bleeker, 1851)
Sattelflecken-Feilenfisch

Erkennungsmerkmale: Größe bis ca. 11 cm. Körperform ähnelt sehr stark der der Spitzkopfkugelfische der Gattung *Canthigaster*. Grundfärbung schmutzig weiß bis hellbeige mit vier dunkelbraunen Sattelflecken auf dem Rücken, von denen der erste und der vierte im oberen Teil der Körperseiten enden, während der zweite und der dritte bis zum Bauch spitz zulaufen. Zwischen den Augen, am Kopf und auf den Körperseiten zahlreiche dunkelbraune, unregelmäßige Flecken, die teilweise in Streifen übergehen und bei größeren Exemplaren ein netzförmiges Muster bilden können.

Verwechslungsmöglichkeiten: Die Gattung umfaßt zwei Arten. Diese Art wird meist mit dem Sattelflecken-Spitzkopfkugelfisch *Canthigaster valentini* verwechselt, der sich aber durch die Streifen zwischen den Augen und auf der Schnauze, die hellere Farbe und gleichmäßigere Form der Punkte auf den Körperseiten und die kleinere zweite Rücken- und Afterflosse unterscheidet.

Lebensraum: Meist zwischen Korallenstöcken, Felsen und den Ästen von verschiedenen Hornkorallen in Lagunen und im Außenriffbereich. Vom Flachwasser bis in mindestens 25 m Tiefe. Indopazifik einschließlich Malediven.

Biologie: Diese Art ahmt in ihrer Färbung den Sattelflecken-Spitzkopfkugelfisch *C. valentini* nach, der giftig ist und ein abschreckend wirkendes Hautsekret absondert. Aus diesem Grund genießt er einen sehr guten Schutz vor Freßfeinden. Jeder Räuber, der einmal versucht, diesen Kugelfisch zu fressen, wird ihn aufgrund seines Hautsekrets meist sofort wieder ausspucken und zukünftig alle Fische mit dieser Färbung meiden. Davon profitiert auch der Sattelflecken-Feilenfisch. Dieses Phänomen wird als Mimikry bezeichnet.

Aquarienhaltung: Siehe Rotmeer-Harlekin-Feilenfisch *O. halli*.

Pervagor janthinosoma
(Bleeker, 1854)
Schwarzfleck-Feilenfisch

Erkennungsmerkmale: Größe bis ca. 12 cm. Körper mehr oder weniger ellipsenförmig. Grundfärbung orangebraun bis dunkelbraun mit feinem dunklem Punktmuster. Dunkler bis schwarzer länglicher Fleck oberhalb der Brustflossen. Rücken-, After- und Schwanzflosse mit kleinen, leuchtend blauen Punkten.

Verwechslungsmöglichkeiten: Die Gattung umfaßt fünf Arten. Diese Art soll von den meisten Autoren mit *P. melanocephalus* (Bleeker, 1853) verwechselt worden sein.

Lebensraum: Flache Lagunen und Außenriffbereiche. Vom Flachwasser bis in mindestens 15 m Tiefe. Indopazifik einschließlich Malediven.

Biologie: Diese gar nicht seltene Art lebt sehr versteckt und wird deshalb meist übersehen. Über ihre Biologie liegen keine Angaben vor. Die relativ unscheinbar gefärbten Tiere sind vergleichsweise scheu und können meist einzeln oder paarweise angetroffen werden.

Aquarienhaltung: Siehe Rotmeer-Harlekin-Feilenfisch *Oxymonacanthus halli*.

Familie Ostraciidae (Kofferfische)

Kofferfische sind weltweit mit 37 Arten aus 14 Gattungen verbreitet. Bei ihnen sind Kopf und Körper vollständig von einem kantigen Knochenpanzer umgeben, worauf sich auch ihr deutscher Name bezieht. Dieses Außenskelett kann drei, vier oder fünf Kanten aufweisen (im Querschnitt), wobei die Bauchseite stets eine gerade Fläche bildet. Die Anzahl der Kanten und damit der Körperquerschnitt liefern wichtige Hinweise zur Gattungszugehörigkeit. Bei einigen Arten können die Kanten auch gezackt oder mit einer artspezifischen Anzahl von langen Dornen oder Stacheln versehen sein. Die Vertreter der Gattung *Lactoria* z.B. zeichnen sich durch »Hörner« vor bzw. über den Augen aus. Der Knochenpanzer setzt sich aus einer großen Zahl kleiner, sechseckiger Knochenplatten zusammen, die nur für den Schwanz, die Flossen, den Mund, die Augen und den After kleine Öffnungen freilassen. An diesen Stellen befindet sich eine mit dem Panzer verwachsene Haut, die die Beweglichkeit von Flossen, Mund und Augen sicherstellt. Die Kiemendeckel dagegen sind unbeweglich mit dem Knochenpanzer verwachsen. Dadurch ergeben sich Probleme, das »Atem«-Wasser in der Kiemenhöhle auszutauschen, wobei normalerweise die Kiemendeckel eine wichtige Rolle spielen.

Als Anpassung an ihr starres Außenskelett können die Kofferfische den Mundhöhlenboden innerhalb ihres Panzers mit Hilfe von mit Gewebsflüssigkeit gefüllten lymphatischen Gefäßen als Ganzes heben und senken. Die dadurch mögliche rhythmische Vergrößerung und Verkleinerung des Kiemenraumes sorgt für den für die Atmung notwendigen Wasseraustausch, der durch ständiges Paddeln mit den kleinen Brustflossen, die direkt hinter den kleinen Kiemenöffnungen stehen, noch unterstützt wird.

Der getrocknete Knochenpanzer, der in manchen Gegenden als Schmuck verwendet wurde, behält seine Form. Dadurch waren viele Kofferfische der Wissenschaft bereits in den Anfängen der Systematik bekannt.

Aufgrund der Panzerung des Körpers ist bei den Kofferfischen die für die Kugelfischverwandten typische Schwimmweise besonders ausgeprägt. Da der Körper völlig unbeweglich ist, spielt er weder beim Antrieb noch bei der Steuerung eine Rolle. Wie kleine Propeller erzeugen Rücken- und Afterflosse durch »Wellenschlagen« für den Antrieb. Die Schwanzflosse, die extrem weit nach links oder rechts vorne vorgebogen werden kann, übernimmt gemeinsam mit den Brustflossen die Steuerung. Dadurch erinnert die Fortbewegungsweise von Kofferfischen sehr an den Flug eines Hubschraubers. Gemächlich können sie sich sicher durch engste Spalten des Riffs hindurch manövrieren, auf der Stelle drehen und sogar rückwärts schwimmen. Bei Gefahr können die Tiere aber auch überraschend schnell sein, wobei sie dann auch ihre Schwanzflosse als Antrieb einsetzen.

Einige Kofferfischarten können bei Gefahr oder Streß über die Haut ein starkes Gift ausscheiden, das Ostracitoxin, das auf andere Fische tödlich wirkt. Es kann bei entsprechenden Konzentrationen, z.B. im Aquarium, auch den Kofferfisch selber töten.

Über das Fortpflanzungsverhalten ist bislang erst bei einigen Arten genaueres bekannt. Die untersuchten Arten sind polygam, wobei die Männchen ein großes, festes Revier beanspruchen, in dem sich die nichtterritorialen Weibchen und untergeordnete Männchen aufhalten. Das Ablaichen findet paarweise in der Dämmerung statt.

Kofferfische haben ein breites Nahrungsspektrum, das sich aus den verschiedensten Wirbellosen und Algen zusammensetzt. Vor allem die kleineren Arten sind für die Aquarienhaltung recht gut geeignet. Wenn die Tiere vorsichtig eingewöhnt werden, sind sie dankbare und sehr interessante Pfleglinge. Man sollte Kofferfische jedoch nicht mit aggressiven Fischen vergesellschaften, von denen sie ständig bedrängt werden, da sie sonst ihre Mitbewohner und sich selbst mit ihrem Gift umbringen können.

Ostracion cubicus
(L., 1758)
Gelbbrauner Kofferfisch

Erkennungsmerkmale: Größe bis 45 cm. Körperform siehe Fotos und Familienbeschreibung, Jungtiere nicht so langgestreckt wie Erwachsene. Färbung variabel, altersabhängig. Kleine Jungtiere sind leuchtendgelb mit schwarzen Punkten (Größe bis Augendurchmesser), Flossen ohne Punkte. Mit zunehmender Größe erscheinen gleichgroße weiße Punkte, an die erst nur ein, später mehrere schwarze Punkte angrenzen; schwarze Punkte auch auf der Schwanzflosse. Die Zahl der weißen bis bläulichen Punkte nimmt weiter zu, wobei schwarze Punkte nur noch an weiße bzw. bläuliche angrenzen. Gleichzeitig wechselt das leuchtende Gelb zu schmutziggelb bis senf- oder olivfarben. Ausgewachsene Tiere bläulichgrau bis bläulichbraun mit teilweise gelben Bereichen zwischen einzelnen Knochenplatten, Schwanzwurzel meist gelblich, schwarze Punkte nur noch vereinzelt auf den Körperseiten, sonst auf dem Rücken, der Schwanzflosse und dem Ansatz von Rücken- und Brustflossen.

Verwechslungsmöglichkeiten: Die Gattung umfaßt insgesamt wahrscheinlich sieben Arten. Im Roten Meer gibt es eine etwas anders gefärbte Variante, die lange Zeit als eigene Art (*O. argus* Rüppell) angesehen wurde. Bei ihr sind unter anderem die weißen bzw. bläulichen Punkte meist ganz schwarz umrandet oder vollkommen mit schwarzen Punkten umgeben. Der Rotmeer-Kofferfisch *O. cyanurus* Rüppell, 1828, bis 15 cm Größe, ist tiefblau gefärbt mit kleinen schwarzen Punkten und kommt im Roten Meer und dem Golf von Aden vor.

Lebensraum: Lagunen und etwas geschützt gelegene Außenriffbereiche. Vom Flachwasser bis in ca. 35 m Tiefe. Jungtiere halten sich stets im Schutz von Korallenblöcken oder Felsen auf. Rotes Meer und Indopazifik einschließlich Malediven.

Biologie und Aquarienhaltung: Siehe Familienbeschreibung.

Ostracion meleagris
(Shaw, 1796)
Weißpunkt-Kofferfisch

Erkennungsmerkmale: Größe bis ca. 25 cm. Körperform siehe Fotos und Familienbeschreibung. Färbung von Jungtieren und Weibchen (großes Foto) dunkelbraun bis schwarz mit zahlreichen weißen Punkten. Bei Männchen (kleines Foto) Rücken mit gleicher Färbung, Körperseiten dunkelblau mit gelborangen rundlichen bis länglichen Flecken, die schwarz gesäumt sind. Zwischen dem schwarzen Rücken und den blauen Seiten je eine gelborange, manchmal unterbrochene Linie.

Verwechslungsmöglichkeiten: Aufgrund der charakteristischen Färbung nicht vorhanden. Von dieser Art gibt es zwei verschiedene Unterarten. *O. meleagris camurun* kommt nur um Hawaii und die südwestlich gelegene Johnston-Insel vor und unterscheidet sich lediglich in der Färbung. Die Weibchen besitzen weniger weiße Punkte, die Männchen haben gewöhnlich zahlreiche schwarze Punkte oder kleinere Flecken anstelle von größeren schwarzgerandeten gelben Flecken. Im gesamten restlichen Indopazifik kommt die Unterart *O. meleagris meleagris* vor, deren Färbung oben beschrieben wird.

Lebensraum: Klare Lagunen und Außenriffbereiche. Vom Flachwasser bis in mindestens 30 m Tiefe. Indopazifik einschließlich Malediven.

Biologie: Die Art zeichnet sich durch einen deutlichen Geschlechtsdimorphismus in bezug auf ihre Färbung aus. Aus diesem Grund hielt man Männchen und Weibchen früher für verschiedene Arten. Weißpunkt-Kofferfische machen eine Geschlechtsumwandlung vom Weibchen zum Männchen durch.
Magenuntersuchungen an zahlreichen Tieren von Hawaii zufolge ernährt sich die Art in erster Linie von Schwämmen, Algen und Manteltieren (Seescheiden). Es werden aber auch Borstenwürmer, Weichtiere und verschiedene Krebstiere gefressen.

Aquarienhaltung: S. Familienbeschreibung.

Literaturverzeichnis

Allen, G.R. (1979): Falter- und Kaiserfische Band 2. Mergus-Verlag, Melle.

Allen, G.R. (1991): Riffbarsche der Welt. Mergus-Verlag, Melle.

Allen, G.R., Randall, J.E. (1977): Review of the sharpnose pufferfishes (subfamily Canthigasterinae) of the Indo-Pacific. Rec. W. Aust. Mus. 30 (17), 475–517.

Baensch, H.A., Debelius, H. (1992): Meerwasser Atlas. Mergus Verlag, Melle.

Ben-Tuvia, A., Kissil, G.W. (1988): Fishes of the family Mullidae in the Red Sea, with a key to the species in the Red Sea and the eastern Mediterranean. Ichth. Bull. Rhodes Univ. 52, 1–16.

Böhlke, J.E., Randall, J.E. (1981): Four new garden eels (Congridae, Heterocongrinae) of the Pacific and Indian Ocean. Bull. Mar. Sci. 31 (2), 366–382.

Burgess, W.E., Axelrod, H.R., Hunziker III, R.E. (1988): Dr. Burgess's Atlas of Marine Aquarium Fishes. T.F.H. Publications, Inc.

Cantwell, G.E. (1964): A revision of the genus Parapercis, family Mugiloididae. Pacific Science XVIII (3), 239–280.

Compagno, L.J.V., Ebert, D.A., Smale, M.J. (1989): Guide to the Sharks and Rays of Southern Africa. New Holland Ltd, London.

Debelius, H. (1983): Gepanzerte Meeresritter. Alfred Kernen Verlag, Essen.

Debelius, H. (1987): Unterwasserführer Rotes Meer, Fische. Verlag Stephanie Naglschmid, Stuttgart.

Debelius, H. (1989): Fische als Partner Niederer Tiere. Verlag Eugen Ulmer, Stuttgart.

de Couet, H.G., Moosleitner, H., Naglschmid, F. (1981): Gefährliche Meerestiere. Jahr Verlag GmbH & Co, Hamburg.

Deuvletian, R.N. (1987): Red Sea Fish Guide. Nubar Printing House, Ägypten.

Eibl-Eibesfeldt, I. (1982): Die Malediven. Piper & Co. Verlag, München.

Eichler, D. (1991): Tropische Meerestiere. BLV Verlagsgesellschaft mbH, München, Wien, Zürich.

Eschmeyer, W.N., Rama-Rao, K.V., Hallacher, L.E. (1979): Fishes of the Scorpionfish Subfamily Choridactylinae from the western Pacific and the Indian Ocean. Proceedings of the California Academy of Sciences, 4th Series, Vol. XLI, No. 21, 475–500.

Eschmeyer, W.N., Randall, J.E. (1975): The scorpaenid fishes of the Hawaiian Islands, including new species and new records (Pisces: Scorpaenidae). Proc. Calif. Acad. Sci., ser. 4, 40 (11), 265–334.

Fautin, D.G., Allen, G.R. (1992): Field Guide to Anemonefishes and their Host Sea Anemones. Western Australien Museum, Perth.

Fishelson, L. (1966): Solenostomus cyanopterus Bleeker (Teleostei, Solenostomidae) in Elat (Gulf of Akaba). Israel Journal of Zoology, Vol. 15, 95–103.

Fricke, H.W. (1972): Korallenmeer. Parkland Verlag, Stuttgart.

Fricke, H.W. (1973): Eine Fisch-Seeigel-Partnerschaft. Untersuchung optischer Reizparameter beim Formenerkennen. Marine Biology 19, 290–297.

Fricke, H.W. (1980): Bericht aus dem Riff. dtv, München.

Goren, M. (1979): The Gobiinae of the Red Sea (Pisces: Gobiidae). Seckenberg. biol. 60 (1/2), 13–64.

Klausewitz, W. (1974): Litoralfische der Malediven. IV. Die Familie der Drückerfische, Balistidae (Pisces: Tetraodontiformes: Balistoidei). Senckenberg. biol. 55 (1/3), 39–67.

Klausewitz, W. (1982): Liste der in den maledivischen Gewässern gesammelten Fische. In: I. Eibl-Eibesfeldt: Die Malediven, 305–307.

Klausewitz, W., Eibl-Eibesfeldt, I. (1959): Neue Röhrenaale von den Malediven und Nikobaren (Pisces, Apodes, Heterocongridae). Senck. biol. Band 40, 3/4, 135–153.

Larson, H.K. (1985): A revision of the gobiid genus Bryaninops (Pisces), with a description of six new species. The Beagle, Occas. Pap. N. Ter. Mus. Arts and Sci. 2 (19), 57–93.

Lubbock, R. (1977): Fishes of the family Pseudochromidae (Perciformes) in the western Indian Ocean. Ichth. Bull. Rhodes Univ. 35, 1–28.

Matthes, D. (1978): Tiersymbiosen und andere Formen der Vergesellschaftung. Gustav Fischer Verlag, Stuttgart, New York.

Mebs, D. (1992): Gifttiere. Wissenschaftliche Verlagsgesellschaft mbH, Stuttgart.

Mietz, C., Ippen, W. (1991): Tropische Meeresfische. Natur Verlag, Augsburg.

Mills, D. (1991): Das Meerwasser Aquarium. Tetra-Verlag, Melle.

Myers, R.F. (1989): Micronesian Reef Fishes. Coral Graphics Guam.

Nahke, P., Wirtz, P. (1991): Unterwasserführer Malediven, Fische. Verlag Stephanie Naglschmid, Stuttgart.

Patzner, R., Debelius, H. (1984): Partnerschaft im Meer. Engelbert Pfriem Verlag, Wuppertal.

Paulus, T. (1991): Fortpflanzungsverhalten der Rotmeer-Seenadel Corythoichthys schultzi. Natur und Museum, 121 (4), Frankfurt.

Randall, H.A., Randall, J.E. (1977): A revision of the damselfish genus Dascyllus (Pomacentridae) with tha description of a new species. Rec. Augst. Mus. 31 (9), 349–385.

Randall, J.E. (1955): A revision of the surgeon fish genus Ctenochaetus, family Acanthuridae, with descriptions of five new species. Zoologica, N.Y., 40, 149–168.

Randall, J.E. (1955): A revision of the surgeon

fish genera Zebrasoma and Paracanthurus. Pacific Science 9 (4), 396–412.

Randall, J.E. (1956): A revision of the surgeon fish genus Acanthurus. Pacific Science 10 (2), 159–235.

Randall, J.E. (1960): A new species of Acanthurus from the Caroline Islands, with notes on the systematics of other Indo-Pacific surgeonfishes. Pacific Science 14 (3), 266–279.

Randall, J.E. (1963): Review of the hawkfishes (family Cirrhitidae). Proc. U.S. Nat. Mus. 114 (3472), 389–451.

Randall, J.E. (1972): The hawaiian trunkfishes of the genus Ostracion. Copeia 1972 (4), 756–768.

Randall, J.E. (1972): A revision of the labrid fish genus Anampses. Micronesia 8 (1–2), 151–190.

Randall, J.E. (1978): A revision of the Indo. Pacific labrid fish genus Macropharyngodon, with descriptions of five new species. Bull. Mar. Sci. 28 (4), 742–770.

Randall, J.E. (1979): A review of the serranid fish genus Anthias of the Hawaiian Islands, with descriptions of two new species. Cont. Sci. Nat. Hist. Mus. Los Ang. Cty. 302, 1–13.

Randall, J.E. (1980): Two new Indo-Pacific labrid fishes of the genus Halichoeres, with notes on other species of the genus. Pacific Science 34 (4), 415–432.

Randall, J.E. (1981): A revision of the Indo-Pacific Sand Tilefish genus Hoplolatilus (Perciformes: Malacanthidae). Freshw. Mar. Aquar. 4 (12), 39–46.

Randall, J.E. (1981): Two new species and six new records of Labrid Fishes from the Red Sea. Senckenbergiana marit. 13 (1/3), 79–109.

Randall, J.E. (1983): Red Sea Reef Fishes. IMMEL Publishing, London.

Randall, J.E., Allen, G.R. (1973): A revision of the gobiid fish genus Nemateleotris, with descriptions of two new species. Quart. J. Taiwan Mus. 26 (3–4), 347–367.

Randall, J.E., Ben-Tuvia, A. (1983): A Review of the Groupers (Pisces: Serranidae: Epinephelinae) of the Red Sea, with Description of a new Species of Cephalopholis. Bulletin of Marine Science, 33 (2), 373–426.

Randall, J.E., Bruce, R.W. (1983): The Parrotfishes of the Subfamily Scarinae of the western Indian Ocean with discriptions of three new species. Ichthyological Bulletin J.L.B. Smith. Inst. Ichth. No. 47, 1–39.

Randall, J.E., Heemstra, P.C. (1985): A review of the squirrelfishes of the subfamily Holocentrinae from the western Indian Ocean and Red Sea. Ichthyol. Bull. Rhodes Univ. 49, 1–29.

Randall, J.E., Klausewitz, W. (1973): A review of the triggerfish genus Melichthys with description of a new species from the Indian Ocean. Senckenberg. biol. 54, 1/3, 57–69.

Randall, J.E., Smith, M.M. (1982): A review of the labrid fishes of the genus Halichoeres of the western Indian Ocean, with descriptions of six new species. Ichthyological Bulletin, J.L.B. Smith Institute, Rhodes University 45, 1–24.

Robertson, D.R. (1983): On the spawning behavior and spawning cycles of eight surgeonfishes (Acanthuridae) from the Indo-Pacific. Env. Biol. Fishes 9, 193–223.

Robertson, D.R., Polunin, N.V.C., Leighton, K. (1979): The behavioral ecology of the Indian ocean surgeonfishes (Acanthurus lineatus, A. leucosternon and Zebrasoma scopas): their feeding strategies, and social and mating systems. Env. Biol. Fishes 4, 125–170.

Schuhmacher, H. (1976): Korallenriffe. BLV Verlagsgesellschaft, München, Bern, Wien.

Schultz, E.T. (1986): Pterois volitans and Pterois miles: two valis species. Copeia 1986 (3), 686–690.

Smith, J.L.B. (1961): Fishes of the Family Anthiidae. Ichth. Bull. Rhodes Univ. 21, 359–369.

Smith, J.L.B. (1961): Fishes of the family Apogonidae of the western Indian Ocean and the Red Sea. Ichth. Bull. Rhodes Univ. 22, 373–419.

Smith, J.L.B. (1962): Sand-dwelling eels of the western Indian Ocean and the Red Sea. Ichth. Bull. Rhodes Univ. 24, 447–466.

Smith, J.L.B. (1962): Fishes of the Family Gaterinidae of the western Indian Ocean and the Red Sea. Ichthyological Bulletin Rhodes University No. 25, 469–502.

Smith, M.M., Heemstra, P.C. (Eds.) (1986): Smith's Sea Fishes. Macmillon Südafrika, Johannesburg.

Springer, V.G. (1971): Revision of the fish genus Ecsenius (Blenniidae, Blenniinae, Slariini). Smithson. Contr. Zool. 72, 1–74.

Steene, R.C. (1977): Falter- und Kaiserfische Band 1. Mergus-Verlag, Melle.

Woodland, D.J. (1983): Zoogeography of the Siganidae (Pisces): an interpretation of distributions and richness patterns. Bull. Mar. Sci. 33 (3), 713–717.

Woodland, D.J., Randall, J.E. (1979): Siganus puelloides, a new species of rabbitfish from the Indian Ocean. Copeia 1979 (3), 390–393.

Bildquellen:

Silvia Göthel: 12, 27
Michael Keck: 196 groß, 289
Andreas Koffka: 52, 167 klein

Winfried Werzmirzowski: 66 klein, 306, 308, 317 groß
Alle anderen Fotos stammen vom Verfasser

Wissenschaftliche Namen

Abudefduf natalensis 172
Abudefduf saxatilis 173
Abudefduf septemfasciatus 173
Abudefduf sexfasciatus 172
Abudefduf sordidus 173
Abudefduf vaiginensis 173
Acanthurus gahhm 272
Acanthurus leucocheilus 268
Acanthurus leucosternon 269
Acanthurus lineatus 270
Acanthurus mata 271
Acanthurus nigricauda 272
Acanthurus sohal 273
Acanthurus thompsoni 274
Acanthurus triostegus 275
Aethaloperca rogaa 86
Aetobatus narinaris 34
Aluteres scriptus 322
Amanses scopas 323
Amblyeleotris aurora 262
Ambllyeleotris fasciata 264
Amblyeleotris periophthalma 263
Amblyeleotris wheeleri 264
Amblyglyphidodon flavilatus 174
Amblyglyphidodon leucogaster 174
Amblygobius albimaculatus 255
Amblygobius hectori 256
Amblygobius phalaena 254, 255
Amblygobius raintordi 256
Amphiprion bicinctus 175
Amphiprion clarkii 176
Amphiprion nigripes 177
Amphiprion sebae 176
Anampses meleagrides 208
Anampses twisti 209
Antennarius commersoni 66
Antennarius maculatus 66
Anyperodon leucogrammicus 78
Apogon aureus 110
Apogon cyanosoma 111
Apolemichthys trimaculatus 162
Apolemichthys xanthois 163
Apolemichthys xanthurus 163
Arothron diadematus 300
Arothron hispidus 301
Arothron mappa 302
Arothron meleagris 303
Arothron nigropunctatus 304
Arothron stellatus 305
Aspidontis taeniatus 248
Aulostomus chinensis 60
Balistapus undulatus 310
Balistoides conspicillum 311
Balistoides viridescens 312
Bodianus anthioides 190
Bodianus axillaris 191
Bodianus diana 192
Bodianus mesothorax 191
Bothus pantherinus 289
Bryaninops amplus 260
Bryaninops natans 260
Bryaninops ridens 261
Bryaninops youngei 261
Caesio lunaris 122
Caesio teres 123
Callopesiops altivelis 103
Calotomus viridescens 239
Cantherines dumerilii 324
Canthigaster bennetti 292
Canthigaster coronata 293
Canthigaster janthinoptera 294
Canthigaster margarittata 295
Canthigaster pygmaea 296
Canthigaster smithae 297
Canthigaster solandri 295
Canthigaster tyleri 298
Canthigaster valentini 299
Carangoides bajad 112, 113
Carangoides fulvoguttatus 113
Caranx melampygus 114
Carcharhinus albimarginatus 31
Carcharhinus amblyrhynchos 31
Carcharhinus melanopterus 31
Centropyge multispinis 164
Cephalopholis argus 79
Cephalopholis hemistiktos 79
Cephalopholis leopardus 80
Cephalopholis miniata 80
Cephalopholis sexmaculata 81
Cephalopholis urodeta 80
Cetoscarus bicolor 228, 229
Chaetodon auriga 138
Chaetodon austriacus 136
Chaetodon baronessa 152
Chaetodon bennetti 139
Chaetodon burgessi 150
Chaetodon collare 140
Chaetodon ephippum 155
Cahetodon falcula 147
Chaetodon fasciatus 141
Chaetodon guttatissimus 142
Chaetodon kleinii 143
Chaetodon lineolatus 146
Chaetodon lunula 145
Chaetodon madagascariensis 144
Chaetodon melannotus 148
Chaetoson melapterus 136
Chaetodon mertensii 144
Chaetodon meyeri 149
Chaetodon mitratus 150
Chaetodon ocellicaudus 148
Chaetodon ornatissimus 149
Chaetodon oxycephalus 146
Chaetodon paucifasciatus 145
Chaetodon pelewensis 142
Chaetodon punctatofasciatus 142
Chaetodon reticulatus 140
Chaetodon semilarvatus 151
Chaetodon speculum 154
Chaetodon triangulum 152
Chaetodon trifascialis 153
Chaetodon trifasciatus 137
Chaetodon ulietensis 147
Chaetodon unimaculatus 154
chaetodon xanthocephalus 155
Chaetodon xanthurus 144
Chanos chanos 51
Cheilinus abudjubbe 194
Cheilinus chlorourus 195
Cheilinus digrammus 196
Cheilinus fasciatus 197
Cheilinus lunulatus 198
Cheilinus trilobatus 199
Cheilinus undulatus 200
Cheilodipterus bipunctatus 109
Cheilodipterus lineatus 108
Cheilodipterus macrodon 108
Cheilodipterus quinquelineatus 109
Chromis dimidiata 178
Chromis iomelas 178
Chromis ternatensis 178
Chromis viridis 179
Chrysiptera annulata 180
Cirrhitichthys falco 98
Cirrhitichthys oxycephalus 99
Coris aygula 210
Coris caudlimacula 211
Coris frerei 212
Coris gaimard 212
Corythoichthys haematopterus 62, 63
Corythoichthys nigripectus 62, 63
Corythoichthys schultzi 63
Ctenochaetus striatus 276
Ctenochaetus strigosus 277
Ctenogobiops ferocculus 265
Cyclichthys orbicularis 307
Cyclichthys spilostylus 306, 307
Dascyllus aruanus 180
Dascyllus carneus 181
Dascyllus marginatus 181
Dascyllus melanurus 180
Dascyllus trimaculatus 182
Digramma pictum 126
Diodon holocanthus 207
Diodon hystrix 208
Diodon liturosus 207
Doryrhamphus dactyliophorus 64
Doryrhamphus excisus 64
Doryrhamphus multiannulatus 64
Echeneis naucrates 121
Echidna nebulosa 40
Ecsenius gravieri 244
Ecsenius lineatus 242, 243
Ecsenius midas 245
Ecsenius minutus 243
Ecsenius nalolo 243
Ecsenius yaeyamensis 243
Elagatis bipinnulatus 114
Epibulus insidador 201
Epinephelus fasciatus 82
Epinephelus flavocaeruleus 81
Epinephelus fuscoguttatus 83
Epinephelus hexagonatus 84
Epinephelus merra 84
Epinephelus microdon 83
Epinephelus ongus 85
Epinephelus spilotoceps 84
Epinephelus summana 85
Epinephelus tauvina 85
Fistularia commersonii 59
Forciper flavissimus 157
Forciper longirostris 156
Geniacanthus caudovittatus 165
Gnathanodon speciosus 115
Gnathodentex aurolineatus 129
Gobiodon citrinus 257
Gobiodon okinawae 257
Gomphus caeruleus 207
Gomphus varius 207
Gorgasia maculata 48
Gorgasia preclara 48, 49
Grammistes sexlineatus 102
Gymnothorax favagineus 41
Gymnothorax fimbriatus 45

Gymnothorax flavimarginatus 42
Gymnothorax javanicus 43
Gymnothorax meleagris 44
Gymnothorax permistus 41
Gymnothorax undulatus 45
Halichoeres biocellatus 213
Halichoeres chrysus 215
Halichoeres cosmetus 213
Halichoeres hortulans 214
Halichoeres leucoxanthus 215
Halichoeres marginatus 216
Halichoeres ornatissimus 213
Halichoeres scapularis 217
Halichoeres trimaculatus 217
Hemigymnus fasciatus 218
Hemigymnus melapterus 218
Hemitaurichthys polylepis 158
Hemitaurichthys zoster 158
Heniochus acuminatus 159
Heniochus diphreutes 159
Heniochus intermedius 159
Heniochus monocerus 160
Heniochus pleurotaenia 160
Heteroconger hassi 48, 49
Hippocampus cuda 65
Hippocampus histrix 65
Hipposcarus harid 230
Hipposcarus longiceps 230
Hologymnus annulatus 219
Inimicus filamentosus 71
Labroides bicolor 225
Labroides dimidiatus 226
Labropsis xanthonota 227
Larabicus quadrilineatus 227
Lethrinus erythracanthus 129
Lotilia graciliosa 266
Lutjanus biguttatus 116, 117
Lutjanus ehrenbergi 118
Lutjanus gibbus 118
Lutjanus kasmira 117
Lutjanus monostigma 119
Macolor macularis 120
Macolor niger 120
Macropharyngodon bipartius 220
Malacanthus brevirostris 107
Malacanthus latovittatus 107
Manta birostris 35
Meiacanthus mogrilineatus 244
Melichthys indicus 313
Melichthys niger 313
Melichthys vidua 313
Monotaxis grandoculus 128
Myrichthys colubrinus 50
Myrichthys maculosus 50
Myripristes adusta 54, 55
Myripristes murdjan 55
Myripristes vittata 56
Naso annulatus 282
Naso brevirostris 282
Naso hexacanthus 283
Naso literatus 284
Naso thynnoides 283
Naso vlamingii 285
Nebrius concolor 29
Nemanthias carberryi 95
Nemateleotris decora 252
Nemateleotris helfrichi 252
Nemateleotris magnifica 253
Neoglyhpidodon melas 183
Neoniphon sammara 56

Novaculichthys taeniourus 202
Odonus niger 314
Ostracion cubicus 329
Ostracion cyanurus 329
Ostracion meleagris 330
Oxycirrhites typus 97
Oxymonacanthus halli 325
Oxymonacanthus longirostris 325
Papilloculiceps longiceps 76
Paracanthurus hepatus 278
Paracheilinus octotaenia 206
Paracirrhites arcatus 100
Paracirrhites forsteri 101
Paracirrhites typee 101
Paraluteres prionurus 326
Parapercis bivittata 240
Parapercis hexophthalma 241
Parapriacanthus 133
Parupeneus barberinus 132
Parupeneus bifasciatus 131
Parupeneus cyclostomus 131
Parupeneus forsskali 132
Pempheris 133
Pervagor janthinosoma 327
Pervagor melanocephalus 327
Plagiotremus rhinorhynchos 246
Plagiotremus tapeinosoma 247
Platax orbicularis 134
Platax pinnatus 134
Platax teira 134
Plectorhinchus chaetodonoides 124, 125
Plectorhinchus gaterinus 126
Plectorhinchus orientalis 125
Plectroglyphidodon lacrymatus 184
Plectropomus areolatus 86
Plectropomus laevis 87
Plectropomus leopardus 86
Plectropomus pessuliferus 88
Plotosus lineatus 71
Pomacanthus asfur 167
Pomacanthus imperator 166
Pomacanthus maculosus 167
Pomacanthus semicirculatus 168
Pomacanthus xanthometopon 169
Pomacentrus albicaudatus 188
Pomacentrus auriventris 185
Pomacentrus caeruleus 185
Pomacentrus coelestesis 185
Pomacentrus leptus 188
Pomacentrus pavo 186
Pomacentrus philippinus 187
Pomacentrus sulfureus 187
Pomacentrus trichourus 188
Priacanthus hamrur 106
Pseudanthias cooperi 90
Pseudanthias dispar 92
Pseudanthias evansi 91
Pseudanthias ignitus 92
Pseudanthias squamipinnis 93
Pseudanthias taeniatus 94
Pseudobalistes fuscus 315
Pseudocheilinus evanidus 204
Pseudocheilinus hexataenia 205
Pseudochromis flavivertex 105
Pseudochromis fridmani 104
Pseudochromis springeri 105
Pseudodax moluccanus 193
Ptereleotris evides 250, 251
Ptereleotris heteroptera 251

Pterocaesio tile 123
Pterois antennata 68
Pterois miles 69
Pterois radiata 70
Pterois volitans 69
Pygoplites diacanthus 170
Rhincodon typus 29
Rhineacanthus aculeatus 316
Rhineacanthus assai 317
Rhineacanthus rectangulus 317
Rhinomuraena quaesita 47
Rhynchobatus djiddensis 36
Sargocentron caudimaculatum 57
Sargocentron diadema 57
Sargocentron spiniferum 58
Scarus caudofasciatus 239
Scarus dimidiatus 238
Scarus ferrugineus 231
Scarus forsteni 233
Scarus frenatus 232
Scarus ghobban 233
Scarus gibbus 234
Scarus niger 235
Scarus rubroviolaceus 236
Scarus scaber 238
Scarus sordidus 237
Scarus strongylocephalus 234
Scarus tricolor 232
Scolopsis bilineatus 127
Scorpaenopsis diabolus 73
Scorpaenopsis oxycephala 74
Sidera grisea 46
Siganus corallinus 287
Siganus puelloides 286, 287
Siganus puellus 287
Siganus stellatus 287
Soleichthys heterohinus 290
Solenostomus sp. 61
Stonogobiops dracula 265
Sufflamen albicaudatus 319
Sufflamen bursa 320
Sufflamen chrysopterus 318
Synanceia verrucosa 72
Synchiropus stellatus 249
Synodus variegatus 53
Taenianotus triacanthus 75
Taeniura lymma 33
Taeniura melanospilos 33
Thalassoma hardwickii 221
Thalassoma janseni 221
Thalassoma klunzingeri 222
Thalassoma lunare 223
Thalassoma quinquevittatum 224
Torpedo panthera 37
Torpedo sinuspersici 37
Trachinotus bailloni 115
Triaenodon obesus 30
Valencienna helsdingenii 258
Valencienna immaculata 258
Valencienna puellaris 258
Valencienna sexguttata 259
Valencienna strigata 259
Variola albimarginata 89
Variola louti 89
Xyrichthys pavo 203
Zanclus cornutus 288
Zebrasoma desjardinii 280
Zebrasoma scopas 279
Zebrasoma veliferum 280
Zebrasoma xanthurum 281

Deutsche Namen

Abudjubbes Lippfisch 194
Achselfleck-Schweinslippfisch 191
Antennen-Feuerfisch 68
Arabischer Kaiserfisch 167
Augenfleck-Mirakelbarsch 103
Aurora-Wächtergrundel 262
Baroness-Falterfisch 152
Bärtiger Drachenkopf 74
Baskenmützen-Zackenbarsch 82
Bäumchen-Lippfisch 202
Bennetts Falterfisch 139
Bennetts Spitzkopfkugelfisch 292
Besenschwanz-Feilenfisch 322
Besenschwanz-Lippfisch 198
Blauband-Papageifisch 233
Blaue Demoiselle 186
Blauer Drückerfisch 315
Blauer Rotmeer-Putzerfisch 227
Blauer Schermesserfisch 203
Blauer Segelflossen-Doktorfisch 281
Blauflossen-Stachelmakrele 114
Blaukehl-Drückerfisch 318
Blauklingen-Nashorndoktorfisch 283
Blaukopf-Kaiserfisch 169
Blaukopf-Torpedobarsch 107
Blaupunkt-Schläfergrundel 259
Blaupunkt-Stechrochen 33
Blaustreifen-Doktorfisch 270
Blaustreifen-Säbelzahnschleimfisch 246
Blaustreifen-Schnapper 117
Blaustreifen-Seenadel 64
Blaustreifen-Zwergbarsch 105
Blutfleck-Eichhörnchenfisch 56
Blutflossen-Seenadel 62, 63
Brauner Zwergkaiserfisch 164
Braunflecken-Zackenbarsch 85
Braunpunkt-Spitzkopfkugelfisch 298
Braunrücken-Spitzkopfkugelfisch 297
Braunschwarzer Segelflossen-Doktorfisch 279
Braunstreifen-Grundel 254, 255
Breitgestreifte Seenadel 64
Buckel-Schnapper 118
Burgess Falterfisch 150
Bürsten-Feilenfisch 323
Clarks Anemonenfisch 176
Dekor-Schwertgrundel 252
Diadem-Eichhörnchenfisch 57
Diamant-Großzahnlippfisch 220
Dianas Schweinslippfisch 192
Doppelsattel-Meerbarbe 131
Drahtkorallen-Zwerggrundel 261
Dreibinden-Preußenfisch 180
Dreifarbiger Papageifisch 232
Dreifleck-Lippfisch 217
Dreifleck-Preußenfisch 182
Dreizackschwanz-Lippfisch 199
Dunkler Lippfisch 216
Dunkler Papageifisch 235
Einfleck-Schnapper 119
Einklingen-Nashorndoktorfisch 283
Epauletten-Doktorfisch 272
Fadenflossen-Fahnenbarsch 95
Fähnchen-Falterfisch 138
Falscher Gitter-Kardinalbarsch 146
Falscher Putzerfisch 248
Falscher Steinfisch 73

Feuer-Schwertgrundel 253
Feuer-Zackenbarsch 80
Flammenschwanz-Fahnenbarsch 92
Flötenfisch 59
Fünfbinden-Riffbarsch 180
Fünfsattelfleck-Papageifisch 238
Fünfstreifen-Kardinalbarsch 109
Gebänderte Seezunge 290
Gebänderter Papageifisch 239
Gebänderter Schlangenaal 50
Gefleckte Muräne 45
Gefleckter Büschelbarsch 99
Gefleckter Schlangenaal 50
Geister-Muräne 47
Geisterpfeifenfisch 61
Gelbbauch-Demoiselle 185
Gelbbrauner Ammenhai 29
Gelbbrauner Kofferfisch 329
Gelbbrust-Perllippfisch 209
Gelbe Korallengrundel 257
Gelbe Meerbarbe 131
Gelber Dreipunkt-Zwergkaiserfisch 162
Gelber Kaninchenfisch 287
Gelber Pyramiden-Falterfisch 158
Gelbflossen-Straßenkehrer 129
Gelbflossen-Zackenbarsch 81
Gelbgefleckte Muräne 42
Gelbgefleckter Stachelmakrele 112, 113
Gelbgepunkteter Igelfisch 306, 307
Gelbkopf-Falterfisch 155
Gelbrücken-Fahnenbarsch 91
Gelbrücken-Füsilier 123
Gelbrücken-Riffbarsch 183
Gelbrücken-Zwergbarsch 105
Gelbsattel-Meerbarbe 131
Gelbschnauzen-Wächtergrundel 265
Gelbschwanz-Clown-Lippfisch 212
Gelbschwanz-Feilenfisch 324
Gelbschwanz-Perllippfisch 208
Gelbseiten-Riffbarsch 174
Gemeiner Eidechsenfisch 53
Gemeiner Picasso-Drückerfisch 316
Gemeiner Wimpelfisch 159
Gepunkteter Adlerrochen 34
Gepunkteter Igelfisch 308
Gepunkteter Papageifisch 239
Geringelte Seenadel 64
Geschmückter Lippfisch 213
Gesprenkelte Wächtergrundel 251, 263
Gestreifter Borstenzahn-Doktorfisch 276
Gestreifter Falterfisch 146
Gestreifter Feldwebelfisch 173
Gestreifter Hechtlippfisch 219
Gestreifter Korallenwächter 101
Gestreifter Korallenwels 52
Gestreifter Schiffshalter 121
Gestreifter Zwergglippfisch 204
Gewöhnlicher Großaugenfisch 106
Gewöhnlicher Putzerfisch 226
Gitter-Doktorfisch 275
Gitter-Orangen-Falterfisch 144
Glasfische 133
Goldbauch-Demoiselle 185
Goldener Kardinalbarsch 110
Goldener Schleimfisch 245
Goldkopf-Schläfergrundel 259
Goldstreifen-Kardinalbarsch 111
Goldstreifen-Seifenbarsch 102
Goldstreifen-Straßenkehrer 129

Gorgonien-Zwerggrundel 260
Graue Muräne 46
Grauer Riffhai 31
Großaugen-Straßenkehrer 128
Großdorn-Eichhörnchenfisch 58
Großdorn-Husar 58
Große Netzmuräne 41
Großer Geigenrochen 36
Großer Krötenfisch 66
Großzahn-Kardinalbarsch 108
Grünbürzel-Papageifisch 232
Grüner Riesen-Drückerfisch 312
Grünes Schwalbenschwänzchen 179
Halbmond-Kaiserfisch 167
Halbundhalb-Lippfisch 218
Halfterfisch 288
Halsband-Falterfisch 140
Harems-Fahnenbarsch 93
Harlekin-Feilenfisch 325
Harlekin-Süßlippe 124, 125
Hectors Grundel 256
Helfrichs Schwertgrundel 252
Himmelblauer Füsilier 122
Honigwaben-Zackenbarsch 84
Imperator-Kaiserfisch 166
Indianerfisch 203
Indischer Buckelkopf-Papageifisch 234
Indischer Clown-Lippfisch 212
Indischer Doppelsattel-Falterfisch 147
Indischer Drückerfisch 313
Indischer Gestreifter Segelflossen-Doktorfisch 280
Indischer Kanarien-Lippfisch 215
Indischer Langnasen-Papageifisch 230
Indischer Leopard-Zackenbarsch 88
Indischer Preußenfisch 181
Indischer Rauch-Kaiserfisch 164
Indischer Rotfeuerfisch 69
Indischer Winkel-Orangen-Falterfisch 144
Indopazifischer Feldwebelfisch 173
Jansens Lippfisch 221
Juwelen-Riffbarsch 185
Juwelen-Zackenbarsch 80
Keilschwanz-Putzerfisch 227
Kleine Netzmuräne 41
Kleingefleckter Pompano 115
Kleins Falterfisch 143
Koran-Kaiserfisch 168
Kronen-Spitzkopfkugelfisch 293
Kuda-Seepferdchen 65
Kugelkopf-Papageifisch 237
Lachshering 51
Landkarten-Kugelfisch 302
Langflossen-Fledermausfisch 134
Langmaul-Pinzettfisch 157
Langnasen-Büschelbarsch 97
Langnasen-Doktorfisch 282
Langstachel-Igelfisch 307
Längsgestreifter Schleimfisch 242, 243
Leoparden-Drückerfisch 311
Leopard-Zackenbarsch 80
Leopardmuräne 45
Lyraschwanz-Schweinslippfisch 190
Malayischer Einfleck-Falterfisch 154
Malediven-Anemonenfisch 177
Manta 35
Marmorierter Zackenbarsch 83
Marmorierter Zitterrochen 37

335

Masken-Falterfisch 151
Masken-Igelfisch 307
Masken-Kaninchenfisch 287
Maskenkugelfisch 300
Masken-Nashorndoktorfisch 285
Masken-Papageifisch 228, 229
Masken-Wimpelfisch 160
Meißelzahn-Lippfisch 193
Milchfisch 51
Mitra-Falterfisch 150
Mondflossen-Zackenbarsch 89
Mondsichel-Lippfisch 223
Mondsichel-Falterfisch 141
Nalolo-Schleimfisch 243
Napoleon-Lippfisch 200
Nasenhöcker-Papageifisch 236
Natal-Feldwebelfisch 172
Nebelschwanz-Demoiselle 188
Neon-Demoiselle 185
Neon-Füsilier 123
Nonnen-Wächtergrundel 266
Ohrfleck-Röhrenaal 48, 49
Orangegestreifte Schläfergrundel 258
Orangeklingen-Nashorndoktorfisch 284
Oranger Soldatenfisch 56
Orangestreifen-Drückerfisch 310
Orangestreifen-Falterfisch 149
Orientalische Süßlippe 125
Paletten-Doktorfisch 278
Panther-Butt 289
Pazifischer Buckelkopf-Papageifisch 234
Pazifischer Doppelsattel-Falterfisch 147
Pazifischer Gestreifter Segelflossen-Doktorfisch 280
Pazifischer Kanarien-Lippfisch 215
Pazifischer Langnasen-Papageifisch 230
Pazifischer Rotfeuerfisch 69
Perlen-Röhrenaal 48
Perl-Spitzkopfkugelfisch 294
Perlen-Falterfisch 140
Pfauen-Kaiserfisch 170
Pfauen-Zackenbarsch 79
Phantom-Wimpelfisch 160
Philippinen-Demoiselle 187
Pracht-Röhrenaal 48, 49
Pracht-Schwertgrundel 253
Pracht-Wächtergrundel 264
Punkt-Diagonalstreifen-Falterfisch 142
Punktstreifen-Falterfisch 142
Quergestreifte Schläfergrundel 258
Quergestreifter Dicklippen-Lippfisch 218
Quergestreifter Torpedobarsch 107
Rainfords Grundel 256
Regenbogen-Lippfisch 222
Regenbogen-Stachelmakrele 114
Regenbogenaugen-Korallenwächter 100
Riesen-Kugelfisch 305
Riesenmuräne 43
Rippelstreifen-Falterfisch 137
Rost-Papageifisch 231
Rotbrust-Lippfisch 197
Roter Leopard-Zackenbarsch 86
Roter Soldatenfisch 55

Rotfleck-Fahnenbarsch 90
Rotgebänderte Wächtergrundel 264
Rotmaul-Zackenbarsch 86
Rotmeer-Anemonenfisch 175
Rotmeer-Blaukehl-Drückerfisch 319
Rotmeer-Fahnenbarsch 94
Rotmeer-Harlekin-Feilenfisch 325
Rotmeer-Kofferfisch 329
Rotmeer-Leopard-Zackenbarsch 88
Rotmeer-Lyrakaiserfisch 165
Rotmeer-Meerbarbe 132
Rotmeer-Orangen-Falterfisch 145
Rotmeerperl-Spitzkopfkugelfisch 295
Rotmeer-Picasso-Drückerfisch 317
Rotmeer-Preußenfisch 181
Rotmeer-Rauch-Kaiserfisch 163
Rotmeer-Rippelstreifen-Falterfisch 136
Rotmeer-Wimpelfisch 159
Rotmeer-Zackenbarsch 79
Rotmeer-Zitterrochen 37
Rotmeer-Zwerglippfisch 206
Rotsaum-Fledermausfisch 134
Rotstreifen-Lippfisch 224
Rotzahn-Drückerfisch 314
Rundkopf-Fledermausfisch 134
Sand-Wächtergrundel 265
Sattelfleck-Falterfisch 155
Sattelflecken-Feilenfisch 326
Sattelflecken-Leopard-Zackenbarsch 87
Sattelflecken-Spitzkopfkugelfisch 299
Schachbrett-Lippfisch 214
Schärpen-Scheinschnapper 127
Schaukelfisch 75
Scherenschwanz-Chromis 178
Scherenschwanz-Feldwebelfisch 172
Scherenschwanz-Torpedogrundel 250, 251
Schlanke Demoiselle 188
Schlußpunkt-Falterfisch 148
Schmuck-Schwertgrundel 252
Schneeflocken-Lippfisch 195
Schneeflockenmuräne 40
Schokoladen-Doktorfisch 274
Schultzs Seenadel 63
Schuppenfresser-Säbelzahnschleimfisch 247
Schwanzfleck-Eichhörnchenfisch 57
Schwanzfleck-Lippfisch 211
Schwanzfleck-Sandbarsch 241
Schwanzfleck-Torpedogrundel 251
Schwarm-Wimpelfisch 159
Schwarzbauch-Picasso-Drückerfisch 317
Schwarzbinden-Soldatenfisch 54, 55
Schwarzbrust-Seenadel 62, 63
Schwarzer Doktorfisch 272
Schwarzer Drückerfisch 313
Schwarzer Pyramiden-Falterfisch 158
Schwarzer Riffbarsch 183
Schwarzfleck-Feilenfisch 327
Schwarzfleck-Schnapper 118
Schwarzfleck-Stachelmakrele 113
Schwarzflecken-Kugelfisch 304
Schwarzgepunktete Süßlippe 126
Schwarzklingen-Doktorfisch 271
Schwarzpunkt-Feldwebelfisch 173

Schwarzpunkt-Grundel 255
Schwarzpunkt-Stechrochen 33
Schwarzrücken-Falterfisch 148
Schwarzspitzen-Riffhai 31
Schwarzstreifen-Falterfisch 149
Schwarzstreifen-Säbelzahnschleimfisch 244
Schwarzstreifen-Schleimfisch 244
Schwarzweiß-Riffbarsch 178
Schwarzweiß-Schnapper 120
Sebaes Anemonenfisch 176
Sechsfleck-Zackenbarsch 81
Sechslinien-Zwerglippfisch 205
Sechsstreifen-Lippfisch 221
Sergeant Major 173
Silberspitzenhai 31
Silber-Süßlippe 126
Sohal-Doktorfisch 273
Sparren-Falterfisch 153
Spiegelfleck-Lippfisch 210
Spitzkopf-Zackenbarsch 78
Stacheliges Seepferdchen 65
Steinfisch 72
Steinkorallen-Zwerggrundel 261
Steinschieber-Lippfisch 202
Stern-Mandarinfisch 249
Strahlen-Feuerfisch 70
Stülpmaul-Lippfisch 201
Summana-Zackenbarsch 85
Tabak-Falterfisch 141
Teppich-Krokodilsfisch 76
Teufelsfisch 71
Tränentropfen-Falterfisch 154
Traueraugen-Kaninchenfisch 286, 287
Triangel-Falterfisch 152
Trompetenfisch 60
Tüpfel-Borstenzahn-Doktorfisch 277
Tüpfel-Falterfisch 142
Tüpfel-Kaninchenfisch 287
Vierbinden-Preußenfisch 180
Vierfleck-Zackenbarsch 84
Violettäugige Korallenzwerggrundel 260
Violetter Zwergbarsch 104
Vogel-Lippfisch 207
Walhai 29
Wangenstreifen-Lippfisch 196
Warzen-Krötenfisch 66
Weißbauch-Riffbarsch 174
Weiße Muräne 46
Weißflecken-Kugelfisch 301
Weißflossen-Demoiselle 188
Weißkehl-Doktorfisch 269
Weißklingen-Doktorfisch 268
Weißlinien-Drückerfisch 320
Weißpunkt-Kofferfisch 330
Weißpunkt-Kugelfisch 303
Weißpunkt-Muräne 44
Weißspitzen-Riffhai 30
Winkel-Orangen-Falterfisch 144
Zickzack-Lippfisch 217
Zitronen-Grundel 257
Zitronengelbe Demoiselle 187
Zweifarb-Riffbarsch 178
Zweifarben-Putzerfisch 225
Zweifleck-Lippfisch 213
Zweipunkt-Schnapper 116, 117
Zwerg-Büschelbarsch 98
Zwerg-Schleimfisch 243
Zwerg-Spitzkopfkugelfisch 296